“21 世纪广告学教材系列”编委会

品牌经营与管理

BRAND MANAGEMENT AND OPERATION

21世纪广告学教材系列

李和平 编著

暨南大学出版社
JINAN UNIVERSITY PRESS
中国·广州

图书在版编目（CIP）数据

品牌经营与管理/李和平编著. —广州：暨南大学出版社，2007.2（2016.8 重印）
（21 世纪广告学教材系列）
ISBN 978 - 7 - 81079 - 801 - 3

Ⅰ. 品…　Ⅱ. 李…　Ⅲ. 企业管理：质量管理—教材　Ⅳ. F273.3

中国版本图书馆 CIP 数据核字（2006）第 159979 号

品牌经营与管理
PINPAI JINGYING YU GUANLI
编著者：李和平

出 版 人：徐义雄
责任编辑：张仲玲　张学颖
责任校对：侯丽庆　黄海燕

出版发行：暨南大学出版社（510630）
电　　话：总编室（8620）85221601
　　　　　营销部（8620）85225284　85228291　85228292（邮购）
传　　真：（8620）85221583（办公室）　85223774（营销部）
网　　址：http://www.jnupress.com　http://press.jnu.edu.cn
排　　版：暨南大学出版社照排中心
印　　刷：佛山市浩文彩色印刷有限公司
开　　本：787mm×1092mm　1/16
印　　张：19
字　　数：395 千
版　　次：2007 年 2 月第 1 版
印　　次：2016 年 8 月第 6 次
印　　数：11501—12500 册
定　　价：39.80 元

目　录

第三章　品牌定位

第四章 品牌形象

第五章 品牌个性

第六章　品牌质量

第七章　品牌价值

第八章　品牌文化

第九章　品牌维护

第十章　品牌延伸

第十一章　品牌资产

第十二章　品牌传播

第十三章　品牌全球化

总 序

文以载道 书以育人

欣闻“21世纪广告学教材系列”出版，我真是发自内心地高兴。作为一个从业15年的“老船长”，和广告不离不弃一路走来，除了广告带来的快乐和满足外，也包含了很多弯路、很多艰辛、很多困惑，既有思想上的，也有技术上的。15年下来，我知道有太多经验需要总结，有太多知识需要传承与更新，有太多教训需要著之竹帛以警示后人。如果当时有这么一套可以指点迷津的好书，我想我就多了一个解惑的良方，可能会少走一些弯路。

我对广告的真正开窍是在1997年。当时我参加了一个广告峰会，盛世长城国际广告公司中国区总经理李传屏老师在论坛上做了一场精彩的演讲。正是听了这场演讲才使我茅塞顿开。李老师说很多人问他对广告持什么样的态度，问他选择广告是否后悔过。李老师说他后悔，一直都在后悔，却怎么也离不开广告了——对广告爱恨交加，却又难以割舍，甚至血液里流的都是广告的血。

就是这场演讲让我了解了广告原来是一门科学，是一项充满精彩和挑战的事业，广告原来有如此广阔的空间和前景——电光火石之间，醍醐灌顶。就是在那一刻，我才真正从“事业”的角度审视广告、对待广告；也正是从那一刻起，我才走上了广告这条不归路。后来东方船从南昌到广州，从广州又到北京，从一个公司到几个公司，到成立东方船（中国）传播机构……

文以载道，书以育人。

15年已悄然逝去，弹指一挥，在全球一体化的今天，中国广告产业逐渐走向成熟，大批人才辈出，很多和我当初一样对广告抱有美好幻想的年轻人，正前赴后继地加入到这个需要激情和智慧的行业中来。不同的人因为相同的选择而走在一起，为了一个梦想而孜孜追求。

我想，还会有更多的年轻人选择广告这条道路，选择这个梦想，甘愿为广告事业付出青春和激情，我们有责任为他们搭建更好的平台，创造更好的条件，提供更好的指引。他们需要规避我们当初所走的弯路，需要轻松而快速地学到系统的、鲜活的广告专业知识，在最短的时间里最有效地吸收前人知识和经验的精华，建立起相对完善的关于广告的知识架构，为以后进一步提升和赶超打下良好的基础，而这些，是我们当初欲求而不能得的东西。从这一点来说，现在有志于广告事业的年轻人，有福了！

好书如良师。良师难求，好书更不易得。

教材老化过时的问题一直困扰着中国教育界，在广告教育领域能有这样一套体例新颖、内容完备、理论与实践并重的教材付梓，是中国广告界的喜事、大事，是中国广告人，尤其是广告新鲜人的喜事、大事！

在这个略显浮躁的年代，能够安下心来踏踏实实地做一些学问、做一些能够泽被后人的事情，殊为难得。太多的头绪需要梳理，太多的知识数据需要甄选、核对，太多的案头工作需要去完成。本教材系列的主编和作者，是一群富有活力的中青年广告学、营销学、传播学、艺术设计学等专业的理论工作者和业界的资深广告人，他们不仅有理论知识，而且都在某一方面具有一定的实战经验。所有这些，都为完成本教材系列的既定任务提供了资质保证。

对于这套教材系列的主编和作者，我是十分崇敬的，他们的工作是对中国所有广告从业者的最大支持！相信这套教材系列能为读者们所喜爱，能对广告从业人员有所裨益。

2006.7.18于北京

（作者为大陆创作实力50强广告公司东方船广告传播机构总裁、董事长，中国著名广告导演。）

第一章

品牌概述

本章学习目标

- 深刻理解品牌的含义
- 掌握品牌的作用与特征
- 掌握产品的生命周期理论
- 理解产品与品牌的关系

引例及思考

海尔的品牌创建

海尔的前身——青岛电冰箱厂，曾经一度濒临倒闭。1984 年，张瑞敏从零开始创办海尔。现在，海尔是中国第一号家电品牌，2001 年品牌价值为 436 亿元，《福布斯》杂志把海尔排列在全球十大白色家电制造商第六位。2004 年 1 月 31 日，世界品牌实验室评选结果，海尔入围“世界最具影响力的 100 个品牌”第 95 位，实现中国品牌零的突破；2005 年列于第 89 位。2004 年海尔集团全球营业额突破 1 000 亿元，是创业初期的 2.9 万多倍，成为中国第一个千亿级规模的自主品牌。海尔集团董事局主席兼 CEO 张瑞敏，2000 年 12 月的《金融时代》中有文章写他名列世界著名的 30 位企业家的第 26 位。

海尔是怎样进行品牌经营与管理的呢?

1. 海尔认识到品牌的重要性

在当今中国的市场经济中，企业面临“可持续发展”的挑战，美国企业的平均生命周期是 40 年，中国家电改革开放后厂家生命周期还不到 5 年，主要原因是中国公司对品牌缺乏关注。1984 年之前，中国人几乎没有品牌概念，只是进行“销售”。在分析了冰箱市场和竞争状况后，海尔决定创建著名品牌，即做拥有最好的质量、市场发展趋势和消费趋势的领导者。我们可以从三方面分析海尔对品牌重要性的认识：

第一，以实际行动塑造质量意识。1984 年冰箱需求量比供应量大得多，单单配给券售价就 1 000 元，生产的任何东西都能够卖掉，厂商没有质量控制的内在动力，任何等级的冰箱都可以轻松地卖掉。但海尔在创业初期就接受了“有缺陷的产品就是废品”的原则，重新检验欲销售的冰箱，发现库存的4 000多台电冰箱里76台有缺陷，当即决定销毁。“这是我张瑞敏的过错，扣除这个月管理层的工资，从今天起，谁允许缺陷存在，谁就会被扣除工资。”这一锤，最奥妙之处在于用有形造无形。从无形的角度看，它不仅砸醒了职工的质量意识，坚定了张瑞敏提出的“名牌战略”的发展道路——不论过去、现在，还是未来，质量都将是海尔生存之本；而且，在消费者中间塑造了自己的信誉——海尔是一丝不苟、毫不凑合的！从有形的角度看，砸冰箱是不能理解的，因为当时海尔还处在困难阶段，本来可以修理之后再出卖的产品，为什么非要砸烂呢？这是不必要的经济损失；而从用有形造无形的角度看，则是非常高明的。76台冰箱被大锤砸烂了，但是海尔品牌的形象，却在消费者中间实实在在地树立起来了。

第二，以市场为导向进行产品研发与生产。淡季只是存在于头脑中，而不是市场的淡季，这有助于抑制不思进取的情绪。为此，海尔在夏季开发出的“小小神童”1.5公斤洗衣机，解决了夏季消耗水电多的问题，这款洗衣机在短短两年内就卖出了100多万台。同时，海尔又实行另一条原则——在别人否定你之前，先否定你自己。推出“小小神童1代”后，为保持领先地位，打击假冒，推出“小小神童2代”，至2005年已有18代。在得知四川农民用洗衣机洗甘薯后，海尔集团随即开发出能够洗甘薯的洗衣机；还针对人们户外晾晒衣物容易受到沙尘甚至病毒细菌的感染，以及城市取缔“万国旗”现象的需求，创新推出了世界上第一台同时拥有3种干衣方式的“爽神童”洗衣机，可选择“转动烘干”“衣架式烘干”和“转动风干”，使得整个洗衣、干衣过程充满了人性化，消费者可根据衣物的不同而自由选择。

第三，不断满足消费者的需求变化。市场变化迅速，如何适应这种形势？海尔的研发技术人员没有固定的工资，他们的收入依赖于为消费者发现了多少问题，以及怎样处理这些问题，也就是把问题转化为研发课题，把结果商业化并增加市场份额。研究消费者的时候有两个指导原则，即人性化设计和简化设计。

2. 海尔实施品牌多样化

1992年邓小平南行讲话，海尔抓住这个机会建设海尔工业园；1997年政府鼓励兼并兼收，海尔抓住这个机会，先后以“吃休克鱼”（所谓“休克鱼”是指鱼的肌体没有腐烂，比喻企业的硬件很好；而鱼处于休克状态是比喻企业的思想观念有问题，导致企业停滞不前）为理论根据，对18个不同企业进行并购（如电视、电脑行业），实现了低成本扩张。在东南亚金融危机时，多数跨国企业取消广告，海尔却抓住机会，加大广告宣传力度。事实上，不是消费者不需要家电，而是消费者在持币待购。结果在经济复苏时，海尔销售量和品牌认知度得到了极大的提高。海尔建立了高质量的队伍和经得住考验的管理体系，为品牌扩张打下了基础。1992年将海尔品牌引入空调类产品，1997年进入黑色家电领域，1999年海尔电脑出现在市场上。目前海尔覆盖了所有家电产品类别——白色、黑色、褐色，共69个类别，10 800种不同的机型。在品牌延伸过程中，海尔始终坚持延伸建立在海尔品牌优势基础上的新的产品类别与现有类别在技术、销售和类别划分方面的密切相关，市场前景良好（短时内要排名前三位）。

在品牌延伸时，海尔选择主副品牌模式。海尔集团考虑到，如果使用多品牌战略的话，会耗费一大笔宣传资金，而且效果也不一定好。受到亚洲其他成功企业的影响，统一品牌经营更有保障，它能够以集中的形象印记在消费者心中，容易排挤别的品牌产品，特别是一些老客户，他们一般不会去考虑别的品牌。当然统一品牌也有其自身的缺陷。“长虹就是彩电”“海尔就是冰箱”“小天鹅就是洗衣机”的思维定式，使品牌延伸营销遇到障碍。选择副品牌战略，能有效引导消费者突破原有消费定式，接受和认可新产品，并将对主品牌的信赖、忠诚迅速转移到新产品上来。针对产品不同的特点和功能，海尔将产品分为海尔—小帅哥、海尔—小王子、海尔—小公主等，这种方式比多品牌效果更好，它既强调了海尔这个主品牌，又分有多个副品牌，消费者可以根据自己的需要来选择产品。

就顾客来说，海尔集团的主副品牌使公司在顾客心目中树立起实力雄厚的形象，利用高质量的产品、良好的服务态度来扩大知名度、美誉度，满足不同层次、不同需要的顾客；就竞争对手来看，海尔集团的统一品牌战略抵制了其他品牌产品的销售，以其雄厚的实力抵御对手。从海尔的实践看，副品牌战略确实对统一品牌战略进行了有效的补充，它把0.5公斤的小洗衣机叫“即时洗”，电视机叫“探路者”，美容加湿器叫“小梦露”，消费者对其一目了然。对同一商品，海尔用副品牌将规格、品位、档次、功能等区分开来。

3. 海尔品牌走向国际化

在走向国际化过程中，海尔经历了播种、扎根、结果三个阶段。在播种阶段，采用的战略不仅是赚钱，更重要的是赢得声誉。海尔从最具挑战性、最苛求的地区开始树立品牌，再扩展到发展中国家。1990年刚进入德国市场，取得市场质量论证后，德国经销商认为，刚学会制造冰箱的中国公司不可能真正进入他们的市场。此时，海尔将四台海尔冰箱和几台德国冰箱商标撕掉同台展示，结果经销商分辨不出差异，于是纷纷订货。不久之后，德国检测机构对冰箱质量全面测试，海尔排名第一。在扎根阶段，海尔采用三位一体策略，从产品设计、生产、经营方面实现本地化。在结果阶段，采用三融一创策略，利用当地人力资源和资本，把海尔文化和当地文化整合起来，打造本土化品牌的知名度。

当然，构成海尔竞争力的基础是质量管理体系和品牌价值服务。海尔质量管理原则是“日清日高”——每天完成相应的任务，一天比一天树立更高的目标。每位员工有一张“3E”卡——“每一人、每一天、每一事”，并且将一般性目标具体到每个个体。例如，生产冰箱共有156个步骤、545个工作区，每个步骤和工作区都有专人负责，整体质量由此得到保证。而员工的月薪直接和这张卡片挂钩。海尔认为，当市场需求超过供给时，任何著名品牌的核心价值都是质量，但供求发生变化时，是服务造就差异，这里所谓的服务，不仅包括售后服务，还包括售前、售中服务。好的服务不仅是维修、安装和解决问题，也是了解消费者需求并产生产品开发和改进的主意。海尔安装空调时，进门套鞋套，家具上盖布以保持清洁，安装完毕用吸尘器打扫地板，离开时请用户填写满意度调查问卷，使得海尔的服务与其他竞争对手不同。

海尔的服务体系：

（1）售前服务——真实地介绍产品的特性和功能，通过耐心的讲解和演示，为顾客答疑解惑。如海尔产品质量好在哪里，功能全在何处，如何安全操作，用户享有哪些权利等，尽量使客户心中有数，以便顾客在购买中进行比较和选择。

（2）售中服务——有条件的地方实行“无搬动服务”，向购买海尔产品的用户提供送货上门、安装到位、现场调试、月内回访等项服务。例如，广州用户陈志义写了一封求购海尔玛丽特洗衣机的信，公司驻广州安装服务人员毛宗良在送货途中车出了问题，万般无奈之下，毅然背起重约75公斤的洗衣机上了路，两千米路走了两个小时才把洗衣机送到用户家中。

（3）售后服务——通过计算机等先进手段与用户保持紧密联系，出现问题及时解决。例如，1994年3月，青岛一位老太太买了一台海尔空调，在上楼找人帮忙搬运的时候，黑心的出租车司机竟将空调拉走了。海尔得知此消息后，便免费提供给老太太一台空调，并上门安装；同时要求事业部自找服务上的盲区和制定解除用户烦恼的措施。空调事业部从“丢失空调事件”发现，用户在购买空调时存在着自己拉货和找人搬抬等不便因素，于是提出“无搬动服务”理念，也就是用户购买海尔空调时只需交款，以后的所有事情都由空调公司来办，消费者只等享用就是了。

海尔在品牌经营与管理中，始终坚持传播海尔文化。海尔企业文化分三个层次：物质文化、制度文化和精神文化。物质文化是指企业生产、销售、生活、文化娱乐等方面的环境、条件、设施等物质要素的总和；制度文化是企业作为一种组织，为了达到特定目的而制定的行为规范，即一种人为制定的程序化、标准化的行为模式和运作方式；精神文化是企业在生产经营过程中受到一定的社会文化背景、意识形态影响而形成的一种文化观念和精神成果，包括企业哲学、精神、价值观。

“海尔兄弟”是海尔为了提升品牌价值所创造出的——一个有关海尔兄弟和他们的朋友神秘冒险的卡通系列。海尔兄弟中的两个男孩，一个中国人，一个德国人，代表了海尔的业务始于德国一家叫做利渤海尔公司的投资，两人手持冰激凌表示业务始于冰箱制造。212集的《海尔兄弟》是由海尔集团投资3 000万元、历时八年（1993—2001）制作而成的。《海尔兄弟》以海尔集团的标识——海尔兄弟为主人公，塑造了聪明勇敢的海尔兄弟、天真滑稽的克鲁德、美丽善良的詹妮姑娘、睿智镇定的老爷爷，讲述了他们从丝绸之路开始，为解决人类面临的灾难，为解开无尽的自然之谜而环游世界，一路经过五大洲、四大洋、56 个国家，历经 238 种艰难险阻，行程 19 万多千米的神奇历险故事。整个故事情节融科学、人文、地理、历史等知识性、趣味性于一体，人物形象活泼生动，富有积极健康的教育意义，给人们留下了深刻的印象，深受小朋友和家长的喜爱，不仅好看，还可以增长知识。该片因其对社会有积极的贡献而荣获“第六届亚洲儿童文学大会”唯一金奖。儿童动画片《海尔兄弟》，一是体现了海尔优秀的企业文化，为社会先进文化的建设和未成年人的思想建设作出了贡献。海尔集团制作这部内容积极健康的动画巨著，关心下一代的健康成长，为少年儿童提供了一份精美、健康的精神食粮，这样将企业宣传与文化、公益事业有机地结合起来，体现了一个大企业优秀的企业文化和强烈的社会责任意识。二是进一步宣传了海尔，提高了海尔的知名度。动画片中反映了世界各地的故事，各地的小朋友都能看到自己熟悉的本民族、本地区的故事，这使得世界各地的小朋友对《海尔兄弟》都会有一种亲近感，能得到世界各地家长和小朋友的欣赏。所以，《海尔兄弟》是一部民族性与国际性相融合的好作品，必然会受到世界各地家庭的欢迎，海尔企业、海尔产品也必将为世界各地所熟悉和认可。三是培养了消费群体和人才，为可持续发展打下了基础。小朋友从小看《海尔兄弟》的动画片，喜欢“海尔兄弟”，到他们成长为“购买力”并选择商品时，深烙在印象中的“海尔”，必然会对他们的“选择”起到一定的影响作用。同时，观看《海尔兄弟》长大的青少年当中，将来有人必定会成为海尔集团的人才和栋梁，从某种意义上讲，《海尔兄弟》也在为将来培养人才。

海尔广告标语“真诚到永远”浓缩了品牌内涵，每个员工、每位海尔人、每件海尔产品都被消费者和用户认为是诚实或真实的，海尔承诺的“真诚到永远”这一观念，开辟了沟通的渠道，构建了与消费者情感联系的途径，因为真诚是朋友之间一种令人羡慕的素质和态度。当然，这种观念贯彻执行的最大难度是让每个员工自发维护公司形象，员工的行为和公司形象有着紧密的内在联系。

海尔的企业文化融会了中国传统文化与西方现代管理思想的精华。来源于美国企业的个人自由和创新竞争的实现，与来源于日本企业的团队合作和勤勉敬业精神融合在一起，建立管理团队，将人才看成是企业的战略资本，认为人人是人才，人人能够自我超越和改进，只有高质量的人才才能生产出高质量的产品。海外海尔通常通过漫画的形式来表现海尔理念，海尔员工用图画和诗歌表达自己的感受。在管理标准上与海外员工达成一致，实施严格的管理政策，如上班穿工作服、不吸烟、不听音乐等。

面对未来，竞争将会变得更加激烈，国外公司会增加对中国市场的投入，甚至将总部迁到中国，变为本土化的中国式企业，拥有与中国公司一样的成本优势。此外，国外市场将会对中国公司提高进入壁垒，限制不能达到一定技术标准的中国产品进入。为了迎接挑战，海尔认为，必须打破两堵围墙——企业之间的围墙和企业内部的围墙。为此，海尔与日本三洋公司合作，相互利用对方的营销网络销售各自的产品，与竞争对手之间形成“竞争合作伙伴”，否则将会孤立无援。西方公司经历了工业革命和100多年的演进，有很好的内部管理经验，而我国的企业内部结构却很弱，管理思想仅来源于权威，指示自上而下传达，不能快速地对市场作出反应；信息自下而上汇报，容易延误时机。企业的发展要在极短的时间内完成，必须改变这种人与人之间的结构关系，应该让每一个人直接面对市场，应该用人与市场的关系来定义，每个人都对市场目标负责。目前，海尔员工几乎都把自己看作是一家公司，所面对的不是经理和同事，而是市场。

大部分企业对于品牌经营与管理依然十分陌生，在品牌管理方面的知识还十分贫乏，对品牌管理究竟具体做哪些工作不大了解或了解不深、不完整，甚至不少销售额几十亿、上百亿的企业的高层营销人士都无法清晰地回答，创建一个强势品牌的关键要素是什么。更有急功近利者认为，把产品卖出去就是做好了一个品牌。实际上，品牌的经营与管理是一项长期的工作，首先要正确全面地理解品牌的概念，了解品牌的基本特点，当然基础是从最基本的产品做起。

第一节　品牌的含义

品牌似乎可以这样理解：品，商品；牌，牌子，组合起来就是商品的牌子。但细想一下，又觉得不妥，品，品质、品位；牌，牌子、信誉、形象、标志，结合起来就是有品质有个性的显著性标志。当然，不管怎样理解，品牌是一个大家都认可的牌子。

一、品牌的起源

对于品牌的起源，英国英特品牌公司董事保罗·斯图伯特曾经写道：“品牌被用来区分不同生产者的产品由来已久。实际上，‘品牌’（brand）一词源于古挪威语的brandr，意思是‘打上烙印’。”

古代人们在牛及其他牲畜身上打烙印以表明主人，在未干的陶器底部按指印以表明制作者，在斧头、镰刀、木桶等工具上刻印记以表明生产者，这可以看作是品牌的雏形。

当社会生产的规模扩大，寻求品牌保护的“商标”（Trade Mark）及商标法也随之诞生。正如美国广告专家约翰·菲利普·琼斯所说：“品牌由商标发展而来，长期以来，商标一直是向发明者的专利提供法律保护的工具。”

品牌向它的购买者隐含着产品质量和同一性的保证，琼斯还认为：“品牌可以准确无误地把一个生产商的产品同另一个生产商的产品区分开来。”广告大师

D. 奥格威认为："品牌是错综复杂的象征。"为此，也就引出了多种多样的关于"品牌"的理解与定义。

二、品牌的概念

1. 关于品牌概念的不同观点

在广泛流传的营销神话中，品牌是由美国西部的庄园主和畜牧业者最早开始使用的。对于畜牧业者来说，一个品牌仅仅是一个标记。而现在，不同学者有不同的理解。

营销学权威 P. 道尔认为，品牌是"一个名称、标志、图形或它们的组合，用以区分不同企业的产品"。

著名的广告代理商 BMP 公司的执行董事 P. 费尔德维克，开创性地使用较完善的研究技术来了解消费者与品牌之间的关系。他对品牌的解释是"品牌是一种由保证性徽章创造的无形资产"，即由一种"徽章"或标记创造的"无形资产"。

美国营销学权威菲利普·科特勒（Philip Kotler）认为："品牌是一种名称、术语、标记、符号或图案，或者是它们的相互组合，用以识别个别或一组制造商所提供的产品或服务，并使之与竞争对手所提供的产品或服务相区别。"该定义强调了品牌的标识作用和与竞争对手的区分作用，而且赋予这种识别和区分意义的，是客户和市场。企业创造品牌的目的是为了朝有利的方向引导市场，获取产品和服务更大的市场份额和更高的附加价值。企业主导品牌，用户裁定品牌，合乎用户需求的优良产品品质是品牌建设的基础。

MSI 指出，品牌是一种联想行为，而品牌资产就是品牌的顾客、渠道成员、母公司等对于品牌的联想和行为。这些联想和行为使得产品可以获得比在没有品牌名称条件下更多的销售额和利润。

琼斯则把品牌看成是一种利益，是能为顾客提供其认为值得购买的功能以及附加利益的产品。

奥格威认为品牌是一种形象，是在消费者心目中建立的产品与消费者之间的一种关系和纽带，品牌所囊括的内容包罗万象、错综复杂——是品牌的属性、名称、包装、历史、声誉、价值、广告风格、文化、个性等的无形组合。消费者自身的知识、体验和购买及使用经验，也会影响品牌在他们心目中的地位。

艾克觉得品牌是一种关系，是产品、符号、人、厂商与消费者之间的联结和沟通，是一个全方位的架构，涉及消费者与品牌沟通方式的方方面面。

美国 Amazon 公司总裁 Jeff Bezos 认为："品牌就是指你与客户间的关系，说到底，起作用的不是你在广告或其他宣传中向他们许诺了什么，而是他们反馈了什么以及你又如何作出反应。对我们来说，口碑极其重要。简而言之，品牌就是人们私下里对你的评价。"从这个角度来看，品牌是企业与顾客双向互动的过程。如果没有客户的信赖和支持，品牌就会失去价值和意义。

在国内，对品牌卓有研究的学者何佳讯则在剖析了现代品牌经营的种种现象之后，强调了消费者对于品牌的重要性。他认为："消费者对产品如何感受的总和，才称品牌。"

此外，也有一些专家认为，所谓"品牌"是企业或品牌主体（包括城市、个人等）一切无形资产总和的浓缩，又可以以特定的"符号"来识别，它是主体与客体、主体与社会、企业与消费者相互作用的产物。

我们认为，品牌是企业或个人为其产品与服务不断树立的一种识别标记，消费者能够从中获得有关名称、地位、形象、个性、价值等的感受，企业能够从中获得发展、推广并带来超额利润。因此，品牌是一个集合概念。

实际上，我们从"品"字的结构也能看出这一点。第一，"品"字呈现出三角形，一个企业的产品要形成品牌，就必须有稳定的品质，体现企业的精神和企业的文化；第二，"品"字的外形呈宝塔形，要有基础，在基础上提高，而金字塔的尖端部分，则是对优秀的肯定；第三，"品"字是三个口，常常说三人为"众"，而品牌恰恰就是使众人对其有口碑，有些产品甚至要用"口"来品味，"众"口一品，品牌就出来了，消费者的评价就是市场。

细心观察就会发现，在品牌经营与管理中许多方面都与"品"字的这种金字塔结构有关，如人的需求层次的金字塔模型、品牌形象中的金字塔理论、品牌延伸中的金字塔框架等。

2. 关于品牌概念的动态理解

实际上，品牌的概念不仅仅是一个静态的概念，而且可以把它看成动态的过程，即品牌的经营与管理过程。

品牌经营是指将品牌视为独立的资源和资本，并以此为主导来关联、带动、组合其他资源和资本，从而取得最大经济效益和社会效益的一种经营活动和经营行为。它包括两个递进的过程：品牌创造和品牌运作。品牌经营的优势在于可以变被动为主动地拓展生存空间，特别是在当今国内市场一般消费品普遍处于供大于求的情况下，品牌经营可以最大限度地减少经营风险，使一些质量上乘、款式新颖的滞销产品成为消费者的青睐货。这样，不仅在品牌经营中能够获得喜人的经济效益，也盘活了存货和市场，使部分企业的生存处境得到了较大的改善。

品牌管理是建立、维护、巩固品牌的全过程，是一个有效监管控制其与消费者之间关系的全方位管理过程，只有通过品牌管理才能实现品牌远景，最终确立品牌的竞争优势。

品牌经营是对外的，追求从企业外部获取资源和建立影响，确定品牌的发展方向、规模、速度等重大战略问题；品牌管理是对内的，强调对内部资源的整合和建立秩序，是实现经营目标的手段。品牌经营与管理主要包括的内容有品牌名称、品牌定位、品牌形象、品牌个性、品牌质量、品牌价值、品牌文化、品牌维护、品牌延伸、品牌资产、品牌传播、品牌全球化等。

3. 品牌的组成

品牌是一个综合概念，它由品牌名称、品牌标志和商标组合而成。

品牌名称是指品牌中可以用语言称呼并用语言进行传递与交流的部分，即有可读性的部分，例如，Google（谷歌）、Microsoft（微软）、GE（通用电气）、Intel（英特尔）、Haier（海尔）、Lenovo（联想）、CCTV（央视）、CHANGHONG（长虹）、CHINA MOBILE（中国移动）等，都是世界著名的品牌名称。而一般商品名称，是以其自然属性和功能来命名的，且只具有使人将事物辨别开来的功能，如电视机、空调机、苹果等。

品牌标志是指品牌中可以被认出但不能用言语称呼的部分，包括符号、设计、色彩、字母、图案等，如小天鹅洗衣机的天鹅图案，熊猫彩电的熊猫图案。

商标是指企业在政府有关主管部门注册登记以后，享有使用某个品牌名称和品牌标志的专用权，这个品牌名称和品牌标志受到法律保护，其他任何企业都不得仿效使用，它可以是品牌的一部分，也可以包括品牌组合中的全部内容。因此，商标实质上是一个法律名词，是指已获得专用权并受法律保护的一个品牌或一个品牌的一部分。

总之，品牌附有商品或服务的个性以及消费者的认同感。它由商标、名称、名词、图案、牌号、包装等元素组合而成，被用来与其他商品或服务区别开来。

4. 品牌的结构层次

根据科特勒的理解，可以将品牌分成属性、利益、价值、文化、个性、用户六个层次。

属性：品牌的商品质量、性能、用途，如格力——空调专家，江中——“孩子不吃饭，用儿童装江中牌健胃消食片”。

利益：属性要转换为功能性或情感性的利益，如空调专家——质量可靠，高档昂贵，自尊气派。

价值：生产者的价值，包括声望、效率等，如 M-Zone 动感地带——我的地盘，听我的。

文化：生活形态的表现，如可口可乐——美国文化，海尔——中国文化。

个性：代表某种特性，如李维斯牛仔裤——阳刚、叛逆。

用户：体现消费者类型，如蓝猫系列——儿童消费群体。

三、品牌的种类

按照不同的分类方法，品牌可以分成不同的种类：

（1）根据品牌拥有者进行分类，主要包括制造商品牌、经销商品牌、零售商品牌以及服务业品牌；

（2）根据品牌属性进行分类，主要有功能性品牌、象征性品牌；

（3）根据品牌市场覆盖范围进行分类，可分为国际品牌（International

Brands/World-class Brands)、国家品牌（National Brands)、区域品牌（Area Brands)；

(4) 根据品牌发展强度进行分类，可分为顶级品牌（Top Brands)、强势品牌（Strong Brands)、弱势品牌（Weak Brands)、浅质品牌（Shallow Brands)、深质品牌（Deep Brands)、核心品牌（Core Brands)、延伸品牌（Extension Brands)；

(5) 根据市场地位进行分类，可分为领导品牌、挑战品牌、跟随品牌、开山品牌、利基品牌。

第二节　品牌的作用与特征

凭什么走向市场？凭什么赢得市场的青睐？为什么人们消费都喜欢选购那些商品？在这里，品牌起着关键作用。

一、品牌的作用

品牌的作用可以从社会、企业、消费者几方面来看。

1. 促进社会进步

品牌对社会的作用表现在：是国家形象的代表和竞争力的标志，与经济呈正相关，能增强投资者信心和员工凝聚力，获得社区尊重和媒体好感。

比如，德国奔驰汽车不仅代表着奔驰公司的形象，而且代表着德意志民族的精神和气质，代表着产生过贝多芬、黑格尔、马克思等历史巨匠，并且开世界工业设计的先河，代表着世界高品质工业产品大国的形象；美国的波音飞机、微软公司的软件也不仅仅代表本企业形象，而且代表美国这个世界超级科技强国、经济强国、名牌大国的形象；日本的丰田汽车和松下电器不仅代表它们本公司的形象，而且代表着日本这个一无资源，二无市场，在“二战”中被炸成一片焦土的弹丸岛国，靠“科技立国，设计开路”迅速崛起成为世界第二号经济强国的形象。

2. 加快企业发展

品牌对企业的作用表现在：创造更高的市场占有率，获得更高的边际收益，形成竞争壁垒，活化产业链关系，改善现金流状况，提高资源使用效率，应对环境的变化。

品牌有助于更好地销售。为了达到长期和稳定销售的目标，使自己的品牌得到消费者的喜爱和信任成为越来越重要的前提条件。一个成功的品牌实际上代表了一批忠诚的顾客，这批顾客会不断地购买该生产企业的产品，形成企业稳定的顾客群，确保企业销售额的稳定。而且品牌具有扩散效应，当一种品牌赢得消费者的好评和肯定后，企业即可以利用消费者的晕轮心理成功地推出系列产品，扩展产品线。

品牌有利于约束企业的不良行为。品牌是一把双刃剑，一方面因其容易为消费者所认知、记忆而有利于促进产品销售，注册后的品牌有利于保护自己的利益；另一方面，品牌也对品牌使用者的市场行为起到约束作用，督促企业着眼于企业的长远利益，着眼于消费者利益，着眼于社会利益，规范自己的营销行为。

品牌有助于扩大产品组合。为适应市场竞争的需要，企业常常需要同时生产多种产品。值得注意的是，这种产品组合是动态的概念。依据市场变化，不断地开发新产品，淘汰旧产品，是企业产品策略的重要组成部分，而品牌是支持其新产品组合的无形力量。若无品牌，再好的产品和服务，也会因消费者经常无从记起对原有产品或服务的好印象，而无助于产品改变或产品扩张。而有了品牌，消费者对某一品牌产生了偏爱，则该品牌标定下的产品组合的扩大也容易为消费者所接受。

3. 增加消费者的满意度

品牌对消费者的作用表现在：身份的象征，认知协调，增加顾客让渡价值。

当某特定市场不存在强势品牌，而某一品牌作为强势品牌出现时，该强势品牌对消费者的影响是很大的。这可以解释 20 世纪 80 年代末 90 年代初，在很多领域，随着跨国企业的强势品牌的出现，国内很多民族品牌纷纷被打垮的原因。这种现象，在国内各个领域、各个地区还在重演。这是由于强势品牌给消费者心理造成的一种冲击效果，给人的感觉是很想尝试一下，即所谓心理定律流程中的品牌信息，很快地达到了联想、购买动机、试用的阶段；而一旦试用，由于较好的实际效果，从而可获得好的评价、好的态度，口碑渐渐产生，最后达到信任、强化、情感共鸣的效果。应该说，强势品牌对消费者行为的影响，是品牌对消费者行为作用中最一般的情形。所有的品牌策略，最终都是为了达到这样的效果。

品牌便于消费者辨认、识别商品，有助于消费者选购商品。随着科学技术的发展，商品的科技含量日益提高，对消费者来说，同种类商品的差别越来越难以辨别。由于不同的品牌代表不同的商品质量、不同的利益，因此，有了品牌，消费者即可借助品牌辨别、选择所需商品或服务。

品牌有利于维护消费者利益。有了品牌，企业以品牌作为促销基础，消费者认牌购物。企业为了维护品牌形象和信誉，都十分恪守对消费者的承诺，并注重同一品牌的产品质量水平同一化。如此，消费者可以在厂商维护自身品牌形象的同时获得稳定的购买利益。

二、品牌的特征

1．品牌的专有性

品牌是用以识别生产者或销售者的产品或服务的。品牌产品一经企业注册或申请专利，即享有品牌的专用权，其他企业或个人不能仿冒、伪造，不得再用。不过，许多企业没有很好地保护好自己的专有权，在国际市场上屡屡遭到侵害，如“红塔山”在菲律宾被抢注，我国200多个品牌在日本被抢注，180多个品牌在澳大利亚被抢注……

2．品牌的文化性

品牌具有一定的个性，也可以说品牌是文化的象征。例如，百事可乐体现了有朝气的、年轻的、最新的、外向的；惠普体现了有教养的、有影响力的、称职的；凌志体现了自负的、富有的；耐克体现了运动的、粗犷的；金利来传达了一种阳刚、气度不凡的个性；娃哈哈则象征着一种幸福、安康、希望；红豆集团则以“红豆相思”的文化内涵吸引着众多中外顾客。

3．品牌的溢价性

消费者对喜爱的品牌，愿意付出更高的价钱。从这个意义上说，品牌可以被视为将商品或服务冠上某种品牌后产生的额外收益。因此，管理人员把它反映到企业的财务中，以无形的形式出现在企业会计账上，利用其无形资产强化品牌价值，从而在市场上进行交易。如2005年世界品牌排名第一的美国可口可乐，其品牌价值为675.25亿美元；排名第二的是微软，其品牌价值为599.41亿美元。

4．品牌的不确定性

由于市场需求不断变化，竞争不断加剧，企业与产品的品牌必须不断创新，质量与服务需要不断提高，否则将会给品牌的发展带来阻碍，加大品牌的风险系数，品牌效益的评估因而表现出不确定性。

5．品牌的联想性

品牌必须通过文字、图案和符号等直接物质载体呈现出来，通过产品的质量、服务、知名度、美誉度、市场占有率等间接物质载体来体现，使品牌有形化。如李宁牌服饰采用热情、奔放、飘逸、充满活力的红色，使人感觉到生命的律动；可口可乐的文字，使人们联想到饮用后的舒畅感觉。

6．品牌的扩张性

品牌拥有者可以凭借品牌的优势进行横向或纵向拓展，以扩大企业经营范围，增强企业实力，帮助企业积累品牌资本。

7．品牌的故事性

品牌必须有故事，更要会讲故事，故事是品牌的筋骨。世界知名的奢侈品广告，珠宝和英国女王、红酒和法国总统、轿车和德国贵族……每个故事里都洋溢着品牌的高贵气息和诱人的芬芳，这样的故事一定会吸引人，而这样的品牌绝对会打动人。

品牌的故事可以包括企业发展中的细节，企业和顾客的故事、企业和社会公益的故事、企业和员工之间的故事等。可以这样说，软广告比硬广告好，故事是最好的软广告，那如何来讲自己的企业和品牌故事呢?

品牌故事常见的表现形式就是平面和电视专题，企业访谈和事件追踪，积极紧密地与广告结合，将企业品牌资源运用到极致；还有一种方式就是制造故事——借助新闻公关的力量。没有故事的品牌是平庸的品牌，故事更多表现在积极推进社会发展——“为中国加油”“为奥运会捐款”“让世界充满爱”这样的品牌故事越来越多地获得了社会各层面的认同。在每个国家，品牌的故事都会表现出“历史、文化、成长、进步”的节奏和“参与、热爱、自信、顽强”的精神，也只有让更多的企业参与，才能使世界经济更有秩序地发展。

第三节　产品与品牌

买产品，首先是要买到实实在在的物品，也就是产品，这是有形的；看到产品，又会想到它的承诺、保证、口碑、声誉和历史，这是无形的。所以品牌是有形与无形的结合体。

一、产品

1. 产品的概念

产品是指人们向市场提供的能满足消费者某种需求的任何有形物品和无形服务，包括实物、服务、场所、组织、思想、主意等。

产品的概念从本质上说就是产品卖给消费者的利益点，即满足消费者的需求点。消费者的需求方式分为三种：生存需求、物质需求、精神需求。吃饭、喝水满足人们的生存需求；穿名牌西装、住好房子满足人们的物质需求；听演唱会、看明星表演可以满足人们的精神需求。针对需求层次的不同，企业应该准确地抓住消费者的利益点，开发、设计、生产出不同层次需求的产品。

当然，我们也要防止走向另一个极端——炒作产品概念。如山西靖华科技开发有限公司、北京清华同仁科技有限责任公司联合生产的“清华清茶”，率先打出了“洗肺”的概念，并以一句十分到位的广告语“老公，烟戒不了，洗洗肺吧”而迅速传播，以“整版平面广告”“狂轰滥炸 20 天”的独特方式，开始了在全国的扫荡，掀起了继“补钙热”“补血热”之后的“洗肺热”。一时间让消费者与经销商同时晕头转向，“是啊，保健品已经把身体上的各个部位都开发到了，还有这个肺部大有文章可做”，于是激起了消费者潜伏的需求。然而，在更多的跟进产品还没来得及亮相的时候，《财富时报》等各大媒体在深度调查后发现，“洗肺在医学理论上是不成立的”。“清除烟毒、降低烟瘾、提高免疫……”纯属虚假宣传。

2. 产品的分类

（1）根据销售关系划分。

独立品：是指一种产品的销售状况不受其他产品销售变化的影响。如手机与电视机之间的关系。

互补品：是指两种产品的销售互为补充，即一种产品销售的增加必然会引起另一种产品销售的增加，反之亦然。如钢笔和墨水的关系。

条件品：是指一种产品的购买以另一种产品的前期购买为条件。比如，要想购买羽毛球，必须先前购买了球拍。

替代品：是指两种产品存在相互竞争的销售关系，即一种产品销售的增加会减少另一种产品的潜在销售量，反之亦然。如液晶显示器和阴极射线管显示器。

（2）根据耐用性划分。

非耐用品：是指在正常情况下一次或几次使用就被消费掉的有形物品。例如肥皂、香水等。这些物品消费者购买频繁，因此，增加商业网点、较低的毛利定价、频繁的广告活动，有利于产品销售。

耐用品：是指在正常情况下能多次使用的有形物品。例如空调、电视机等。耐用品通常需要人员推销和服务，毛利定价可高些，但要向消费者承诺。

（3）根据购物习惯划分。

便利品：是指消费者通常购买频繁，希望在需要的时候就可以买到，并且只花最少精力和最少时间去比较品牌和价格的消费品。例如水果、报纸等生活日用品。

选购品：是指消费者在购买前，到多个零售商店了解和比较商品的花色、式样、质量、价格等的消费品。例如服装、家具等。选购品挑选性强，耐用程度较高，消费者有必要和可能花较多的时间和精力去许多家商店物色合适的物品。

特殊品：是指消费者能识别商品的物价、品质，习惯上愿意多花时间和精力去购买的消费品。例如古玩、邮票和钱币等。

3. 产品的表现形式

产品是一个整体概念，由核心产品、形式产品和扩大产品三个基本层次组成。核心产品是指消费者购买时所追求的利益，是顾客真正要买的东西；形式产品是向市场提供的实体或服务，是核心产品实现的形式；扩大产品是顾客购买有形产品获得的全部附加服务和利益（如免费的）。

4. 产品的生命周期

产品都有一个生命周期，即从进入市场到最后退出市场的全过程，为产品的生命周期。它具体包括：

（1）引入期，新产品开始推向市场；

（2）成长期，产品逐渐被消费者知悉、接受；

（3）成熟期，市场相对饱和，潜在消费者很少；

（4）衰退期，销售额急剧下降，利润趋向于零。

5. 产品差异化

（1）产品差异化的概念。

产品差异化是指企业以某种方式改变那些基本相同的产品，以使消费者相信这些产品存在差异而产生不同的偏好。除了完全竞争市场（产品同质）和寡头垄断市场（产品单一）以外，通常产品差异是普遍存在的。产品差异化不仅迫使外部进入者耗费巨资去征服现有客户的忠实性而由此造成某种障碍，而且又在同一市场上使本企业与其他企业区别开来，以产品差异为基础争夺市场竞争中的有利地位。

（2）产品差异化策略。

创新策略。企业为使自己的产品区别于同类企业的产品并建立竞争优势，就要大力开展研究和开发工作，努力使产品在质量、式样、造型等方面发生改变，不断推出新产品，满足顾客需要。

地理策略。企业产品的生产地和销售地的选择均以地理便利为基础，由此带来位置和运输上的优势。这种地理差异对于企业节省成本、广揽顾客有着重要作用。

促销策略。许多有偏好的消费者并不了解其性能、质量和款式，企业应通过广告、销售宣传、包装、吸引力以及公关活动给消费者留下偏好的主观形象。

服务策略。通过训练有素的职员为消费者提供优质服务、缩短结账过程等，满足消费者的合理性差异需求。

二、产品与品牌的关系

每一个企业在发展过程中都有自己的产品，也都形成了自己的品牌。如科龙集团，在高端市场拥有核心品牌“科龙”，其主要产品包括冰箱、空调、冰柜、洗衣机；在低端市场推出新品牌“康拜恩”，其主要产品有冰箱、空调、洗衣机、小家电；此外，科龙集团还通过分品牌产品“容声”冰箱、“华宝”空调、“三洋科龙”冰柜占据市场上的重要位置。这都是借助于“科龙”这一得天独厚的品牌优势，不断推出新品牌、新产品。

1. 产品是品牌的基础

没有好产品，品牌就缺乏坚实的根基，但有了好产品，也不一定能成为好品牌。品牌专家史蒂芬·金认为：“产品是工厂所生产的东西，品牌是消费者要购买的东西；产品可以被竞争者模仿，品牌却是独一无二的；产品极易过时落伍，成功的品牌却能长久不衰。”

产品不一定必须有品牌，但是在每一个品牌之内却均有产品。产品只有得到消费者信任、认可并接受，与消费者建立起亲密和谐的关系，才能使品牌与产品互为衬托、共同促进。品牌不仅代表一系列产品属性，而且体现某种特定的利益和功能，品牌的这种使人感知的利益是由产品属性转化而来的。

例如，奔驰汽车，“工艺精湛、制造优良”的属性可转化为“安全”这种功能性和情感性利益；“昂贵”的属性可转化为“这车令人羡慕，让我感觉到自己很重要并受人尊重”的情感性利益；“耐用”属性的功能性利益则是“可以使用多年或多年内不需要买新车”等。

2. 产品是具体的，品牌是抽象的

消费者可以通过触摸、感觉、耳闻、目睹、鼻嗅对产品进行识别，产品是物理属性的组合，其功能可以满足消费者的使用需求；品牌是消费者对产品一切感受的总和，它代表了消费者的情绪、认知、态度以及行为。

例如，一块普通手表只要几十元、几百元，一块劳力士或雷达手表则高达几千元、几万元、十几万元。它们之间的差距说明，表的价值主要在于品牌，而不是产品。

品牌不仅仅意味着产品性能优秀，而且代表着消费者的品位，即消费心理，精神消费才是真正的重点；品牌是身份的象征，在品牌时代，名牌手表代表着品位独特。从产品到品牌形成的过程，是消费者由产品使用经验形成品牌经验的过程，是产品与理念完美结合的过程，是品牌始终张扬个性、彰显形象的过程，是企业时时刻刻关注消费者的过程。

产品与产品之间的质量、材料、款式的确有差异，但这种物理差异不可能有十倍、一百倍之多。同时品牌是身份的象征，在十几年前有一块表就是一种荣耀，那是产品力时代，而现在是品牌力时代，仅仅产品优秀远远不够。大街上几十元、几百元的手表很少有人问津，而价值千金的名表却成了许多人强烈的渴望与追求。因为劳力士、雷达是体现自我价值，体现优越感的最好载体。

消费者更愿意购买有品牌的产品和服务，并愿意付出更多的代价。一件西服或T恤，如果不附加任何产品之外的信息，你穿它时的感觉也许就是颜色、款式、质地而已。但若西服、T恤上印有“皮尔·卡丹”“雅戈尔”，穿着者就会有一种庄重与高雅、洒脱与温馨的感觉。而当T恤上印上耐克的标志时，或许又变成了一位执著追求胜利、实现自我超越的运动明星形象。

3. 产品生命有限，品牌之树常青

产品的市场生命周期理论揭示了产品更新换代是科学技术支持下市场竞争的必然，是新产品开发的理论基础。因此，产品要更新换代，推陈出新是品牌赢得消费者认知和忠诚的重要条件，也是市场竞争的最有效手段，新产品的层层涌现使得品牌赖以存活的基础得以确立。品牌并非必须有市场生命周期，或者说品牌没有市场生命周期。只要品牌经营与管理得当，及时对消费者需求的变化作出快速的反应，品牌就能长盛不衰，充满活力。

例如，摩托罗拉的传呼机系列产品，虽然传呼机基本被淘汰，但是MOTO公司不断推出新款手机，MOTO品牌反而在通信领域得到更大的发展。

因此，产品与品牌，在生存性上，产品是载体，品牌是引导；在生命性上，产品要更新，品牌寿无疆；在时代性上，产品易落伍，品牌春常在；在群体性上，产品是单一，品牌是家族；在地位性上，产品在货架，品牌在心中；在享受性上，产品是物质，品牌是精神。

本章小结

品牌在我们的现实生活中无处不在。几乎任何事物都能被赋予品牌——无论是一篮子苹果还是整个城市，它用以识别个别或一组制造商所提供的产品或服务，并使之与竞争对手所提供的产品或服务相区别。品牌是有感情的——它能够抓住整个世界的心和思想，并激发出无比的忠诚和情感。品牌也是一种强有力的武器，它能够彻底改变顾客行为，并支配整个世界格局。

经济浪潮正在席卷着全球，而品牌经营与管理必将成为其中必不可少的一个部分。然而在大多数的弄潮儿眼中，品牌只不过是星星点点的浪花而已，片面模糊的品牌认识是极其危险的，它已经让数不清的浪花般的品牌运动葬身在黑洞般的品牌浪潮里了。不管以后何去何从，只有在详细全面地了解了品牌之后，才能乘风破浪，一往无前！

品牌塑造是一项长期艰苦的系统工程，需要企业有一整套计划、行动纲领并前后一贯、坚持不懈地努力奋斗。它不仅是一个经济问题，更是一个文化与人文问题，营销的环境很重要，企业内部及企业与外部环境的沟通，都必须创造出一个适于品牌发展和形象塑造的品牌文化圈。只重视广告，而不重视其他方面的品牌科学管理，是行不通的。品牌管理者必须克服“只见树木，不见森林”的短视行为，创造品牌、发展品牌、保护品牌。品牌一旦深入消费者的心中，就会成为企业取之不竭、用之不尽的宝库，为企业带来无限的收益。

关键词汇、概念

品牌　品牌名称　品牌标志　商标　产品

思考题

1. 国内品牌的定义与国外品牌的定义有什么区别?
2. 中间商品牌有什么优势与劣势?
3. 处于哪个经济阶层的消费者比较关注品牌?

4. 成功的品牌将会给生产者带来什么感受?

5. 你认为中国联通如何建立它的品牌? 如果你成为中国联通的品牌经理，你将会为其制定怎样的品牌战略?

6. 在公司战略运作当中，服务与产品的关键驱动力是什么?

7. 产品与品牌是怎样相互依存并相互支持的呢?

8. 做下列实验，看看强势品牌能否改变消费者态度?

把非常可乐倒进可口可乐瓶，让消费者品尝后描述感受;

把可口可乐倒进非常可乐瓶，让消费者品尝后描述感受。

第二章

品牌名称

本章学习目标

- 了解品牌名称的作用
- 把握品牌命名的原则
- 掌握品牌命名的基本策略
- 阐述商标与品牌的关系
- 了解商标的注册意义

引例及思考

可口可乐的品牌命名

1886 年，在美国佐治亚州亚特兰大市的一家药店里，一位名叫约翰·彭伯顿的药剂师偶然发明了一种味道神奇的咖啡色液体，他想把这种有色液体开发成为饮料，但苦于没有资金，就找到当地一位识字不多的大财主鲁宾逊，商议两人合伙开发这一饮料的可行性。当谈妥合作条件后，彭伯顿为了借助鲁宾逊的财力，便把为新饮料命名的权力让给鲁宾逊。

鲁宾逊一口应承下来，但思索一段时间后却感到给这一饮料起名并不那么容易，他把字典翻了一遍，也没有找到满意的名称。一天下来，由于脑袋昏昏沉沉，吃过晚饭后竟坐在书房的椅子上睡着了。等他一觉醒来时，已经是深夜两点多了，此时他想按饮料的性质起个名字。饮料是清凉的，用 cold 来代表“冷”的含义，可“冷”字不能成为名字，必须再加上一个字，他又开始翻字典，结果还是一无所获，他把字典又丢在了一旁。恰巧，这时公鸡打鸣了，他一下子跳了起来，“对了，就用公鸡这个名字吧!”可是“公鸡冷的”或“冷的公鸡”都不能当饮料的名字，想着想着他走到院子里，看到天空中一颗流星闪过，这又引起他的灵感：把“公鸡”和“冷的”单词换个字母不就行了吗？于是鲁宾逊把 Cock（公鸡）与 Cold（冷）中的 k 与 d 都换成了 a，这样就变成了 Coca-Cola（可口可乐）。

彭伯顿问鲁宾逊这个名字是什么意思，鲁宾逊说：“它们本身没有什么意义，可是，你看看它们的字母结构，不是很有意思吗?”彭伯顿连念了几遍，突然高兴地叫道："妙极了！除非是你，谁也想不出这样的好名字来，既好拼，又好念，更容易记，不管谁看一遍都会记得它，作为产品名称，真是再好也没有了！"可口可乐品牌就这样诞生了。

Coca-Cola 品牌名字的最大特点就是不注重词语的含义而注重发音响亮。该品牌名字短小玲珑，具有独创性和独特个性，是世界上独一无二、前所未有的品牌名称，从而能在世界上独领风骚。

可口可乐公司在 20 世纪 20 年代制定中国市场策略时，决定将该公司的名称"Coca-Cola"直译过去，于是翻译者将该名称发音相似的汉字进行排列组合，运用在饮料的包装上。当印有这些汉字的瓶装饮料出现在市场上时，极少有人问津。究其原因，原来翻译过来的汉字按字义理解是"蜡制的母马"或"紧咬蜡制品的蝌蚪"的意思。试想这样名称的企业生产的饮料有谁会要呢？因而可口可乐公司重新设计名称，瓶上所注汉字则改为"口中快乐"——可口可乐。

品牌是市场营销中强有力的手段，在市场高度竞争中，品牌建设往往能更加鲜明有效地传达企业内涵和区别产品或者服务。同时，品牌会带给企业巨大的附加值。品牌建设是个复杂的系统过程，在这个过程中，品牌命名是最为基础，但也是具有高度科学性的一个步骤，命名直接影响品牌在大众心中的定位和企业的发展。

纵观世界名牌，它们的名称既各具特色，又遵循着共同的规则，同时还包含着诸多精彩的偶然创意，那么，究竟该如何为品牌命名呢？又如何使名称为自己所用呢？

第一节　品牌名称的作用

一般来说，品牌名称对于企业有五个最基本的作用：识别商品和企业、提示商品信息、产生美好联想、传达企业精神和规划品牌发展。

一、识别商品和企业

给商品赋予一个名称等于给它一个身份，使人们能够很容易地找到他想要的商品。品牌是个组合，它包括外在和内在两部分。外在部分主要承担一个信息的外现载体，是由具体的形状、字体、符号、声音、颜色等组成的实体，是人们在视觉、听觉、触觉、嗅觉等生理感官上真实体验到的部分。内在部分则是品牌所传达出来的内涵，主要指产品信息、企业理念、传播口号等，是人们在心智上能获取信息和理解信息的部分，可以通过品牌名称直接传达给大众，第一时间让品牌在受众心里占据空间。比如百事可乐，除去它的品牌文化对人产生的影响，在众多的标志中，它也能在第一时间让消费者找到，其蓝色和动感的圆球对受众产生直接而又突出的刺激。海尔用动画人物做品牌标志，与其他用文字或者符号组合的品牌名称相比较，容易形成差异化，从而能在信息群体中显得突出。

二、提示商品信息

品牌名称往往能够提示商品信息或商品的种类和属性，如 Tropicana（水果产品）、Playtex（纺织品）、远足（皮鞋）；有的能暗示产品的主要生产成分和原料，如 Palmolive（肥皂）、农夫山泉（纯净水）；有的能描绘产品的作用和功效，如 Frigidaire（冰箱）、小护士（护肤品）；有的则能提示产品的性能和优点，如 Ultra-Brite（牙膏）、彩虹（显像管）。

三、产生美好联想

品牌名称的含义高雅，音义俱佳，能给人以美好的联想，如 SHANGRI-LA（酒店名）能使人联想到“世外桃源”，Apple（苹果电脑）能给人以友好、安全、信任的有益联想。

然而，一些有着鲜明时代特征的产品品牌“红旗”“红梅”“红星”，与产品却无法产生联想，与消费者的利益也没法产生有机的联系。

四、传达企业精神

品牌的名称和企业的形象结合在一起，能够表达企业的营销理念和企业的未来发展。联想电脑的汉字品牌取名为“联想”，具有比较积极开拓的含义，同时它在“联想”一词谐音的基础上，加上一个英文名称 Legend，意思是“传奇”，可以表示公司将像一个传奇一样迅速发展，能够表现企业的进取精神①；夏新（Amoi——A-class mobility，A 级动感）意为“华夏之新锐”，代表着企业的目标远景②。又比如 Haier（海尔）与 higher（更高）同音，也传达出海尔积极进取、乘风破浪的企业精神。

五、规划品牌发展

在产品或服务命名过程中面临着两种大方向的选择，一种是公司品牌模式，也就是直接使用公司名称作为品牌名称。在这种品牌模式中，公司名称在整个品牌名称中占据着主导地位。另一种则是使用一个与公司名称完全不相关的品牌名称，这种模式就是独立品牌模式。在这种品牌模式中，企业对于不同的产品使用

① 为适应品牌全球化发展，2003 年 4 月，联想集团把用了 10 年的英文名字 Legend 改为 Lenovo。

② 2003 年前，夏新原来的品牌标志为厦新 Amoisonic，后缀中含有“声音”的意义，这给品牌延伸带来局限，且“厦”字带有地域性色彩。

不同的独立个体品牌，甚至对同一类别的产品都使用两个或两个以上的独立品牌。根据市场环境，在技术更新快的电子类产品中，由于技术发展速度实在太快，很难从长远角度来树立一个又一个的独立品牌，而且如果每一种新产品或新款式都使用独立的品牌名，营销费用会很高。所以，这种企业大多数使用公司品牌模式，如 IBM、飞利浦、微软、SONY 等企业。而技术差别不是很大的生活日用品，大多数使用独立品牌模式，如宝洁、欧莱雅。

1. 单一品牌发展

中国、日本、韩国等东亚国家的企业更多地选择公司品牌模式。公司品牌模式可以让消费者意识到，购买的不仅仅是产品本身，而且是整个企业或制造商；能够向消费者及整个外部环境传递整个公司理念和企业文化；强化产品来自大公司的形象，让消费者感到质量更好，更具有信赖感，使用时感觉更安全；只需对一个品牌进行广告活动，就可以帮助所开发的新产品很快让消费者认知，提高产品的知名度，而且还可以大量节约营销费用；可以更容易成为公司、经销商以及消费者之间的沟通桥梁，在分销过程中容易获得经销商的合作和消费者的认知；所覆盖的产品领域也更为广阔。但用一个统一的公司品牌很难去适应不同特征消费者的需要，产品与产品相关性也不强。

2. 多品牌发展

以美国为首的西方国家企业则更多地选择独立品牌模式。独立品牌模式是试图为每一个个体品牌都建立丰富多彩的个体品牌形象，在这种模式中，同一产品类别中的不同独立品牌之间也强调品牌的竞争。独立个体品牌，它可以诉求于产品的功能性或有形属性，也可以从情感属性入手，建立品牌的个性和独特的品牌形象；可以使相同质量的产品之间相互支持，不同质量的产品层次相互补充；可以防止消费者因某一产品质量不好而影响其对于同一企业生产的其他种类产品质量的评价，进而影响到对该企业所有品牌形象的评价。

第二节　品牌名称设计原则

品牌名称设计得好，容易在消费者心目中留下深刻的印象，也就容易打开市场销路，增强品牌的市场竞争能力；品牌名称设计得不好，会使消费者看到品牌就产生反感，降低购买欲望。正如孔圣人所说："名不正则言不顺，言不顺则事不成。"在品牌名称设计过程中，一般应遵循以下几个原则。

一、符合法规，享受保护

品牌名称经注册后能够得到法律保护，没有注册则不能享受保护。例如"乡巴佬"这个名字具有很好的亲和力和认同度，它属于中国传统文化中的一个通用名词，引用和传播范围较广，得不到注册许可。然而浙江好几家企业却还一直使用这个名称做品牌，进行市场运作，导致后来很多厂家都使用“乡巴佬”。在杜康酒辉煌时期，市场上一度出现了伊川杜康、汝阳杜康和白水杜康三个“杜康”抢饭吃的局面，北京市高等法院在 2004 年 6 月 30 日终审判决“杜康”商标权归河南伊川杜康酒厂所有，其他企业不能注册与杜康有关联的商标。

二、表现属性，揭示性能

品牌名称若能指出产品的利益点，借助视听觉等感官刺激，使消费者产生对产品、企业认知的需求，就可以被广大消费者理解，并长久记住。如“飘柔”洗发水，能使消费者发挥头发飘逸顺美的想象；“舒步”皮鞋，可以使消费者联想到穿上鞋子时的舒适；“金嗓子”喉宝使许多消费者一提到咽喉问题就马上想到见效快的金嗓子咽喉含片。

品牌可以从不同角度体现商品的特征。如女儿红绍兴酒、哈慈五行针，突出了制造工艺的特征；上海大众汽车，突出了中外联合生产的特征；张小泉剪刀、王老吉凉茶，突出了传统工艺的特征；老城隍庙五香豆，突出了特定产品的特征；欧洲联合飞机制造公司的空中客车，突出了其内在形体和用途的特征；“肠虫清”保健食品，突出了润肠通便的效能特征；脑白金，传递了产品作用的部位和产品的价值两个属性；六必居，突出了酱菜六项必备的加工工艺——原料必精选、腌制必精湛、酱味必浓郁、色泽必鲜亮、味道必清香、咸甜必适度。

而养生堂，则透射出浓浓的中国传统文化的儒雅风范，容易让人与历史悠久的老字号相联系，且“养生”二字高度体现了行业属性和价值取向，使人对养生堂旗下的产品产生认同感和信任感。农夫山泉中的“农夫”二字给人的初步印象是淳朴、敦厚、实在；随着日益紧张的工作生活节奏、人情味的日益淡薄和人际关系交往中的层层设防，现代人内心深处渴望和期待人与人之间简单和真诚的沟通。“农”相对于“工”远离了工业化大生产和工业污染，“山泉”给人以回归和拥抱大自然的美好联想，从环保角度看，山泉给人一种绿色、无污染的感性联想；山泉源于自然，因此农夫山泉的名称吻合了人们回归、向往自然的心理需求，能较好地引起消费者的共鸣；此外，农夫山泉也体现产品的通用效用（水），使消费者产生美好、亲切的感性联想，拉近产品与消费者的心理距离，容易记忆。

但是，品牌名称与产品属性太接近，过分强调产品的性能、属性、用途，它就会失去品牌名称的资格，同时也不利于品牌的延伸。例如，SONY 公司的 Walkman（随身听）是该公司首创的一种微重卡或立体声收录机，公司将它的品牌命名为 Walkman，结果这一品牌很快演绎为微型立体收录机的商品名称，于是它就失去了品牌名；“淡啤酒”在美国最早上市并用它来命名的是米勒（Litebeer from Miller）公司，然而很快就有了舒立滋淡啤酒、柯尔淡啤酒、百威淡啤酒。

淡啤酒渐渐成了啤酒的一种，而非一个品牌酒，这使得米勒公司遭受了巨大的经济损失。

三、简洁流畅，快捷传播

品牌名称给出了品牌最为核心的信息，能让受众快速和深刻地对品牌产生心理认知。单纯、简洁、明快的品牌名易于形成具有冲击力的印象，名字越短，就越有可能引起公众的遐想，构成更宽广的概念外延。一般而言，两三个字最受欢迎，双音节或多音节的词易接受和记忆，易读易写的字词显得平易流畅。一个字的常加"牌"字，以便发音，如"梦"牌、"雕"牌、"壳"牌。鹰牌洋参丸，以鹰的勇猛、矫健暗示着健康和强身的保健作用；雄牌休闲西装，以"雄"字作为品牌体现了青壮年男性的雄健、豪放和洒脱。这两个品牌创立时间都不很长，但很快就提高了知名度。日本《经济新闻》对企业名称字数的调查显示，字数为4个字、5~6个字、7个字、8个字以上的企业名称，其平均认知度分别为11.3%、5.96%、4.86%、2.88%。

两三个音节的国外品牌名称，常以"K、P、C、B、D、G"等字母开头，如Kodak（柯达）、Parker（派克）、Polaroid（宝丽来）、Philips（飞利浦）、Pepsi（百事可乐）、Coca-Cola（可口可乐）、Crest（佳洁士）、Budweiser（百威）、Disney（迪斯尼）、Guinness（吉尼斯）。品牌原文很长的时候需要简化，如IBM（International Business Machine，国际商用机器公司）、BMW（Bayerische Motoren Werke，巴伐利亚发动机公司）、NEC（Nippon Electric Company，日本电气公司）。

品牌商标的命名过于繁杂、冗长，给人造成的印象将是粗糙、肤浅的，人们记忆它将不会太长久，更不必说是传播企业形象了。如有一种产品品牌命名为"一代天骄"，看上去很有气势，借成吉思汗来命名，但由于名字太长，人们不大会注意它，而且有些人根本就不知道成吉思汗，后来经专家指点，把其改为"天骄"则大受人们的欢迎，因为"天骄"这个品牌名简洁有力，易于理解。

四、突出个性，启发联想

品牌名称应该有独特的个性，避免与其他企业或产品混淆，避免使用在同类商品上已经使用过的或音义相同、相近的名称。好的名称使人产生美好的联想，比如，香料以"玫瑰"命名，香上加香；内衣用"玫瑰"命名，带刺的玫瑰会使人产生一种如芒刺背的联想。又如，春兰——春天的温暖、兰花的清香；娃哈哈——喝了笑哈哈；轻骑——轻松愉快；美加净——美容与净化；雀巢——舒适、依偎，像小鸟在鸟窝里一样安详、受照顾。

日本索尼公司，原名"东京通信工业株式会社"，公司创办人盛田昭夫觉得，公司名字太长读起来拗口，不宜印在产品上，准备寻找一个在世界各地都能辨认，用任何语言都能拼读，名字最多不超过五个字母的名称。后来发现拉丁文“SONUS”是英文“SOUD”（意为“声音”）的原形；另外，“SONNY”（意为“可爱的小家伙或精力旺盛的小伙子，阳光男孩”）这一词也很流行。但是日文发音的“SONNY”总会被读成“SOHNNEE”，意思为“损”“赔钱”，这在日语里一般人比较忌讳，为了要适合日本文化，于是把第二个“N”去掉，就变成“SONY”，简洁、好听、易记，并在1958年1月确定下来沿用至今。它读起来像英文又不是英文，把原来日本式的公司名字改得非常西方化，成为对产品负责、让消费者信任的同义词。盛田昭夫选定两个单词的综合变形后的形式“SONY”为公司名称，以“自由豁达、开拓创新”作为企业的经营理念，在世界上率先开发出了众多创新的电子产品，为人们提供了丰富多彩的视听享受，并为改变人们的生活娱乐方式而努力。结果SONY很快传播开来，成了世界的著名商标。当然，索尼（SONY）不论是中文名还是英文名，都没有具体的内涵，仅从名称上，不会联想到任何类型的产品，这样，品牌可以扩展到任何产品领域而不至于作茧自缚。

法国著名的姬仙·蒂娜香水化妆品公司于1985年推出香水商标“Poison”，其中文译名是“百爱”，英文原意则是“毒药、毒液”，名字似乎令人望而生畏，然而该香水在法国刚上市时，巴黎一家大百货公司每50秒钟便售出一瓶，反响极其热烈。实际上，现代女性已由娇弱、柔嫩的闺秀型向富有进取和冒险精神的事业型发展。所以，现代女性的心理表现出勇于向男人挑战，而喜欢标新立异的一面，凡是在传统上只有男人做的事，她们也都想尝试尝试，而这种奇特的构思吸引了众多的“猎奇族”，使“Poison”香水风靡世界。同时，“毒药”商标惊世骇俗，放弃了与花姿玉容、女性温馨有关的传统字眼，给人以危险的感觉，勾起冒险欲望，迎合妇女向社会旧传统挑战的心理。此外，使用苹果形的紫色瓶子盛装，显得神秘而浪漫，甚至可以使人联想起罗密欧与朱丽叶服毒殉情的凄凉而又美好的故事，因而更加充满了梦幻般的魅力。

两个品牌如果太相似，既可能使双方陷入两败俱伤的境地，也可能是一个品牌为另一个品牌服务，使其中某一品牌受到伤害。如美国的“固特立”和“固特异”，两家公司不但名字相似，而且都生产销售汽车轮胎，二者在市场上竞争时，“固特立”有一些不利，为扭转局面，他们推出引人注目的广告来加强品牌——“我们是另外一类人”在报纸上得到许多人的注意，然而并没有得到美国提供汽配服务的用户的有利关注，因为其名称“固特立”已注定其永远要居于比他更强的竞争者的下风。

五、立足大众，树立形象

符合大众心理的品牌名称，能激发消费者的购买动机，使企业形象的树立有一个立足点。例如，女性用品的命名应秀美小巧，男性用品的应雄健粗犷，儿童用品的就应活泼可爱，而老人用品的则应吉祥稳重。品牌名称要有助于建立和保持品牌在消费者心目中的形象，既清新高雅又不落俗套，充分显示商品的高品位，从而塑造出高档次的品牌形象。由于产品最终是要回到目标消费群手中，为了让他们感觉到备受关注、有利可图，显性或隐性地让其受益是必要的，如舒蕾、雅芳、花王、夏士莲等主要把女性作为消费群体，名称比较斯文、优雅、感性化。

六、上口适听，好读易记

发音响亮的词，即发音时口腔张得大的词，以及平声字、双音词，都能够给人以清晰、明确的感受，能提高信息的刺激强度，易于引起倾听，而且听后不会产生歧义。品牌的名称要朗朗上口，难以发音或音韵不好的字，难写或难认的字，字形不美、含义不清和译音不佳的字，均不宜采用。柯达公司的创办人乔治·伊斯曼在为自己的商标取名时，特意选用了语气较强的字母 K（King，国王），想出了“Kodak”这个前后有“K”而显得铿锵有力的名字。它除了朗朗上口、易发音外，还使消费者联想到照相机快门那令人兴奋的“咔嗒”声。

健伍“KENWOOD”是音响产品中的名牌，其原名是特丽欧“TRIO”，改名的原因是“TRIO”发音节奏感不强，前面的“特丽 TR”的发音还不错，一到“O”时，读起来便头重脚轻，气势上削弱了很多。现名“KENWOOD”一词中的“KEN”与英文“CAN”（能够）有谐音之妙，且发音响亮。“WOOD”（森林）有短促音的和谐感，节奏感很强，朗朗上口的发音在公众脑海中留下至深的印象，成为人们乐于称道的名牌产品。别克、旁氏、朵而、兰蔻、潘婷、乐百氏等在音节上都比较响亮、顺达，采用了开音节发音。在发音上，可口可乐、雪碧、芬达等名称，读起来音韵好听，语言的音响效果好，易读易记，同时还能反映软性饮料的生理感受。这样的品牌信息随其响亮的名称迅速传播，博得消费者的广泛认同和接纳。

娃哈哈（Wahaha），三个拼音中的韵母 a 都是孩子最早且最容易发出的音节，发音响亮，音韵和谐，而且它们也极易被孩子模仿、记忆和接受。娃哈哈是儿童产品，正是这一点赢得了孩子们的喜爱。娃哈哈的同名儿歌，以其特有的欢乐明快的音调和浓烈的民族色彩，唱遍了大江南北，把这样一首广为流传的民族歌曲与产品品牌联系起来，既为产品增强了文化色彩，又可使千千万万个消费者通过艺术的回味和旋律获得体验，在愉悦的心境中熟悉它、想起它、记住它，从而提高它的知名度。娃哈哈是各种肤色的人表示欢笑喜悦的共同方式，作为商标，容易唤起人们的欢乐心理，而且带有健康、吉祥如意的寓意，使人一见就高兴，一听就欢喜。

在新年曾有过这样的祝福信息：愿您新年新气象，百事可乐，万事七喜，心情雪碧，工作红牛，生活茹梦，爱情鲜橙多，天天娃哈哈，月月乐百氏，年年高乐高，永远都醒目。这种短信只要稍微多读两遍就很容易记下来，感觉朗朗上口，好认好记，甚至会把它当成一种乐趣传播。

当然，有些品牌名字不好记，我们可以通过故事情节产生记忆效果。如斯达舒，在强手如林的胃药市场中，斯达舒只是一个毫无根基的小字辈。不管是产品的特点，还是品牌的基础，都无法在强手众多的市场中占有优势，而且斯达舒名字难记。如何能快速让消费者记得产品的名字、扩大知名度呢？于是有了那个令人感到“恶俗”的广告：紧张的鼓点节奏下，一位年轻的母亲焦急地翻找着抽屉，原来丈夫胃病又犯了，找不到胃药，年轻的母亲急忙让儿子去找斯达舒，结果儿子却找来了一个呆头呆脑的男人——四大叔。妈妈气鼓鼓拿出真正的斯达舒胶囊纠正了儿子的错误。该广告在央视反复播放，一时间“四大叔”家喻户晓，偶尔会成为人们茶余饭后的“幽默”话题，而斯达舒的品牌知名度不知不觉地在全国范围内建立起来。

七、全球发展，文化认同

不同地域和不同民族的风俗习惯、风土人情、宗教信仰及审美心理等文化差异也影响品牌的命名。例如，日本人忌讳“四”字和菊花，法国人忌讳孔雀和核桃，英国人忌讳山羊和橄榄绿色，东南亚诸国忌讳白鹤，加拿大人忌讳百合花等。国内对蚊虫叮咬有疗效的必舒膏，在香港却大为滞销，原因是喜好博彩的香港市民想赢不想输，而“必舒”的谐音是“必输”，含义不吉利；在国内十分畅销的婴儿爽身粉“芳芳”（FANGFANG），在国外却无人问津，原因是“FANG”在英语中是“毒蛇的毒牙”，如此还有谁敢把有毒的东西往身上抹；“蝙蝠”电扇，在英语里，蝙蝠翻译成的英语 Bat 却是吸血鬼的意思。有一些品牌采用汉语拼音作为变通措施，被证明也是行不通的，因为外国人并不懂拼音所代表的含义。例如长虹，以其汉语拼音 CHANGHONG 作为附注商标，但 CHANGHONG 在外国人眼里却没有任何含义。Whisky 是世界知名的酒类品牌，进入香港和内地，被译成“威士忌”，被认为“威严的绅士忌讳喝它”，所以绅士们自然对它有所顾忌。而 Brandy 译成“白兰地”，被认为是“洁白如雪的兰花盛开在大地上”，意境优美至极，自然绅士们更愿意喝它。

总之，品牌命名，应该使名字好听、好读、好记、好意义、好传播；要打破常规、与众不同；同时还要启发联想、揭示性能；适合企业全球发展和推广的需要。

第三节　品牌命名步骤与策略

在命名策略的指导下，执行品牌命名中的每一个细节，包括名字、颜色、字体、声音等因素，从中找到合适的名称。

一、品牌命名步骤

1. 预调查

在取名之前，应该先对当前及未来国内外市场的发展趋势、企业的战略规划、产品的构成成分与功效，以及人们使用后的感觉、竞争者的命名等情况进行摸底，并且以消费者的身份去使用这种产品，以获得切身感受。

2. 选择命名策略

一般情况下，功效性的命名（以产品的某一功能效果作为品牌命名的依据，如波音飞机、固特异轮胎、锐步运动鞋、快捷相纸、恒安纸业中的女性护理产品安尔乐、生活用纸心相印等）适合于具体的产品名；情感性的命名（以产品带给消费者的精神感受作为品牌命名的依据，如登喜路服装、吉列刀片、万事达信用卡等）适合于包括多个产品的品牌名；无意义的命名（呈中性品牌，如奥克斯空调、埃克森石油等）适合产品众多的家族式企业名；人名适合于传统行业，有历史感；地名适合于以产地闻名的品牌；动植物名给人以亲切感；新创名则适用于各类品牌，尤其是时尚、科技品牌……

3. 脑力激荡会议

在确定策略后，可以召开集中会议，产生火花碰撞。在会议上，任何怪异的名称都不应得到责难，都应该记下来。一次会议也许得不到一个满意的结果，但可以帮助我们寻找到一些关键的词根，这些词根是命名的大致方向。

4. 名称汇总

由一个字联想到几十甚至上百个词语，由一个词语发展出无数个新的词语，在这个阶段，是名称大暴发的阶段，发动公司所有的人，甚至向社会征集，名称越多越好。

5. 法律审核

由法律顾问从法律的角度对所有名称进行审查，去掉不合法的名称，对无法确定而又非常好的名称，应先予以保留。

6. 语言审查

由文字高手对所有名称进行审核，去除有语言障碍的名称。比如，去除一些媚洋词，像歌舞厅挂牌为“拉斯维加斯”，热红薯取名“蒙娜丽莎”；去除一些媚俗词，像“老爷酒店”、“肥婆餐厅”、“老干妈”豆酱、“泡妞”儿童食品等。

7. 内部筛选

在公司内部，对剩下的名称进行投票，筛选出其中较好的 10 ~20 个名称。

8. 目标人群测试

将筛选出的名称，对目标人群进行测试，根据测试结果，选择出比较受欢迎的 2 ~5 个名称。

9. 确定名称

与客户一起，从最后的几个名称中决定最终的品牌名。

10. 名称试用

通过局部试用，接受市场检验，进行进一步的效果评估，作出下一步的修改和完善。品牌命名因人而异，不断有新的问题和新的创意产生。用科学的态度和方法，能减少品牌失败的几率。

二、品牌命名策略

1. 以企业名称命名

以企业名称命名的品牌，突出商品生产者的字号和信誉，能加深消费者对企业的认识，有助于突出品牌形象，如日立、东芝、海尔、格力。有些是在企业名称后面再补充，如海尔的大王子、小王子、双王子、帅王子、金王子、快乐王子，小天鹅的小宰相、小小天鹅。

2. 以动物、花卉名称命名

用形象美好的动物、花卉名称命名，可以将人们对动植物的喜好转嫁到品牌身上并追求某种象征意义，引起人们对商品的注意与好感。如用熊猫的珍贵可爱命名极品香烟，用猎豹的勇猛命名越野汽车，用小天鹅的美丽纯洁命名洗衣机，用牡丹的高贵富丽命名电视机，用雪莲的洁白素雅命名毛衣等。

3. 以人名、地名命名

根据人和产地的信誉吸引消费者，或以企业创建人、设计者、古代名人或者有纪念意义的人物、历史典故或传说中的人物形象引起人们对商品的想象。用人名来命名，这些名称给人以历史悠久和专业的感觉，也可以借地名在短期内获得一定知名度，特别是一些已经超越地域的地名。但这种方法受到地域的局限，在认知上与不同地域的亚文化产生冲突的几率高，显得没有明显特征，此外，人名、地名还受到《商标法》的限制。如张小泉剪刀、狗不理包子、王致和豆腐卤、麦当劳快餐、爱立信手机、飞利浦电器、本田汽车、茅台酒、古越龙山酒、燕京啤酒、青岛啤酒、云烟、鄂尔多斯羊绒衫。又如哈尔滨啤酒，在本地区甚至本省可以获得较高的认同，但到其他省份则被认为仅仅是个地方品牌而已。

例如，广州陈李济药厂创建于明朝万历 27 年，即公元 1601 年，至今已有 400 多年的历史。它是由广东南海县的陈体全、李昇佐两人联合创办的。名称取陈李两人姓氏，以示永久合作，同时含“同舟共济”之意。与陈李同一时期创立的马应龙眼药，也是以其创始人马应龙的名字命名。又如，文学作品中虚拟的姓氏或人物——孔乙己、八戒等也被作为产品名称。

4. 以工艺和成分命名

给出商品制作工艺和商品主要成分，能够使消费者对其质量产生信赖感。如小鸭的纳米洗衣机、创维的健康电视、珍珠口服液等。

例如，Frestech（新飞），来源于 fresh（新鲜）和 technology（技术）的组合，能说明产品的特点和工作性能。

Hisense（海信），来自 high sense，意思是“高灵敏、高清晰”，作为电子产品十分合适，同时可引申为“卓越的远见”，体现企业的经营思想。

5. 以数字命名

吉祥的数字象征着好运。如 999 感冒药、555 香烟、505 神功元气袋、双狮牌瓷砖、一品沙拉油。有些是为了突出其品类的特征或属性而命名的，使产品换代层出不穷，特别是对于高科技信息产品，在讲究“数字改变生活”的今天，其产品命名的数字化，简直就是珠联璧合、相得益彰。如诺基亚的 3210、3310、3330、8850、8855、8210、8250、6100，摩托罗拉的 V60、V66、V70、T191，西门子的 2188，爱立信的 T28、T29。

6. 以字首组合命名

取企业英文名字的首字母，简洁明了。如 TCL（Telephone Communication Limited，电话通讯有限公司）电器、LG（Life's Good）电器、HP（Hewlett - Packard，惠普）电子。

当然，缩略语可能会导致认知上的混乱不清，如 20 世纪 80 年代，在美国纽约市曼哈顿城市，以 continental（大陆）命名的公司名称在电话簿上就有 230 家之多，如果都用同一缩略语，消费者将可能无法理解和识别。再如“HH”，按拼音可以理解为“黄河”，也可理解为“黄海”“红河”“红海”；“CH”可以理解为“长虹”，也可以理解为“彩虹”；“HG”可以是“华光”，也可以是“华钢”等。因此，英文缩写，需要大量的广告费用，去耐心地告诉消费者“H”代表什么或是“B”代表什么，这种沟通很复杂，也极易让人混淆不清。为了避免这些问题，应尽可能避免使用缩略语，如果感到自己的公司品牌知名度较高，可以使用缩略语，但要尽量考虑多一点。纵观西方国家诸多的企业，在命名中已纷纷将着眼点放在创造新的字体上，极少使用英文缩写，以有别于其他品牌。

又如，T. O. P（Ten Optic Policymaker）广告制作工作坊。T. O. P 是英文缩写，中文翻译过来的全称是十人组合的视觉决策者。其中 Ten，十人并非实指十个人，而是取义于中国的十全十美，以及由十而生多，众多精英；Optic 的中文意思是视觉的，也就蕴涵广告视觉传达的意思；Policymaker 的中文意思是决策者，这意味着公司将引领广告界，这也是该公司的发展目标；T. O. P 发音顺口，全球通用，易读易记。这几个字母也给人以信赖、安全可靠的感觉。

7. 以外文译音命名

外文译音具有时代感，使人有现代、时髦等感觉。如阿司匹林药品、德宝纸手巾、护舒宝卫生巾、汰渍洗衣粉、碧浪洗衣粉、雪佛兰汽车、福特汽车、Rolls-Royce（劳斯莱斯）、Santana（桑塔纳）、Avon（雅芳）、Pantene（潘婷）、Colgate（高露洁）、OMO（奥妙）、Nikon（尼康）、Whirlpool（惠而浦）、Opel

(欧宝）等。国内品牌进入国际市场，通常也会选择一个外文名，如 Mexin（美心）、Nice（纳爱斯）、Youngor（雅戈尔）、KELON（科龙）等。

8. 以民俗命名

民风民俗具有浓厚的地域色彩。如孔雀酱油、英雄钢笔、美的电器、万家乐燃气用具等。

9. 以吉祥词命名

名称要表达出人们对美好生活和幸福未来的热爱与憧憬，表达出生产者对消费者万事如意、人寿年丰等良好祝愿。吉祥词或褒义词，具有暗喻功能，能引起人们对商品的好感，毕竟喜欢听好话的人比喜欢听坏话的人多。如富康汽车使人致富，金利来领带给人带来滚滚财源，双喜压力锅喜事多多，福临门食用油福气到来，轻骑摩托驾驶起来轻松愉快，幸福摩托车带来生活的快乐，永久自行车经久耐用等。

10. 以神话传说命名

神话传说，能够给人以美好的想象。例如：

Mazda（马自达），创立于 1921 年，古波斯宗教中光明之神的名字；Daphne（达芙妮鞋），古希腊神话中的月桂女神，河神之女，为阿波罗所袭，化为月桂遁去；Sprite（雪碧），西方神话中的小妖精，活泼调皮，乐于助人；IRICO（彩虹），来自 Iris（彩虹女神）和汉语拼音 Cǎihóng。Iris 是古希腊神话中专门传播美好信息的彩虹女神，含义美好典雅，与公司产品有相通之处。

11. 以杜撰的词语命名

采用别出心裁的词语打破商品名称表意的特点，达到异乎寻常地引人注目的效果。如柯达胶卷、TDK 磁带、Timer（铁时达）、全聚德（全而无缺、聚而不散、仁德至上）烤鸭。这些新词一方面具备了独特性，使得品牌容易识别，也比较容易注册；另一方面也具备了较强的转换性，可以包容更多的产品种类。

例如，MAXAM（美加净），新创词，来源于 maximum（最大），本身无词汇上的意义，左右对称，显著醒目。

以下是一些杜撰的品牌名称：

“雪中池”美白保湿霜。“雪”是洁白的象征，“池”有池就有水，有保湿的意思；用“中”连接两个字，有相互融合的意思，整体有很清凉的感觉。所以从字面就能理解这个产品。

“清水丽人”化妆品。给人一种清水出芙蓉之感，“清水”为天，“丽人”为人，给人一种天人合一，乃称“天人感应之理”；而且音律优美，读起来朗朗上口，此品牌更能体现产品的功能。

“玉语花香”化妆品。玉语花香，原指欲与花香，想要和花儿一争芳香。其中这四个字的含义是：玉——冰清玉洁；语——呢喃细语，丝丝沁人；花——花容月貌，让人想到花儿般的艳丽；香——香气怡人。该名称给人以清新怡人、美丽动人的感觉，符合女性审美观。

“旷野玫瑰”女士车——旷野玫瑰勾勒出一副在无边无际的旷野中娇艳鲜红的玫瑰桀骜不驯地盛开着的景象。当今的女性渴望摆脱传统，渴望突破自我，这款车迎合了女性的这种欲望。

飞林广告公司（Feeling AD）。取名为飞入广告丛林，用自己的感觉、知觉在广告界独树一帜；“飞”有自由翱翔、豪迈之感；飞（fēi）、林（lín），好读易记；英译出来，“feeling”感情、感觉，有传达公司“以人为本，诚信沟通”之理念；与客户拉近距离。

“爽吧”（S-bar）。一家时髦的发泄吧。“爽”是一种极致的快感；从校园用语而来，被广泛流传；符合发泄吧的经营风格；描述了走进爽吧之后的真实感觉，让顾客有种精神上的体验；爽（shuǎng），吧（bā），其中的“ɑ”容易发音，也比较好读；英文词——S-bar，简单明了。

“思麦儿”（Smile）面包坊。该名称来自于英文 smile（微笑）的谐音，思麦儿，思念小麦的味道，名称贴切，给人以亲近感，因为面包的主要成分是小麦；smile 给消费者以亲切、信赖，让人一看就会会心地微笑，使人想到面包的香甜美味；同时 Smile 也道出了厂家的服务宗旨，永远给顾客 smile 的服务态度；此外，思麦儿容易发音，让人易读易记。

“果韵”（Green）果汁饮料。Green 的英文意思是绿色，绿色能够给人以健康、天然的感觉，同时，音译过来就是果韵，结合汉语意思，果之韵味，果之韵律，能够给人无限的联想。

“新七天”饮料。“新”突出与众不同，有着新鲜的口感，口味独特；“七天”正好是一周，能带给你七天的新奇、快乐，周周循环往复，天天好心情；与“星期天”谐音，而星期天正好是休息日，给人一种休闲娱乐的感觉；有“相约星期天”“超级星期天”等名牌栏目的先前认识，能提高该产品的知名度。

三、品牌命名实例

1. 红桃 K

“红桃 K”品牌命名有着深厚的文化内涵，以比喻的方式暗示其为生血剂的医药保健品。产品主要用于补血生血（治疗缺铁性贫血），而血为红色，故产品以“红”为名首，暗喻该产品的功能。补血的直接效果是增加面部的红润度，中国自古就有“面如桃花”的说法，故取“红桃”二字。K 是“科技”汉语拼音的第一个字母，又是英语“OK”的意思。祖国医学认为“心主血”“心为血之器”，“红桃 K”乃心形造型，造型又似逗号和阿拉伯数字“9”，这象征企业“只有逗号，没有句号”的企业精神。

2. 金六福酒

金六福酒在短短三年里，销售额从零到十几个亿，成为白酒五强。金六福名称的含义是寿、富、康、德、和、孝，是中国几千年来传统文化的浓缩，迎合人民对“福文化”的需求。因为幸福美好的生活是每一个人都向往的，不论年龄大小、财富多少；金六福包装设计独特，外盒以黄、红、金为主色，不同等级均采用一系列类似的设计，外包装“开门见福、开门揭福”；酒瓶采用钱袋形状，寓意是喝酒会福星高照、财运亨通；酒瓶标签上有古代传说中富贵吉祥之鸟——凤凰的图案，线条流畅，极具观赏力。

3. Lion 金利来

原来取名“金狮”，金色的狮子，既雄伟又美丽。但广东话念起来像“尽失”“全输”的声音，对于讲究吉祥的香港人来说，谁也不愿戴这种领带。后来把“狮”字改为英文“Lion”，用中文标出它的近似发音“利来”，连起来成了“金利来”，寓意是金子一般的利润的到来。对于拼搏于市场经济的香港人来说，是极具吸引力的祝愿。

4. LUX 力士香皂

1899 年英国联合利华公司采用猴牌（Monkey）命名香皂，显得不伦不类，且有不洁联想，刚推出就惨遭失败。同年，又改名阳光牌（Sunlight），但落入俗套，不能耳目一新，销路一直不好。1900 年再次改名力士（LUX），获得巨大成功。究其原因，改名后，三个字母易读、易记、简洁，在所有国家语言中发音一致，易于在全球传播；Lux 来自古典语 Luxe，具有典雅高贵的含义，在拉丁语中为“阳光”之意，读音、拼写可让人联想到 Lucky（幸运）和 Luxury（华贵）。

5. Pampers 婴儿尿布

宝洁公司向公众征求品牌名称，要求能体现父母对婴儿的深切爱护之情。一时有很多名称应征，如 Driwee、Wink、Tender、Luv、Solo、Tepher、Pampers 等。Pampers 在英语里有“宠爱、溺爱”的意思，含贬义。但作为品牌名称，不但没有贬义，反而突出了父母的爱心，读音动听，很富有情感。中文名字“帮宝适”也很好。

6. Haier 海尔

海尔中的 Hai 也是人与人之间的见面招呼用语“嗨”，其中 er 相当于“人”，即打招呼的人。同时，Haier 与 Higher 同音，追求更高、更强，不断攀登高峰；也与“孩儿”谐音，这同产品标志——中德两国的小男孩一致，表示漂洋过海，企业面向全球市场。

7. Apple 苹果电脑

为纪念创始人之一的乔布斯当年在大学就读时期，一边研究电脑技术，一边在农场苹果园打工的生活，且用苹果作为电脑的品牌名称，令人有乐观、信任、聪明的丰富联想。

8. Pentium 处理器

英特尔在为其品牌取名时，主要考虑了以下条件：竞争者难以仿造；可作为贸易标志；指出新一代技术，以便有效地从上一代过渡过来；有积极联系，且适应全球；支持英特尔品牌资产；听起来像一个部件，以便它能与英特尔合作伙伴的品牌名字相配合。

在中国取的名字是“奔腾”，给人一种快得就要飞起来的感觉，这正迎合了消费者要求高速电脑核心的心理，而且朗朗上口、便于记忆、有信赖感。Pentium中的“Pent”来自希腊语，意思是“5”，暗示新的芯片是家族的第五代；加上“ium”使得芯片看起来像基本元素。

9. 柯达

1887年，乔治·伊斯曼（George Eastman）发明了干板照相术并为其申请了专利。这项发明使得人们在照相时，不再需要累赘的设备，也不必马上冲洗。由于干板照相技术的发明，以及在此之前能够拍摄100张照片的照相机的发明，预示着大众摄影时代的到来。为了使产品对公众产生大的影响，伊斯曼决定为其取一个响亮的名字。Kodak这个名字于1888年9月4日进行了注册。后来伊斯曼提及他是如何创造出这个名字的：“我选择这个名称，是因为我深明一件商品的冠名，应当精短、有力，至少不能使人误读、误拼，以免在一定程度上影响品牌形象。而且，为了不触犯商标法，在任何语言中它都不应有什么含义。K是我最喜欢的字母，它给人的感觉是有力又深刻，字母K，它包含强有力、锋利的意思。因此，品牌名的首字母我选择了K。后来，我在K的后面做了大量的字母组合，最后决定不仅以K开头，而且以K结尾。于是，就有了Kodak这个响亮的名字。”

后来有人还指出，“Kodak”还是个象声词，就像照相机快门的咔嚓声。此外，“K”字母是伊斯曼母亲家族姓氏的第一个字母，这也是很重要的。

10. 埃索克美国美孚石油公司

美国美孚石油公司为更新“埃索”石油商标，聚集了语言学、社会学、心理学、统计学等多方面的专家，耗时5年，调查了55个国家的语言，设计了一万多个商标，最后公司选中的商标仅比“埃索”多一个字——“埃索克”，却耗费了1.2亿美元。

11. 黑五类芝麻

“黑五类”是“文革”中流行的政治词汇，指“地主、富农、反革命、坏分子、右派”这五种“被专政的对象”。今天“黑五类”的说法成为历史，过去被错误“专政”的人也获得了解放。一个带着十分苦涩的词汇，竟被卖芝麻糊的厂家看中，用作自己的商标。实际上它指“黑芝麻、黑豆、黑米”等五种粮食，它能够激起人们的联想，产生独特的幽默感，并毫不费力地被记住。

第四节　品牌与商标

商标是对品牌的一种法律保护，在这个保护伞下，品牌的发展才得以有序进行。

一、商标概述

1．商标

（1）商标的概念。

所谓商标（Trade Mark），是商品生产者或经营者为了使自己的商品同他人的商品相互区别而使用的一种具有显著性的标记。这种标记通常由文字、图形单独构成，或者组合构成。标记的造型、色彩、应用方式，直接决定了其识别要素的形式，标记代表着企业的经营理念、文化特色和价值取向，反映企业的产业特点和经营思路，是企业精神的具体象征。

标记确定后，并不是一成不变的，随着时代的变迁、历史潮流的演变以及社会背景的变化，原先的标记可能已不适合现在的环境。如奥克斯是 2004 年第一家“变脸”并启用新品牌标志的企业集团，正式将商标切换为由中英文上下两部分构成的新标志，上面部分是全英文字母“AUX”，下面部分是特殊字体呈现的“奥克斯”汉字。世通变换为 MCI，华旗资讯启用新标记 Aigo（爱国者），都是标记变化的实例。

（2）商标的分类。

商标按照不同的特点或要求可以分为多种类别。

按使用对象可分为商品商标和服务商标。商品商标是使用于物质商品上的商标，它是商品生产者对其生产的物质商品所采用的以区别于其他同类商品的标识，比如，摩托车类商标有本田、雅玛哈、建设等，电视机类商标有长虹、夏华等，纯净水类商标有娃哈哈、乐百氏等。服务商标是使用于非物质形态的服务上的商标，它是经营者为区分自身提供的服务与其他经营者提供的服务而使用的标识，例如旅游服务、邮电服务、咨询服务、广告服务、餐饮服务、金融服务、保险服务、修理安装服务等行业使用的商标。

按表现方式可分为文字商标、图形商标和组合商标。文字商标是以文字表现的商标，且可以用声音表现，包括中文文字商标和外文文字商标，比如，中英文商标，“SONY”与“索尼”、“Intel”与“英特尔”等。图形商标是以图形表现标识的商标，它主要是图形，不能用声音表达，只能凭视觉来辨认，可以采用天文、地理、人物、动物、植物、抽象图案等形式来显示，如凤凰卫视的凤凰。组合商标是指把文字与图形结合在一起来表现的商标，有较好的表现力与识别力，例如，海尔电器商标，既有拼音“Haier”，又有中文“海尔”，还有两个小孩的图案，而红豆集团的针织服装商标，既有拼音“HONGDOU”，又有中文“红豆”，还有红豆种子发芽的图案。

按法律保护性可以分为注册商标和非注册商标。注册商标是按照法定的程序申请，经法定机构核准注册，注册人享有商标专用权的商标。一般情况下，商标采取自愿注册的原则，但药品和烟草制品必须强制注册，注册商标享有知识产权，是一种无形资产；非注册商标是指没有经过法定程序报审和注册的商标，使用者对非注册商标不享有商标专用权，因此，非注册商标可能在被他人注册后，使用权发生转变，专用权属于注册人。

此外，商标还可以按商标注册者的多少分为集体商标和独占商标，按商标的知名度、美誉度高低分为驰名商标和一般商标，按商标申请人国籍不同分为本国商标和外国商标，按商标使用目的的不同分为标识性商标、防御性商标、证明性商标等。

2. 商号

(1) 商号的概念。

商号（Trade Names，又称企业标志、厂商标志）主要是指从事生产或经营活动的经营者在进行登记注册时用以表示自己营业名称的部分，是工厂、商店、公司、集团等企业的特定标志和名称，依法享有专有使用权，同样受到法律的保护。

早期的企业名称根据国家统一的原则，都由企业主管部门来确定，绝大多数采用“三段式”（地名＋经营业务名称＋企业组织形式，如上海汽水厂）或“四段式”（三段式＋财产责任形式，如国营南京无线电厂）。用这两种方法命名企业，一方面可看出企业是属于全民所有制，还是属于集体所有制，显示出计划经济的色彩；另一方面，可以看出企业的所在地及企业生产的产品种类，但根本看不出企业产品的知名度与竞争力。

市场经济的发展，使企业名称及其构成发生了重大变化，这就是在企业名称中出现了商号。作为区别不同企业的企业名称，商号基本构成变为“两段式”，或是“地名＋商号”，如“通化东宝”“南京冠生园”；或是“商号＋经营业务名称”，如“容声冰箱”；或是“商号＋企业组织形式”，如“蒙牛集团”。

商号是企业的标识，储存着企业资信及其产品的市场竞争力等信息，成为品牌的载体并具财产价值。同时，它还反映着该企业的文化品位、文化心态及其商业追求，具有潜在的文化价值，因而商号是一笔重要的无形资产。据2005年统计，“可口可乐”的品牌已高达675.25亿美元，相当于其年销售额210.44亿美元的3倍多，“微软”品牌已值599.41亿美元，是其年销售额321.87亿美元的近2倍。因此，国外已形成许多命名机构，如英国的Interbrand（英特品牌集团）和Novamark（新标志公司），美国的Namestormers（命名风暴公司）、Landor（兰多)、Lexicon（词霸命名公司）和 Namelab（命名实验室）。

中国企业的商号意识淡薄，企业被看作是政府部门的附属物，名称中通常只冠以省、市、县名来显示其性质或级别；有时在同一地区遇有数家同类企业时，则干脆用序号加以区别，如第三汽车厂、无线电元件十二厂等。

在商号与商标使用上，必须注意有机统一，否则教训惨痛。江西乔家栅食品有限公司在店名、条幅等宣传标志上使用“乔家栅”字样，而“乔家栅”并非该公司的注册商标，公司只有一个注册品牌“滕王阁”。早在 1983 年，上海乔家栅饮食食品发展有限公司乔家栅食府就在国家工商总局注册了“乔家栅”商标，而且从来没有授权江西地区的任何公司使用该商标。江西乔家栅“苦心经营了 20 年的品牌，没有收入自己的囊中，却拱手让给了竞争对手”。为此，江西乔家栅在粽子、月饼等所有产品的外包装袋上停用了“乔家栅”字样。江西乔家栅在企业形象与产品推广宣传过程中本末倒置，甚至投机取巧，没注重“滕王阁”商标的强化，以致商号的知晓度远远高于商标，进而完全取代了商标，并因品牌的模糊性导致了后来的尴尬。因此，企业在自身形象与产品营销中，应当同时强调商号与商标，两者皆不可偏废。比如宝洁公司的产品商标有“玉兰油”“舒肤佳”“德宝”等，任何一款产品的广告宣传，最后都强调“宝洁公司，优质产品”。

（2）商号与商标的区别。

商号与商标的关系极为密切，经常一起出现在同一商品上。商标主要是用来区别商品的，代表着商品的信誉，必须与其所依附的某些特定商品相联系而存在，商标权属知识产权。商号主要是用来区别企业的，代表着厂商的信誉，必须与商品的生产者或经营者相联系而存在，商号权属名称权，所以商号权与人或身份的联系更紧密。

商标按照《商标法》的规定进行注册和使用，具有专用权。其专用权在全国范围内有效，并有法定的时效性；商号按照《公司法》或《企业登记管理条例》登记注册，同样具有专用权。其专用权在所登记的工商行政管理机关管辖的地域范围内有效，并与企业同生同灭。

在我国，商标权有专门的《商标法》保护；而商号权仅比照《民法通则》关于企业名称权的保护方法保护。

带有某公司商号标记的含注册商标的商品，销售到另一国家时，销售人有必要就其商标在另一国家注册，却没有必要就其商号再行注册。

3. 徽标

徽标由徽章演变而来，徽章最早是由个人使用，以表示自己特定的身份。后来逐渐发展为家庭拥有和使用，成为家族的象征。在现代社会中，社会团体、各种活动、纪念性的节日也使用这种特定的徽标，用来象征和突出其拥有者的个性形象。现代商业活动中它多表现为公司的标志、Logo 等，用来代表企业形象，与竞争对手相区别，在现代社会徽标被赋予越来越多的含义。

汉字运用于徽标的设计可以准确、鲜明、简练地表现主题。中国铁路局的标志用“工人”二字变形而成（见图2－1），恰似行驶在“工”字铁轨上的火车头。它同时还令人联想到，工人就是时代前进的火车头。

中国银行的行徽（见图2－2），外圆内方，俨然是一枚古钱币，中央的方孔幻化成“中”字，这样就把中国和银行巧妙地连在一起。同时，古钱币不仅代表银行业，又代表中国古老的文化。中线象征联系，外圆象征天下，意味着中国银行是为中国金融业开展全球金融活动的企业。

香港荃湾大会堂标志（见图2－3），运用“荃”字的变形，构成一个几何图形，似大厦高耸入云。因为该建筑坐落于荃湾区，此标志也就兼作香港荃湾区徽了。

2008年北京奥运会会徽“中国印·舞动的北京”（见图2－4），以印章作为主体表现形式，用中国传统书法加以表现。它古朴、典雅，体现出了中国数千年悠久深厚的文化神韵，因为主题是运动会，它又不失灵动、热烈。艺术字“京”代表该届奥运会的举办地北京。同时它又巧妙地幻化成一个人形，在向前奔跑、在热烈地舞动，这不仅体现了奥林匹克精神，也表达了十三亿中国人民对奥林匹克运动的美好憧憬和欢迎八方宾客的热情与真诚。它将中国特色和奥林匹克运动元素巧妙地结合在一起。

建设银行活期存款的广告（见图2－5），金灿灿的古代钱币巧妙地环环相扣，一大一小象征利生利，钱滚钱。画面简单却更能突出铜币的造型，而此造型正是建设银行的行徽。

图2－1　图2－2　图2－3　图2－4　图2－5

健力宝品牌图形，是由其汉语拼音头一个字母“J”的美术字构成，“J”字顶头的圆点像一个母体的果实，“J”的下半部分由三条曲线并列组成，象征着母体果实炸裂后蹦出来的子实生根发芽。三道曲线示意“健力宝”的家乡即健力宝集团公司所在地——广东省佛山市三水区。

喜之郎的命名源自英文“strong”的译音，有强健、强大之意。中文名字洋溢着喜庆、吉祥、欢乐、亲切、活泼的气息，其标识设计的中文字体运用现代书法体，粗犷、遒劲而又优美典雅，独具个性，给人以深刻难忘的瞬间视觉冲击。标志图形与中、英文标准字体造型有机结合，构成点、线、面交融的现代视觉识别系统，贴切地反映了产品营养、健康的属性功能。戴着棒球帽的“喜之郎”则突出了“聪明、健康、上进”的品牌形象。

二、商标与品牌的关系

品牌与商标是极易混淆的一对概念，并不是产品进行商标注册后就成了品牌。

1．商标是部分，品牌是整体

商标是品牌中的标志和名称部分，便于消费者识别。品牌更是一个综合的象征，需要赋予其形象、个性、生命。要真正成为品牌，还要着手完善品牌个性、品牌认同、品牌定位、品牌传播、品牌管理等各方面的内容。这样，消费者对品牌的认识，才会由形式到内容、从感性到理性、从浅层到深入，从而完成由未知到理解、购买的转变，并形成顾客忠诚。

有时，在广告中借助商标来展示品牌个性。奥迪汽车广告，在品牌四环标志和产品特性之间找到了一种内在的联系，并用艺术创意的形式将产品诉求表达出来。交通标志的寓意和汽车的联系是不言而喻的，100、60、20 限速标志和停止的标志与奥迪汽车的联系——奥迪诉求其产品的 ABS 系统性能优良的广告，它的刹车防抱死系统可以很快将在高速行驶状态下的汽车停止，其速度可以从 100 瞬间降至 60、20 和停止。四个连接在一起的方向盘构成了与奥迪标志一脉相承的视觉图形。简短的文案诉求告诉我们，该车配有四个连接一体的悬挂系统，用方向盘和悬挂系统建立起的联系是防震功能的诉求。奥迪没有很笨拙地直接表现防震功能，而是很优雅地将自己特有的功能隐含在四个方向盘的连接之中，真正表现出一种“山不在高”的尊贵气质，体现出奥迪品牌的主张——技术创新。

2．商标是法律概念，品牌是市场概念

商标的法律作用是通过商标专用权的确立、转让、争议、仲裁等法律程序来保护商标所有者的合法权益；同时促使生产经营者保证商品质量，维护商标信誉。

品牌的市场作用表现在，品牌是对消费者的一种保证，成为消费者选择商品的依据；品牌因特有的附加值而成为规避单纯价格竞争的手段；可以使企业实现利润最大化；品牌是身份和地位的象征，有利于促进产品销售和树立企业形象。

3．企业掌管商标，消费者关注品牌

当消费者不再重视某个品牌，这个品牌就一无所值了，它只是存在于消费者的头脑中。假若品牌出现危机，消费者对品牌的信心下降，那么品牌价值就会降低。

4．商标与品牌名字可以相结合

商标与品牌名字相结合可以达到由此及彼的联想记忆效果，使商标与品牌名字的记忆相互促进，记忆更为牢固。商标与品牌名字相一致，主要有以下几种情况（见图2－6）：

（1）商标与品牌名称完全一致，即用品牌名字的某种字体作为品牌标志，例如海尔、可口可乐、SONY 等。

（2）商标所表达的意思与品牌名称意思相同，即图案是名称的具体形象，例如雀巢、苹果、五菱汽车。

（3）商标由品牌名字的个别字或字母构成，例如 LG、麦当劳、GM（美国通用汽车）。

（4）商标是品牌名称的象形物，但与商标名称概念的具体形象有所不同，例如方正电脑、中国联通、奔驰。

图2－6

比如，海尔（Haier）的商标设计。英文标志每笔的笔画简洁，共9画，“a”减少了一个弯，表示海尔人认准目标不回头；“r”减少了一个分支，表示海尔人向上、向前的决心不动摇。英文海尔标志的设计核心是速度。因为在信息化时代，组织的速度、个人的速度都要求更快。英文标志的风格是简约、活力、向上。英文新标志整体结构简约，显示海尔组织结构更加扁平化；每个人更加充满活力，对全球市场有更快的反应速度。

海尔的汉字标志，是中国传统的书法字体，它的设计核心是动态与平衡；风格是变中有稳。两个书法字体的海尔，每一笔都蕴涵着勃勃生机，视觉上有强烈的飞翔动感，充满了活力，意味着海尔人为了实现创世界名牌的目标，不拘一格，勇于创新。《孙子兵法》上说，“能因敌变化而制胜者谓之神”，信息时代全球市场变化非常快，谁能够以变制变，先变一步，谁就能够取胜。

海尔在不断打破平衡的创新中，又要保持相对的稳定，所以，在“海尔”这两个字中都有一个笔画在整个字体中起平衡作用，“海”字中的一横，“尔”字中的一竖，“横平竖直”，使整个字体在动感中又有平衡，意味着变中有稳，企业无论如何变化都是为了稳步发展。

三、商标注册

品牌注册，可以用法律手段打击假冒伪劣产品，保护品牌。例如，海尔为防止一些“擦边球”的有意模仿，根据海尔商标的音、义、字体等进行变化、扩展，创造了大量近似的商标，向商标局提出申请进行防御性注册，以扩大防御范围。目前，海尔共申请国内商标注册600多件，国外注册涉及120多个国家和地区，超过500件，以对海尔品牌进行有效保护。

1. 娃哈哈的商标注册

“娃哈哈”的国内防御性注册。“喝了娃哈哈，吃饭就是香”的广告语使得它家喻户晓，老少皆宜。“娃哈哈”有着极强的品牌保护意识。1988年9月娃哈哈集团公司向国家工商局、商标局申请“娃哈哈”品牌注册，并于1989年9月10日核准注册，从而防止了其他企业或个人抢先注册。同时为了防御其他企业注册相近商标，娃哈哈集团公司又注册了“娃娃哈”“哈娃娃”“哈哈娃”等三个防御商标。

“娃哈哈”的国际注册。娃哈哈集团公司于1992年4月通过国家工商总局、商标局向世界知识产权组织国标局提出“娃哈哈”商标的国际注册申请，并向法国、德国、意大利、波兰、俄罗斯联邦五国延伸注册。1992年5月29日，国标局正式对娃哈哈集团公司的五件商标注册申请进行受理，1993年8月获准申请。“娃哈哈”公司还分别向日本、韩国、美国和香港等国家和地区进行了逐一注册申请。“娃哈哈”商标的地域辐射为其产品进入国际市场打下了良好的基础。

2. 英雄的商标注册

上海英雄股份公司成为世界上最大的自来水笔生产和出口企业，1994年核心企业销售收入2.8亿元，出口创汇825万美元。英雄取得的成绩也与驰名商标战略有关。

首先，广泛注册，占领市场。“英雄HERO”20世纪60年代销往东北亚、南亚、中东、非洲、前苏联以及澳洲各国和地区，并在有关主要国家进行商标注册；1995年被国家工商总局认定为中国驰名商标；目前在60多个国家和地区取得商标专用权，占商品主销市场的90%；1994年底取得国外注册证书226件。其次，严抓质量，树立名牌，完善标准化工作，强化基础管理，调整产品结构，向境内外发行A、B股票。

本章小结

命名是现代企业行销战略的一个重要环节，88%的企业因命名不慎，商品最终退出市场。无论你的产品设计得多么好，或者是多么便宜，如果命名这关过不了的话，品牌魅力就会被削减掉一半。命名是门大学问，你可以用一段文字来叙述产品有多么好，你也可以用一句极富创意的话语来浓缩产品的精华之处，但是，在短短的几个字中，同样有着一些微妙的个性特质和奥秘所在。

一个好的品牌名称是品牌被消费者认知、接受、满意乃至忠诚的前提，品牌的名称在很大程度上影响品牌联想，并对产品的销售产生直接影响。品牌名称作为品牌的核心要素甚至会直接导致一个品牌的兴衰。因此企业在一开始就要确定一个有利于传达品牌定位方向，且利于传播的名称。准确的名称本身肩负着品牌的承诺，体现了产品的定位。准确的名称，不仅将你的公司、产品、服务与竞争者有效地区分开，而且能与消费者进行积极的对话和沟通，亲近顾客的情感，加深对品牌的印象。

好的品牌造就全球化的大企业，优秀的企业必定有好的品牌名称，两者是相辅相成的。品牌名称主要由名字、标记、符号、图案、颜色和声音等元素组成，品牌命名要好听、好读、好记、好意义、好传播。一个品牌的创意是要多方面考虑的，不仅是名字响亮，还要注意命名的细节，有利于推广。一个品牌的荣耀也是品牌设计师的骄傲，所有营销的目的就是使品牌深入人心，以影响消费者的购买决策，所以，好的品牌名称现在看来不仅至关重要，而且还是一个品牌能否成功的关键，甚至关系一个品牌的生命力，取一个好的品牌名称是企业长期成功的最好保障。

品牌命名的方法还有许多许多，但企业在选择命名方法时，千万不能生搬硬套，拘泥于别人归纳出来的方法。要知道方法是死的，人是活的，一定要根据企业与产品自身的特殊情况，在借鉴别人方法的同时，灵活地选择自己的命名方法。其中，要特别强调命名方法的创意性，使自己的品牌名称一面世，便让人欣赏，令人难忘，具备竞争对手无法比拟的品牌冲击力，这样的品牌名称才会令企业受用一辈子。所以，品牌命名因人而异，不断有新的问题和新的创意产生。用科学的态度和方法，能减少品牌失败的几率。

有了好的名称，还要注意及时注册保护，否则，教训将是惨痛的。

关键词汇、概念

品牌命名　商标　商号　徽标

思考题

1. 请分析以下四种品牌名称决策的优缺点，并举例说明。

(1) 个别的品牌名称。

(2) 共同的家族品牌名称。

(3) 不同类别的家族品牌名称。

(4) 公司的商品名称和单个产品名称相结合。

2. 由星巴克你能联想到哪些词？你觉得联想到的这些词是星巴克品牌引起的共鸣吗？

3．许多公司努力制造独一无二的品牌名称，使之最终成为辨认这类产品的标志。请列出十个以上在你心中留有深刻印象的品牌名称，并分析它们的特色。

4．企业兼并与收购（Mergers and Acquisitions，简称 M & As）后，你认为使用（换用）一个品牌名称好还是使用品牌组合的名称好？请就下列品牌名称谈谈你的看法。

埃克森—美孚公司（Exxon Mobil），1999 年兼并；

戴姆勒—克莱斯勒（Daimler - Chrysler），1999 年合并；

索尼—爱立信（Sony Ericsson），2001 年合并，推出移动电话品牌。

5．商标、包装、标签等是怎样作为营销工具应用的？

6．实验：展示一组名单，让被测验者扫视，看看能够记住哪些？为什么？

第三章

品牌定位

本章学习目标

- 掌握品牌定位的基本概念
- 掌握品牌定位的基本过程
- 阐述品牌定位的策略
- 描述品牌定位的个性分析

引例及思考

喜之郎的品牌定位

1999年央视调查咨询中心“全国城市消费者调查”结果显示，喜之郎果冻的市场占有率高达83%，比第二品牌领先80%，是唯一拥有绝对“第一”市场占有率的本土品牌。这一新的市场策略取决于准确的市场定位，使喜之郎从地区性品牌转向全国市场，从小众市场延伸到大众领域。

1997年以前，食品行业将果冻定位于儿童食品，是孩子的专利，在产品的广告传播上突出强调其食品特性与营养特点，这给其自身的发展设置了天然的壁垒，消费空间有限，长期反复购买的可能性也不大，产业规模与生命力都只能停留在较初级的层次。

喜之郎突破传统的行业做法，逆向定位，扩大产品消费群体。虽然喜之郎以儿童食品进入市场，但应定位于大众食品。因为行业关注度与认知度都不高，消费者尚未形成“果冻就是儿童食品”的认知定式，在消费者大脑中建立大众休闲食品联想的可能性很大。

围绕“亲情无价”这一品牌价值观，喜之郎不断地塑造亲情、温馨的品牌形象。健康快乐的喜之郎卡通形象和男孩女孩一起练习芭蕾与柔道，浪漫永恒的喜之郎情侣，幸福温馨的喜之郎家庭……实际上在向消费者传递信息：吃果冻的可以是儿童、少年、青年，也可以是中年人和老年人，老少皆宜；果冻既可在运动后品尝，也可在娱乐休息时吃一口，还适宜于全家共同分享——果冻不仅是口感好和有益健康的食品，更是促进不同年龄人群交流的介质，是适于表达亲情的载体。为此，喜之郎以“亲情”为核心，用节日做文章，推出系列广告《中秋篇》《新年篇》。《中秋篇》中黄色的灯笼、黄色的月亮、温馨的家庭，是孩子们心目中最甜蜜的回忆；《新年篇》将一年来广告中出现的人物来了个大会演。

喜之郎的每个广告都有一首通俗、动听的歌曲，广告歌传诵在幼儿园、学校、家庭……如今凡有果冻处，皆可听到喜之郎充满愉悦感的音乐。

“果冻布丁，喜之郎”，制造了品牌与行业的唯一相关性，在潜移默化中喜之郎成了果冻布丁的代名词，排他性极强。它垄断了消费者对于一个产品类别的联想，同时也有效地建立起行业壁垒，令竞争品牌难以突破。

喜之郎的成功首先在于其对中国大众消费市场结构特征的准确把握，重新界定市场领域，扩大果冻的消费层次及范围，准确地进行品牌定位，引起产品销量大增。1998 年初，已经是产业绝对第一品牌的喜之郎开始张开其品牌的保护伞，它为这一新生的品牌取了个富有诗意的名字——水晶之恋。水晶之恋采用了市场细分的品牌定位手段，与当初果冻布丁的做法背道而驰，聚焦于年轻情侣。“水晶”代表着晶莹与珍贵，“之恋”意味着美好的情感，这种把“果冻”与“水晶般尊贵浪漫的恋情”联系起来的做法，不是把“果冻”定位在一种食物所必备的味觉、口感以及对人体健康有营养作用的单一层面，而是直接赋予“果冻”一种“水晶之恋”的欲望与想象，将消费者的情感认知显性化。“水晶之恋是爱情象征”的品牌定位，其独特的心形外形和水晶物语成为新的情侣食品与表达情感的介质，“水晶之恋”同样取得了巨大成功。仅用 200 万资金即启动市场，在一年半的时间内跃升为行业第二品牌。

每天，当我们看到那么多的品牌像流星一样一闪而过，我们不禁感慨品牌长生不老的秘方在哪里？因为我们为树起一个品牌付出了太多的代价，我们不甘心倾注了我们“毕生精力”的品牌就这样烟消云散。在经营品牌的时候，我们是否忽视了一个最基本的而又是最核心的问题：消费者心智研究，即所谓的品牌定位。定位决定一切，这就是秘诀，也是最简单的、最容易忽视的。实际上，所有品牌营销的中心都在围绕着“品牌定位”及其策略开展工作，可以称之为品牌营销的原点回归。

第一节　品牌定位的含义

定位，就是要找到自己的位置，这必须有一定的基础或理论支持；品牌定位是树立一种品牌形象。

一、定位

1. 定位的概念

定位一词已被广泛使用，它最初是由美国人艾·莱斯和杰克·特劳在 1972 年出版的《心战》中提出并加以推广和应用的。他们认为，定位是针对现有产品的创造性思维活动，它不是对产品采取什么行动，而是主要针对潜在顾客的心理采取行动，将产品定位在顾客的心中。因此，定位就是确定商品在市场的位置，或产品在消费者心中的地位。定位是依据竞争来强调品牌的独特之处和激励购买因素的过程。

2. 定位要解决的问题

定位主要解决四个问题：

（1）为什么。具体的消费者利益点或对品牌作出的保证是什么？如索尼带来的革新，奔驰和英特尔给出的设计精密性，Stouffer 提倡“低脂熟食”的低卡路里。

（2）为谁。这是指目标市场。长期以来，红牛是恢复体力的饮料，加拿大 Dry 是成人的饮料，百事可乐是青少年的饮料。

（3）何时。这是指在什么时候使用该产品？如“八点以后”的巧克力甜饼，“白天服白片，晚上服黑片”的白加黑感冒药。

（4）针对谁。针对想从其市场中争夺消费者的主要竞争者的品牌。如佳洁士与高露洁的“贝壳与鸡蛋演示实验”。

例如美国 Gaines 公司推出一种新的狗食。这种红色的碎牛肉饼是一种半脱氧产品，与一般的宠物罐头食品不同，它无须冷藏，也没有其他罐头所带有的异味。这时公司有几种定位可选择：第一，可以迎合富有的狗主人，宣传其在罐头食物市场中占一席之位——“非一般的罐头”，即这种肉饼没有那些普通罐头使人不愉快的东西（气味、要保管等）；第二，攻击那些脱氧产品——并不是因贪图方便而选用，即主人不必内疚；第三，把“用剩食来喂狗的主人”作为目标市场——提供能量的补充食品（不是狗的主餐食物）；第四，强调主餐食物——提供能量的产品。

在选择时，我们可以考虑以下标准：定位是否符合现时产品的样式？是否充分利用了产品的主要特性？通过哪一种定位消费者能产生强烈的购买动机？与定位相对应的市场规模有多大？这是一个可靠的、独特的定位吗？这种定位要求有多少财务预算？在遭遇挫折时定位是否有改变的余地？经过详细的分析和思考，Gaines 公司采纳了第一种定位，并以“Gaines Burger”命名。

二、品牌定位的概念

基于对定位的认识，人们认为品牌定位就是建立或塑造一个与目标市场有关的品牌形象的过程和结果。换言之，即指为某个特定品牌确定一个适当的市场位置，使商品在顾客的心中占领一个有利的位置，当某种需要一旦产生，人们会先想到这一品牌。

比如在炎热的夏天感到口渴时，人们会立刻想起“可口可乐”红白相间的包装，商标的设计和流畅生动的书写字体，以及它清凉爽口的味道；在计划购置一台电脑时，消费者会想到IBM高质量的产品和优质高效的服务。这些企业都以其独特的品牌形象在消费者心目中留下了深刻的印象，使消费者理解和认识了这些品牌区别于其他品牌的特征。

三、品牌定位的意义

1. 让消费者更快地记忆信息

研究发现，人只能接受有限度量的感觉。超过某一点，脑子就会一片空白，拒绝从事正常的功能。在这个“感觉过量”的时候，企业只有压缩信息，实施定位，为自己的产品塑造一个最能打动潜在顾客心理的形象，这才是唯一明智的选择。品牌定位能使潜在消费者对该品牌产生正确的认识，进而产生品牌偏好和购买行动，它是企业信息成功通向潜在消费者心智的一条捷径。

2. 市场细分的必然结果

定位以产品的真正优点为基础。当然任何企业都不可能为市场上的所有顾客提供所有的产品或服务，而只能根据自己的具体情况选择具有优势的细分市场。定位要清晰、明确，不宜太过复杂；否则，就会处处兼顾、处处失败，处于被动境地。品牌定位为企业确定最有吸引力的、可以提供有效服务的目标。比如IBM公司更多时候强调自己是一家服务性公司，因此大多数消费者都认为，IBM能使非专业的电脑操作人员觉得有保障。

3. 暗示目标消费者形象

定位使消费者能切身感受和理解品牌所传达的信息，同时能够把品牌和消费者的想象、感觉联系起来，使消费者与品牌形象进行有机联系。比如万宝路在不同的地区塑造不同的形象：美国——自由自在、粗犷豪放、四海为家、西部牛仔；香港——年轻洒脱、事业有成、农场主；日本——依靠智慧和勇气征服自然、田园生活的牧人。

4. 品牌个性的表现

定位能够凸显个性优势，品牌的个性主要表现为以下几方面：

(1) 纯真个性，如柯达：淳朴、诚实、愉悦；以家庭为主、温暖。

(2) 刺激个性，如保时捷：大胆、新潮；时髦、冒险、创新。

(3) 称职个性，如IBM：聪敏、成功；安全、效率、有影响力。

(4) 教养个性，如奔驰：上层阶级、迷人；流畅、高贵。

(5) 强壮个性，如万宝路：户外、坚韧；男子汉、西部、运动。

四、品牌定位的基础

1. 心理偏好

根据美国宾夕法尼亚大学沃顿商学院的一项观察表明，消费者把商品从货架上拿到购物筐里平均要用12秒，平均只能仔细考虑1.2个品牌，消费者选择某品牌的主要依据在于该品牌能给消费者带来自我个性宣泄的满足，在于品牌形象对他们持续而深入的影响。企业要善于分析消费者对商品需求的心理特征，通过理性的、感性的或情感的品牌定位方式来满足消费者心理，即企业要善于“攻心”。

同时，人们只愿意接受他们喜欢的事物，对于不喜欢的东西看得越多反而越感厌恶，不但没有美感，反而更觉得丑陋。一个定位准确的品牌引导人们往好的、美的方面体会；反之，一个无名品牌，人们往往觉得它有很多地方会不如其他商品。

消费者在品牌选择上，很大程度取决于对该产品认知的积累及其鲜明的个性和品牌知晓程度。因此，为使品牌在消费者心目中树立一个鲜明的形象，即进行品牌定位，是非常必要的，特别是在买方市场条件下，企业要善于分析消费者对商品需求的心理特征，通过理性的、感性的或情感的品牌定位方式来达到塑造形象的目的。

2. 行为定式论

消费者在长期的购买、消费行为中往往形成了特定的习惯，而排斥与其消费习惯不相同的事物。如有的人喜欢去大商场买服装、家电，去超市购买日用品、食品；而有的人喜欢喝果汁，有的人喜欢喝可乐。消费习惯具有惯性，一旦形成就很难改变，需要企业付出巨大的努力。品牌定位有利于培养消费习惯，提高顾客忠诚度。

3. 记忆限度论

在信息超量的时代，产品种类多到前所未有的地步，然而人们的记忆是有限的，很少有人能准确列出同类商品七个以上的品牌，人们往往能记住的是市场上的“第一、第二”，在购买时首先想到的也往往是某些知名品牌。如Wal-Mart（沃尔玛）、Microsoft（微软）、NOKIA（诺基亚）等名牌产品往往是消费者心目中的首选。

4. USP理论

USP即独特的销售主题。品牌的注意力集中在产品的特点和消费者的利益上，选择消费者最容易获得认知的一个说辞作为品牌诉说的主题，这个说辞必须具有独创性。例如，乐百氏的27层过滤。

5. 市场细分理论

品牌定位不是盲目的，而是针对目标市场的。目标市场是企业品牌定位的归根点，但前提是市场细分。通过市场细分，能使企业发现市场机会，从而为企业设计、塑造自己独特的产品或为品牌个性找到客观依据。实践中，如美国钟表公司通过市场调查，把美国手表市场分为三个子市场：第一个是想买价格低廉能够计时的手表的顾客，占美国手表市场的23%；第二个是想买价格适中、计时准确且耐用的手表的顾客，占46%；第三个是想买各种名贵手表，追求其象征性价值的顾客，占31%。当时美国著名的钟表公司几乎都将这三类顾客群作为自己的目标市场，而美国钟表公司当机立断，选择第一、二类顾客群作为自己的目标市场，开发名为“天美时”（TIMEX）的物美价廉的手表，并大力促销，结果赢得了消费者的厚爱，塑造了强有力的品牌形象。

因此，以市场细分为前提选择目标市场，在目标市场进行市场定位、品牌定位（核心），已是企业赢得市场、开拓市场、塑造品牌形象的必然选择。

第二节　品牌定位过程

品牌定位和市场定位密切相关，品牌定位是市场定位的核心，是市场定位的扩展和延伸，是实现市场定位的手段，因此，品牌定位的过程也就是市场定位的过程。做品牌必须挖掘消费者感兴趣的某一点，当消费者产生这一方面的需求时，首先就会想到它的品牌定位，就是为自己的品牌在市场上树立一个明确的、有别于竞争对手的、符合消费者需要的形象，其目的是在潜在消费者心中占领一个有利的位置。要达到这一目的，必须考虑市场的差异、目标消费者的需要以及竞争对手的状况。

一、市场细分

消费者人数众多，需求各异，企业应根据企业自己的条件和营销意图把消费者按不同标准分为一个个较小的、有着某些相似特点的子市场，向市场上的特定消费群提供自己具有优势的产品或服务。为此，可以按照地理、人口、心理和行为将市场进行细分。

1. 地理细分

地理细分可以选择国家、省、市、县、地区或居民区等。不同地区的消费者有着不同的生活习惯、生活方式、宗教信仰、风俗习惯等偏好，因而需求也是不同的。欧洲和亚洲的消费者由于肤质、生活条件的不同，对护肤品、化妆品的需求有很大差别，因此，羽西“特别为东方女性研制的化妆品”得到了中国女性的青睐。同时在进行跨国或跨区域营销时，也需对各个区域进行细分。

例如，美国雷诺公司（R. J. Reynolds）将芝加哥分成三个小型市场：

第一，北岸地区市场。这里的居民大多受过良好的教育，关心身体健康，因此公司就推销焦油含量低的香烟品牌。

第二，东南部地区市场。该地区是蓝领工人居住区，他们收入低并且保守，因此公司就在此推销价格低廉的云丝顿香烟。

第三，南部地区市场。该地区是黑人居住区，因此公司就大量利用黑人报刊和宣传栏促销薄荷含量高的沙龙牌香烟。

2. 人口细分

人口细分根据消费者的年龄、性别、家庭规模、家庭生命周期、收入、职业、受教育程度、宗教信仰、种族以及国籍等因素将市场分为若干群体。比如，青年人花钱大方，追求时尚和新潮刺激；而中老年人的要求则相对保守稳健，更追求实用、功效，讲究物美价廉。万宝路男士香烟强调男性的健壮、潇洒，犹如西部牛仔，而库尔女士香烟则突出女性的神秘优雅。高收入阶层和白领阶层更关注商品的质量、品牌、服务以及产品附加值等因素，而低收入者则更关心价格和实用性。

3. 心理细分

心理细分是根据消费者所处的社会阶层、生活方式及个性特征对市场加以细分的，在同一地理细分市场中的人可能显示出迥然不同的心理特征。例如，根据生活方式不同，大众汽车公司将消费者划分为“循规蹈矩的公民”和“汽车爱好者”；女性时装公司则将年轻女性分为“淳朴女性”“时装女郎”和“男性式女士”三类。

4. 行为细分

行为细分是根据消费者对品牌的了解、使用情况及其反应对市场进行细分的。它主要受购买时机（顾客所需）、购买频率（经常或偶尔）、购买利益（便宜、实用、新潮、炫耀）、使用者状况（使用过或未使用过）、品牌了解（听说过、准备买）、态度（肯定、否定）等因素的影响。

二、目标市场确定

在市场细分的基础上对细分出来的子市场进行评估，然后选择进入细分市场的方式，从而确定目标市场。

1. 评估细分市场

评估细分市场的核心是确定细分市场的实际容量。从消费者角度来看，主要由潜在消费者的数量、购买能力、需求弹性等因素决定；从竞争者角度来看，受同行业的竞争品牌、潜在的新参加的竞争品牌、替代品牌、品牌产品购买者和供应商五方面的影响。如我国胶卷市场，柯达、富士两大国际品牌实力雄厚，占据市场的绝大多数利润，肩负着振兴民族产业的乐凯，要进入这样一个市场，力求扩大市场份额，成功的可能性很小，这主要是由于我国的中小企业都受到技术、财力、人力资源的限制。

2. 进入细分市场

通过评估，品牌经营者会发现一个或几个值得进入的细分市场，即目标市场。目前采用的进入方式有三种：

第一种，集中式进入，即企业集中所有的力量在一个目标市场上进行品牌经营，满足市场需求，在品牌获得成功后再进行品牌延伸。比如，太太集团以“太太口服液”针对年轻女性养颜补血的心理进入市场，并获得了成功，后来又推出了“静心口服液”进入中年女性市场，也取得了成功。这种方式有利于节约成本，以有限的投入突出品牌形象，但风险也比较大。

第二种，专门化进入，即在几个目标市场上同时进行品牌营销，而且在每个市场上都能获利。比如宝洁公司在洗发水市场、牙膏市场、洗衣粉市场上同时开展营销活动且都取得了成功。这种进入方式有利于分散风险，即使在某一市场失利也不会全盘皆输。

第三种，差异性进入，即分别设计不同的产品，以满足不同目标市场的需求。如海尔集团仅冰箱一种产品就分为“大王子”“双王子”“小王子”“海尔大地风”等不同品牌，以满足家庭、宾馆、餐厅、农村地区中不同细分市场对冰箱的需求。这种方式针对特定目标市场的需求，成功率高，能取得更大的市场占有率，但其营销成本也高。

比如，诺基亚推出一系列以数字为代码的副品牌，几乎把手机的所有细分市场一网打尽。诺基亚 8210、8250、8310 组成时尚先锋系列，属于中高档机型，主要针对具有时尚性、时髦生活个性的消费群，有一定的消费能力，换机比较频繁，注重生活质量，追求新技术、新产品；诺基亚 8850、8855、8910、8910i 代表至尊经典系列，高档产品定位，主要针对高端市场，如私企老板、公司老总等，手机更换不频繁，是身份和地位的象征，这类机型轻易不降价，推出的周期也比较长；以诺基亚 6210、6500、6510、6100（可拍照）组成商务精英系列，主要针对商务活动人士；以诺基亚 3310、3330 为代表的“3”字真我个性系列，主要针对 20 多岁追求个性和自我表现的年轻人；以诺基亚 5210 为代表的动感活力系列；以诺基亚 5510、6800 为代表的娱乐互动系列；诺基亚 9210C 则被称为个人通讯器。

三、消费者分析

消费者利益的定位是站在消费者的立场上来看的，它是消费者期望从品牌中得到的价值满足。用于定位的利益点选择除了产品利益外，还有心理上、象征意义上的利益，因此可以说，定位与品牌化其实是一体两面，如果说品牌就是消费者认知，那么定位就是公司将品牌提供给消费者的过程。

消费者有不同类型，不同消费层次，不同消费习惯和偏好。企业的品牌定位要从主客观条件和因素出发，寻找适合竞争目标要求的目标消费者；要根据市场细分中的特定细分市场，满足特定消费者的特定需要，找准市场空隙，细化品牌定位。消费者的需求也是不断变化的，企业还可以根据时代的进步和新产品发展的趋势，引导目标消费者产生新的需求，形成新的品牌定位。品牌定位一定要把握消费者的心理，唤起他们内心的需要，这是品牌定位的重点。所以说，品牌定位的关键是要抓住消费者的心。

1. 产品功能对消费者的影响

消费者购买产品，首先是出于获得产品基本功能的需求。因此，绝大多数广告都建立在功能诉求上。比如采乐，去头屑，抑制真菌再生，且走了药店的路线，更具可信性。产品确立了功能上的优点，经过积极的、大量的传播，消费者会根据自己的发质情况和需求去组织有关信息，以确定选择洗发水的品牌。

2. 心理感受对消费者的影响

不同的消费者，有着不同的心理需求，从品牌的选购可以看出消费者的个性，品牌定位常常以此为据。比如，从服装看消费者的心理需求。“西湖商厦服装城”是廉价的代名词；“穿在西单商场”则代表了一种中档价位；“时装大厦”却代表了高档价位。同样一件衣服，仅因为换了一个标牌，在“时装大厦”能标价500元，在“西湖商厦”100元就能买到。当一个消费者从“时装大厦”花500元买了价值100元的衣服，会向周围的人主动或无意识地标榜是“从时装大厦买的”，获取心理上的满足；当有人质疑“从西湖商厦服装城买的吧”时，他会感到自尊心受到了伤害。

四、行业竞争者分析

产品能够带给消费者切实的利益，满足某种切实的需要，这并不意味着品牌就能受到青睐，因为市场上还有许许多多企业在生产同样的产品，也能给顾客带来同样的利益。为此，我们需要对竞争对手进行深入分析。

1. 竞争对手的种类

一个品牌的竞争对手范围是相当广泛的。不同行业里，竞争威胁的来源可能迥然不同，有时潜在的或未来的竞争对手可能是最具威胁的，尤其对于现有的领导品牌而言，更可能被新出现的对手或新技术打败。所以企业必须认清自己在行业中的位置。

（1）直接竞争者。

这是品牌最激烈的竞争对手，它们的产品似乎总是顾客所缺的东西，顾客会从特色、性能、质量、服务及价格等方面对竞争品牌进行比较。因此，必须尽可能多地了解品牌直接竞争者，并谨慎地采取应对策略。

比如，红桃K集团在竞争者定位信息分析时发现，在贫血者市场上，大多数厂家在满足市场需求时多以传统中医的气血理论为依据，强调采用一些中药材进行补血，这些产品符合传统型消费者对补血用药的需求，而红桃K摒弃了同类产品“补血”的叫法，第一次使用了“生血剂”一词，变被动补血为主动生血，突出了产品高效的形象，营造了自己的品牌优势，找到了独特的市场定位。

（2）间接竞争者。

品牌竞争者不是在任何领域都能迎头相遇，也许只在某些产品上、某些区域市场或某些细分顾客群中才出现竞争。然而绝不能忽视这种竞争者，因为这些竞争品牌常常会积聚它们的力量，默默地等待你出错的可能，然后迎头痛击。

比如，农夫山泉通过天然水与纯净水的客观比较，确定天然水优于纯净水的事实，宣布停产纯净水，只出品天然水，鲜明地亮出了自己的定位，从而树立了专业的健康品牌形象。

（3）潜在的竞争者。

潜在的竞争者常常是替代品的推广者，由于它们并不生产与竞争品牌同类的产品，因此很容易忽视它们，但它们却在暗中摩拳擦掌。鉴于它们一旦成功，结果将是毁灭性的，所以需要定期对潜在竞争者加以考虑。

2. 竞争对手的地位

知道竞争者现在处于一个什么样的竞争地位，有助于更清晰地认识竞争的形势，也有助于判断竞争对手下一步将采取的目标和战略，从而维持或者改变竞争地位。

竞争地位加强的表现：拥有重要的资源强势和核心能力；拥有很高的市场份额；顾客群在增大，顾客忠诚度不断提高；在具有吸引力的细分市场上占据着有利的地位；有差别化很强的产品；具有成本优势；可获得平均水平之上的利润率；拥有高于平均水平以上的技术和革新能力；具有创新精神和团队精神的管理队伍；具有能够利用新兴市场机会的能力。

竞争地位减弱的表现：面临竞争劣势；竞争对手正在获取自己的市场份额；收入增长居于平均水平之下；缺乏财务资源；在顾客中的声誉正在下降；产品开发和创新能力落后；在有着很多市场机会的领域里能力很弱；成本很高；不能很好地应对市场威胁；管理出现老化；在关键的领域里缺乏技术、资源和竞争能力。

3. 竞争对手的目标与战略

品牌的目标和战略的有效性，常常会因为竞争对手目标和战略的调整而被抵消或减弱，所以，随着时间和市场的变化，必须持续不断地观测竞争者，保持清醒的认识，不断作出适应性调整，并保持领先地位。例如，在福特时代，汽车市场竞争者的目标和战略常常是低成本生产，在通用时代则变成响应多样化的需求，而在日本公司崛起之后又换成低成本下的高品质。为此，面对竞争者的目标和战略的变化，我们的汽车生产厂家需要不断地作出快速反应。

五、品牌个性分析

在对行业竞争对手分析后可以发现，现在的市场已经找不到能独步天下的产品，企业品牌要脱颖而出，还必须尽力塑造差异，只有与众不同的品牌个性定位，才能够更吸引人的注意力。

品牌的价值存在于消费者的意识里，可以说，产品是由厂商生产的，而品牌却是消费者创造的，是消费者造就了品牌。只有具有为消费者所欣赏的个性的品牌，才能为消费者喜欢、接纳并乐意购买，从而体现出其品牌价值。没有个性的品牌只会被淹没在品牌的汪洋大海之中，这样的品牌是不会具有多少品牌的附加值的。由此可见，品牌个性乃是品牌价值的核心，品牌定位就必须塑造出鲜明的品牌个性。

1．人性化价值

产品或服务是提供给人使用的，品牌个性使企业所提供的产品或服务人性化，从而使消费者消除戒备心理，较易接受企业的产品或服务。优良、鲜明的品牌个性能够吸引消费者，在消费者购买某个品牌的产品之前，这个品牌的个性已经把那些潜在的消费者征服了。

比如，纳爱斯的雕牌将“努力就有机会”这一简单而深奥的生活真理融入品牌，让人无限感慨，尤令下岗工人感动，品牌自然叫人喜欢；劲霸男装强调“奋斗，成就男人”，这让男人深感依恋，让男人有一种奋斗的动力，因为男人深感只有努力奋斗，才会有所成就。这些品牌形象和生活理念联系在一起，将品牌形象人性化，能引起消费者内心的共鸣和对生活的信心，能产生一种振奋人心的感觉，催人上进，甚至成为消费者心中的座右铭，从而给消费者以深刻印象。

此外，百事可乐品牌创建活动中所展示出来的个性——年轻有活力、特立独行和自我张扬，迷倒了新新人类，新一代年轻人饮用百事可乐不仅仅是喝饮料，更是认可、接受百事可乐的品牌个性，把百事可乐看作他们的朋友，他们通过百事可乐来展示与上一辈（他们喝可口可乐）不一样的个性。正因为百事可乐有意塑造出的非凡的品牌个性，才使百事可乐变得人性化，从而获得了青少年一代的高度认同，所以才能在激烈的饮料大战中与可口可乐相抗衡。可以说，百事可乐的品牌个性促发了青少年与百事可乐的情感联系，使百事可乐变得人性化，从而促使青少年喜爱百事可乐，强化了他们的购买决策，进而造就了百事可乐的品牌价值。

2．购买动机价值

明晰的品牌定位可以解释人们购买品牌产品的原因。品牌个性赋予消费者一些逼真的东西，这些东西会超越品牌定位；品牌个性也使品牌在消费者眼中活起来，这些元素能够超越产品的物理性能。正是品牌个性所传递的人性化的内容，使得消费者试着接受一种产品，下意识地把自己与一个品牌联系起来，不再选择其他品牌。在许许多多可以选择的品牌中，消费者开始考虑某个品牌时，品牌的“种子”就已经种下了。只有品牌个性，才能使品牌变成有生命的东西，才能赋予品牌人性化的特征，让人们想接近它，想得到它。品牌个性切合了消费者内心最深层次的感受，以人性化的表达触发了消费者的潜在动机，从而使他选择那些独具个性的品牌。可以说，品牌个性是消费者购买的动机触动器。

将品牌与一定环境、场合下产品的使用情况联系起来，以唤起消费者在特定情景下对该品牌的联想，从而产生购买欲望和购买行动。雀巢咖啡的广告不断提示在工作场合喝咖啡，这会让上班族在口渴、疲倦时想到雀巢；喜之郎在广告中推荐“工作休闲来一个，游山玩水来一个，朋友聚会来一个，健身娱乐来一个”，让人在这些快乐和喜悦的场合自然而然地想起喜之郎。

又比如王老吉，经过分析后发现，直接竞争对手菊花茶、清凉茶等由于缺乏品牌推广，仅仅是低价渗透市场，并未占据“预防上火”饮料的定位；而可乐、茶饮料、果汁饮料、水等明显不具备“预防上火”的功能，仅仅是间接的竞争者。同时，任何一个品牌定位的成立，都必须是该品牌最有能力占据的，即有据可依的，如说可口可乐是“正宗的可乐”，是因为它本身就是可乐的发明者。因此得出结论，红色王老吉的“凉茶始祖”身份、神秘中草药配方、175 年的历史等，是有能力占据“预防上火”饮料的定位的。

由于“预防上火”是消费者购买红色王老吉的真实动机，显然有利于巩固加强原有市场。通过二手资料、专家访谈等研究，发现中国几千年的中药概念“清热解毒”在全国广为普及，“上火”“祛火”的概念也在各地深入人心，这就使红色王老吉在突破地域品牌的局限、走向全国市场方面有了良好的基础。首先明确红色王老吉是在“饮料”行业中竞争，其竞争对手应是其他饮料；其次，品牌定位在“预防上火”的饮料，其独特的价值在于——喝红色王老吉能预防上火，让消费者无忧无虑地尽情享受生活：煎炸、香辣、烧烤美食，通宵达旦看足球……

3．差异化价值

品牌定位最能代表一个品牌与其他品牌的差异性。许多厂商都喜欢用产品属性来展示其差异性，但这种建立在产品上的差异性都很难保持。因为产品的差异性是基于技术的，一般比较容易效仿。而由品牌个性建立起来的差异则深入到消费者的意识里，它提供了最重要、最牢固的差异化优势。个性给品牌一个脱颖而出的机会，并在消费者的脑子里保留自己的位置。

比如，针对美国人逐渐不喜欢把可乐作为清新饮料的情况，七喜“爽点”的特征，强化了它的反偶像的品牌个性，加强了七喜的差异化价值。

4．情感感染价值

品牌定位还具有强烈的情感感染力，它能够抓住潜在消费者的兴趣，不断地保持情感的转换。如“七匹狼”男装粗犷、豪放不羁的品牌个性深深地感染了消费者，激发了消费者内心最原始的冲动、一种作为男子汉的自豪感，以致消费者用七匹狼作为展示其男子汉气概的重要媒介。正如具有沉稳、果断、自信等个性的领导人具有超凡的个人魅力一样，品牌个性能够深深地感染消费者，这种品牌的感染力随着时间的推移会形成强大的品牌动员力，使消费者成为该品牌的忠实顾客，这就是品牌个性的重要价值所在。

比如，浙江纳爱斯的雕牌洗衣粉，借用社会关注资源，在品牌塑造上大打情感牌，其创造的《下岗篇》，就是较成功的情感定位策略"……妈妈，我能帮您干活啦"的真情流露，引起了消费者内心深处的震颤以及强烈的情感共鸣，自此，纳爱斯雕牌更加深入人心；还有丽珠得乐的"其实男人更需要关怀"也是情感定位策略的绝妙运用；哈尔滨啤酒"岁月流转，情怀依旧"的品牌内涵勾起人们无限的岁月感怀。这些都是将人类情感中的关怀、牵挂、思念、温暖、怀旧、爱等情感内涵融入品牌，使消费者在购买、使用产品的过程中获得这些情感体验，从而唤起消费者内心深处的认同和共鸣，最终获得对品牌的喜爱和忠诚。

第三节　品牌定位策略

品牌定位策略多种多样，可以从产品、企业、消费者、品牌识别等方面进行定位。

一、产品定位

根据产品的属性，消费者对产品感兴趣的利益点（其他产品不具备的）及产品的设计、类别、质量、价格和功效进行定位。如美国象牙香皂的会漂浮和海飞丝的去头屑（属性），高露洁的没有蛀牙和佳洁士的坚固牙齿（利益点），苹果 iMac 计算机的流线型显示器和百得公司的蛇形灯（造型设计），七喜的非可乐（类别），劳斯·莱斯的高质量和大众的价格合理质量好（质量），蒙牛的"好钙源自好奶"（品质），法拉利的奔放与冒险、奔驰的稳重与实力、宝马的新潮与冲劲（个性），雕牌"只买对的，不选贵的"，奥克斯空调"让你付出更少，得到更多"，乐凯胶卷"拍的好，花的少"和 Wal-Mart 的"天天低价"（价格），"红桃 K，补血真快"和"泻利停，泻利停，痢疾拉肚，请用泻利停"（功效）。

比如，七喜汽水就是依据产品进行定位的。象征美国热情的可口可乐和"新一代选择"的百事可乐，几乎垄断了整个清凉饮料市场。可口可乐和百事可乐在美国乃至全世界控制着庞大的市场，平均每消费三瓶清凉饮料，就有两瓶是可乐。

经过详细的市场调查，七喜（7-up）的策划者们发现，它们有一个缺陷：都是可乐型。于是他们选其弱点和不足而进入，填补市场空白，采取了一个大胆的产品定位策略——“饮料有可乐和非可乐之分，七喜则属于非可乐类”。“七喜汽水，非可乐”（Seven-up，the uncola），简短的“非可乐”，使七喜汽水成为在可乐型饮料以外人们的另一种选择，销售量直线上升，紧随“可口可乐”“百事可乐”之后，成为世界上第三大清凉饮料。七喜广告画面以黑色为底，突出显示画面中心七喜汽水的晶莹透亮，广告语十分精彩：可乐、可乐、可乐，你总是喝它，现在你可以不喝它啦。将自己与可乐类截然分开，避免同可口可乐与百事可乐两大劲敌的直接交锋，从而另辟蹊径，挺进市场。

七喜创造的漫画人物 Fido Dido 也成了“与众不同、重视自我”的标识。许多品牌的“第一”说辞重复了多次以后，在人们的心智中已如镜花水月、浮光掠影不着痕迹，品牌无法真正进入消费者心智。“第一”意味着更长久、更旺盛的生命力，可口可乐、IBM 在各自的市场上以“第一”的领导地位、强大的实力后盾封杀了企图效仿、跟从它们的品牌。“第一”并不是竞争的终极，如果跳出既定的思维，从另一个角度出发，就会进入一个新的境界。七喜结合自身特质，在可口可乐和百事可乐商战正酣之际，巧妙地进入饮料市场。可乐饮料逐渐在消费者心中形成一种心理势差，人们潜意识中渴望另一类饮料出现，将自己与可乐相提并论，引起人们的好奇。明晰、清楚的区分，塑造了独立的品牌个性。

在这方面，我国杭州娃哈哈集团“非常可乐”饮料的广告诉求与其有异曲同工之效。无论是可口可乐还是百事可乐，都是别国的可乐，而娃哈哈生产和销售的是“中国人自己的可乐”，不是常规的可乐，迎合了国人的民族心理，定位效果也不错。

二、领导者定位

领导者定位，是指企业追求品牌成为本行业中领导者的市场定位，市场领导者品牌，往往抢先一步，捷足先登，形成良性循环，在竞争中始终比对方更快、更好。常采用的广告语有“正宗的”“第一家”“市场占有率第一的”等。由于一般消费者只能回想起同类产品中的七个品牌，而名列第二的品牌其销量往往只是名列第一的一半，因而这种定位能使消费者在短时间内记住该品牌。企业要善于发现自身产品具有竞争优势的价值属性，并取得第一，新产品往往具有占据第一的基础。恒源祥总经理刘瑞旗认为：“做品牌只能做第一，因为没有人会记住第二！”

对于企业来说，第一并不神秘，只要将人们没有听说过的东西第一次告诉消费者，就叫第一，就这么简单。比如“只有可口可乐，才是真正的可乐”向消费者表明，可口可乐是衡量一切的标准，其他品牌都是在模仿“真正的可乐”。这是适用于所有领导品牌的策略，它会在消费者心目中占据一个特殊的位置。七喜汽水是非可乐型饮料的第一，迪阿牌（Dial）香皂是除臭香皂的第一，波斯克牌赛车是小型运动跑车的第一。所以，许多企业都想成为行业标准的制造者。

例如，英特尔的成功不仅是因为最好的产品质量和产品的差异化，也不仅是因为能提供客户解决方案，同时还由于它的行业标准制定者的地位。英特尔的老对手 AMD 公司不是没有好产品，但英特尔还是以行业标准制定者的身份牢牢地控制了整个行业。在个人电脑微处理器领域，英特尔实现了对个人电脑价值链的战略控制，并据此可以控制计算机硬件销售商。它作为硬件制造商与软件制造商微软联合起来，锁定了最终用户，并把竞争对手挡在门外，最终达到了控制行业标准的最高境界。两次获得美国全国电子分销商协会（NEDA）“年度最佳制造商”的 AMD 公司，其研发技术水平可以说是世界一流的。然而仅有技术上的创新是远远不够的，不断创新的经营理念对于一个企业的生存和发展有着更重要的意义。

三流公司做产品，二流公司做品牌，一流公司做标准。在一个行业里，成为标准的制定者，意味着至高无上的话语权。迅驰刚一亮相，就成为“无线上网平台”，没有贴上迅驰标签的笔记本电脑将难以进入主流行业。一个行业中，做行业标准的制定者异常艰难，在没有达到足够的强势时，通过在某一方面成为“标准”，同样能够提升自身的竞争力。

三、跟随者定位

大多数企业是从事模仿或改良产品的，从而获得高额利润。市场跟随者，会避开领导品牌，寻找空当加以填补，寻找为许多消费者所重视的，但尚未被开发的市场空间。市场中机会无限，只要善于发掘。福斯金龟车就是成功运用这种定位方法的典型例子。当所有汽车制造厂都在追求把汽车设计得更长、更低、更好看的时候，福斯金龟车却显得又小又丑陋。如果用传统的方法推销，会尽量缩小缺点夸大优点，如把照片拍得更漂亮，去宣传金龟车特有的质量优点或其他方面的长处，福斯金龟车可能会就此淹没在浓烟弥漫的汽车大战中而找不到自己的位置。但福斯金龟车却做了一个非常明智、非常成功的广告“想想还是小的好（Think Small）”。一方面没有直接去正面否定“要想更好则应更大”的看法，而是给予了消费者一定的思考空间，充分尊重消费者的选择；另一方面说明金龟车的定位在于“小”，并在广告中给予一定的理由和解释。虽然在金龟车之前已经有很多小型车，经过跟进者定位，但是只有金龟车脱颖而出，纵身一跃高居小型汽车的“领导”地位。

又如露露集团开发的杏仁味“露露”饮料，由于具有醇香、降血压、降血脂、补充蛋白质等多种功能，因而将之定位为“露露一到，众口不再难调”，也使得露露在跟进者中处于领先地位。

实际上同一市场总会有一定的“空隙”，只要扬长避短，就能找到合适的目标市场，从而锁定目标消费群。对于市场空当，品牌经营者可以从以下几个角度加以考虑：

1. 时间空当

“反季节销售”是典型。利用人们的求异心理在淡季进行品牌宣传，有时能取得意想不到的效果。如在夏天推出羽绒服、棉鞋，给顾客一种便宜实用的感觉。

2. 年龄空当

品牌经营者寻找合适的年龄层，它可以是该产品最具竞争优势的，也可以是被同类产品品牌所忽视的年龄层。如圣达牌“中华鳖精”把自己的目标市场定位在儿童这个消费群，直接与当时实力强大的“娃哈哈”相对抗，实际上圣达牌“中华鳖精”是一种有益于中老年人的保健品，而当时市场上中老年人的保健品不多，若圣达定位在中老年群体上，则能够树立起更好的品牌形象。

3. 性别空当

区分产品的不同性别形象，也有利于稳定消费群。西装领带着重体现男士的潇洒高贵，纱裙则强调女性的柔媚端庄，珠宝项链饰品是女性的专属。如果将异性产品的使用者与购买者错位，有时也能取得意想不到的效果。如安乃诗“男人买卫生巾”的定位，打破传统，大胆突破，采用幽默的手法，淋漓尽致地表现了一个为讨老婆欢心而为她买卫生巾的男人，在超市中紧张、机警、慌乱的心理和尴尬的经历，观者无不会心一笑，轻轻松松地赢得了女性的欢心。

4. 包装容量空当

小包装便于携带，不断变换；大包装，一次购买长期使用。例如思念集团经过调研发现，市场上速冻粽子一般都在120克以上，而更多的时候则是大人给儿童买着吃，还有年轻女子出于清淡美体的需要，临时补充一下，他们通常一次吃得较少，针对粽子太大，吃了一半吃不完的情况，思念设计推出了20克的迷你装，方便儿童食用，配合小小汤圆培育儿童消费市场。

四、竞争者定位

竞争者定位，即通过与竞争品牌比较，指出其缺点或弱点，改变竞争者品牌在消费者心目中现有的形象来确定自己的市场地位的一种定位策略。比如1984年，可口可乐公司进行了20万次口感测试发现，新可乐配方口感不但好于传统可口可乐，而且较百事可乐，人们更喜欢它，于是决定终止最受欢迎的软饮料而代之以可口可乐。1985年4月23日可口可乐公司推出新可乐，传统可口可乐停止生产。结果新可乐销售低迷，公众因买不到传统可口可乐而愤怒的情绪持续高涨。百事可乐第一个认识到可口可乐的错误，在新可乐推出几周后，它打出这样的电视广告：一个老者坐在公园的长椅上，盯着手中的罐子伤心地说：“他们换了我的可乐，我简直不敢相信。”由于意识到自己的失败，可口可乐公司在1985年7月11日宣布恢复原产品生产。

可口可乐是什么？正宗的可乐、真正的可乐、永远的可乐、美国精神的代表；百事可乐是什么？是“新一代的选择”，让你“渴望无限”。百事可乐作为挑战者，并没有模仿可口可乐的广告策略，在可口可乐宣扬自己的正宗血统，喊出“永远的可口可乐”的时候，百事可乐掀起了“新一代”的旋风，通过广告树立了一个“后来居上”的形象，并把品牌蕴涵的那种积极向上、时尚进取、机智幽默和不懈追求美好生活的新一代精神发扬到百事可乐所在的每一个角落，其矛头直捣可口可乐的死穴，可口可乐甚至被指为“你父亲喝的可乐”。

百事可乐进入市场之初，可口可乐可以说已经稳居行业榜首，并且赢得了广大消费者的信赖，百事可乐在最初仿效策略受挫之后改变了游戏手法，站到了可口可乐的对立面：你是正宗、传统的代表，那么我就是新一代的选择；百事可乐此举成功地开辟了一个消费者都认可的市场：可乐新市场。它以消费群体作为划分依据，并且在给自己标榜的同时，定义了可口可乐的内涵：你是老的，我是新的，我们分属两片市场，同为老大，互不干预。就这样在短时间内，百事可乐轻松地建立起了自己的王国，多年后成为一个实力雄厚，唯一能叫板可口可乐的强势品牌。

又比如，泰诺在广告中说道：“有千百万人是不应当使用阿司匹林的。如果你容易反胃……或者有溃疡……或者你患有气喘、过敏或缺铁性贫血，在使用阿司匹林前就必须先向医生求教。阿司匹林能侵蚀四壁、引发气喘或过敏反应，并引起微量肠胃出血。幸运的是有了泰诺……”以此广告，泰诺一举击败了市场第一，成为止痛药市场的“领导者”。

再比如，白加黑推出时，已值1994年末，比1989年进入中国的康泰克和1993年随后进入中国的泰诺都晚。而且，在这两个品牌中，康泰克凭借独有的缓释胶囊技术，第一个建立了全国性强势品牌，其广告是“早一粒晚一粒，远离感冒困扰”，在当时普遍6小时吃一次的感冒药中，确立了“长效”定位；泰诺则依赖“30分钟缓解感冒症状”诉求成功，其定位于“快效”，与康泰克针锋相对。

面对强大而又被消费者所广泛认同的竞争对手，白加黑没有跟进康泰克或泰诺，而是在长效、快效之外，提出“白天服白片，不瞌睡；晚上服黑片，睡得香”，将两位领先者重新定义为黑白不分的感冒药，而自己是“日夜分服”的。

“白加黑”确定了干脆简练的广告口号：“治疗感冒，黑白分明”，所有广告传播的核心信息是“白天服白片，不瞌睡；晚上服黑片，睡得香”。产品名称和广告信息都在清晰地传达产品概念。

“白加黑”上市仅180天销售额就突破1.6亿元，在拥挤的感冒药市场上分割了15%的份额，登上了行业第二品牌的地位，在中国内地营销传播史上，堪称奇迹，这一现象被称为“白加黑”震撼，白加黑凭此定位进入了三强品牌之列。

最好的营销就是创造好的产品（概念），满足了消费者的个性化需求就是占领了市场。“白加黑”创造了一个好产品，是个了不起的创意。它看似简单，只是把感冒药分成白片和黑片，并把感冒药中的镇静剂“扑尔敏”放在黑片中，其他什么也没做；实则不简单，它不仅在品牌的外观上与竞争品牌形成很大的差别，更重要的是它与消费者的生活形态相符合，达到了引发联想的强烈传播效果。

白加黑在研制产品之初就开始了营销策划，分析消费者、分析市场、分析竞争者产品，最终推出满足消费者心理空白，自然也是市场空白的出色产品，名称、特点、功效浑然一体，为竞争者产品设置了天然的竞争障碍。这是其成功的必然，值得所有的厂家，尤其是那些习惯于在产品生产出来后才开始从中途营销策划的厂家学习。

五、家族成员定位

家族成员定位，即强调自己是某个有声望集体的成员。在下列情况下使用：对手是市场霸主，实力雄厚，不能取得第一，也无法正面抗衡；或者对手已经树立了稳固的市场形象，可以借其传递信息；或者消费者不在乎产品如何，只关心所处同类产品中的档次；或者自己的产品没有什么独特属性时，可以把自己归类到某一个集团范围内，成为该集团的成员。如美国克莱斯勒汽车公司宣布自己是美国“三大汽车公司之一”，使消费者感到克莱斯勒和第一、第二一样都是知名轿车了，从而缩小了三大汽车公司之间的距离。又如宁城老窖攀附名牌，称自己为“塞外茅台”。

六、品牌再定位

品牌再定位也叫重新定位，即打破事物在消费者心中所保持的原有位置与结构，使事物按照新的观念在消费者心中重新排位，调理关系，以创造一个利于自己的新秩序。比如，1847 年，菲利普·莫里斯先生在英国创办菲利普·莫里斯烟草公司（Philip Morris），生意十分兴隆。1908 年，其后继者在美国注册万宝路品牌，它源于伦敦工厂所在街道名称“Marlborough”。当时，时髦女郎们信奉及时行乐主义，她们注重衣饰与化妆，社会风气的癫狂与颓废，致使女烟民的数量激增。1924 年，菲莫公司将万宝路品牌定位为女士香烟向大众推广。为了迎合女烟民身上的脂粉气，将广告语定为“温和如五月”，以博取女烟民对万宝路的好感；同时，为了防止白色的烟嘴沾染她们的红色唇膏而显得不雅观，将万宝路的烟嘴染成红色，以期女烟民的感动；此外，将万宝路的品牌名称“Marlboro”拆解为“Men always remember ladies because of romance only（因为有浪漫，所以男人总是忘不了女人）”，让万宝路香烟争当女烟民的红颜知己。然而，事与愿违，万宝路始终默默无闻。这主要是由于女性对香烟的嗜好只限于婚前，没有坚固的消费群重复消费，很难给制造商不断地带来销售收入；另外，过度抽烟会使牙齿变黄，面色受到影响，女性的爱美之心导致其吸烟要节制得多，故“瘾君子”较少；再则，“温和如五月”的广告语过于脂粉气，男性烟民对其望而却步。

又如，“乔伊”玩具。它是乔伊公司针对20世纪70年代美国人的反战情绪推出的，以机警灵活、刀枪不入、能拯救美国人的“超人”形象问世，风靡美国市场。但在1978年的夏天，“乔伊”玩具已步入了生命周期的衰落期。为此，公司重塑乔伊形象，从过去的孤胆英雄、刀枪不入转变为精锐部队的首领，队员们个个英勇善战，神态、特征、装备大相径庭；同时，公司又精心设计了许多追随险恶者的“坏蛋”，成为乔伊“特种部队”打击的对象，并且在组合上加以变幻，使乔伊玩具更加丰富多彩。至此，乔伊玩具重新获得了生命，创造了新的辉煌。

七、目标消费者定位

根据目标消费者的购买目的、使用场合、使用者、消费心理，为消费者解决问题进行定位。直接以产品的消费群体为诉求对象，突出产品专为该类消费群体服务来获得目标消费群的认同，把品牌与消费者结合起来，有利于增进消费者的归属感，使其产生“我自己的品牌”的感觉。如针对已婚女士的“太太口服液，十足女人味”、护彤的“儿童感冒药”和“金利来，男人的世界”（使用者），“累了困了喝红牛”和白加黑“白天服白片，晚上服黑片”（使用场合），送礼只送脑白金（购买目的），百事可乐“新一代的可乐”（新生代崇拜偶像心理），海尔“真诚到永远”和“轻轻一按，小天鹅”（解决问题）。

又如，百威啤酒进入日本市场时，把目光对准有极强消费欲的日本青年。实际上，全世界年轻男子喝得最多的含酒精饮料是啤酒，百威一直是啤酒业的霸主。在啤酒行业中，年轻人是最大的消费群体，百威把目标消费者定位在25～35岁的男性，这些年轻人经济实力和购买潜力巨大，这一定位与原有形象“清淡的”“年轻人的”十分吻合。百威经过市场调查后发现，日本年轻人一天工作之后，晚间喜欢与朋友一起在外喝酒放松，群体消费特点很突出；同时，日本青年看电视的时间少得多，电视广告的影响有限；此外，日本的各个行业和社会事业一般都有自己的杂志，每一种杂志周围都聚集了一群固定的读者。因此，百威选择大众杂志为突破口，刊登具有震撼力的广告，特别精印的激情海报，诉求重点极力强化品牌知名度，突出美国最佳啤酒的高品质形象。在此基础上，百威进入日本年轻人的文化阵地，使日本青年感觉到品尝百威啤酒是时尚消费和身份地位的象征；并且把百威啤酒作为自己生活的一部分，将追逐时尚转为超前领先，把百威啤酒看成是年轻人的，是这个“圈子”的一部分。

八、品牌识别定位

品牌的形象、品牌文化、品牌经营理念、品牌差异化，是品牌识别的标志。例如，在色彩传递形象中，雪碧的无色透明基色——冰雪的晶莹，给人清凉感；海飞丝的蓝色——蔚蓝的大海，清新凉爽，视觉感受，突出去屑；飘柔的草绿色——青春的感受，柔顺感觉；潘婷的杏黄色——营养丰富，视觉效果，突出发根渗透到发梢，头发健康亮泽的营养个性。

在文化内涵上，珠江云峰酒业的“小糊涂仙”酒——“聪明”与“糊涂”反衬，将郑板桥的“难得糊涂”融入酒中；麦氏咖啡的“好东西与好朋友分享”——中国人重视友情、朋友聚会；孔府家酒的“孔府家酒，叫人想家”——喜庆日子，合家欢聚；好迪“大家好，才是真的好”——美好祝愿。在经营理念上，飞利浦——让我们做得更好；爱多——我们一直在努力；诺基亚——科技以人为本。

在产品外部形态上，如康佳推出独特的 R6166“黑屏”手机，在手机中独树一帜；夏新会“跳舞”的 A8 手机，让人耳目一新；海尔的“奔风”手机，强调独具一格的“笔形”。这些对于崇尚独特个性、喜好求新求异的消费者尤其具有吸引力。

在品牌差异方面，麦当劳和肯德基的定位也有差别：在店址选择上，麦当劳选择繁华商业中心，肯德基选择商业区、非商业区、旅游区。在店内环境上，麦当劳展示山姆大叔豪放、热烈的性格，音乐节奏欢快、奔放流畅，服务生扮演幼儿园阿姨角色与小朋友载歌载舞；肯德基营造优雅温馨气氛，灯光明亮不耀眼，墙上悬挂风景画，悠扬的轻音乐，给人怡然自得的感受。在目标市场上，麦当劳瞄准小孩，因为小孩的钱最好赚；肯德基却除了小孩，更倾向于成人。在经营品种上，麦当劳品种丰富，有巨无霸、麦香鸡、麦香鱼……肯德基有标准 A 级鸡肉，辅以鸡汁土豆、沙拉、面包。在形象与标志上，麦当劳采用麦当劳叔叔，亲切滑稽的形象招小孩喜爱，金黄色拱门 M 夺人眼球，印象深刻；肯德基为山德士上校，更受大人认同，由粗到细的蓝色斜线和将军头像标志合成 KFC，站在门口的可亲老人形象却显得一般。

九、品牌定位案例

重振雄风的奶球品牌。奶球牌糖果是史维哲·克拉克公司的产品，它是一种装在一个小小的黄棕色盒中的糖果，是青少年们在看电影时爱吃的一种零食。但是，克拉克公司不满足于现有的市场，他们想让年龄较小的儿童也成为消费对象。这就涉及品牌的重新定位问题。

克拉克公司首先分析潜在消费者的心理。调查表明，奶球最佳的潜在消费者是已经开始懂事的儿童，他们平均年龄在十岁以下，喜欢吃糖果，而且对糖果极端敏感。那么，当有关糖果的想法出现时，这些儿童的心中想到的是什么呢？当他们想到糖果时，会联想起糖棒的概念，例如好时（Hershey's）、杏仁乐（Almond joys）、银河（Mile Ways）、雀巢（Nestle's）等品牌的糖棒。这些品牌都享有很高的知名度，且花得起大钱做广告宣传。相形之下，奶球牌糖果并无优势。如果把奶球品牌继续定位为糖棒形象，这意味着克拉克公司必须花费数百万美元的广告费，才能与那些已享有很高知名度的竞争者们分享市场。如何以最少的花费让奶球牌糖果进入潜在消费者的心智并深深扎下根呢？这的确是一个困难的问题。

经过再三的调查分析，公司的管理层发现了竞争者的一个弱点，即市场中的糖棒都很小，不耐吃，一个小孩一般两三分钟就可以吃掉一根价值五块钱的赫西牌糖棒。这使得小消费者们感到不高兴，因为他们的零用钱是有限的，而糖棒这么容易变小。

小孩的想法启发了奶球公司，他们决定利用竞争者的弱点，将竞争者所花费的数百万美元的广告费为已所用。于是，一种新型奶球糖出现了，它们装在盒子里，每盒有 15 颗。小孩可以把它们分开一颗颗地吃。显然，一盒奶球糖果比一根糖棒要吃得久一些。糖棒的另一耐吃选择品，这就是奶球牌糖果的重新定位。

根据市场调查和对竞争对手的分析，奶球牌糖果确定了新的市场定位，这种定位是否能成功呢？还需要看看实际的宣传效果。对于大多数经常为糖果做广告的人来说，他们从没有以耐吃为特点进行过广告制作。后来的广告是这样的：

"从前有个小孩，他有张大嘴……（一个小孩站在一张巨大嘴巴的旁边）……心爱的糖棒（这个小孩正在将一根接一根的糖棒塞入那大嘴中）……但是它们并不耐吃（这个小孩把糖棒吃光了，那个大嘴变得很恼火）。然后，他发现了巧克力盒子里的奶球糖（这个小孩将奶球捧起，那大嘴开始舔它的下颚）。大嘴巴爱上了奶球，因为它们耐吃（小孩把一颗颗奶球滚到大嘴巴的舌头上去）。然后，小孩和大嘴巴合唱了一首歌（实际上是广告歌谣）。当糖棒只是一段回忆时，你仍然会吃你的奶球，为你的嘴巴弄些奶球吧（小孩和大嘴巴都展开了笑容）。"

这则广告不但止住了奶球牌糖果销售下滑的趋势，而且在以后的几个月中，大大增加了克拉克公司的销售额和品牌知名度。

针对竞争者的弱点，寻找市场空当，克拉克公司成功地进行了品牌的重新定位。

本章小结

定位起始于产品。一件商品、一项服务、一家公司、一个机构，甚至是一个人……然而，定位并非是对产品本身做什么。做品牌必须挖掘消费者感兴趣的某一点，当消费者产生这一方面的需求时，首先就会想到它，因此品牌需要在市场上树立一个明确的，有别于竞争对手的，符合消费者需要的形象，其目的是在潜在消费者心中占领一个有利的位置。企业经过精心审定的策划和营销，将自己的产品推向市场时，消费者将会对其特性、品质和声誉等给予明确的界定，使其在心目中形成确切的市场位置。

品牌定位就是寻找品牌的营销方式及形象体现方式，并通过方式的设置使之合理地切入消费市场。品牌定位建立在心理偏好论、行为定式论、记忆限度论和USP理论的基础上，而在进行品牌完整定位之前应先期完成市场的调研工作，市场调研与品牌定位两者之间应是渐进式的工作状态。

品牌定位理论是市场经济的必然产物，在市场竞争过程中，企业之间不再是产品竞争，而是品牌竞争，企业如果要想拥有较大市场，较长的产品生命周期，较好的经济利益，就必须注重“品牌定位”“品牌运营”；否则，企业也许在产品竞争中能得以生存，也许还会有所发展，但却危机四伏。

良好的品牌定位是品牌经营成功的前提，对企业进占市场、拓展市场起到导航作用。如若不能有效地对品牌进行定位，以树立独特的消费者认同的品牌个性与形象，必然会使产品淹没在众多产品质量、性能及服务雷同的商品中。

总之，经过多种品牌运营手段的整合运用，品牌定位所确定的品牌整体形象即会驻留在消费者心中，这是品牌经营的直接结果，也是品牌经营的直接目的。

磨砺才能脱颖而出，位准方显新锐。在市场经济高速发展、品牌林立的今天，精准的定位赋予品牌强劲的竞争力。企业应该强调品牌的定位问题，根据不同市场的需求变化，及时调整品牌定位，深化品牌定位理念。如此，才能树立名牌，笑傲江湖！

关键词汇、概念

定位　广告定位　品牌定位　心理偏好论　行为定式论　记忆限度论　USP理论　市场细分　领导者定位　跟随者定位　竞争者定位　家族成员定位

思考题

1. 在给品牌定位的时候应该注重什么？
2. 目标消费群定位的确定是否与市场份额相冲突？
3. 你认为奢侈品品牌的定位是否符合当今社会的发展？
4. 品牌定位的策略有哪些？它们之间的优缺点有哪些？请举例说明。
5. 根据产品及其属性定位有何利弊？
6. 你认为路易・威登适合用什么策略定位？

7. 品牌定位有哪些步骤？你认为这些步骤是否缺一不可？

8. 宝马车在中国的销售状况并不如意，在与奥迪的屡次对弈中均以失败告终，你认为这是因为宝马车的“驾驶的快乐”与中国国情以及中国的官本位思想不符吗？或是因为其对中国消费者的分析并不理想？你有什么建设性意见？

第四章

品牌形象

本章学习目标

- 掌握品牌形象的构成要素
- 掌握品牌形象的识别特征
- 掌握品牌形象塑造的策略
- 理解品牌形象年轻化的特点

引例及思考

万宝路的牛仔形象

万宝路香烟可以说是全世界最知名的香烟品牌，也是全世界销量最好的香烟，到1997年其品牌价值达到了476.35亿美元。2004年在世界品牌500强中排名第10位，品牌价值为221.28亿美元；2005年排名仍为第10位，品牌价值为211.89亿美元；2006年排名第16位。但在1950年，万宝路香烟在美国却是名不见经传，几乎寿终正寝，成为被市场竞争淘汰的品牌。1954年，菲利普·莫里斯公司的决策者们在对香烟市场的趋势审慎分析之后，作出了几项重大决定，这些决定改变了万宝路香烟的品牌方针，也改变了万宝路的命运。

改变前的万宝路：烟味淡、香料少、无滤嘴、白色包装、针对女性的柔和形象、广告以功底诉求；改变后的万宝路：烟味重、香料多、有滤嘴、红/白包装、针对男性的现代化形象、广告以形象诉求。

当时，万宝路重新上市是以产品的变化为主，菲利普给新产品加了过滤嘴，加强了烟草的口味，并将过滤嘴部分以深棕色纸包装。这些变化使万宝路具有了现代的形象，因为那时有90%的吸烟者都选择没有过滤嘴的香烟；也使万宝路更迎合年轻男性，因为加强了烟草口味，并改变了包装。最后菲利普·莫里斯公司发展出了一套强化万宝路品牌个性的全新广告策略，以符合年轻男性的喜好。

菲利普·莫里斯公司选用了李奥贝纳——一家新兴的广告公司作为自己的广告合作者来发展其品牌形象策略，他们以选用男性化的模特儿来扮演从事粗重体力劳动工作为诉求方式，包括飞行员、远洋渔民、机械工程师和牛仔，其中牛仔的形象最被男性目标消费者认同。但这一系列的广告还是交叉选用了牛仔及其他男性化角色多年。

1963年，根据调查显示，万宝路需要一个更明确的男性代表人物，这时，以牛仔为完全代表的万宝路男性开始运用。当时的广告强调，所选用的牛仔必须有说服力；万宝路的宣传必须永远是新奇的，而非一般的、平凡的，更不能是一成不变的；每一则广告宣传都必须单刀直入且具有震撼力；广告的变化在于不同的牛仔、不同的抽烟时刻和新奇的景色。万宝路牛仔形象的诞生，加强了万宝路粗犷、男性化的诉求，它使这一形象逐渐在人们心目中树立起来。在60年代里，万宝路的销售业绩每年都有10%的增长。到了1975年，万宝路已成为美国的领导品牌，并且不断进军国外市场。万宝路牛仔形象征服了一百多个国家“欢迎来到万宝路的世界……享受真正的烟草口味”。

人的生命是有限的，产品的光辉会逐渐消退，但品牌的魅力永存。品牌永恒的魅力正是来自其摄人心神的形象——或高贵典雅，或热情奔放，或神秘鬼魅，或温情脉脉……这些个性化的形象使之区别于同类产品，在消费者心目中留下了难以磨灭的印象。那么，品牌形象永恒魅力的奥秘在哪里呢？

第一节　品牌形象的含义

品牌形象不是自发形成的，而是一个系统工程，涉及产品、营销、服务各方面的工作。品牌形象是个整体性的概念，是品牌营销商渴望建立的，并受形象主体主观感知影响，而在心理上形成的一个集合体。品牌形象主要有说明性、工业性、科技性、价值性、文化性等形象。

一、形象的概念

形象是主体与客体相互作用，主体在一定的知觉情境下，采用一定的知觉方式对客体的感知。也就是说，形象是一个主体自身及外界对这个主体的基本认识和评价，它具有外在性、理念性和公众性。从心理学角度讲，形象是人们反映客体而产生的一种心理图式。肯尼思·博尔丁在他的著作《形象》里提出，一个象征性形象“是各种规则和结构组成的错综复杂的粗略概括或标志”。

二、品牌形象的概念

人们对品牌形象的认识刚开始基本是着眼于影响品牌形象的各种因素，如品牌属性、名称、包装、价格、声誉等。

营销专家利维认为，品牌形象是存在于人们心里的关于品牌各要素的图像及概念的集合体，主要是品牌知识及人们对品牌的主要态度。利维对品牌形象的定义从心理学的角度进行了分析。

罗诺兹和刚特曼从品牌策略的角度提出："品牌形象是在竞争中的一种产品或服务差异化的含义的联想的集合。"他们还列举了品牌形象操作的策略性途径：产品认知、情感或印象、信任度、态度、形象个性等。

斯兹提出，品牌应像人一样具有个性形象，这个个性形象不是单独由品牌产品的实质性内容确定的，还应该包括其他一些内容……至此，对品牌形象的认识进入到了品牌的个性层次。

帕克等人提出："品牌形象产生于营销者对品牌管理的理念中，品牌形象是一种品牌管理的方法。"他们认为任何产品或服务在理论上都可以用功能的、符号的或经验的要素来表达形象。

亚克在1991年又把品牌形象与品牌的资产、负债联系起来，他认为通过符号，名称可以附加或减除。

总的来说，品牌形象是一个综合性的概念，是营销活动渴望建立的，受形象感知、主体主观感受及感知方式、感知前景等影响，而在心理上形成的一个联想性的集合体，品牌形象是一种资产，品牌形象应具有独特个性。

因此，品牌形象和品牌实力一起构成品牌的基石，是企业整体形象的根本。品牌实力决定和影响着品牌形象；同时，品牌形象表现品牌实力。二者密切结合才能满足消费者物质和心理的需求，创造出一流的品牌形象。

三、品牌形象的构成要素

按其表现形式，品牌形象的构成要素可分为内在形象要素和外在形象要素。内在形象要素主要包括产品形象及文化形象；外在形象要素则包括品牌标识系统形象与品牌在市场、消费者中表现的信誉。

1. 产品形象

产品形象是品牌形象的基础，是和品牌的功能性特征相联系的形象。潜在消费者对品牌的认知首先是通过对其产品功能的认知来体现的。一个品牌不是虚无的，而是能满足消费者物质或心理的需求，这种满足与其产品息息相关。奔驰牌轿车豪华高贵的品牌形象首先来自于它是安全、舒适、质量一流的轿车。当潜在消费者对产品评价很高，产生较强的信赖时，他们会把这种信赖转移到抽象的品牌上，对其品牌产生较高的评价，从而形成良好的品牌形象。

2. 品牌标识系统

品牌标识系统是指消费者及社会公众对品牌标识的认知与评价。社会公众对品牌的最初评价来自其视觉形象，是精致的还是粗糙的，是温暖明朗的还是高贵神秘的……通过品牌标识系统，可以直接、快速地把品牌形象传递给消费者。尤其是在现代社会，产品极其丰富，新产品的推出也令人目不暇接，一个品牌只有先抓住消费者的视线，才可能进一步获取消费者的心。走入商场，琳琅满目的商品和色彩各异的图案，引人注目的外观令人赏心悦目，不讲究品牌外观形象的时代已经一去不复返了。

比如，百事可乐的品牌标志以蓝色为标识色，标志是红、白、蓝相间的球体，富有动感。其标志设计紧扣目标消费者的心理特点，并根据时代的变化不断地修正。今日的百事可乐标志摒弃了以往平板、单调的设计。取而代之的是生动的、瞬息万变的立体图像。全新百事可乐圆球标志象征着一种与时俱进的精神，与全世界的消费者紧密联系在一起。

3. 品牌信誉

品牌信誉是指消费者及社会公众对一个品牌信任度的认知和评价，究其实质来源于产品的信誉。品牌信誉的建立需要企业各方面的共同努力，产品、服务、技术都得跟上，并注重按合同规定的交货期交货以及及时结转应付账款等。一位"奔驰"车的消费者在购车一个月后撞坏了车上的一个零件，奔驰公司重新为其更换了零件并分文不收，而且说，易撞坏的零件虽然不是奔驰车的零件，但是品牌信誉更为重要。品牌信誉是维护顾客品牌忠诚度的法宝，是品牌维持其魅力的重要武器。

4. 统一性

品牌形象是指消费者对品牌的看法，它反映的是品牌给人的感觉。坚持统一的品牌形象是一些国际品牌走向成功的唯一道路。可口可乐上百年来一直强调它是"美味的、欢乐的"，从未改变。从1886年到现在，可口可乐用过的代表性广告语达一百多条，例如，美味又清新，享受一杯欢乐饮品，好味道的象征，可口可乐好时光，永远的可口可乐等，从未偏离过既定轨道，从而树立起鲜明的强势品牌形象。万宝路也一样，50年来一直坚持乡村牛仔形象；力士一直坚持用国际影星做形象代言人，诠释其"美丽"承诺，达70年之久。

牛仔服装的著名品牌Lee曾因中途改变其形象而陷入困境。Lee最初的广告语是：最贴身的牛仔。但在广告播出后很短的时间内，便遭到了中间商特别是零售商的反对，他们自恃更了解消费者心理，认为消费者要购买的是时装，应宣传产品的时尚和品位，而Lee避开时尚宣传贴身，太理性和陈旧。Lee接受了这一意见，改变了策略，通过宣传"领导潮流、高品位、最漂亮"来树立自己独特的个性。两年后，Lee陷入困境。在总结经验教训的基础上，Lee重新回到了原来的定位：最贴身的牛仔。经过持续不断的宣传一直到今天，Lee终于在强者林立的牛仔服装市场中树立起"最贴身"的形象。

经验告诉我们，如果品牌形象朝令夕改，最终将无法建立强势品牌。像旭日升冰茶，开始是一对双胞胎，广告语是"越飞越高，旭日升"；后来是一群年轻人欢快的场面：一种好心情，一种好滋味，畅快的感觉总是最美；再后来，又换成了刘德华和一个女子在派对舞会上跳舞的场景。在这里，我们找不到一条贯穿始终的主线，这样下去后果不言而喻。旭日升突出青春形象，这与"旭日升"

字面含义很吻合，但与茶文化实则相悖。从中可以看出，旭日集团只把茶饮料当成一般的饮料推广，因而不可能让茶饮料的特殊优势得以发挥。

坚持品牌形象统一，应该集中精力朝同一个方向努力，让每一个品牌行为都对品牌资产积累有所贡献，让点点滴滴的传播动作都成为品牌资产的积累和沉淀。这里有横向的统一，即一个时期内，产品、包装、传播、推广，各营销环节、一系列品牌行为都围绕同一个主题展开；也有纵向统一，即 1 年、2 年……10 年、20 年……坚持同一主题、同一风格，不同年代都坚持统一的表现。

四、品牌形象的分类

品牌作为当今和未来企业核心竞争力的主要力量，需要在同类品牌中建立起独特的优势，这种优势，可以通过品牌形象及组合来表现。BICC（品牌形象分类组合）根据传播的内容和形式将品牌形象归纳为五大类型：

1. 说明性品牌形象

卖方市场时代，经营者们所要做的只是把产量做大，把产品做好，因为企业之间几乎不存在竞争，销售畅通与否取决于企业是否已将产品信息传达给了更多的消费者。企业品牌的功能主要是告诉消费者，企业生产什么产品，有什么用途，消费者明白了，需要时就会选用该企业的产品。例如一个新产品在刚推出时由于目标消费者对它的用途特点还不了解，这时候说明性品牌形象就应该在推广时占较大的比重，以后随着目标消费者对它的熟悉程度增加，再逐渐减少说明性品牌形象。

对任何一个品牌而言，说明性的品牌形象必须始终存在。首先，产品或服务本身始终是顾客购买的主要目的；其次，由于人的记忆周期是有限度的，每天众多同类品牌和其他大量信息源源不断地往顾客大脑输送，很可能把消费者大脑中原有的信息挤压出去；再次，新的目标消费者对产品和服务信息了解不足，需要补充。因此，品牌在推广中必须不断地提醒目标消费者有关产品的基本信息。

说明性品牌形象的运用主要结合以下几种情况：一是目标消费者对产品的熟悉程度。熟悉程度越低，说明性品牌形象就需要占越大的比重。二是目标消费者可选择的同类品牌数量。数量越多，说明性品牌形象比重就应该越小。三是 BICC 值的大小。数值越大，说明性品牌形象比重就应该越小。四是自身品牌所处的阶段。在发展初期说明性品牌形象比重应该大些。

一般而言，说明性品牌形象比重最大不超过 50%，最小不少于 10%。

2. 工业性品牌形象

工业性品牌形象对于工业门槛较高，技术协作程度高，产品质量判断不直观，需要时间或专业知识和技术，且价格昂贵的产品具有重要作用。例如家电、汽车、电脑等产品品牌如果没有强大的企业实力形象支持，是很难让顾客放心购买的。

工业性品牌形象与生产产品的价格、质量判断难度、行业发展水平、品牌所处阶段有直接关系。价格越高，质量判断难度越大，工业性形象就越重要。行业发展越成熟，进入门槛越低，工业性品牌形象的作用就越小。例如家用空调在发展初期技术不像现在那样成熟，行业进入需要的资本很大，此时工业性品牌形象就很重要，企业在品牌建设中的规模、设备、管理、员工文化水平，甚至连厂房也都可以搬到广告上作宣传。当行业发展已经很成熟时，进入门槛也大大降低了，工业性品牌形象就非常淡薄，像比较成熟的品牌康师傅、美的等就不再需要在工业性品牌形象上投入过多的资金去塑造。

润滑油这种既是小众产品又是工业品，一般只有专家才购买的产品，居然也在电视上做广告，这正是统一石化的高明之处。虽然统一润滑油不是行业老大，但由于统一石化这种工业品是同行业中第一次在央视投放广告的厂家，因而消费者在心理上感觉它就是老大。而且，在央视做广告，也增强了经销商的信心，在二、三级市场反响强烈。工业品利用大众媒体宣传形象可能有些浪费，但至少把市场打通了，把目标消费者“一网打尽”。在统一石化树立工业性品牌形象之后，昆仑、长城也纷纷通过电视媒体树立工业性品牌形象。

3. 科技性品牌形象

规模经济发展到一定程度使社会生产力过剩，而同类企业迅速增多使企业间的市场争夺行为愈演愈烈。此时，各企业的产品质量和价格已非常接近，难以创造企业竞争优势，因此提升产品功能和降低使用成本，成了企业制胜的关键，而这需要科技和观念的创新才能得以实现。因此，企业和品牌形象主要围绕科技，在高素质技术人员、先进科研与生产设施、企业创新精神等上面做文章。

科技性品牌形象主要适用于技术含量较高，对高素质研发、生产、管理人才依赖性强，产品更新换代较快，产品质量判断不直观，需要时间或专业知识和技术，价格较高的产品。例如面对 IT 技术与产品企业，品牌竞争主要依靠的形象就是技术形象。

科技性品牌形象在品牌宣传中的应用比例主要由技术含量的高低和生命周期的长短所决定。技术含量越高，生命周期越短，科技性品牌形象越重要。

4. 价值性品牌形象

一直以来，企业习惯性地将自己看成是产品的生产者和提供者，而忽视了其对社会产生的价值的认识和传播。直到企业间产品高度同质化和创新成本越来越高昂的近几年，企业经营者们才意识到产品给消费者带来的直接和间接利益的诉求更能打动消费者的心。以空调为例，进入 21 世纪以前，所有广告均在重点宣传空调的先进性、制冷量、省电等技术指标，形象单调而乏味，而现在，大部分广告均重点突出产品给消费者带来的直接和间接利益。在国内知名品牌中，美的是最早实施价值性定位的品牌，以其在小家电领域多年来的绝对领导地位说明，价值性品牌形象在市场竞争中具有很高的战略价值。

比较价值性品牌形象与说明性品牌形象，说明性品牌形象是指产品或服务功能、特点等，而价值性品牌形象是指产品或服务功能完成后给顾客所带来的利益。例如有些洗发水的诉求是去屑，有些品牌的诉求是能带来好心情，去屑是说明性品牌形象，而好心情就属于价值性品牌形象。

由于价值性品牌形象诉求主要从产品给消费者带来的直接和间接利益方面挖掘，品牌形象和产品之间有一种因果和逻辑关系，而各企业和产品给消费者带来的直接和间接利益是非常有限的，因此价值性品牌定位被越来越多的企业采用以后，企业间的品牌形象还是容易造成近似和重复。

价值性品牌形象主要适用于发展较为成熟或进入门槛较低的行业。具体到某个品牌时，此品牌的现有形象及其他同类品牌对价值性品牌形象的应用情况均是决定价值性品牌形象效力的关键。行业越成熟，进入门槛越低，价值性品牌形象的比重就应该越大。

自身品牌在目标顾客中的信心指数越高，价值性品牌形象的比重就应该越大。同类品牌对价值性品牌形象的应用越少，它就越有效，反之效果越低。如果同类品牌对价值性品牌形象的应用已经非常普遍，那么它就没有多大意义了。

5. 文化性品牌形象

文化性品牌形象是指社会公众、用户对品牌所体现的品牌文化或企业整体文化的认知和评价。企业文化是企业经营理念、价值观、道德规范、行为准则等企业行为的集中体现，也体现一个企业的精神风貌，对其消费群和员工产生着潜移默化的熏陶作用。品牌文化和企业的环境形象、员工形象、企业家形象等一起构成完整的企业文化。品牌背后是文化，每个成功品牌的背后都有其深厚的文化土壤，都有一个传达真善美的故事。“麦当劳”三个字所包含的不仅仅是香脆的薯条、美味的汉堡包和清新爽口的冰激凌，也不仅仅在于其舒适的环境、周到细致的服务，更在于它所代表的美国快餐文化，它所体现的现代生活方式。

比如，“渴望无限”是百事可乐带给年轻人的感性诉求：我们虽不能改变世界，但我们将从生活中获取精彩人生；我们追求独立自主的生活，更对未来充满无限憧憬；我们深信世界充满机会，相信生命将会无比精彩。百事可乐与年轻人一起，将“渴望无限”的品牌理念付诸行动：全力支持中国足球的发展，包括赞助中国足球联赛，与曼联联合举办足球训练营，不断地为中国的年轻人带来最好的音乐（如国内演唱会，校际音乐大赛）。

百事品牌的经营理念从“新一代的选择”到“渴望无限”再到“渴望突破”，由形象化到实践，是更高层次的信念。这信念具体表达了年轻人要从生命中获得更多价值和乐趣。

文化性品牌形象由于不需在形象塑造上受到产品的诸多限制，可以是脱离产品而赋予产品之上的某种精神文化，取材广泛，这就决定了它具有更广阔的诉求空间。因此，即使企业普遍采用文化性品牌诉求，其产生的形象更容易创造出鲜明的个性特征，使各企业品牌之间竞争的激烈程度降到最小，市场结构更有层次。文化性品牌形象与价值性品牌形象可以有一定的联系，但不是必然的联系。例如摩托罗拉心语系列的“可爱清新，一见倾心”广告口号与产品就没有必然的联系，纯粹是从目标消费者的心理需求出发提出来的品牌核心价值。文化性形象主要适用于：目标顾客消费信心指数较高的行业和品牌；与目标消费者工作、生活关系密切的产品和服务品牌，特别是个人消费类品牌；品牌集中度较高的目标市场。

第二节　品牌形象的识别

在形象时代、定位时代和品牌个性时代过后，我们进入了品牌识别时代。要成为一个强大的品牌并得以一直保持，品牌必须忠诚于它的识别。品牌形象是一个变化无常的概念，它过于关注外表而忽视了本身的实质。品牌核心识别则超越表象，进入品牌的内涵。

一、品牌形象识别的含义

1. 什么是品牌形象识别

品牌形象识别是品牌战略者希望创造和保持的能引起人们对品牌美好印象的联想物。所有的强势品牌都拥有清晰、独特和丰富的识别，如“香奈儿”就是“高尚品位”的化身，“宝马”代表着“驾驶乐趣”的极致。品牌形象识别的作用是塑造品牌形象、积累品牌资产、建立和巩固与顾客的关系。

2. 品牌形象识别的特征

与品牌形象单纯的消费者导向不同，品牌形象识别是内外均衡的，它不仅暗示着品牌对消费者的承诺，同时也是品牌战略者的品牌预期（希望品牌代表什么和能代表什么）。品牌形象识别是一个全方位的体系，它包含与品牌相关的组织活动的各个部分，每个部分要反映组织的价值与战略，都能与消费者产生共鸣，其中至少要有一个方面造成与其他品牌的差异。当品牌进行延伸时，品牌形象识别是有可能全部或者部分被保留的。在产品日益同质化的今天，品牌如果在传播上仍不能有所区别，将会很快被淹没在信息的海洋中，被人遗忘。

其实，品牌就像是一个人。我们与人交往，能够记起的只是一些特别的人，记起他与众不同的特征，如果一个人没有任何个性，就很难被人记得。

这是一个价值观念多元化的社会，人们不再像 20 世纪六七十年代，穿同样的黄绿色军装，唱同一首歌，崇拜同一个偶像。人们可以有各种各样的主张，各种各样的选择，可以按照自己的喜好和个性去选择自己喜欢的品牌。这就创造了一种需求：需要不同个性的品牌。比如，麦当劳品牌特征的核心是以服务家庭为中心；而惠普公司的品牌特征是科技领先（精密和速度）。

3. 品牌形象识别与品牌形象

创造品牌形象识别，不单是找出顾客想要什么，它还须反映品牌的灵魂与想象力，这才是品牌形象识别所期望得到的。品牌形象通常是消极的、被动的、倾向于过去的；而品牌形象识别应该是积极的、主动的、面向未来的，反映渴望品牌的联想。

品牌形象倾向于战术性的，而品牌形象识别应该是战略性的，反映能导致站得住脚的优势的营销战略。品牌战略意图包括获得真正创新的灵感，当前战略的伸展，还有前瞻性、动态的观点。品牌形象识别不应只接受现存的观点，而应主动考虑创新求变。

二、品牌形象识别的基本要素

品牌形象识别可以通过名字、标志、色彩、代言人、广告口号等来区别。

1. 名字

与其他品牌识别要素相比较而言，品牌名字是品牌识别系统的核心要素，是品牌资产的主要载体，任何与品牌有关的东西都要跟它联系起来，才能成为品牌资产。例如一个企业“服务好”是一种无形资产，但“服务好”如果跟“TCL”联系起来，它就成为“TCL”的品牌资产，如果与“海尔”联系起来，则是“海尔”的品牌资产。

从另一个角度看，已经形成的品牌资产也正是透过品牌名字，影响着消费者的购买行为，影响着一个品牌的兴衰。大量的现代营销研究证实，品牌名字是顾客判断产品质量的关键线索，是影响消费者品牌选择和产品销售的最主要因素之一。

2. 标志

品牌标志是仅次于品牌名字的重要识别因素。品牌标志是视觉的，容易再认，有助于识别产品。品牌标志特别有助于消费者从琳琅满目的商品中寻找某种品牌的商品。不过，品牌标志必须在消费者记忆中与品牌名字和产品建立联系，这样才有价值。

品牌标志是公司的重要资产，许多公司花大量资源以保护这些符号。研究表明，图画比言语材料更容易记忆和再认。此外，图画在短时和长时记忆中均能比言语信息保持更长时间，图画更能引人注目，更容易加工，比言语材料需要更少的心理资源。从品牌资产的积累、名牌建设的角度考虑，一个商标图形或图案有利于提高品牌的知名度，有利于产品或企业向消费者传达某些特别的含义，应该更容易传播，让消费者容易记住。

3. 色彩

色彩的价值首先表现在引人注目，明度（色彩的明亮程度）、纯度（色彩中掺杂的程度）高的色彩，如黄色、橙色，能强烈吸引人的注意力，留下难忘美好的记忆；其次是认知性，易于认识和识别，如蓝的是大海，绿的是椰树；第三是真实性，如白里透红的苹果，晶莹澄碧的饮料；第四是情感性，红色代表热烈、兴奋，象征朝气、激情，与年青一代的偏爱相同；第五是美感，引起美好回忆，如白色使人联想起晶莹的雪片，洁白的云朵，给人纯洁清冽的感受，黑色使人想到夜的温馨和安宁。

色彩与所表达的情感相适应，即色彩具有表情性。这是由于某种色彩经常与人类社会生活的某些特定方面密切联系，通过联想和象征可获得某种情绪和情感意味。如黄色经常与灿烂的黄金和辉煌的阳光等联系在一起，给人以温暖、光明的感受；绿色使人想到绿色植物，产生欣欣向荣的感觉……百事可乐为了表达一种生机盎然、充满青春活力的情绪，创作者就以黄红色为主调，做到色彩与所表达的情感吻合。

柯达充分利用黑白正负形，把公司名称第一个字母“K”处理成负形，与名称“Kodak”相呼应，并用红、黄两色（黄底红字）的强烈对比，使商标具有很强的吸引力，从而取得很好的信息传播效果，并让人体会到商品品质及色彩的内在含义，由此红黄两色的组合便成为柯达公司色彩的象征。

比如，1999 年诺基亚 8210 手机上市，彻底摆脱了用高、中、低档划分消费群的束缚，大胆用感性元素——色彩来吸引消费者。如果按照高、中、低档分层设计符合不同消费者需要的手机，一面市就会面临众多同一层次各品牌型号手机的激烈竞争，而用颜色来划分会发现竟然没有竞争对手。生性奔放的人希望他们手里的手机是丰富情感生活的调色板——红、橙、黄、绿、青、蓝、紫，以张扬他们的个性，吸引公众的眼球。但成熟的男人却不喜欢表面复杂多变、外观色彩艳丽的手机，对他们而言，黑色代表着高贵的身份和沉稳的气质，这才是他们的心爱之物。正如他们一样，在丰富的内心世界的外面往往有一个平静的外表，他们希望自己的手机款式简单、功能实用、色彩稳重。8210 黑机的推出正好迎合了成熟男士的心理需求。

当然，在色彩运用上，要注意避免采用销售国禁用的或消费者忌讳的色彩。如瑞典的国旗为蓝色，如果用蓝色做商标就会被认为是对他们国家的不尊重；阿拉伯国家禁忌黄色；法国人认为黑桃是死人的象征；意大利人把菊花当作国花，日本人把菊花视为皇家的象征，而拉丁美洲国家则将菊花视为妖花；澳大利亚禁忌用兔的图形做商标；西方国家禁用黑猫的图形做商标；印度以及阿拉伯国家禁用猪的图形做商标；伊斯兰教国家对违反伊斯兰教传统和教义的标志都不准用于商标；使用英语的国家，禁用大象的图形作商标，当地居民认为大象大而无用，因担心消费者不欢迎，这些国家的代销商不敢购进中国的“白象牌”电池；玫瑰花在印度和欧洲一些国家作为悼念品，不能作为商标；非洲一些国家禁忌熊猫图形；阿拉伯国家和信奉伊斯兰教的国家和地区不准以类似以色列国旗图案的六角形图案为商标的商品进口，雪花图形是六角形，也不能用作商标；三角形是国际上通用的警告性标志，捷克人以红三角为有毒的标记，而在土耳其，绿三角表示“免费的样品”的图形。

4. 代言人

(1) 名人明星代言人。

代言人应该与品牌或产品属性相关。中国联通邀请“小巨人”姚明作为代言人，展露出联通品牌的锋芒。这里实际上是基于姚明与联通在经历和特质上的高度和谐一致：1994 年 7 月 19 日，中国联通在电信改革中诞生，同年，姚明进入上海青年队；1998 年，联通尽管依然弱小，但是“两新两高一综合”的发展战略很快使联通的发展进入了快车道，同年，姚明首次征战 CBA 联赛，尽管身体单薄，但在 1998 年的乔丹夏令营中名列最佳中锋中的第二名，让美国人惊讶；1994 年到 2002 年，联通采取了重组、上市、CDMA 1X 的大规模建网与市场拓展等一系列动作，而姚明在 2002 年也稳步踏入了 NBA 的舞台。此外，姚明的勤奋、自信、活力、锐意进取的形象，也与联通新时空 CDMA 的品牌理念高度吻合。姚明出任联通业务品牌的形象代言人，让人们知道了 CDMA 和“联通无限”的增值业务，大大提升了联通的品牌知名度。

不过，也有比较糟糕的。如 2003 年国内媒体大炒“皇马中国行”时，金嗓子公司重金聘请素有“外星人”之称的罗纳尔多担任品牌形象代言人，结果成了“2003 年中国十大最不受欢迎的广告代言人”。观众很难将以脚出名的罗纳尔多与咽喉用药金嗓子联系在一起，足球明星用脑、用脚踢球，根本不用开口，广告中代言人仅仅是傻笑。尽管罗纳尔多在 2006 年世界杯大赛中超越了神奇人物穆勒，保持了 32 年的世界杯进球纪录，但树立的更多的是体育形象。因此，从金嗓子来看，缺乏的不是知名度，而是品牌的整体形象。

(2) 普通演员代言人。

宝洁在广告宣传上的最大特征是不用名人、重视“权威证明”。宝洁公司的广告中所出现的代言人大多是一些不太知名的演员，而非大腕名人。宝洁认为，和商品相比，名人的影响过于强烈，其结果只是给观众留下了名人的印象，名人的形象给观众增添记忆，作为目的物的产品或品牌形象却被冷落，这就失去了广告的意义；另外，有些名人在同一时间给好几个产品拍广告，露面的机会越频繁，每个广告所推销的产品印象就越淡薄。因此，宝洁公司主张大众家庭用品的广告应追求贴近消费者，运用消费者熟悉的情景和语言与消费者直接建立认识，从而拒绝使用名人。同时，他们非常相信自己的产品在同类产品中具有优越性，名人对他们的产品和广告形式都是不太合适的，这正是心理学中情感亲近性原理与其产品、品牌特性相结合的运用。

在这方面，大宝走的也是平民化路线，在其品牌代言人中，有新闻记者、工人、教师、干部等，这些人的现身说法，道出了目标市场中人们对产品品牌追求的心声。这正说明大宝品牌迎合了消费者的心理，从多方面满足了消费者的需求。

（3）品牌代言人的年轻化。

“Y 时代”，即年青一代，也就是在中国改革开放后出生的一代，随着时代的发展，“Y 时代”人群是商业社会的积极分子、品牌传播的主导力量、中国最具消费潜力的群体，由于特殊的年龄阶段，他们同时影响到市场消费的现在和未来。“Y 时代”是自由的一代，是个性的一代，也是从各种明星崇拜中成长的一代。在品牌代言人中，都是以“酷”字迎合心理，以明星吸引眼球，以动感、时尚的画面传达意念，广告画面突出激情、活力，形象代言更是青春飞扬，张扬、野性的张惠妹，年轻偶像谢霆锋，当红偶像张柏芝，如今刘翔、余文乐更属绝顶新鲜一代。

又如，三星为了尽快摒弃低附加值的品牌内涵及传统电器的品牌形象，巧妙地运用了明星战略。选用“青春、活力、时尚和在年轻人中人气极旺”的明星郑伊健、陈慧琳为三星形象代言人，把明星气质有效嫁接到品牌上，使消费者在短时间内对三星的看法从原来的“较低档、陈旧、落伍”转变为现在“高档、时尚”的新形象。

郑伊健酷美帅气的长发，幽深的眼神，带点羞涩的迷人微笑，生就一副美少年的形象，更有超凡的演技才华。电影《东京攻略》中，郑伊健出演一个蒙着面纱的神秘人物——“龙”，显示出他超凡的人气魅力。不仅在华人圈中人气旺，在韩国也是追星者如云，郑拍摄了三星 ANYCALL 手机广告后，由于广告没有在韩国上映，郑伊健的韩国 FANS 纷纷到三星网站上提出抗议。由此可见，郑伊健在韩国的受欢迎程度。陈慧琳，娇好的容貌、模特的身材，见过她的人都会有极深的印象。曾经一度，她那似曾相识的面容被认为是林青霞与王菲的巧妙结合，有人曾这样评价陈慧琳——“靓丽的外形和卓越的创造力，永远都看不厌的面孔，永远都有新感觉的音乐，无论外形还是特有的内涵，深受影迷、歌迷的欢迎，模特、歌手、演员，在各个领域都绽放着夺目的光彩，她是一个真正的明星，她就是陈慧琳。”可见，郑伊健、陈慧琳的气质与三星的品牌形象是一脉相承的。

“Y 时代”市场，是最缺乏忠诚的市场，所以，决战“Y 时代”最关键的问题不是成功，而是保持成功；不是寻找差异化，而是延续差异化。在年轻的路上，任何品牌都有成功的机会。

5. 广告口号

品牌向受众传递情报性信息主要是借助于广告口号来实现的。通过广告口号，向目标消费者比较详细地描述产品的性能、用途、质量，购买时间、地点等各方面情况，为广大消费者提供确切的信息。能否达到这一目的，其前提是受众能否很好地理解和记住广告语所传递的信息。同类商品、服务或企业本身也许并无明显差别，但是在消费者心目中的形象却可能完全不同，而完成这种有差异性形象塑造的一个重要手段是借助于广告语言。通过语言文字的表达方式、表达语气、表现风格，令消费者切实感知品牌形象、意境及由它们引发的对商品、服务或企业的有益的联想来塑造产品、服务或企业的形象。

例如，联想电脑——无限自由，轻松拥有；中国移动——无论何时何地，我们与你同在；TIMER（铁时达）钟表——不在乎天长地久，只在乎曾经拥有；戴比尔斯珠宝——钻石恒久远，一颗永留传；丰胸胶囊——没什么大不了的，做女人挺好；李宁——把精彩留给自己。而麦当劳广告每次在欢乐、祥和的气氛之后都不忘来上一句“更多欢笑，更多快乐，就在麦当劳”，达到促成情感高潮记忆点的效果。

三、品牌形象识别的表现形式

品牌形象识别可以从外观、个性、文化、交流、形象、影像等方面来体现。

1. 外观

品牌形象识别通过外在显著的特征来引起人们的注意。比如，“Citroën”（雪铁龙）让人产生高技术的汽车悬置、原始的外形和勇敢的印象，“Volkswagen”（大众车）意味着经久耐用。品牌的外观性是从品牌的主要或突出产品中提炼出外貌特征。如 Rossignol 与滑橇相连，而 Salomon 则与建筑物相关。这就是为什么 Rossignol 能激起乐趣和冲劲，而 Salomon 则代表精确和安全。

2. 个性

自 1970 年个性成了品牌的中心后，许多美国广告公司都将其作为所有传播活动的前提。一个品牌有一种个性。品牌要有性格，如果我们用人的形象来描述品牌，那么我们会逐渐形成谈论该产品或服务的拟人化的印象。在西方人心中，La Vache Quikit 有一个大方而仁慈的灵魂；Peugeve 是保守的、非理想主义的；Citroën、Atari 则喜爱竞争与挑战。

比如，麦当劳永恒的特色形象——微笑。麦当劳以企业内美为导向，将浓浓的感情融进公众的心里，从而赢得世界公众的普遍认同，树立了良好的社会形象，它的企业理念是品质、服务和清洁的附加值。同时，在行动上，麦当劳规定“微笑”是永恒的特色，所有的店员都要面带微笑、活泼开朗地同顾客交谈、做事，让顾客觉得很亲切，忘记一天的辛劳。

与麦当劳相比，肯德基家乡鸡餐厅树立了自己的个性形象——让顾客 101% 的满意。这增长的 1%，用句口头语来说，就是自找麻烦，自讨苦吃。比如下雨天，服务员会给每位没带雨具的老人和带小孩的顾客送上一把雨伞，请他们在方便的时候顺路带回。其实，“天有不测风云”，不带雨伞遭雨淋，是怪不了“肯德基”的，伞与吃饭又有何干呢？假若顾客老不“顺路”，那伞总是不能归还的。正是这超乎寻常的 1% 服务，体现了服务的真诚、圆满、感人，你能不再来光顾，能不及时将伞归还原主吗？这1%并非一个简单的增加了1个百分点的数字，其表明经营者的“完全彻底” “全心全意”为消费者服务由“分内”(100%)扩展到“分外”(1%)。分外寓于分内，分外促进分内，相互交融，不断促进服务工作水平的提高。

3. 文化

品牌从各种产品中提炼出自己的文化。产品是物质的体现和文化的指向，文化包含了价值观系统、灵感的来源和品牌力量。如苹果电脑反映了加利福尼亚文化，因该州是以尖端的科技为象征。即使苹果公司的创始人已离开公司，一切仍在原先的基础上发展，苹果电脑仍给公司——从更广义上来看——给人类自身带来了变革。这一梦想的实现，这一灵感的主要来源，不仅在于高度独创的电脑产品和服务，也在于它的广告风格。

文化看起来不但影响到品牌，更渗入到品牌中去。当考虑零售企业的识别时，我们会看到，那些处于领导地位的零售企业不但有其个性，而且有其自己的文化。比如Adidas是置身于一种集体文化中，不像Nike或Reebok那样突出个人的价值，Adidas是着重集体运动（如英式足球）的价值。

文化往往与品牌创立国联系在一起。从可口可乐我们看到美国，从IBM我们看到华尔街。Canon和Technics的名字并不能使人联想起太阳旗，而三菱、丰田、日产却与日本有着诸多的联想。Evian或Perrier的出口之所以能得到津贴，部分原因就在于它们象征了法国文化的一部分。

4. 交流

品牌也经常为人们之间的无形沟通提供机会，这在服务业中尤甚。如Yves Saint Laurent的名字就散发着一种诱惑的气息——一种潜在的男女情欲关系弥漫于它的产品和顾客要求中，即使没有人的形象出现也能明显感觉到。

5. 形象

当消费者被问及对某种车的意见时，他们的即时反应是想起与其最相称的驾驶者的类型——一个放荡的人，一个有家庭观念的人，一个装腔作势的人或一个守旧的人。这种影像中的产品使用者与品牌的目标市场通常是有冲突的，目标市场是指品牌的潜在购买者或使用者，而影像中的使用者则不一定是目标消费者，而是品牌向目标消费者传达的形象，它是用于造成区别的一种手段。

目标消费者有时希望能像影像中的人物一样成为某一品牌的内行，为此，品牌需要准确的影像传达，让消费者去提高声誉并传播其识别，提升品牌的象征性价值。

6. 影像

如果说形象是目标消费者的外在反映，那么内在影像则是目标消费者自己的内在反映。通过我们对某些品牌的态度，建立起了某种形式的内在关联。

例如，许多保时捷（Porsche）的主人只是简单地证明他们有能力购买这种车。这一购买可能与他们的职业状况并不相符，在一定程度上可以说这是一种赌博。于是该品牌就表现为自强者千方百计要实现的目标。这样，Porsche 的广告表现为与自我进行的一场比赛，一场永远没有终结的比赛。Porsche 的影像可能与消费者的自我形象并不相同。

又比如，购买阿迪达斯的人即使不是运动型的人，他在内心也把自己看成是一个没有种族、性别或年龄区别的运动俱乐部的成员。因为体育运动本身并不存在哪些区别。吃麦当劳食品的消费者的一大特征就是不把自己只看作是顾客，他们认为自己还是该品牌的追随者。当两位麦当劳迷相遇时，他们的谈话会令人以为他们是同一宗族派别的成员。

品牌形象识别还可以从主题传播层、核心识别层、核心价值层三个层次来构架。

1. 主题传播层

消费者往往通过产品、定位、广告话题、沟通方式等来了解品牌。对于品牌管理而言，如果希望塑造一个长期存在的品牌，则必须清楚地理解品牌的核心点和原点。它从上至下地运作，品牌的风格及变化不能违背品牌的核心识别。传播的主题和承诺必须落在品牌适应的范围内。可口可乐从说"渴"到说"感觉"并没有越出常规，它没有发生根本的转变和不同，虽然品牌的主题改变了，但它的品牌识别的基础保持不变。

2. 核心识别层

通过文字或图像传递其特定意义的信息，这是品牌核心识别的反映，这种风格不能随意变动，需要始终保持同品牌核心识别的联系。当然，有时候随着时代的改变，会做适应性的小变动。比如，按现代时尚，女性时装要么淡雅柔和，要么色泽艳丽，或长或短，或宽松或紧身。如果希望通过一种固定的服装模式来判断一位女士的特征，即等于要求她长期不变地穿一件浅色的长衫，即使其他的女性此时正穿着鲜艳的短装。事实不然，女士们常常追随时尚的潮流，用独特的、个性化的方式来展示自己的特点。她们年复一年，从一种时尚到另一种时尚的选择过程，表明了在她们身上存在着一种标准，一些特定的观念。这些正是核心识别的体现。为了保持摩登（不落后于时代），品牌必须跟上时尚，但可按它们自己的方式行事。

3. 核心价值层

品牌的核心价值层，其源泉来自品牌的激活，即品牌是一个活生生的人，会说话会行动，并形成品牌的遗传代码。它是品牌的深层次识别，它可以在很长的一段时间内保持不变。例如，波驰赛车的核心识别并非"跑得快的车"（虽然这的确是波驰宣传的主题，也是它作为产品的一个特性），形象地说，波驰的核心标志是"英雄"，不是指现代意义上的英雄，而是体现着"英雄"的原始含义。在展示其个性时，总是将自己与危险的驾驶联系在一起，实际上告诉人们，险恶的处境正是英雄所面临的命运。这恰恰塑造了其良好的品牌形象。倘若公开宣称波驰赛车是为英雄们制造的话，将会带来可怕的后果。因此，潜在的含义必须陷于表象之后才有积极的效用，品牌的核心点应隐藏在产品诉求之下。

值得注意的是，对品牌进行润色修饰时不能改变它的内在本质。Fidji 提供了一个很好的反面例证。Fidji 于 1966 年向市场推出，成为世界上五大著名的香水品牌之一，与 Cacharel 的 Anais-Anais 及 Nina Ricci 的 L'Air du Temps 等并列。在围绕“女人是岛屿，Fidji 是它的芬香”这一主题诉求多年之后，Toreal 公司认为它们应该改变传达的信息，使它更贴近时代，更符合积极向上、获得解放的妇女形象。新的创意构想改变品牌的联系，从“逃避现实”变成“自然本能”。在全世界，到处都有一位妇女和一条蛇的形象的广告招贴画，配有广告口号“天堂香水”，但结果其销量从 1980 年的 7 280 000 单位滑至 1981 年的 6 730 000 单位、1982 年的 6 052 000 单位、1984 年的 5 216 000 单位。幸运的是，销量上的损失因价格的上升而得到弥补。在用蛇的形象取代自然时，他们保留了品牌样式奇特的图解包装。自从这种香水概念在 1965 年诞生以来，它的品牌地位就是至上的。当诉求主题从逃避变为欢乐，Club Mediteranee 变得受欢迎，这就导致了选择 Fidji 为名。他们选择图解特色作为识别核心，然而，这仅是一种风格，一种表达模式。其品牌识别的核心可能已经脱离了创立者本人的原意：在加进一条蛇和兰花的时候，他们的继任者是在不明智中创建了另一个品牌。推动 Fidji 销售的这一活动失败了，同时造成了它内涵分散。最初以荒岛作为神秘的象征，普遍受到喜爱，并被大众接受，因而品牌在创立时获得了世界范围的成功，不幸的是，他们转而将注意力集中在 Fidji 岛屿本身以及其外在因素上，被征服这一点就重要性而言却被摆在了第二位。至于蛇和兰花——很明显只是诱惑性标志——它们对于荒岛上无遮拦的妇女而言，根本没有意义。

品牌形象识别的这些方面形成了一个有机整体，每一方面的内容都与其他部分相呼应。

四、品牌形象识别系统

品牌经营管理中品牌形象识别由品牌理念识别（Brand Mind Indentity）、品牌行为识别（Brand Behavior Indentity）和品牌符号识别（Brand Symbol Indentity）三部分构成（见图 4－1）。其中，品牌理念识别是最核心的品牌识别，它影响、制约并统率其他的品牌识别，最终在消费者心中形成鲜明的品牌形象，没有理念识别的品牌只是一具行尸走肉；品牌行为识别是企业有关品牌的行为总和，它提供了实际层面的品牌价值，没有行为识别的品牌将是谎话和空话；品牌符号识别是品牌的外在形象，它

图 4－1

提供传播层面的品牌信息，没有符号识别的品牌只是无人知晓的象牙塔。

实际上，品牌理念识别意味着寻找何种品牌价值；品牌行为识别意味着如何形成品牌价值；品牌符号识别意味着如何向顾客传递已有的品牌价值。

1. 品牌理念识别系统

理念识别（MI），是指企业由于具有独特的经营哲学、宗旨、目标、精神、作用等而与其他企业相区别。例如 IBM 的经营理念是“尊重个人、服务顾客、追求尽善尽美”。MI 是 CI（企业形象识别）的灵魂，它对 BI（行为识别）和 VI（视觉符号识别）具有决定作用，并通过 BI、VI 表现出来。

2. 品牌行为识别系统

行为识别（BI），是指在企业理念统率下，企业及全体员工的言行和各项活动所表现的一个企业和其他企业的区别。例如，郑州亚细亚商场每天早晨总经理都带领全体员工举行升国旗唱亚细亚歌的仪式，向顾客展现了亚细亚人的精神风貌。BI 是 CI 设计的动态识别形式，是理念识别的重要载体。

品牌理念识别是对品牌价值的寻求与挖掘，基本上是停留于概念的阶段；品牌行为识别则是对品牌价值的“制造”过程，它从经营活动的角度在实际意义上形成和提供所承诺的品牌价值。品牌行为识别系统由产品行为识别、企业行为识别构成。

产品行为识别：品牌是通过它的载体产品来显示自己的独一无二和超人一等，平庸的产品绝对无法打造非凡的品牌。它包括产品领域、产品属性、产品品质、产品用途、产品使用者及参考群体、产品原产地、产品价格、产品渠道。

企业行为识别：企业是品牌的天生父母，为品牌烙上了不可磨灭的印记。它包括组织实力、核心能力、文化与管理风格、员工素质、企业家、企业故事。

3. 品牌符号识别系统

品牌符号识别是对品牌价值的传播和发送。品牌的符号识别是品牌的“名片”，是品牌被直接认知的物质化的表现。品牌符号识别包括视觉符号识别、听觉符号识别以及视听结合符号识别。

视觉符号识别（VI）：是指企业由于具有独特的名称、标志、标准包装、象征物、品牌代言人等视觉要素而区别于其他企业。例如麦当劳黄色的大写 M 和柯达的红色标志给人以强烈的视觉冲击。由于人们所获取信息的 80% 都来自视觉，因此，VI 是 CI 中最形象直观、最具有冲击力的部分。人们对 CI 的认识是从 VI 开始的，早期的 CI 策划也主要是 VI 策划。

标志是品牌识别传播的重要载体，它能够将品牌的价值理念用艺术的方式传递给顾客，进而影响到品牌形象的形成。

象征物常常用隐喻的方式传达品牌的识别和个性情感。

品牌代言人有着举足轻重的作用，许多企业没有真正地进行品牌识别设计，但毫无例外地都在启用名人明星。

MI、BI、VI 三者共同构成 CI 的完整系统，三者相互联系、相互依托。如果说行为识别系统是 CI 的手，视觉识别系统是 CI 的脸的话，那么，理念识别系统就是 CI 的头。无论缺少哪一部分，CI 都是残缺不完善的。

听觉符号识别：它是通过听觉刺激来传达品牌的方式，这种识别比较容易被忽视。如小天鹅洗衣机用《天鹅湖》乐曲，海鸥手表使用海浪拍打、海鸥欢歌声，中国移动全球通采用《欢乐颂》歌曲等。

视听结合符号识别：品牌名称与标识语——一个好的名字无疑是一笔巨大的资产，这就是美孚石油动用 7 000 多人、耗资 1 亿美元给自己取了一个好听好看的新名字（EXXON）的原因所在。

五、品牌形象识别案例

目前，世界上几乎每个地方都有可口可乐。即使在刀耕火种的地区，也会看到可口可乐风行的痕迹。可口可乐行销 206 个国家和地区，2005 年，可口可乐的销售额已达到 210.44 亿美元。可口可乐获得如此大的成功确实得益于它对企业形象识别系统（CIS）的理解和自觉运用。

1. 清晰的形象识别

形象不完整，模糊不清，那么企业是无法获得良好的反馈信息的，可口可乐公司最早的起步就是这样。为了改变顾客对可口可乐公司及产品形象十分模糊的状况，公司的合作人之一罗兰·鲁宾逊创造了沿用至今的可口可乐名字和商标图案。这就是用红色作为底色，可口可乐名字左右两侧画上白色水波纹，表示清凉饮料。色彩本身除了具有知觉刺激，以引起人的一定的生理反应之外，还会受观赏者的生活经验、社会意识、风俗习惯、民族传统、自然景观、日常生活等各种因素的影响，而对色彩产生具象的联想和抽象的情感。可口可乐的商标图案设计正是利用了这种心理特征，使标志的红色在广大公众的内心产生一种健康的、热烈的、青春的、朝气的、新鲜温暖的感觉，而且它还是充满气泡、蒸蒸日上的抽象情感的联想。Coca-Cola 的手写体、与众不同的饮料专用瓶，都给人一种亲切感和动感，给人一个清晰、明确的形象。

2. 明确的行为识别

可口可乐的商标、标准字、专用瓶等都是属于企业形象识别中的视觉识别（VI）范畴。视觉识别是静态的，在很大程度上又是被动的。图像只能去吸引顾客，但它无法主动找到顾客的眼睛，给他一个视觉冲击，它只能等待。因此企业光有视觉识别（VI）设计是不够的，它还必须有另一个支柱——行为识别（BI），或者叫做活动识别。

行为识别（BI）是主动的，也是动态的。企业是否成功，在企业理念确定下来之后，行为识别是关键。可口可乐第二任董事长是伍德鲁夫，在可口可乐一贯的经营理念指导下，提出了新的目标，那就是要让全世界的人都喝可口可乐。

1981 年，50 岁的戈兹达继任董事长。他上任后的第一个大目标就是继续完成前任董事长的宏伟大业，把可口可乐打进有 11 亿人口的中国市场。

进入 90 年代以后，可口可乐公司的这一愿望和目标应该说是实现了。目前，中国的天津、上海、南京等大城市均有可口可乐公司以各种形式设立的分公司，全国各地也建立了十分密集的销售网络，商店、饭店、酒楼、娱乐场所、运动场馆、工厂、农村、集镇等处都可以看见在中国生产的各种可口可乐饮料。这一方面促进了中国自身饮料工业的发展，带动了一系列产业、服务业的兴旺；另一方面也使美国可口可乐公司获得了相当的利益。

企业形象识别系统的原则是一体化的设计、一体化的动作、一体化的形象。所谓一体化就是公司的各个部门、各个部分、各个环节、各个步骤之间都体现出统一的原则和指导思想。可口可乐公司给人的整体形象就是充满朝气，富有魄力。而通过收购行动就可以表明可口可乐公司富有开拓进取的精神，使广大公众对可口可乐公司产生极大的信任感。

当价值数百亿美元的某种产品投入到世界各地的市场中，再从市场进入人们生活的各个领域，那么它决然不再是一个简单的物品，它实际上已经在逐步地影响着人们的生活及生活方式乃至于话语及话语方式，换句话说，一个数量巨大的产品进入社会生活之后就逐渐地形成了一种文化。这种文化最典型的例子之一就是可口可乐。戈兹达以及他的前任们都是在努力培养一种文化——可口可乐文化。CIS 实际上就是要从这种深度去着手、去理解。企业导入实施 CIS，从表层意义上是推销自己的产品，使其有更加鲜明的形象，以争取更多的认同和信任。从深层意义来说，企业的形象、产品、推销手段、经营方针等所有的内容都应该和社会深层文化相契合，与民族的心理相契合，也就是说企业行为也成为一种文化行为。至此，企业并不是多了一份不着边际的事，而是获得了能真正长足发展的土壤与背景。

可口可乐公司何以能够成功，有人说，那是得益于神秘配方，有人认为是可口可乐公司先进的管理和绝妙的营销策略。没有营销策略，那张神秘的配方也不能起什么作用。

第三节　品牌形象的塑造

品牌形象是消费者对品牌的评价和印象，这些评价既可以通过购买该品牌产品或服务而产生，也可通过各种新闻媒介的传播来形成。因此，塑造品牌形象应把着眼点放在使消费者了解该品牌产品和服务上来。企业在进行品牌形象塑造时首先必须遵循基本的准则，然后确立品牌形象塑造的程序，采取相应的策略，使工作按规则展开。

一、品牌形象塑造的原则

1．民族化原则

"只有民族的，才是世界的。"随着互联网的广泛运用和通讯工具的发展，世界日益成为一个大市场，各民族之间的融合也日益紧密，但无论怎样融合，各民族文化中总有一些独特的东西会保留下来并且为世界所接受和欣赏，利用这些民族特色，赋予品牌一定的形象，往往能取得意想不到的结果。20 世纪 50 年代的美国和 70 年代的日本在掀起企业形象热时，正是美日企业大肆向外扩张之际。品牌形象策划的民族化对创造世界名牌有着重要意义。

事实上，任何一个品牌都无法摆脱其民族文化的影响。一提起"奔驰车"，人们总会想到德国民族的严谨认真和对完美主义的不懈追求，这样的民族制造的产品其品质保证自然令人信服。而美国文化的功效性、实用性、开放性和个人主义也处处体现在美国品牌形象上：麦当劳干净、舒适、方便的用餐环境；可口可乐一直强调的欢乐享受每一天的品牌定位……民族性深深植根于每个人心中，具有民族特色的品牌形象常常更容易叩开消费者的心扉。

2．个性化原则

个性化原则是指品牌形象策划上的差异化。品牌形象策划的目的就是要使该品牌具有独特的个性，以在众多同类品牌中脱颖而出，迅速抓住消费者的心智。因此，个性化原则是品牌形象塑造的重要原则，否则，策划便失去了意义。例如我国的椰树集团就是以资源特色为形象而取得成功的。它利用海南岛特有的椰子、芒果、菠萝、杨桃等热带水果优势以及海南火山口地下优质的矿泉水资源优势，生产各种天然饮料，从而饮誉大江南北。

鲜明的形象来自于准确的定位，定位千篇一律，随大流，品牌形象就不可能突出。比如摩托车，大多数企业都将之定位在安全、快速、轻便等实用性功能上，如何从众多品牌中突出其个性，是能否取得成功的关键。上海易初摩托车股份有限公司跳出了实用的圈子，将其定位为"创造幸福"，取名为"幸福"牌摩托车，在宣传中，强调"幸福"牌摩托车是在为员工和消费者创造幸福。这种个性化、人性化、特色化的品牌形象吸引了众多消费者的目光。

3．协调性原则

品牌形象是企业形象的一个重要部分，企业形象是一个整体，包括各个子系统，品牌形象和企业形象塑造的目的都是为了结合企业实力，营造竞争优势，最终创出知名品牌，实现企业长远发展战略。因此品牌形象必须与其他各子系统协调一致，相互配合，共同发展。

4．社会化原则

企业是社会大系统中的一个单位，其生产、经营活动都必须和社会协调一致，服从和满足社会需求。品牌形象只有得到社会公众的认可和赞同才具有意义，因此，品牌形象的塑造要遵循社会化原则，顺应时代潮流。日本色彩学家、心理学家小林重顺认为，品牌形象策划的意义就在于公司职员对企业政策的同化和熟悉，以及消费者对企业文化的接受与实现。

5. 规范化原则

品牌形象的规范化和差异化原则并不矛盾，前者是指形象设计时应遵循的技术性原则，即企业标识系统必须统一标准，不能随意采用和变动；而后者则是指品牌形象作为一个整体和其他品牌形象间的差异，突出本品牌的个性。具体而言，品牌形象的规范化表现为以下几个方面：

（1）简洁。

简洁生动，既在视觉上给人以美感，又便于认知和传播，关键是充分体现企业的经营理念和所要表现的形象主题。如宝洁的品牌形象设计："P & G"流线型字体、蓝底白字冲击力极强的设计，充分体现了简洁流畅的美感原则。

（2）统一化。

统一化，即把同类事物两种以上的表现形式合并为一种或限定在一定范围内。例如同一产品的名称在不同国家和地区要统一，尤其是音译或意译的名称，不能随意采用，像日本的松下、索尼等。

（3）系列化。

系列化即对同类对象设计中的组合参数、尺寸、大小等作出合理的安排和规划。尤其是对实行品牌策略的企业而言，名品牌之间的协调统一非常重要。

（4）通用化。

通用化，即形象设计可以在各个场合使用，彼此互换。如麦当劳的标志黄色大写 M 既可以制作得很大，高悬于百米之高的空中，又可缩小置于门把手之上。

（5）组合化。

组合化，即设计出若干通用的单元，以便在不同场合自由组合使用。如具体规定标准字、标准色、标志性符号及它们之间的合理搭配，使用时再根据具体情况进行选择，这对于连锁经营企业的品牌形象统一尤为重要。

二、品牌形象塑造的策略

1. 市场调研

"没有调查就没有发言权。"调研是一切营销活动的前提，也是树立品牌形象的前奏。品牌形象设计是一种高智力的活动，需要创意和思想的火花，但不是拍拍脑袋就行，必须踏踏实实地进行市场调查，充分掌握市场的第一手信息，然后对调查结果进行分析，确定形象定位。

市场调查的内容很广，在具体操作时可由企业根据企业规模和行业、市场特点灵活掌握。具体而言，包括对企业现状的调查、对竞争企业的调查、对公众的调查、对市场的调查（如相关品牌在市场上的知名度、信誉度、知晓度、市场占有率）等几个方面。市场调查是品牌定位的前提，而品牌形象定位是品牌定位的主要内容，调查分析的结果直接影响着品牌形象，决定着品牌形象的塑造。

2. 选择品牌形象策略

品牌营销是20世纪90年代以来才逐渐完善起来的一个新的理论方法，而品牌的许多相关概念如品牌、品牌形象、品牌延伸、品牌保护等还没有被广泛接受和认知。企业在经营中缺乏品牌意识，不能很好地运用品牌策略提高市场占有率是企业中常见的现象。

随着社会的发展，品牌的竞争优势取代产品的竞争优势成为决定企业胜负的关键。品牌形象的塑造需要企业全体员工长期地坚持努力，一个缺乏品牌经营意识的企业在塑造品牌形象时不可能取得成功。

一般而言，品牌形象策略主要有定势策略、强化策略和迁移策略。

定势策略是指通过现有品牌形象特色和未来市场变化趋势，尤其是消费者需求，不断确定品牌形象的策略。这种策略灵活性较强，一般适合新创企业确立品牌形象。强化策略是指不断丰富、完善现有品牌形象，以强化其在消费者中的印象。迁移策略是指企业通过一系列活动，逐渐改变原有品牌形象而转移到新的品牌形象上。如天津洗衣粉在电视广告上不断强调：天津洗衣粉已更名为天清洗衣粉，洗得干净又洁爽。

3. 进行品牌形象设计

品牌形象设计包括产品设计、质量设计、包装设计、服务设计、商标设计、价格设计等多个方面，是品牌形象实施的重点。

（1）产品创新设计。

产品形象是品牌形象的内在表现，企业品牌形象的好与坏，取决于产品的水平和质量。为此，企业必须积极引进高科技人才和管理精英，大力推进产品的科研、开发战略，用新材料、新技术、新设计的产品形象满足公众不断变化的社会需求。如在中国市场上，麦当劳相继推出了海鲜蔬菜蛋汤、椰子味新地和申奥套餐等新产品，肯德基也不甘落后，推出雀巢柠檬茶相对抗。不断进行产品创新，为消费者提供优质产品，这是强化品牌实力、树立品牌优势的关键，也是塑造品牌形象的根本。

（2）品牌质量设计。

质量保证体系是体现企业服务和品牌形象的重要方面。在购买时，大多数消费者比较注重产品的功能、型号、造型设计甚至包装等直观性指标，而不太关注深层次的质量指标。随着时间的推移，消费者对于产品的质量指标就会高度敏感，高质量的产品保证体系会强化品牌形象，产生良好的品牌信誉。名牌企业无不重视品牌质量保证体系的构建，例如海尔集团一直倡导高品质的产品和服务理念，才造就了今天的跨国集团。

（3）品牌包装设计。

在国际市场上，我们的许多产品无论在功能、质量还是技术含量上都毫不逊色于国外产品，但其价格和市场占有率却远远低于国外品牌的同类产品，其中品牌标识系统粗糙也是一个重要原因。

在国际贸易中流传着一种说法，就是我国出口的商品是“一流质量、二流包装、三流宣传、四流价格”。包装本来是为了保护和美化商品，促进销售，是吸引消费者注意力的第一要素，二流的包装不仅起不到美化商品的作用，反而成为塑造品牌形象的一大障碍，这不能不引起外贸企业的重视。

设计良好的包装能为消费者创造方便的价值，为生产者创造促销的价值。如可口可乐的流线型瓶子，雷格女用连裤袜的蛋形包装。从美学意义上讲，包装风格就是消费者对品牌价值信息的第一印象，它甚至能够影响消费者的“进入”或“退出”。像力波啤酒采用与众不同的透明包装，不仅显示了其超爽且清新的口感，更说明了上海亚太对自己的技术和操作的信心，在包装风格上也给消费者带来一种全新的清爽、时尚、现代的感觉。

品牌形象设计是一个系统工程，需要专业人士进行操作，企业可以选择由企业内部设计人员实施，或者委托专业的 CI 公司实施，或者二者共同协作完成。目前我国的大多数企业习惯于把品牌形象的设计工作委托给 CI 设计专家，如叶茂中、牟其中等人，这有其科学性的一面，但也要注意他们的设计是否具有可操作性。

比如，力诺集团的品牌形象设计。据市场反馈信息，从销量上得出太阳能热水器市场对宽型支架（镀铝锌板喷涂）的需求量越来越大，为数不多的企业在坚持使用细支架（铝合金支架），虽然细支架在防腐抗风方面表现突出，但仍抵挡不住行业老大的概念拉动，加之宽型支架给人的视觉感官较为牢固，作为企业目前所处的行业位置，应尽快设计出宽型支架的产品投放市场，以确保企业在市场上的整体竞争力。为此，力诺提出了可变款型支架的概念——“塔形支架”，不仅能在平顶房安装使用，而且尖顶房也适宜安装。“塔”立即被提炼了出来，塔，不管中式塔还是西式塔，总给人一种稳固高大的感觉；而且结合公司性质等因素，体现欧洲的风格，于是选择了欧洲的塔——艾菲尔铁塔，它直到 1931 年保持了 45 年世界最高建筑物的地位，目前仍是巴黎最有名的地物标识。通过剪影的手法，对艾菲尔铁塔“再创造”，并制作了相应的效果图；在选颜色时，选择与企业的基本色一致，符合欧洲时尚、环保的路线。

4. 明确品牌形象定位

品牌定位就是选择企业的目标市场并把和目标市场相关的品牌形象传递给消费者的过程。因此，品牌形象的塑造离不开品牌定位，偏离了目标市场的品牌形象不可能是成功的品牌形象。

品牌定位必须清楚、明白，使消费者能在丰富多样的商品中迅速分辨出企业的品牌形象，也直接决定和影响着一个品牌能否塑造出良好的形象。定位失误，各方面工作即使做得再好，品牌形象也会受损。例如，面对柯达、富士两个洋品牌在中国的强势进攻，乐凯公司经过分析，最终确定为“低价位，以农村包围城市”的品牌定位，结果在激烈的竞争中生存下来，维护了民族品牌的地位。

5. 强化品牌忠诚度

品牌忠诚度指出了某种品牌在公众中受欢迎的程度。品牌忠诚度的高低和品牌形象息息相关，良好的品牌形象促使消费者重复购买某一品牌，挑选的时间较短，忠诚度较高。企业塑造品牌形象是为了提高消费者的品牌忠诚度，提高其重复购买的频率。为了达到这一目标，企业必须树立“顾客至上”的观念；妥善处理顾客的不满与意见，提高顾客满意度；努力提高产品的科技含量，建立完善的服务体系以及运用适当的营销策略；注重企业文化建设以及品牌形象的塑造；预测消费者需求及其变化，运用创新方法超前满足顾客需求。

6. 做好品牌形象维护

品牌形象的树立不容易，但维护起来更难。对于企业而言，建立了品牌形象并不是就万事大吉了，品牌管理是贯穿企业全部的持续性与稳定性。在空间上，企业要不断开拓市场，提高市场占有率；在经济上，企业需注重谋求经济效益，提高品牌的价值效应；在社会形象上，企业应积极参与公益活动，不断提高品牌的社会声望。

7. 重视品牌形象传播

品牌形象是消费者对品牌的认知和评价，只有通过销售或宣传活动将其传达给消费者才具有意义。一方面，企业要通过电视、报纸、杂志等媒介有意识地向公众介绍品牌形象；另一方面要做好公共关系工作，尽快形成品牌的良好形象。知晓不等于认同，重要的是美誉度的提升，而不是臭名远扬的“知名品牌”。

品牌形象的塑造是一个不断重复的循环过程，需要企业在实践中不断地修正、完善和提升。

比如，中国移动 1999 年确定了“针对更广泛的社会人群”，塑造一个“致力沟通和朝气蓬勃”全新企业形象的目标。在创意中，以“牵手”为表现核心，以世界各地的孩子们手牵手地相聚象征着沟通，为我们创造出美好未来，将企业面向未来、面向世界、创造美好生活的信心和博大胸怀艺术性地呈现在磅礴大气的电视广告中。2000 年元旦，“沟通从心开始”在一首童声合唱的《欢乐颂》伴随下，从电视屏幕走向千家万户，在广东大街小巷清脆地回荡。当人们看到孩子们在音乐的感召下，手牵手地从世界各地相聚在一起的电视广告画面和“沟通从心开始”的广告语时，都由衷地感到广东移动正带着前所未有的亲和力和使命感，走入他们的生活，和他们投入一个共同的梦想和世界。一个为消费者诞生的企业新形象，受到了消费者由衷的认同。《沟通从心开始·牵手篇》被中国移动集团公司确定为中国移动的企业形象，从广东走向全国。

2001年《牵手篇》获得由广东消费者投票选出的“十大最受欢迎的电视广告”，同年又获得在芝加哥颁发的第30届莫比广告节电视广告金奖。《牵手篇》的创意和拍摄开创了中国本土广告公司跨国制作电视广告的先河，而九易广告公司也脱颖而出，成为广东移动最核心的广告及传播策略的合作伙伴。2000—2001年，伴随着企业品牌战略和服务战略的成功实践，广东移动迎来了市场高速成长的丰厚回报，营业额由160亿元增至300多亿元，客户数跨越千万，成为广东移动发展史上成长最快的一年。

三、品牌形象塑造案例：安全的沃尔沃

沃尔沃（Volvo）是一家全球性汽车运输设备公司，成立于1927年，目前为斯堪的纳维亚最大的工业企业，1998年销售额超过260亿美元。

沃尔沃汽车一向以质量优异和安全性能好而著称于世。这应归功于公司始终将安全作为品牌的核心理念，并在全方位经营这个核心价值方面倾注了大量心血。沃尔沃品牌的安全形象不仅仅体现在广告、公共关系等传播活动上，更贯彻于产品、技术的开发研究以及公司所有的组织管理上，比如它拥有自己的交通事故研究部门。沃尔沃的管理者不仅是从商业赢利的角度考虑，更是一种对社会、对客户负责的态度。在制造每辆沃尔沃汽车的过程中，公司越是负责，用户驾车时就越能体现自由、安全，感受驾乘快乐。

几十年来，沃尔沃不懈地致力于研究和开发安全的产品，每年都投入大量资金。从40年代的安全车厢，到60年代的三点式安全带，再到90年代的防侧撞保护系统，沃尔沃为世人奉献了许许多多在汽车安全领域里独特的革新发明。事实上，每一次的革新都是一种对自身的批判性继承——为了使沃尔沃更安全、更富驾驶乐趣。近年来，沃尔沃S40相继获得麦克王子道路安全奖、欧洲碰撞四颗星奖、英国房车赛总冠军等多项大奖。

为了显示沃尔沃汽车的安全性能，最有效地推销自己，沃尔沃汽车公司不惜巨资，在世界许多地方举办了汽车特技驾驶和安全碰撞表演。如亚洲地区，在马来西亚、菲律宾等地都产生了轰动效应；在中国，举行了实车碰撞演示和汽车特技驾驶表演，再次向人们证明：沃尔沃汽车的安全性能果然名不虚传。它在汽车安全领域的领先地位是不可动摇的，这也又一次宣传了沃尔沃汽车品牌的安全形象。

沃尔沃在80年代初向河北、北京、上海和广州的出租汽车公司提供了240型轿车，至今，这些车作为沃尔沃产品高质量的证明，依然在道路上行驶并保持着良好的状况。作为全球战略的一部分，沃尔沃公司开始向环太平洋地区大力拓展市场，中国被列为“重中之重”。实施“中国战略”时，一方面加强其品牌——安全、高品质的形象宣传，另一方面利用公关活动赞助体育项目。沃尔沃与中国高尔夫球协会合作，每年举办一次沃尔沃中国高尔夫球巡回赛和公开赛，

吸引了许多世界一流选手前来参加，大获成功。目前，沃尔沃汽车的品牌形象已在中国用户心目中树立起来，沃尔沃的努力得到了中国消费者的回报。其成功，归功于沃尔沃汽车良好的形象，归功于沃尔沃给中国消费者带来的安全、高质、耐用及环保等价值认同。

第四节　品牌形象的年轻化

品牌形象年轻化是让品牌持续保持生机与活力，让品牌焕发出第二个春天。通俗地说，就是在消费者对品牌产生消费疲劳的时候，品牌能够拿出些新鲜的东西来刺激市场、刺激消费者，哪怕是视觉上的刺激也能够给品牌带来可观的价值收益。

一、营销形式

从杂志上的品牌广告，可以看出年轻化的品牌路线。最初总是选那些最经典、最优雅、最含蓄、最美丽的模特儿，身体、发、肤、五官无可挑剔的完美，像不食人间烟火的女神，须仰视才见，高贵但不亲切。渐渐地，开始选那些长得有个性的模特儿，长得怪异甚至不好看都没问题，特别就行。现在，挑那些年轻的，务求读者们一看见她们，只觉青春气息扑面而来，未完全发育的身体，未完全发育的灵魂，一切都不完美，雀斑、消瘦、姿态怪异，或阳光或颓废……这些都不重要，只要年轻。

当然，品牌也可以通过注入新元素实现年轻化。如同仁堂是老品牌，早在1982 年就以制药厂、药店、批发、研究所为基础，组建了同仁堂集团公司，实行了产、供、销、人、财、物的六统一。随后，该企业又成为全国 120 家大型企业集团试点单位，组建了北京同仁堂股份有限公司、北京同仁堂科技发展股份有限公司，并于 2001 年 7 月，成立北京同仁堂（集团）有限责任公司，从此全面建立起现代企业制度，也为“同仁堂”品牌的新生奠定了扎实的基础。在香港创业板上市的同仁堂科技曾与香港泉昌企业、澳门华京以及何厚熠组成合资公司，并与和黄中国签订合作意向。从同仁堂的角度而言，同仁堂有品牌的优势、质量的优势和产品品种的优势，但在产品的深开发、管理机制和市场营销上却并不现代。如果利用和黄丰富的市场营销资源和渠道进入国际医药主流市场，是非常划算的。而同仁堂这种老市场新运作的模式，也必会为老字号的“同仁堂”品牌带来丰厚的回报。

品牌年轻化并不是仅仅将营销重心锁定在年轻人身上，还可以通过媒体传播、品牌口号和心灵沟通来实现。

二、传播媒介

利用目标群体喜好的媒介传播年轻化形象。网络，特别是网络游戏，网罗着大量高质量的年轻消费者。20 世纪 90 年代在中国兴起的互联网，是“Y 时代”人群的基本特征，而这一代人即将成为中国市场消费的主导力量，通过先锋人群进军未来市场自古以来就是国际品牌长命百岁的保健良方。中国网络游戏从 2001 年孕育、起步到 2004 年用户的增长，始终保持着相当高的发展速度。2004 年下半年我国网络游戏产值达到 30 个亿，2005 年将达到 60 亿元以上。与之直接相关的事实就是，中国互联网用户的不断增长。据中国互联网信息中心（CNNIC）的统计报告显示，2004 年国内互联网用户达到 9 400 万，其中近 70% 为 30 岁以下的年轻网民，而他们中间包括约 2 633 万网络游戏玩家。日益壮大的网络游戏市场，无疑给饮料巨子们提供了一条通向目标消费者并与之亲密沟通的捷径。

比如，可口可乐和百事可乐也都利用网络工具，传播其年轻的品牌形象。现在，只要在键盘上敲下“coca-cola. com. tw”，在一连串闪烁的动画之后，荧幕上就出现经典的可口可乐瓶。这里除了提供桌面、游戏下载外，甚至还可以自制动画 MTV，转寄给好朋友，或参加 Coke VJ 大决选！这种感觉竟来自永远跟年轻人站在一起长达 120 年的品牌——可口可乐制作的超炫网站。

2005 年 4 月 15 日，可口可乐和第九城市在上海正式宣布建立战略合作伙伴关系，在中国跨领域推广《魔兽世界》，随后，ICOKE 网络推广平台建立，“可口可乐——要爽由自己，冰水暴风城”活动在全国范围内顺势展开，由 S. H. E 主演的《魔兽篇》广告也激情上演。

无独有偶，2005 年 6 月 22 日，百事与盛大合作，在盛大网站上首播百事最新蓝色风暴广告片。“百事蓝色风暴，突破梦幻国度”代替沿用多年的“突破渴望”，成为百事新的广告语。联手盛大网游《梦幻国度》的营销新思路，已经上升到整体品牌参与的高度。

很显然，对于可口可乐、百事可乐这样的巨型品牌来说，不管是盛大还是九城，起到的只是武器、工具或桥梁的作用。也许，对于盛大和九城来说具有战略意义的联动，在巨子们的眼里，充其量只不过是一种阶段性的战术选择。然而，不管是“战术”“桥梁”还是“武器”，既然已经被选择，自然有其“精准”“通畅”“锋利”之处。也许，在战术的背后，我们可以从中窥探出饮料巨子们品牌运营的智慧所在。

毫无疑问，网络游戏仅仅是手段，百事可乐和可口可乐至今为止还看不出来有要进军网络游戏市场的意向，对于稳健、务实的国际大企业，进军网络游戏市场也不符合它们自己的品牌逻辑。所以，借助网络游戏这个平台来获得自己发展所需要的资源——年轻化，才是巨子们的真正目的所在。

三、名称与口号

通过名称与口号传载年轻化形象。年轻人有他们独特的语言，使用年轻人喜闻乐见的品牌名称，容易引起年轻人的垂青，这也在无形中传播着品牌的年轻化形象。

比如，"两乐"争雄的饮料市场，原本就是一个偏年轻化的市场。近几年火起来的功能性饮料，单从产品的命名就可以看出它们的芳心所在，"激活""尖叫""劲跑"显然是为年青一代量身定做；而如火如荼的乳饮料更是青春荡漾，蒙牛大肆炒作的"超级女声"，其真实意图则是培养不管何时何地都手捧"酸酸乳"的"超级女生"；茶饮料大打健康、时尚牌，笼络的也是年轻白领。

从品牌定位或消费者品牌印象来看，百事可乐和可口可乐都已经深深烙上了年轻的印记："新一代的选择""渴望无限""突破渴望"，百事一路走来，一路变迁，这就基本上定格了百事长期以来的新人定位。而可口可乐是一个多变的品牌，这一点从它的广告口号的频繁变更中就可以看出来，从 1964 年的"Things go better with coke"，到 1971 年的"It is the real thing"，到 1981 年的"Always Coca-Cola"，再到如今的"Make it real"，而这种多变，它反映出可口可乐应对品牌老化的积极态度，不管怎么变化，字里行间却无不透出年轻气息，可口可乐的年轻尤显激情。可口可乐还会给产品不断铸入新的概念，不断改进产品，从包装的改换，到容量的增大，到新产品醒目、酷儿的推出，再到本土化的战略实施，泥娃娃阿福的卡通代言形象，中国味很强的贺岁广告，一波又一波地不断制造着新的概念与产品需求，引导着市场消费的方向，满足人们不断增长的消费需求，从而传载年轻化形象。

四、与消费者沟通

通过与消费者的沟通传递年轻化形象。年轻人好动，喜欢表现自己，热爱体育，好听音乐等，品牌的传播利用年轻人的这些心态，同样也能够塑造起年轻化的形象。

虽然，现在我们很难说出可口可乐的定位是什么，但是，作为一种美国精神，它却始终存在。以"自由、探索、勇敢"为核心内涵的美国精神，实际上是一种敢想、敢拼的年轻人精神。至于可口可乐"落伍、过时、老土"之说，一方面是由百年品牌发展的问题使然，但更多的是为了适应百事可乐挑战的需要而人为地渲染。

"突破渴望"，百事可乐对年轻人心理的深挖掘；"要爽由自己"，可口可乐日益感性、叛逆的表达，都向我们表达了一种迎合年轻消费者的理念。如果说以概念来判定一个品牌的趋向还有点模糊，传播中的广告形式、媒体选择，以及互动活动、公关活动的开展就更能直观地反映出两者的年轻取向。可口可乐"体育

+系列广告”，百事可乐“体育+音乐”，两者的市场重炮瞄准的无疑都是我们“激情、活力、时尚”的年青一代。虽然两者在具体的推广选择上会有所差异，但“体育明星+娱乐明星”的相同布阵让这种细微差别变得微不足道。想一想，当我们一边面对“周杰伦、杰克逊、姚明、贝克汉姆”，另一边又站着“张惠妹、潘玮柏、S. H. E、刘翔”，我们还会在意他们到底属于音乐还是娱乐，属于明星还是球星吗？如今，对网络游戏、网络媒体的选择，同样验证“两乐”在年轻路上的执著。

本章小结

人的生命是有限的，产品的光辉会逐渐消退，但品牌的魅力永存。品牌永恒的魅力正是来自于其摄人心神的形象：或高贵典雅，或热情奔放，或神秘鬼魅，或温情脉脉……这些个性化的形象使之区别于同类产品，在消费者心目中留下了难以磨灭的印象。

随着商品经济的快速发展，社会商品变得繁多复杂，但是商品的同质化却越来越严重。如何让消费者在纷繁的产品中一眼就认出自己的产品，成为许多公司重视的问题，这就要求企业建立自己的品牌识别系统，以和竞争对手区别开来，让消费者更容易在千万种商品中认出自己的产品，加强品牌忠诚度。

不同的品牌通过品牌形象来识别，品牌的识别是品牌战略家渴望创造或保护的一套独特的品牌构想，这些构想表现了品牌是什么以及对顾客的暗示。创造品牌识别，不单是找出顾客想要什么，它还须反映品牌的灵魂与想象力，这才是品牌识别所期望得到的。品牌识别可以通过品牌理念、行为和符号识别，产生一个有价值的主张，包括功能上、情感上或价值自我再现上的利益，更好地建立品牌和顾客之间的关系。

一个具有良好品牌形象的名牌产品，能提高企业的知名度和美誉度，从而促进良好企业形象的确立；反过来，企业有了良好的形象，也会为品牌形象的塑造创造条件，因为企业美名远扬，其产品更易被消费者所接受、喜爱，从而使其品牌在消费者心目中确立起来。所以，企业形象的塑造离不开品牌形象的塑造。

品牌形象是塑造企业形象的重点。企业形象的塑造，是一项复杂的系统工程，塑造的途径、手段多种多样。抓住了品牌形象，就是抓住了企业形象塑造的“牛鼻子”；塑造好了品牌形象，良好企业形象的塑造就有了坚实的基础。许多有远见的企业家提出了创名牌产品和名牌企业的名牌战略，也将使得企业形象最终走向以树立品牌形象为先的模式。

塑造企业的形象美，是提升企业及品牌形象的有效手段。因此，企业要获得成功，资金、技术、人才、管理、信息，是不可缺少的因素。然而，仅有这些条件还不够，企业必须打造“形象工程”和“前瞻性”的企划，才能在越来越激烈的市场竞争中抢占“制高点”，在变幻莫测的市场中把握机遇，抓住市场制胜的契机。一个方向主导一个时代，方向正确与否，可以决定一个企业的存亡。追求完美服务，塑造品质生活，树立良好的企业形象，打造知名品牌，为超速崛起铺路。树立形象，创造名牌是一项长期、复杂而又艰巨的系统工程。创业者必须用战略的思考方式，才能找到创造名牌的途径。

关键词汇、概念

形象　品牌形象　品牌识别　理念识别　行为识别　视觉识别　产品形象　品牌文化形象　品牌标识系统

思考题

1. F1 世界一级方程式赛车中，法拉利车队的杰出表现给法拉利这个品牌带来了什么影响？是否提升了法拉利在公众心中的形象？
2. 企业形象的塑造要注意哪些方面？
3. 你认为赞助体育赛事能否提升企业形象？为什么？
4. 苏丹红事件是否给肯德基的品牌形象造成了影响？
5. 你认为明星代言产品对品牌会产生什么影响？
6. 品牌年轻化的真正内涵是什么？
7. 你认为刘翔代言可口可乐给可口可乐带来了什么影响？而超级女声李宇春也被可口可乐拉入旗下，你认为可口可乐这一举措是否达到了品牌年轻化的目标？
8. 当一个小公司刚起步时，不能一下子投百万元到广告中去，那么它该如何建立它的产品品牌形象呢？
9. 对于匹克进驻 NBA 赛场你有什么看法？你认为这个策略能否提升匹克的品牌形象？
10. 你认为在企业形象塑造过程当中，软件的建立与硬件的建立，哪个更重要？

第五章

品牌个性

本章学习目标

- 正确理解品牌个性的概念
- 掌握品牌个性设计的原则
- 注意防止陷入品牌设计的误区
- 掌握品牌个性塑造的方法

引例及思考

玫琳凯化妆品的美容顾问个性

1963 年 9 月 13 日，在美国达拉斯的一间只有五十平方英尺的店铺里，玫琳凯·艾施女士用 5 000 美金，带着九个美容顾问，创立了玫琳凯化妆品公司。1993 年，玫琳凯公司第二度被列入“全美 100 位最值得工作的公司”，并被评为最值得女性工作的最佳企业之一，更是其中唯一的一家化妆品公司。玫琳凯依靠品牌文化和品牌个性与形象获得成功。

靠人和企业文化做品牌：创始人玫琳凯·艾施女士在一生中获得了无数奖项，被评为全球最有传奇色彩的成功女性。她为全世界妇女带来的产品及管理理念，使玫琳凯从一个家族公司发展为现在的拥有全球 44 个国家和地区美容顾问 86 万名、年销售 25 亿美金的化妆品集团公司。她所创造的商业奇迹证明了其一贯深信的原则：“人”是公司最重要的资产。在中国，玫琳凯将继续传播这一理念，用她独特的服务、高品质的产品以及为妇女追求事业和家庭平衡所设计的事业道路，为女性带来比化妆更美丽的改变。

树立品牌个性与形象：玫琳凯的产品不上架，省下一笔宣传费用，资助北大等高校贫困女生的学习生活；玫琳凯基金会为保护妇女权益、反对暴力开展了一系列慈善捐助活动。公司业务扩展至全球包括哈萨克斯坦、斯洛伐克和菲律宾在内共 35 个国家和地区，很好地完成了它的广告效应——品牌与众不同的个性和深入人心的形象；同时它以女性为主导的企业形象有利于女性同胞们加入它、了解它、购买它，从而获得赢利，现在玫琳凯的品牌无处不在。至 2001 年，玫琳凯慈善基金会在美国已为癌症研究捐款超过 500 万美元。

玫琳凯广告的核心是将产品的功能特色转化为对顾客的利益。现在的产品种类与数量不断增多，竞争使得仿制与抄袭加剧，于是出现了“同质化”的现象，为摆脱竞争，玫琳凯使用“美容顾问”这一服务特色。

玫琳凯不打广告，不上柜台，它的广告效应只有靠50万美容顾问与顾客建立起友好的关系并且进行宣传来获得。1995年4月，玫琳凯产品出现在中国，以其高品质、有效的护肤方式和周到的咨询服务，在上海的消费者中获得了巨大的成功。玫琳凯化妆品在上海的销售额超出了百货公司中任一品牌的化妆品。另外约75%的玫琳凯产品通过互联网订购，根据*Interactive*周刊的报道，玫琳凯是全世界互联网销售营业额最高的公司之一。玫琳凯公司着力于各种公益活动来树立它的品牌形象，同时得到了更好的广告宣传，让大家更加了解、更加愿意去购买这种产品，从而从中获取利润。

玫琳凯的产品介绍不出现在电视、报纸、杂志上，在网络上也只是购买销售，并没有花更多的资金去美化自己，具体产品的介绍都在官方网站上可以找到，美容顾问手中也有，但是她们不发传单，而是来到顾客身边，深入她们，解答她们的问题，帮助她们变得更加美丽。这样，所谓的广告需求实际上就已经很完美地达到了。这是玫琳凯的又一个成功之处。

它的产品主要针对三类人，年轻女性：由于美容顾问的无处不在和玫琳凯在大学生中所做的公益活动树立的良好形象，它首先抓住了年轻女性的心。成熟女性：玫琳凯公司的使命是丰富女性人生，帮助她们实现梦想，还帮助许多普普通通的中国妇女成为自信、自强、自立的职业女性或者拥有自己事业的独立经营者。这就让很多事业型女性和家庭主妇在不需要很多广告攻势之下就能对这个产品保持一个很好的印象。成功男士：因为玫琳凯有男士护肤系列，所以在女性同胞的影响下也很容易选择这一品牌。

“个性”一词的原意是对人的心理特征的一种描述，是指个体在心理发展过程中逐渐形成的稳定的心理特点。品牌个性可以说是指品牌在建设过程中逐渐形成的对消费者而言稳定的心理感受。品牌个性是产品持久差异化的真正根源，也是产品获得高于平均利润的最持久、最可靠的保证，没有品牌个性的产品，唯一能够引起消费者产生消费动机并引致消费行为的最简单的方法就是价格战；同时品牌个性还是追求创新和发展的平台。

第一节　品牌个性概述

个性是个社会范畴，是许多学科研究的对象。学科视野不同，对个性概念的解释也不同。大部分心理学学者认为，个性是由各种属性整合而成的相对稳定的独特的心理模式，品牌个性借助于品牌进行表现，有着不同的表现形式。

一、品牌个性的含义

1．个性的概念

现代心理学一般把个性定义为一个人的整个精神面貌，即一个人在一定社会条件下形成的、具有一定倾向的、比较稳定的心理特征的总和。

也就是说，个性指的是一个人的内在稳定特性，可以通过其外现的行为进行观察。行为是前后一致的或者说是协调的、可以理解的，行为特性是与其他人在相同或相似情况下所展示的明显不同的特性。因此，个性有内在的稳定性、外在的一致性和人际的差异性。

2．品牌个性的概念

品牌个性就像人的个性一样，它是通过品牌传播赋予品牌的一种心理特征，是品牌形象的内核，它是特定品牌使用者个性的类化，是其关系到利益人心中的情感附加值和特定的生活价值观。品牌个性具有独特性和整体性，它创造了品牌的形象识别，使我们可以把一种品牌当作人看待，使品牌人格化、活性化。

品牌的个性，不是品牌独特的差异性，而是品牌人格化后所显示出来的独特性。因此，品牌个性是建立在人的个性理论基础上的。人的个性或多或少地包括一个人内在的稳定因素，这些因素使得一个人的行为在不同的场合表现出一致性，并与其他人的行为在相同的场合表现出差异性。也就是说，个性有内在的稳定性、外在的一致性和人际的差异性。因而品牌有稳定的内在特性，也可以称为品牌的理念和价值观，它们决定着品牌的为与不为，并由这些外在的行为达到与其他品牌相区别。

3．品牌个性的附加值

品牌个性化，即品牌人格化，目的是使品牌与消费者建立感情，形成偏好。现在越来越多的消费者被称为品牌消费者，品牌消费者最大的特征是在认同品牌情况下的消费，只有在品牌的个性和消费者自己的个性一致的情况下，才会选择购买。倘若你看到一个老年人拿着一瓶纯真年代在大街上走来走去，你会感到很不自然，因为纯真年代给人的印象是“年轻人的饮料”。而没有个性的品牌很难引起消费者的共鸣，因而也就难以建立对品牌的忠诚度。品牌个性的价值不仅表现在建立与消费者的认同上，而且它本身也能够为品牌产品增加价值。消费者的消费不只是满足基本的生活需要，越来越多的消费是为了满足社会性、展示性的需要，即所谓的自我，这种需要可以通过消费行为来表达，如穿着、交通工具、饮食等。这就是品牌的个性给消费者带来的额外价值，消费者愿意为此支付额外的费用，这对公司来说就是利润。因此，品牌的个性不仅能够与消费者进行沟通，产生共鸣，而且能够为消费者创造价值，为公司带来额外的利润。

品牌个性具有强烈的情感方面的感染力，能够抓住消费者及潜在消费者的兴趣，不断地保持情感的转换。正如我们所认为的某人（或某一品牌）具有冒险性并且容易兴奋一样，我们也会将这个人（或品牌）与激动、兴奋或开心的情感联系起来。另外，购买或消费某些品牌的行为可能带有与其相联系的感受和感情。如喝喜力啤酒表达了一种豁达，“Green Your Heart”；穿“红豆”衬衣产生相思的情怀；De Beers 钻石意味着爱情、坚贞，正如其广告语所表达的“钻石恒久远，一颗永留传”等。

二、品牌个性的分类

马克思（Chris Marx）在其著作《世界级品牌》一书中，将品牌个性划分为六种类型。

1. 情景型

情景型把品牌和某种特殊场合相联系，使该品牌成为一种经验。比如香槟酒总是和衣香丽影、觥筹交错的宴会相联系，使人们形成一种心理惯性，在宴会或欢庆节日时总会想到香槟酒。

2. 象征型

以树立形象为主的品牌，其标志具有某种附加值。许多品牌在宣传时突出了某种象征意义，比如时装、化妆品，其意义不在于产品本身的优异，而在于品牌表明了使用者的地位、身份。

3. 先驱型

在行业中以第一特性为诉求的品牌，往往将自己定位成这种产品的先驱。如家乐氏即意味着为你的清晨带来“阳光”的专家。

4. 叛逆型

突出其与众不同的感觉。如血腥玛丽（一种饮料名）、毒药（一种香水名）。

5. 归属型

让消费者感觉自己生活在所向往的族群里，例如，李宁运动鞋（运动活力、成功的象征）。

6. 传统型

有历史渊源，而且几乎成为传奇的品牌，例如全聚德（百年历史的正宗北京烤鸭）、狗不理（正宗的天津包子）等。

以上品牌个性的归纳，虽有其主观性，但基本上涵盖了品牌个性的特点。

第二节　品牌个性的设计

一、品牌设计的概念

品牌设计包括战略设计、产品设计、形象设计和 CI 设计。企业形象设计是品牌设计的一个方面，这个内涵比较宽泛。品牌设计则是针对品牌名称、商标、商号、包装、装潢等方面，结合品牌的属性、利益、文化、表现进行的设计。

我们提倡品牌经营与管理，但无品牌何以经营与管理？品牌个性设计基于品牌经营与管理的客观基础。如果没有顾客乐于接受的品牌外部视觉形象，就不可能诱使顾客通过购买品牌标定的商品来感知品牌的整体定位和顾客利益，因此，品牌个性设计意义重大而深远。

二、品牌个性设计的原则

企业进行品牌设计的目的是将品牌个性化为品牌形象，为了更好地实现这一目标，在进行品牌方案设计和实施时，应遵循下列原则。

1. 整体性原则

企业导入品牌战略，会涉及企业的方方面面，因此，品牌设计必须从企业内外环境、内容结构、组织实施、传播媒介等方面综合考虑，以利于全面地贯彻落实。具体而言，就是说品牌设计要适应企业内外环境；符合企业的长远发展战略；在实施具体措施时要配套合理，以免因为某一环节的失误影响到全局。

2. 顾客中心原则

品牌设计的目的是表现品牌形象，只有为公众所接受和认可的设计才是成功的；否则，即便天花乱坠也没有意义。以顾客为中心就要做到以下几点：

（1）进行准确的市场定位，对目标市场不了解，品牌设计就是“无的放矢”。

（2）努力满足消费者的需要。消费者的需要是企业一切活动，包括品牌设计的出发点和归宿，IBM 成功的最大奥秘即在于其一切以顾客为中心的企业理念。

（3）尽量尊重消费者的习俗。习俗是一种已形成的定势，它既是企业品牌设计的障碍，也是其机会。

（4）正确引导消费者的观念。以消费者为中心并不表明一切都迎合消费者的需要，企业坚持自我原则并进行科学合理的引导是品牌设计的一大功能。

3. 真实性原则

品牌设计不是空中建楼阁，而是要立足于企业的现实条件，按照品牌定位的目标市场和品牌形象的传播要求来进行。品牌设计要对外展示企业的竞争优势，但绝非杜撰或编排子虚乌有的故事。坚持实事求是，不隐瞒问题、不回避矛盾，努力把真实的企业形态展现给公众，不但不会降低企业的声誉，反而更有利于树立真实可靠的企业形象。

4. 创新性原则

创新，是品牌独特个性的表现。企业要生存发展，要么拥有一种独特的产品，要么拥有一个富有特点的商店，要么提供一种新颖的服务，这一切努力的结果意味着出众的品牌。否则，企业则难以形成市场竞争力，被淘汰的结局是必然的。企业取得了一项重要的技术突破，或开发了一款新的产品等，都是在为品牌服务，品牌价值反映的是设计、生产、工艺、广告和销售的综合实力。品牌产品具有良好的经济效益，甚至能带来超额利润。一个好的品牌还可以帮助企业轻松开拓新市场。

大多数企业的成功之路，也正是创立品牌、弘扬品牌的过程。好的企业必须具备好品牌和好产品；好的品牌也须以好的企业和产品为生命根基；而好的产品也需要好企业来生产，并通过好的品牌来获得强化，以赢得市场竞争优势地位。企业的产品经营与品牌经营是同时进行的，企业在卖产品的同时也在创立品牌，品牌是产品的抽象化，产品是品牌的具体载体，两者不可分离。事实上，实施品牌战略，其本身就是要求企业生产出高质量、高科技含量、高附加值的产品，实行集约型发展之路，从而达到高质量和高效益的统一。

创立品牌最重要的标准是要具备区别于其他产品、服务和企业的能力，这种能力主要来自于创新。新产品往往具有技术上的壁垒，尤其是形成了专利权的创新产品，在一定时期内，竞争者被排除在市场之外，有些企业虽然起步低，但可在某种产品市场甚至行业上居垄断地位，有足够的时间来逐步发展，因此，可以充分利用自己的创新优势，尽快占领尽可能多的市场，获取最大的经济效益。产品创新关键在于思想理念创新与技术创新，而且也有相当一部分产品创新所需要的物质、资金成本不是很高，因此中小企业在产品创新方面不乏机会。事实上，许多中小企业就是靠手中的新研究成果或将新技术、新理念转化为创新的产品，从而在市场上一炮打响，走上成功之路。创新有两种：一种是原创，一种是在原来基础上改进或旧元素的重新组合。

品牌创新与企业发展是同一个问题的两个方面，不能把它们孤立起来。实际上，品牌创新始终是推动企业发展的强大推动力，企业的发展过程，同时也是创造、培育和经营品牌的过程。企业应把品牌战略纳入企业的总体发展战略之中。

求异创新就是要塑造独特的企业文化和个性鲜明的企业形象。为此，品牌设计必须有创新，发掘企业独特的文化观念，设计不同凡响的视觉标志，运用新颖别致的实施手段。日本电子表生产厂家为了在国际市场上战胜瑞士的机械表，在澳大利亚使用飞机，把上万只表从空中撒到地面，好奇的人们拾起手表后发现居然完好无损，于是对电子表的看法大为改观，电子表终于击溃了机械表，在国际市场上站稳了脚跟。

相对于品牌价值定位的长期性和稳定性，品牌表现则具有很大创新性。星巴克董事长舒尔茨认为，对于企业来说，我们通常把品牌解释为“在企业与顾客之间建立起的一种有亲和力的关系”，这是企业的责任和义务。

而对于顾客来说，品牌又是什么呢？如果站在顾客的角度去看品牌，我们就会清晰地看到，对目标顾客来说，品牌就仿佛是他们在审视和欣赏的一个晶莹剔透的水晶球。当他们面对这个水晶球，任凭晶莹的球体在他们眼前转动，而无一点瑕疵时，他们就会顿感身心愉悦。反之，他们则会毫不犹豫地将有瑕疵的水晶球扔进垃圾箱，然后再去寻觅“新欢”。

消费者所关注的品牌价值体验的方式需要不断地更新。当广告仅仅是品牌体验的一个直观的途径时，消费者对于品牌的价值体验开始追求与他们生活的相关性和品牌期望的一致性。

星巴克把顾客与自己接触的每一个点都作为品牌传播的关键，非常系统地对这些体验点进行控制和改进，因此星巴克的品牌传播在可控性当中实现了价值的不断积累。在广告传播之外，消费者的价值体验以及与品牌的接触点会对品牌有更实际的体验和评价，这种渠道对于品牌的印象甚至会超过广告的力量。因此，品牌高空作业并不稀奇，在卫视和央视露脸并不难。但是，如何解决品牌落地，加强消费者的价值体验方式的创新更为重要。

NBA 是全美乃至全球关注的体育赛事，海尔成为美国 NBA 的赞助商，至少会在三个方面受益：第一，树立起了海尔中高档品牌形象；第二，针对 NBA 的受众，逐步培育属于自己的年青一代的人群；第三，成为美国乃至全球关注度较高的品牌。

对比以前海尔在中国所惯用的概念炒作和广告轰炸，进军美国 NBA 实际上是海尔关注自身消费者的开始，如果海尔通过赞助，成为美国人关注体育的一部分，那么海尔也就名正言顺地成了美国人和全球生活的一部分。如果是不可或缺的组成，那么海尔就成功地造就了自己的品牌。

因此，对比以往品牌的炒作和概念，成为消费者生活的一部分是品牌创新的重要方向。概念只是在空中，而且只是品牌自身的孤芳自赏，但是融入消费者的生活主流中让他们置身其中，并且充分体验品牌的存在和独特价值才是真正品牌流行的开始。

当然，品牌与消费者接触的每一个环节和场景的控制，价值体验最大化，对于品牌创新同样至关重要，而且是不可或缺的因素。

5. 效益性原则

企业作为社会经济组织，在追求经济效益的同时，也要努力追求良好的社会效益，做到两者兼顾，这是一切企业活动必须坚持的原则，也是要在品牌设计中得到充分体现的原则。很多人认为，追求社会效益无非就是要拿钱出来赞助公益事业，是“花钱买名声”。其实不然，赞助公益事业确实有利于树立企业的良好形象，但兼顾经济利益和社会效益并不仅止于此，它还要求企业在追逐利润的同时注意环境的保护、生存的平衡，在发展生产的同时注意提高员工的生活水平和综合素质，维护社会稳定，在品牌理念设计中体现社会公德、职业道德准则。

三、品牌设计的误区

1．名称图案雷同

品牌雷同，是实施品牌经营与管理的大忌。因为品牌经营与管理的最终目标是通过不断提高品牌竞争力，超越竞争对手。若品牌的设计与竞争对手雷同，不仅容易使消费者难以辨识，而且还会增加品牌传播费用，减低品牌传播效果。如此，将难以达到最终超越的目的。

在我国，由于企业的品牌意识还比较淡薄，品牌经营与管理的经验还比较少，品牌雷同的现象非常严重。据统计，我国以“熊猫”为品牌名称的有 311 家，“海燕”和“天鹅”两品牌分别有 193 家和 175 家在同时使用。除重名以外，还有像皮鞋市场上的“报喜鸟”与“报喜鹤”，服装市场上的“杉杉”与“彬彬”，白酒市场上“五加鞭”和“五加白”，饮料市场上的“椰树”与“椰风”等，品牌名称极其相近或相似，一字之差，令人难辨。

品牌标志雷同、相近的比比皆是。就拿药品企业来讲，用字母“R”和“K”变形的图案就有无数个，使消费者很难区分，更谈不上记忆。

2．名称忽视文化差异

由于世界各国的历史文化、传统、语言文字、风俗习惯、价值观念、审美情趣等不同，对于一个品牌的认知与联想也有很大差异。若品牌不能超越地理文化边界的限制，那将成为品牌扩展的障碍。实践中，因不同地域间的品牌称谓与传播不符合目标市场的社会文化环境而导致销售受阻，甚至还会影响品牌的形象。例如美国通用汽车公司，因其一个叫“诺瓦”（Nova）的品牌在西班牙语中是“不走”或“走不动”的意思，而在讲西班牙语的国家销售受阻。后来，将这一品牌改为拉美人比较喜欢的“加勒比”（Caribe）才打开市场。

在我国，这方面的教训更加深刻。据报道，我国的“白象”牌电池出口到欧洲国家备受冷落的主要原因是品牌设计失误。因为在欧洲人眼里，大象是“呆头呆脑”的象征，并且英文 White Elephant（白象）是指“无用而累赘的东西”。谁愿意购买无用而累赘的东西呢？

3．品牌称谓过于霸道

品牌名称蕴涵着产品的质量精良、功能突出、效果显著等意义，有利于诱发消费者的购买欲望。这原本是一种美好的愿望，也是品牌设计中广为采用而富有成效的设计原则，但是，如果命名时过于直白而明显地自吹自擂，同时也一定程度地暗含着对其他同类品牌的贬低（如××王、××霸等），就会让消费者感到高不可攀，或者不敢认同。这种模糊了消费者的识别和判断、不符合消费者心理的品牌设计，其结果也必然在消费者逆反心理的抗击下制约其发展壮大。

4. 品牌名称低俗

在我国，一部分企业在品牌设计过程中过分求异而走向另一个极端，致使品牌格调低下，有的甚至过于粗俗，如“二房”佳酿、“猫不闻”速冻水饺、“小老婆”饼干等。这种过于粗俗、缺乏美感的品牌，不符合我们中华民族的审美情趣和道德观念。诚然，在旧中国流传下来一些老品牌，其格调也不算高，如“王麻子”“狗不理”等，但它们都是那个时代的产物，是与当时的文化相一致的。

第三节 品牌个性的塑造

品牌个性的塑造，绝不是一朝一夕能够做到的，需要持之以恒；品牌的个性塑造不能离开目标人群的消费心理，消费者是有个性的，他们喜欢的品牌也是与其个性相符合的品牌。个性化塑造可以采取以下策略：

一、名称与商标相一致

品名与品标协调、相互辉映，易加深消费者和社会公众对产品品牌的认知与记忆，所以，品名与标志协调是企业品牌设计必须遵循的一个重要原则。“奔驰”（BENZ）车，一百多年来深受顾客的信任，其品牌一直深入人心。那个构思巧妙、简洁明快、特点突出的圆形的汽车方向盘似的三叉星标志，已经成了豪华优质高档汽车的象征。“奔驰”这个品名与圆形的汽车方向盘似的标志的有机结合，不仅暗示品牌所标定的商品是汽车，而且是可以“奔驰”的优质汽车。此乃匠心独具之力作。“雀巢”（Nestle）是广大消费者十分熟悉的品牌名称，它的英文含义是“舒适地坐定”“依偎”等意思，与英文Nest（雀巢）是同一个词根，所以，中文译作“雀巢”。其标志是“鸟巢”图案，这极易使人们联想到待哺的婴儿、慈爱的母亲和健康营养的雀巢产品。

二、简洁明晰

品牌个性的赋予必须以品牌的目标市场为依据，通过对品牌目标市场的分析研究，把握目标市场消费者的个性和他们的理想自我。具体而言，要把握，是满足他们展现真实自我的需要，还是满足其追求理想自我的需要，抑或是满足消费者表达的需要（关心、爱护）等。在这个基础上确定品牌的个性特征，如力士品牌适用于年轻的单身女性追求梦想和自我表达的需要，目标购买者是未婚女士；而舒肤佳适用于满足家庭需要，是妈妈用于表达爱心的需要，目标消费者是

（心理）年轻的妈妈们，品牌的个性是关爱、温馨。

同时，这种鲜明的个性还可通过不同信息保持识别的一致性来表达。从品牌发展战略的角度看，为了使品牌保持长久的活力与生命力，传播的主题、形式要因时、因地、因人、因产品而变，不过这在客观上就会减弱品牌的识别力。当然，只要品牌的核心价值不变，品牌个性鲜明，就可使消费者对同一品牌的不同信息保持识别的一致性，保持品牌在消费者心目中的价值形象。比如，可口可乐一百多年来，传播主题从“解渴”到“挡不住的感觉”，“从真正的可乐”到“永远的可口可乐”，历经数十年，但其鲜亮、热情的标准红色及流畅、飘逸、极富动感的标准字体始终如一，其年轻、热情的品牌个性始终如一，所以在消费者心目中的品牌形象始终如一。长虹电子从“产业报国，民族昌盛为己任”到“以高科技支撑民族工业”再到“长虹空调，中国风”。虽然信息表现形式改变了，但都是传达长虹产业报国的经营理念。时代在变，但长虹在消费者心目中的高科技形象始终如一。

来自心理学家的一项调查分析结果表明，人们接受到的外界信息中，83%的印象通过眼睛，11%的借助听觉，3.5%的依赖触摸，其余的源于味觉和嗅觉。基于此，为了便于消费者认知、传诵和记忆，品牌设计的首要原则就是简洁醒目，易读易记。适应这个要求，不宜把过长的和难以读诵的字符串作为品牌名称，也不宜将呆板、缺乏特色感的符号、颜色、图案用作品标。只有简洁醒目，才便于消费者识别和记忆。

如“M”是个很普通的字母，对其施以不同的艺术加工，就形成表示不同商品的标记或标志。鲜艳的金黄色拱门“M”是麦当劳（McDonald's）的标记。由于它棱角圆润，色调柔和，给人以自然亲切之感。现如今，麦当劳这个“M”形标志已经出现在全世界70多个国家和地区的数百个城市的闹市区，成为小孩以及成人们最喜爱的快餐标志。与麦当劳的设计完全不同，摩托罗拉（Motorola）的“M”虽然也只取一个字头“M”，但是，摩托罗拉充分考虑到自己的产品特点，把这个“M”设计得棱角分明，双峰突起，突出了自己在无线电领域的特殊地位和高科技形象。

三、独特的表现

品牌是为区别同类商品而诞生的。如果品牌名称或品牌标志与竞争对手的同类商标近似或雷同，就失去了品牌的显著性，也就失去了品牌的意义。品牌雷同或近似的结果，一方面，因缺乏显著性不便于消费者识别而不能获得保护；另一方面，即使能够获准注册，也会因在宣传自己品牌的同时为竞争对手的雷同或相近品牌宣传，从而使品牌传播费用增大，品牌传播效果减低。

比如，可口可乐的字是变体的Coca-Cola，颜色是用红色来衬托白色的文字，并将英文字母艺术地柔化、变形，其两个大写的“C”分别延伸出了两个波状的弧线，第一个大写的“C”从下面延伸到第四个字母的位置，第二个大写的“C”从上面延伸到最后，弧线由粗变细，再由细变粗，顺畅而又巧妙地与文字融为一体，使人产生一种“飘”的感觉。这正是可口可乐饮后神采飞扬，清爽感受的体现。

四、人格化形象

设计出一个品牌的人格化形象，也就是说要让品牌活起来，当我们看到或听到这个品牌时，就像听到一位自己朋友的名字，马上会联想到他的各种表现。如麦当劳叔叔就是麦当劳品牌的人格化的形象——一个有趣的，甚至是滑稽的人物，像马戏团里的小丑，是快乐、开心的象征，这就是麦当劳品牌的形象。当然人格化的形象，不一定非得有一个品牌任务，也可以通过一贯的品牌形象代言人来表达，如力士的国际影星形象，象征美丽、优雅和贵族气质等。

通过购买和使用特定品牌，消费者可获得品牌象征的社会价值，消费者有意无意地把他们的所有物看作是自身的一部分；品牌个性浓缩了社会价值（诸如刚毅、聪明才智或优雅），因此，通过购买和使用特定的品牌，消费者自身也获得了它们象征的价值。同时，品牌个性与顾客之间的一致性在很大程度上决定了购买行为是否发生。一项研究表明，汽车购买者总购买那些在各种个性特点上与自己形象类似的汽车，该研究进一步指出，顾客对品牌的选择重要的并不是基于那种品牌个性与消费者实际个性之间的一致性，而是基于品牌个性与消费者理想的或渴望的个性之间的一致性。在刚推出速溶咖啡这一品牌时，之所以没有被消费者购买，就是因为购买速溶咖啡被消费者不自觉地认为是懒惰的、不善理家的表现，而研磨咖啡购买者则是勤奋的、有条理的好消费者。可见，消费者常把购买和使用的品牌看成是自身的一部分，并用该品牌个性来体现自己的个性。

品牌代言人和广告对于品牌人格化的形成有很大的关系。比如，TCL、波导、夏新等国产手机请美女明星做形象代言人，所以国产手机（除科健外）女性化形象最为显著；爱立信（现为索尼爱立信）为改变女性形象做了很多努力，但其女性化形象还是根深蒂固；摩托罗拉聘请很多男性明星（特别是成功人士）为其做广告，因而其中年成功男士形象更为凸显；诺基亚也请众多白领模特为其宣传，但是由于其手机外观有点纤细，所以其男性化形象较摩托罗拉为弱。

五、深刻内涵

一个与众不同、充满感召力的品牌，在设计上不仅要做到简洁、醒目、易读易记，还应有深刻的内涵，暗示产品的优良属性。美国的“克宁”奶粉，用英文牛奶单词的倒写形式“KLIM”作为品牌，可谓构思奇特而巧妙。再如“方正”的品牌设计也是别具匠心的，其品牌由中文、英文和标志三部分组成。

首先，“方正”即一方之正、一方之中、一方之主，指北大方正电子系统为全球中文电子排版技术的主体和正宗，居世界领先地位；“方正”又指方方正正、规规矩矩，体现了北大方正集团公司依法经营、诚实经商的经营之道，也反映了公司员工严谨、求实的科学精神；“方正”还含有八方之正，有吸纳各方优势之意，体现了公司博采众长、广招天下一流人才的博大胸怀。

其次，“方正”的英文是FOUNDER，其含义是“奠基者、创立者、缔造者”，表明北大方正是中文电子排版系统的开创者；其音译为“方的”，与汉字方正实现了有机配合。

最后，再从“方正”品牌的标志上看，其立体形状表现为中间的白色方框为正方形，分别与右上角和左下角的深色部分构成正方体，与文字“方正”相一致；其平面形状表现为右上角和左下角的深色部分像两个箭头，右上角向上的箭头表示科技顶天，左下角向下的箭头表示市场立地，意味着北大方正集团的高科技产业是顶天立地的事业。

六、不同文化的统一

为了扩大品牌的使用区域，以利于拓展市场，在品牌的设计上还应注意尊重目标市场所在地的风俗习惯和法律法规，使品牌能够超越空间限制。试想，如果把“BENZ”译成“奔死”（也是谐音）在中国销售，还有人敢购买这种车吗？同样，若将“Sprite”直译成“妖精”，又有多少中国人乐于去购买呢？可是，把它们分别译成了符合中国文化特征的“奔驰”和“雪碧”，就比较准确地揭示出了品牌标定产品的属性。这些品牌的妙译为其进占异域市场奠定了文化基础。所以，为了保证品牌名称具有广泛的适应性，能冲破文化壁垒，必须广泛分析、认真研究各个国家和地区的价值观念、风俗习惯、审美情趣、忌讳偏好、文化传统等，尽可能投其所好，避其禁忌。

七、持续一贯性

内在稳定性是品牌个性塑造成功的基础，在实际的品牌个性塑造的表现上就是品牌个性表现的一贯性、持续性。因此，一定要让目标消费者和非目标消费者意识到品牌显示的个性，并最终认同这个特定的品牌个性。这样，品牌产品的购买者无论是为了表达还是展示，是自己消费还是送人，消费者或其相关者，都清楚选择品牌的用意。所以品牌个性塑造，需要坚持，需要长期努力。如百事可乐告诉消费者：“我”就是那个给你“爽”的体验和感觉的“人”。喝着百事可乐看球赛，赢了——爽（精彩、刺激），输了——爽（发泄一通）。百事可乐可以说，在很大程度上不是饮料，而是好玩的、精彩的和刺激的代名词。这种个性是靠长期不懈的营销塑造出来的，因而，建立品牌个性就是塑造品牌人格化的个性形象。

如果品牌重要的形象外观随着时间的推移保留了一致性，品牌个性就会得到成功的发展。改变品牌要素将面临冲淡其品牌个性的危险，或以完全没有品牌个性而告终。比如“金利来”是“男人的世界”就决定了“金利来”公司不宜生产经营女性用品；“雅戈尔”是名牌衬衫，就决定了它必须保证较高的质量，并且一般也只能生产经营服装。“派克”笔就因想打入低档笔市场而失去其高档的个性特征；而海尔却相反，不断坚持其一致性，显示其品牌个性。因此在营销中必须一直保持并加强品牌的基本个性，而不是减弱其特征。另外，在规划品牌个性的营销沟通时，还必须进行品牌个性的营销控制，主要是对营销沟通效果的衡量和评价，并对品牌个性的营销规划作出调整，以便更好地坚持一致性的原则。

本章小结

个性是识别的标志，在市场竞争愈加激烈的今天，塑造一个品牌无疑是使商家在竞争中占据优势、获得高额利润的一把利器。通过品牌个性的塑造，会使品牌立得稳、立得长久。没有个性的品牌，无论花费怎样的巨资进行推广与传播，还是不会有生命力的。

品牌个性是一个品牌最有价值的东西，它可以超越产品而不易被竞争品牌模仿。塑造品牌就必须塑造品牌个性，一旦形成一个鲜明、独特的个性，就会形成一个强有力的品牌，这应该是品牌建设的一个重要方向。

当一个品牌给消费者带来象征性意义，也就是一个品牌有了独特的个性。而品牌个性又深深影响着消费者潜在的欲望和冲动并与消费者建立感情、形成偏好；可以说，品牌如果没有稳定的内在特性和行为特征的个性，品牌也就不可能影响消费者心理。

消费者有意无意地在按照自己的个性选购商品，而且往往总是购买与自己的个性和形象相一致的品牌产品。而没有个性的品牌很难引起消费者的共鸣，因而也就难以建立对品牌的忠诚度。

在产品越来越同质化的时代，消费者之所以购买某种产品或服务，是因为该产品或服务满足了消费者的潜意识需要，消费者在满足其潜意识需要的同时，总是试图与其自我概念保持一致。因此，完全可以通过市场细分的策略区分出该品牌的使用人群，充分挖掘出该使用人群的潜意识需要和自我概念，就可以为品牌的个性定位和塑造提供富有针对性的策略和途径，在未来的市场营销中立于不败之地。

关键词汇、概念

个性　品牌的个性　品牌设计　品牌创新

思考题

1. 请举例说明在个性方面非常出色的某一品牌。

2. 可口可乐的红色与百事可乐的蓝色都成为它们品牌的重要标志，在这两个品牌的建立当中你有什么感想?

3. 如何对品牌进行设计? 在设计过程当中，应侧重于哪方面?

4. 怎样建立人性化品牌? 你对美国万宝路香烟品牌的建立有什么看法?

5. 如何确定品牌的本质特点?

6. 如何塑造品牌的独特个性?

7. 品牌的个性与人的个性有何不同?

8. 大学生如何塑造自己的品牌个性?

第六章

品牌质量

本章学习目标

- 比较质量与品牌质量的差别
- 掌握品牌质量的作用
- 理解品牌质量的表现形式

引例及思考

奔驰的质量管理

奔驰，卓越的发动机制造技术，舒适和独树一帜的风格，是其品牌质量的重要特征。奔驰长期坚持的定位策略是质量上乘、安全可靠。在其广告中，通常采用一位母亲抱着孩子的形象，人性化地阐述坐在奔驰汽车里的感觉就像被妈妈抱在怀里一样。用母亲呵护孩子的委婉手法表现，自然易于引起消费者的共鸣，因为每个人在生命中都经历过而且深切体会到，躺在母亲温暖的怀抱中最安全。

在选料上，精工细作，严格质量管理。汽车座位面料所用羊毛是新西兰进口的，纺织时还要加入一定比例的中国真丝和印度羊绒；皮面座位上选用上好的公牛皮，选定世界上最好的南德地区的公牛皮，并且从养牛开始注意防止外伤和寄生虫。加工一张6平方米的牛皮，能用的不到一半，肚皮太薄、颈皮太皱、腿皮太窄，最后还要用红外线照射灯把皱纹熨平。

不断试验，保障安全。奔驰拥有126亩的试验场，每年拿出100辆新车进行破坏性试验，在时速35英里的状态下猛撞坚固的混凝土厚墙，以检验前座的安全性。全球各地都有检测中心，每年抽检上万辆奔驰车。

控制生产，有效处理产量和质量的难题。奔驰有一百多年的历史，为了企业声誉和产品质量，产量始终控制在70多万辆，其中小车年产仅44万辆，这比后起的美国福特、日本丰田少得多，但由于生产严把关，产品使用15年也不会出毛病，在世界上牢固树立了“奔驰代表优质”的形象，尽管售价是一般车的两倍以上，人们仍然争相购买。

市场经济的发展促进了企业竞争的升级：价格竞争、技术竞争、质量竞争、品牌竞争。这是企业竞争的逐步演进。品牌竞争是企业竞争的综合体现和最高境界。品牌的美誉度与知名度，从管理角度看则受制于“品牌质量”的好坏。因此，“品牌质量管理”作为一种新的管理模式，逐渐被各大企业运用。

第一节 产品质量

根据ISO 8402—1994的质量定义，对产品、活动或过程、组织、体系或人等实体来说，由于组织、体系和人都是通过活动或过程来体现其存在的，而活动或过程又是以产品为结果的，可见产品是实体的核心内容，产品质量是质量的最终体现。通常所谈论的质量，有关法律中所规定的质量，国内外贸易中所关心的质量都是指产品质量。产品质量首当其冲地代表一个国家的形象，体现一个民族的精神，反映一个民族的素质。

一、质量

1. 质量的概念

国际标准组织ISO在1994年对质量作出了定义，即反映实体满足明确的或隐含的需要能力的特性的总和。所谓的实体，是指产品、服务、活动或过程、组织、体系、人员及其综合；而需要是指感受到的贫乏状态而引起的期望，其中包括性能、合用性、可信性、安全性、环境、经济性、美学。能力是指实体进行指定活动并获得相应结果的本领；特性是用以区分实体，确定其合格或不合格；满足需要则指符合相关规定，满足顾客或社会的需要。

随着ISO 9000标准在企业的广泛应用，ISO 9000关于质量的定义逐渐为越来越多的人所接受。在ISO 9000—2000中质量的定义为：一组固有特性满足要求的程度。在这个定义中，产品质量是指产品满足要求的程度，即满足顾客要求和法律法规要求的程度。因此，质量对于企业的重要意义，可以从满足顾客要求，满足法律法规的重要性角度来加以理解。在这里，顾客要求是产品存在的前提。其中“固有的”（其反义是“赋予的”）特性是指在某事或某物中本来就有的，尤其是那种永久的特性。

2. 质量的两个方面

质量包括两个方面的含义，从生产者的角度来看，质量是衡量产品的各个方面是否达到规定标准的指标，称之为“客观质量”，产品的客观质量有一系列专业技术指标，可借助仪器仪表等科学手段衡量；从消费者角度来看，质量是客户对一种产品、服务或品牌的整体优势的认识，即“主观质量”。

由于质量有主观的一面，不同消费者对同一种品牌的质量判断也不一样，特别是当消费者的经济地位相差很大时，对某些产品的质量判断差异更大。例如有些彩电，在农村消费者眼中是质量好的，在城市消费者眼中，其质量还有待提高。

主观质量是对产品、服务或品牌的总体评价，具有抽象的性质，既可以依赖某一具体的属性评价（如饮料口感好）或事实（如饮料中添加了维生素），又可以脱离具体的信念或事实，还可以脱离具体的产品或服务，迁移到其他产品或服务上。例如，消费者在购买使用了小天鹅洗衣机后，发现其外观、质量、售后服务都不错，因而认为小天鹅洗衣机质量很好，后来又使用了小天鹅的其他产品，仍然发现这些产品质量也不错，而且经常从电视、报纸等媒体上接触到小天鹅的广告和相关的正面报道，于是产品质量好就逐渐地抽象化了，小天鹅在他心目中就成了一个知名品牌。当小天鹅推出新产品时，消费者在没有了解产品的情况下就可能作出质量判断。

二、产品质量概述

1. 产品质量的定义

产品质量也就是产品的性能及其达到的水平。传统的产品质量概念，是指产品的使用价值，产品的使用价值越大，产品的质量就越高。这个定义已不符合新时代的要求了，在全球生态危机日趋严重和绿色经济迅速兴起的新时代，产品质量的新定义应当是指产品具有使用价值并符合生态安全的要求，生态安全是决定产品质量的第一要素。产品质量概念的这种历史性转变，必然引起企业经营管理上一系列的重大变革，其中较突出的，是企业绿色经营的新思路、新潮流已在一些发达国家中兴起。我国的企业应尽快跟上这个时代前进的步伐，积极应对各种绿色冲击波的冲击，只有这样，才能在国际国内的竞争中立于不败之地。

2. 产品质量的特性

产品的质量主要包括产品的适用性、可信性、经济性、美观性和安全性等方面。

（1）适用性。

适用性是指产品适合使用的特性，包括使用性能、辅助性能和适应性。要注意产品的使用性能与产品功能的区别：产品的功能反映产品可以做什么，产品的使用性能是指产品做得怎么样。辅助性能是指保障使用性能发挥作用的性能；适应性是指产品在不同的环境下依然保持其使用性能的能力。如一台空调，其能够抗菌属于空调的功能范畴，不属于质量范畴，是否好用、能否制冷及制冷效果好坏则属于使用性能问题，属于质量范畴；一台电视机是否声像完美属于使用性能范畴，是否带有台历和画中画则属于辅助性能范畴，是否能够在偏僻的乡村提供较好的图像质量属于适应性范畴。

（2）可信性。

产品的可信性包括可靠性和可维修性。可靠性是指产品在规定的时间内和规定的使用条件下完成功能的能力，它是从时间的角度对产品质量进行衡量的。可维修性是指产品出现故障时维修的便利程度。对于耐用品来说，可靠性和可维修性是非常重要的，如家用电脑的首次故障运行时间、平均故障时间间隔、主板结构是否易于维修等都是顾客十分重视的质量指标。

（3）经济性。

产品的经济性是指产品在使用过程中所需投入费用的大小。经济性尽管与使用性能无关，却是消费者所关心的。如电冰箱是一种需要消耗电能的产品，在达到同样的制冷效果下，能耗越低给顾客带来的节约就越大；洗衣机则是一种需要大量消耗水的产品，在达到同样洗净比的前提下，用水越少则其经济性越好。

（4）美观性。

产品的美观性是指产品的审美特性与目标顾客期望的符合程度。顾客通常不会对一种产品的审美特性提出具体要求，但当产品的外观、款式、颜色不符合顾客的审美要求时，顾客就会排斥这种产品；当产品的外观、款式、颜色符合顾客的审美要求时，顾客就会被这种产品所吸引。如雷达手表的成功更多地应归功于其对顾客审美需求的准确把握。

（5）安全性。

产品的安全性是指产品在存放和使用过程中对使用者的财产和人身不会构成损害的特性。不管产品的使用性能如何、经济性如何，如果产品存在安全隐患，那不仅是消费者所不能接受的，政府有关部门也会出面干涉或处罚生产企业。对于家用电器、汽车、工程机械、机床设备、食品、医药等，安全性是一个特别重要的质量指标。

因此，对产品质量的评价判断可以从以上五个方面来综合考虑。当然，对于不同的产品来说，质量的内涵可能有所偏重，有的产品如牙刷等易耗品不需要考虑可维修性的问题，有的产品如书籍等不需要考虑安全性的问题，有的产品如地下塑料管道则无须过多考虑美观性的问题。从企业的角度来看，必须深入识别顾客对产品质量特性的关注重点，避免闭门造车，防止顾客关心的质量特性不足，顾客不重视的质量特性投入过多情况的发生。

三、产品质量标准

1．产品质量衡量标准

对产品质量的衡量可以通过产品质量级别和产品质量一致性来界定。产品质量级别是指产品发挥作用的能力，包括耐用性、可靠性、精密度、使用和维修的简便程度等；产品质量一致性，是指符合标准质量以及目标性能质量标准的前后一致性。

2. 产品质量的制定标准

通过合格评定，其中有可以充分信任的第三方证实，某一经鉴定的产品或服务符合特定标准或技术规范。目前通用的质量认证标准主要采用 ISO 9000 系列，ISO 9000 是质量管理和保证标准，规定了产品质量的选择和使用指南；ISO 9001 是质量体系标准，规定了设计、开发、生产、安装、服务的质量保证模式；ISO 9002 也是质量体系标准，指出生产和安装的质量保证模式；ISO 9003 同样是质量体系标准，指出最终检验和试验的质量保证模式；ISO 9004 则为质量管理和质量体系要素标准，是质量的指南。

3. 产品质量的检验

产品质量的检验是对产品或服务的一种或多种特性进行测量、试验、计量，并将这些特性与规定的要求进行比较，以确定其符合性的活动。常见的质量检验管理制度有：三检制——操作者自检、工人互检、专职人员专检；重点工序上岗制——操作者在进行重点工序加工时检验员在场；留名制——每一道工序责任人要在工艺文件上签字；质量统计分析——品种、成品抽查合格率与返修率等；不合格品管理——查清不合格原因、责任并提出改进措施。

4. 产品质量监督

质量监督是指为确保规定的质量要求，按规定对程序、方法、条件、过程、产品和服务，以及记录、分析状态所进行的连续监视和验证。其中包括企业外部的质量监督（国家、行业监督、社会监督）和企业内部的质量监督（线内、线外）。

比如，海尔空调的高质量。1998 年全国空调企业中，只有 30% 的生产线在运转，其余的 70% 皆闲置，而空调零售额增长了 47.65%，海尔的市场份额占 30.48%，其技术、质量、性能赶超了世界水平。在 1999 年参加美国芝加哥举办的第 59 届国际制冷展上，海尔空调企业以 81 个新品种、21 个世界领先高科技产品与两百多家客户达成协议，健康空调占总订货额的 70%。

美国市场之所以如此看好海尔产品，首先是海尔有国家质量认可的高质量检测数据。海尔对空调的每一个零部件都进行最为严格的试验；海尔空调被授予"国家认可实验室""数据认可实验室""空调检测实验室"等国家级高质量标准；日本空调工业协会授予其"箱式空调器制冷制热能力测试实验室"称号；海尔用了 72 小时对内部结构进行抗震试验，模拟风、雷、雨、高温等多种气候进行破坏性试验。

其次，海尔用高新技术创市场。1993 年生产出第一台最高水平的变频空调；1995 年最适合中国国情的一托二空调在海尔问世；1997 年一拖多技术处于国际领先水平；1998 年中国第一台变频式柜机问世，健康空调上市；1999 年变频空调获国家科技进步奖。海尔以 3 天一项新产品、5 天一项新技术飞奔。

此外，海尔以星级服务赢得消费者。1998 年在全国首推连锁星级服务，成立100家专业服务中心、1 000家星级服务站、3 000多个特约安装服务单位；1999年首推“整机保修3年，压缩机保修5年”的新举措，规范化、标准化、专业化的服务赢得认同。海尔采用“先难后易”的出口战略：先出口发达国家，占领“制高点”，再出口发展中国家，向四周辐射。出口近百个国家和地区，1998年出口额比1997年增长了195%。

四、产品质量管理人员

1. 员工

对员工的管理，可以从以下几个方面考虑：

合理评价人才。这项工作适用于企业组织内部的人才，对于这些人才随时可以根据未来需要去开发和配置，这项工作还要求管理层应当对比企业组织外部人才的能力及可获得性来评价内部库存人才的素质及可用性。做这种评价的过程也就是定期检查本企业人才素质并与竞争对手以及开放市场上可得到的人才进行比较的过程。

对员工严格要求。麦当劳是世界上最大的快餐集团，其管理以“苛刻”而闻名。他要求全球50多万员工对顾客的服务，必须达到快捷、友善、可靠，否则就要受到重罚，甚至辞退。员工上岗前必须严格洗手消毒，而且必须用自制的杀菌洗手液揉搓至少20分钟。对部门经理，也要求必须“走动管理”，不能整天坐在办公室内听电话。

稳定员工队伍。一切品牌管理人员，即使像超市营销员，都需要保持一定的稳定性，才会使消费者因熟悉的面孔而产生信任感。一个企业，一个公司，虽然需要不断补充新鲜血液，但是其人员应有70%的稳定率，企业才能稳定发展。

要留住员工，平等很重要，即应当让员工认识到，企业支付给他们的报酬标准是公平的，而且这一标准在公司里面得到一视同仁的执行。除此之外，还可以通过间接物质激励，如让员工在公司中持股，一方面有主人翁感，另一方面也会尽职尽责，激励自己。1990年，美国有9 870个职工持股公司，参加的职工超过1 000万人，职工持股公司比非职工持股公司在销售额的增长上快1.3倍。挽留住员工最有效的方法是学习和培训。随着学习型企业的发展，员工通过培训可以提高技能，会感到在企业工作个人有发展前途。

比如，星巴克的成功主要得益于对“关系理论”的重视，特别是同员工的关系。舒尔茨说：“知名的品牌和尊重员工使我们挣了很多钱和很具竞争力，两者缺一不可。”星巴克通过有效的奖励政策，创造环境鼓励员工自强、交流和合作。所有员工都拥有期权，他们同样被称为伙伴。即使星巴克公司的总部，也被命名为“星巴克支持中心”——说明管理中心的职能是提供信息和支持，而不是向基层店发号施令。星巴克通过权力下放机制，赋予员工更多的权利。舒尔茨意识到员工在品牌传播中的重要性，他另辟蹊径，开创了自己的品牌管理方法——用于广告的支出被用于员工的福利和培训上。1988 年，星巴克成为第一家为临时工提供完善的医疗保健政策的公司。1991 年，星巴克成为第一家为员工（包括临时工）提供股东期权的上市公司。

2. 品牌经理

品牌经理的角色最早于20 世纪30 年代中期出现在宝洁公司。品牌经理的职责中，既包括长期的品牌规划，又有短期的品牌建设任务，如创造和维持品牌的一致性、品牌定位、品牌预算、媒体合作和员工激励等问题。品牌经理与市场部经理的工作不同，市场部经理更关注于及时处理日常的战术性问题，如促销活动策划和广告发布等，而品牌管理是更长期性的工作，要靠持续的行动才能达到目的。为此，不能根据短期指标来衡量品牌经理的工作，短期赢利固然重要，但品牌经理更重要的任务是塑造清晰的品牌形象并保持明确的品牌战略。

因而，品牌经理的主要任务是将品牌策略与公司的经营发展策略进行良性链接，对市场进行全面、精准的把握。品牌经理通过对产品销售全方位的计划、控制和管理，灵敏高效地适应市场变化，改善公司参与市场竞争的机能，减少了人力重叠、广告费用和顾客遗漏，拉长产品的生命周期，从而为企业赢得更为广阔的市场和更具发展力的时空。

3. 高层管理人员

企业高层决定着企业的经营，也决定着品牌的建设。品牌就是企业的所思所想、所作所为。特别是企业高层的思想和行为，他们的行为通过企业的组织结构，层层放大，最后凝结成为品牌形象。例如，韦尔奇的思想和行为，最后就成为通用电器的象征，比尔·盖茨成为微软的品牌形象。

一个好的企业品牌必须是忠诚于自己的品牌承诺，依照高级管理层的承诺程度，企业的品牌塑造可能达到下述三种等级之一：对外宣传、客户联系或综合品牌。要达到综合品牌程度，必须将企业文化、企业常规与品牌承诺相辅相成，使每一个员工的行为与品牌塑造融为一体。尤其是高层管理人员，更应该作出应有的表率和带头作用。

比如伊利集团，它是全国乳品行业的龙头企业，根据《世界经理人》杂志发布的《中国500 最具价值品牌》，伊利以其127. 87 亿元的品牌价值名列第38 位，是中国食品行业唯一进入前50 名的企业。然而，伊利集团的品牌承诺程度是属于第一个宣传性品牌程度的。伊利虽然对外塑造了一个“心灵的天然牧场”的形象，符合了他们“不断创新，追求人类健康生活”的企业理念，也赢得了一些消费者的认可。可是，集团内部高管人员却没有遵守“心灵的天然牧场”的品牌承诺，而是给消费者造成了一个反面的影响。并且，伊利的网点遍布全国各地，企业核心价值观与企业哲学和品牌识别等没有很好地保持根本策略的一致性，导致品牌在顾客心中不鲜明、不清晰，印象不深，信赖度不高。

五、产品质量管理

1. 产品设计与开发

可以从以下角度考虑设计开发产品：满足消费者需求；产品在性能、安全性、可靠性、生产性、维修性、服务性、成本、使用费用、人类工效、环境保护、法规等方面的符合性；心理上富有情感，生理上舒适、方便、协调，外观上赏心悦目，美学上形式独特新颖等。

2. 产品生产制造

生产技术的质量保证：人员、物资、能源、装备、工艺、计量仪、生产方案、质量控制系统、验收工艺等。

生产过程的质量控制：现场文明生产、生产工序管理、作业者自检、质量监察部门和专职人员检查、工序审核、不良品处理、计算机辅助质量管理系统、内控标准。

质量是产品的基本属性，消费者在购买商品时，总是希望它的质量好，性能可靠，否则他们会对该产品及其生产厂家产生反感，所以企业只有产品质量过关了，才能给消费者留下良好的印象。国内外享有盛誉的企业，无一不把质量作为企业的生命而加以高度重视。

在中国啤酒企业中，北京燕京啤酒集团是时下一个纯粹的民族品牌大型企业集团。目前，燕京已形成了辐射全国的五大核心市场，并稳步实施进入国际市场的市场战略。在管理上，燕京在啤酒行业率先通过了 ISO 9000、ISO 14000 和食品安全体系认证，燕京啤酒获得了绿色啤酒认证。2005 年 6 月 17 日，燕京又顺利通过了 QS 食品质量安全认证，成为啤酒行业第一家通过此项认证的企业。在管理上，燕京制定了“五统一，一独立”的管理原则，统一原材料采购，统一生产工艺和管理，统一市场划分，统一商品定价，统一商标管理与使用，独立经济核算。在生产技术工艺上，燕京专门成立了技术推广小组，对所有分公司进行有针对性的技术指导，确保燕京品牌及附属品牌的质量，防止品牌一样但品质不一样的产品上市。

3. 产品的销售服务

产品的销售服务主要采取的手段有市场调查、产品销售与市场营销、售前售后服务、保证服务效果。在品牌质量管理中，我们有许多企业都有自己的独到之处。例如，格力空调，实行严格的质量管理。在格力企业内部，有多达 12 条的总裁禁令。企业采购元部件时，300 多家配套厂的供货产品只有严格经过供应、检测、技术等部门的认可后才可以进厂，实现对从外围厂家购进元部件的有效控制。对于零部件，进行 100% 的筛选，并且认为“只要 1% 的零部件不合适，生产出来的整机便 100% 不合格”。同时，格力作为空调制造商，只做空调，是空调行业唯一的专业厂家。格力认为，只有专业化才有可能把产品做精做好，走多元化，人力、物力、财力、精力都会受到严重阻碍。

服务是提高产品质量的保证。服务不仅仅只存在于售中，售前和售后服务同样重要。销售服务可以成为重要的竞争手段。海尔的售后服务家喻户晓，也为它赢得了不少顾客。如果说生产过程中的质量管理是“第一次竞争”，销售服务则是“第二次竞争”。经过市场优胜劣汰后，许多耐用消费品在质量、价格方面十分接近时，售后服务的优劣显得更为重要，作为竞争手段甚至具有战略意义。现在购买商品不仅要挑质量、挑价格，也要挑售后服务。

4. 产品质量管理案例——丰田

(1) 改造生产流程。

在生产过程中，改变传统由前端经营者主导生产数量，重视后端顾客需求，后面的工程人员通过看板告诉前一项工程人员的需求。比方零件需要多少，何时补货，亦即“逆向”控制生产数量的供应链模式。这种方式不仅能节省库存成本（达到零库存），更重要的是将流程效率化。

(2) 按需求量生产。

依据顾客需求生产必要的东西，而在必要的时候生产必要的量，这种丰田独创的生产管理概念，在20世纪80年代即带给美国企业变革的思维，现已经有很多企业沿用并有成功的案例。

(3) 标准化作业。

对生产中每个活动、内容、顺序、时间控制和结果等所有工作细节都制定了严格的规范，例如装个轮胎、引擎仅需要几分或几秒钟。但这并不是说标准是一成不变的，只要工作人员发现更好更有效率的方法，就可以变更标准作业，目的在于促进生产效率。

(4) 节约资源。

排除浪费任何一丝材料、人力、时间、能量、空间、程序、搬运或其他资源，即排除生产现场的各种不正常与不必要的工作或动作、时间、人力的浪费。这是丰田生产方式最基本的概念。

(5) 勤于思考。

要求每个员工在每一项作业环节里，都要重复地问为什么（why），然后想如何做（how），以严谨的态度打造完美的制造任务。

(6) 生产平衡化。

丰田所谓平衡化指的是“取量均值性”。假如后工程生产作业取量变化大，则前作业工程必须准备最高量，因而产生高库存的浪费。所以丰田要求各生产工程取量尽可能达到平均值，也就是前后一致，为的是使需求与供应达成平衡，降低库存与生产浪费。

(7) 提高员工素质。

不仅机器设备要有高品质，工作人员也要有高素质，适应自动化生产的需要，也就是要养成好的工作习惯，不断学习创新，这是企业的责任。这点完全如松下幸之助所说的："做东西和做人一样。"通过生产现场教育训练的不断改进与激励，成立学苑让人员的素质越来越高，反应越来越快、越来越精确。

综上所述，不难了解丰田的成功并非源于领导者的口惠，而是长久以来，其企业文化所造就的全盘解决问题执行力的结果。

第二节　品牌质量概述

人们都普遍地认识到，产品质量是企业的生命，企业永续经营的基石在于产品质量，企业经营发展的战略目光，首先要放在产品质量上。品牌质量已经成为解决经济问题的关键武器，是国际竞争的标准，国际竞争已把品牌质量置于最前线；品牌质量是销售额、利润、生产率的推动力，是企业成长与生存的决定因素；买方市场对产品需求的范围更加广泛，品牌质量的主导地位迅速地在国际上起作用。

一、品牌质量的概念

所谓品牌质量，是品牌本身的质量（所代表的产品质量）和品牌体现的质量（品牌在消费者心目中感受的质量）的综合体现。产品质量和品牌质量在一定条件下可以实现互补。在保证产品高质量的前提下，必须提高消费者对品牌的认知度和忠诚度，使品牌形象在消费者心目中永远美好，永不降低。这样品牌质量才有保障。

品牌质量是广义上的质量概念，即包括企业经营中各个环节、各个方面的质量控制标准，必须是全员参与的质量监控，而不是等销售后或生产后才发现质量问题。任何一个细节的质量出现问题，都会影响到品牌的整体质量。

提高品牌质量是把提高产品质量与提高品牌体现的质量有机结合起来。提高产品质量的同时必须把提高消费者心中感受的质量放在突出的位置，并使真正的质量转化为品牌体现的质量，这样才能取得更大的成功。如果品牌体现的质量下降了或者丧失了，也就是说消费者对这个品牌失去了信任感，是很难恢复在消费者心中的位置的，即使再重新树立品牌也于事无补。因此在保证产品高质量的前提下，必须加大消费者对品牌的认知度，使品牌形象在消费者心中被认可，品牌质量才有保障。

比如，"元亨"衬衫的懊悔。在无锡港下镇，有两家企业：一家是有着 21 年历史的无锡衬衫厂，生产"元亨"牌衬衫；另一家是办厂不到一年的红豆衬衫厂，生产"红豆"牌衬衫。无锡衬衫厂于 1974 年开始生产"光荣"牌衬衫，1992 年合资办厂后改为"元亨"，却并不注意向外宣传，只注重内在质量，知名度不高，销售遇到严峻挑战，价位无法与名牌衬衫相比。而红豆刚投产就开始品牌宣传攻势。元亨经理后悔说“过去广告宣传投入是花‘冤枉钱’，现在没有知名度是不能稳定占有市场的”。

二、影响品牌质量的因素

优质的原材料、先进的技术设备对品牌的质量有着重要的影响。比如，同仁堂在原材料选用上，人参用吉林的，陈皮用新会的，大黄用西宁的，蜂蜜用河北兴隆的……而麦当劳在原材料选用上，严格保证“爱德荷”马铃薯生产的土壤条件，以保证其质量特色和质量水平。20 世纪 90 年代末全国范围内的“砸锭”行动，砸掉落后的设备和纺锭，为更新设备、摆脱困境创造条件。此外，优秀的人才、高素质的劳动者及其高质量的劳动是产品高质量的决定因素；严格的管理，将人才、技术、设备等有机结合起来，成为整体，是品牌质量的保障；消费者的心愿、希望和满意度是品牌质量的体现。

三、品牌质量的作用

1. 社会生活的重要保障

世界著名质量管理专家朱兰博士首次提出“在质量大堤的保护下生活”。而菲根堡姆（A. V. Feigenbaum）博士用“没有选择余地”（用技术名词来说就是“零冗余”）来刻画品牌质量管理的社会意义。他指出：“当代，人们的日常生活和日程安排，完全取决于产品的性能或服务运转是否令人满意；大城市的电力网、医疗服务和药品、自动洗衣机，以及小汽车等都毫无例外地对人们的日常生活和日程安排有影响。这种‘没有选择余地’基本上是社会出现的某种新情况。这相当大地提高了消费者对产品或服务在持久性和可靠性方面的要求。”品牌没有过硬的质量，将会不断给消费者造成麻烦、破费和损伤，甚至造成可怕的灾难和损失。

从社会角度来看，当代质量安全性的费用额占国民生产总值的比重愈来愈高。这笔费用以质量成本的形式增加了制造商的负担，大约占其总销售额的 10%，质量问题对于购买者和商人都有强烈的影响——购买者维护和使用产品的费用可能等于或大于利润率，保护消费者权益是品牌质量的社会意义最集中的体现。现代经济社会，在涌现大量优质产品和服务，极大地改变人们生活方式的同时，也有假冒、伪劣产品和服务充斥市场，严重损害了消费者的权益。因此，越来越多的社会公众关心质量已经成为一种时代的最强音，它将改变我们长期坚持的经济、法律和政治形式。

此外，品牌质量同整个国家生产率水平有着紧密的关联。20 世纪 70 年代，美国生产率增长缓慢，引起了各方面的关注。虽然美国的生产率仍居于世界领先地位，但这种领导地位遇到了其他国家的有力挑战，有些国家的年增长率已经超过了美国。特别是日本从资源贫乏的小国一跃而成为西方第二大经济强国。日本取得成功最重要的原因之一是以质量立国、科教兴国为武器开拓世界市场的。提高生产率的最重要的潜力同品牌质量有着非常密切的关系。产品或服务质量不仅是当代决定企业素质、企业发展和企业经济实力和企业竞争优势的主要因素，也是决定一国竞争能力和经济实力的主要因素。

当然，每一种现代工业都会给社会带来好处，同时也会使社会依赖于这些好处带来的质量的持续性。工业方面的质量意味着要保护社会，使之免于受到劣等质量的危害和失去这些利益。每一个企业都必须认识到给社会带来的利益，社会对质量大堤的需要。工商业实际已经为品牌质量提供了保障——全民质量意识的培育，质量法规的制定和实施，非工商业组织对质量改进的贡献等都必须致力于完善质量保障体系。

2. 提高经营绩效

品牌质量可以加强产品销售。因为在质量管理的条件下，各种质量管理水平和保持这种水平的成本是在市场计划中加以权衡比较而确定的。所以制造出来的产品能够真正做到既满足消费者对产品质量的要求，又使消费者付得起那样的价格。

品牌质量可以促进生产。因为品牌质量分别向设计工程师（在研制新产品时）和制造工程师（在制定工艺时）提供了有经验依据的指导。这样的指导可采取多种形式，比如说，考虑新的设计标准同制造工厂的质量能力之间的相互关系等。

品牌质量可以提高生产率。由于品牌质量的管理以预防为主，不是事后挑出废品，这样就可以在不需增加生产成本或在提高单位产品生产率的情况下增加可供销售的产品数量。进一步说，对于进厂材料采取积极措施常常会提高生产率，因为杜绝不合格的材料进入生产线，就不至于浪费熟练工人的工时。

由此可见，品牌质量对于影响营利性的三个要素都有强大的推动力。通过认真分析消费者的欲望和需要，就可以提供质量水平适中的产品，诱发消费需求，从而提高可销性。如果按照可生产的要求来确定产品的设计质量和制造工序的质量，那么制造成本就可能大大降低，还可以降低返修费或产品责任诉讼费。因为制造能力同设计质量相适应，所以生产率会随着单位产品成本的降低而提高。因此，企业经营者就在品牌质量经营中得到了一种能够提高营利性和加速现金流量的有效工具。

劣质产品不能满足消费者的价值要求，自然没有销路；同时，劣质产品不可靠也不安全，必须从现场召回、召修或者返修、退货。所有这些，对公司来说都是非生产性支出，是经济效益的负数，影响公司的产出效率。这样看来，我们必须以消费者为中心来衡量生产率的高低，而实现以消费者为中心的生产率就需要重视质量，这正是品牌质量经济意义的中心。它有助于促进销售和产品计划工作，促进传统的生产管理、工艺方法以及品牌经营等方面的变革。

通过品牌经营，可以使企业提高产品质量，改善产品设计，加速生产流程，鼓舞员工士气，增强质量意识以及改进产品售后服务和提高市场占有率，从而给企业带来较高的投资回报率。实践还证明，开展品牌经营能够给企业带来降低质量成本、减少经营亏损、降低现场维修费用和减少责任事故的经济成果。

3. 提高竞争优势

决定企业竞争优势最重要的因素是质量。品牌质量是市场竞争战略中最关键的项目。谁能够用灵活快捷的方式提供令客户（区域性和全球范围内）满意的产品或服务，谁就能赢得市场的竞争优势。

美国麻省理工学院的战略计划研究所，建立了著名的"市场战略对利润的影响数据库"。研究人员研究发现，市场占有率是利润的主要来源。但是，对数据进行再分析，却得出了一个令人惊异而更为坚定的结论：市场占有率高确实带来利润，但是，持续的市场占有率主要来自"客户感觉到的产品或服务的相对质量"的领先地位。"相对"是指和竞争者比较，"可感觉"是指站在客户立场上而不是站在生产厂商的立场上看问题。"市场战略影响利润"研究人员称，相对的质量是"影响一个经营单位（长期）成就的最重要因素"，并且"当我们研究采取何种方法来维持价值的领先地位时，我们发现，对市场占有率来说，相对质量的变化比价格的变化具有大得多的影响"。"质量 = 利润"不仅指品牌质量对企业内部的经济效果，更说明品牌质量对国际竞争力的决定性。

1985 年，盖洛普民意测验为美国质量管理协会调查消费者愿意为质量额外付多少钱，结果是令人惊异的。大多数用户只要产品质量满意，就愿意花钱……一般说来，用户如认为一辆汽车质量较好，那么多花 1/3 的钱也愿意；为一台质量更好的影碟机愿多花 50% 的钱；为质量更好的电视机、沙发愿多花 70% 的钱；为一双高质量鞋子愿多花一倍的钱。

因此，市场竞争已经决定性地从"价格竞争"转向"质量竞争"。影响购买品牌的三因素：价格、质量、交货方式（交货期和地点），其排列次序已经变为质量、交货方式、价格。品牌质量已成为决定客户购买的首要因素。"质量竞争"在某种程度上取代了"价格竞争"。出现这种趋势的主要原因是国际市场的高度细分化。市场营销战略已经从大规模市场、大规模广告、为提高市场份额剧烈搏斗等而转到创造市场、侧重局部创造市场、以接近市场获取创新的源泉、靠市场细分与定位求发展，以及对任何产品的不断差别化。具有独家特色，亦即在不断增多的竞争对手、产品或服务中崭露头角是企业的生存之本。

经济学家威廉·霍尔（Willia Holl）研究了成熟产业的市场竞争力，证明只有那些相对于竞争对手来说"交货成本最低，交货质量又合格"的公司，以及"产品、服务、质量差别化水平最高"的公司，才能兴旺发达。

总部设在瑞士日内瓦的世界经济论坛与瑞士洛桑的国际管理学院自 20 世纪

80年代以来，发表一年一度的世界竞争能力报告，用大量数据分析当今世界与地区的竞争能力及其优势所在。其最重要的结论就是，不断改进，努力适应客户需求的质量水平和为达到顾客满意的质量水平持续地进行质量创新是世界竞争能力领先的两个基本条件。美国《幸福》杂志一年一度评选“最受尊重的十佳公司”，八大基本指标中首要的就是产品或服务的质量。

“质量竞争”代替“价格竞争”反映着世界性经济基础的根本变化。如果说未来世界还会发生全球性大战的话，将可能不再是以摧毁生命为目标的战争，而是以争夺世界市场为目标的全球性经济大战，经济大战的最锐利武器就是品牌的质量。这一战争事实上早已开始。这正是“品牌质量的市场意义”的核心之所在。

第三节 品牌质量的表现形式

制造商作出品牌决策时，还必须决定其品牌的质量水平，以保持其品牌在目标市场上的地位。所谓品牌质量，是指反映产品耐用性、可靠性、精确性等价值属性的一个综合尺度。

一、安全可靠

汽车、家用电器、医药、食品安全性是消费者颇为关注的。日本汽车为了打入美国市场，最初将重点放在车身款式和车速上，收效甚微。后来主要在安全上做文章，为用户提供巧妙的意外保护和过硬的安全保障，结果销量大增。

二、坚固耐用

“长城”牌电风扇出口世界各国，一个重要原因就是它的电机可以连续运转三万个小时无故障。小天鹅全自动洗衣机在国内市场上的占有率一直处于领先地位，这与其商品耐用性有关。其核心部件控制器，可以在水中连续煮三个小时，温度为100℃，湿度为100%，保证完好、无故障。

三、独特新颖

全新产品的独特性、新颖性，可以看成是产品的功能设计，某一个零部件的设计也能使产品质量明显提高。比如，原来的冰箱门是在外面用插销插上，在日本多次出现儿童被拴在冰箱里的悲剧。三洋电机发明了自动关闭的磁性冰箱门，并在门上安装盛物架，扩充了冰箱的使用空间，解决了冰箱的安全性问题，又开合自如、灵活美观，产品销量大增，而且这一技术很快被世界各冰箱厂家采用。

四、不断创新

1. 传统与现代结合

所有成功的经典品牌都有一个共同的特征——他们的品牌有一个不可复制的或是独有的品牌含义，能够代代传承。一位德国企业家曾说过，民族文化是创新之根。在企业品牌创新中，注意挖掘和发挥文化内涵的作用，可以收到意想不到的效果。

这是一个怀旧的年代，流行潮总是在不停地轮回。不少品牌通过"旧瓶装新酒"的招数，复制自己从前的经典产品，让几十年前风靡一时的销售热潮在现在的年轻人中卷土重来。"旧的比新的要厚实、可靠、久远"的价值心态，能够唤醒久已沉睡的幸福记忆。通过开发消费者小时候的产品，借助一系列集合众人回忆的行销活动，勾勒出过去年代的鲜明画面，唤起记忆深处甜蜜的回忆，使消费者从心动到行动。中国台湾 7 - 11 "原味觉醒"连锁店就是通过系列网络活动和广告，塑造了浓浓的怀旧氛围，唤起了人们心中埋藏的关于童年、关于父母、关于故乡的种种回忆。它能够让拥有共同回忆的人在看到网络上的怀旧考卷，看到广告中的贪吃小孩时拥有一种"以前我也是这样"的类似的认同情绪；甚至能够让那些年纪更大的人开始侃侃而谈他们儿时的趣事。正是这种强烈的认同感，深深地打动了消费者的心，也建立了 7 - 11 与消费者是平等、拥有共同回忆、类似朋友的关系，这使得 7 - 11 与其他便利店不同。

比如，家乐氏公司为了庆祝他们即将到来的诞生一百周年的庆典，特意推出了怀旧主题，将他们很多古老的品牌图案印在包装或是广告手册上。

传统与现代的完美结合赋予了品牌更多内涵，将文化内涵贯注于产品之中，运用传统与现代科技手段创新产品，提升品牌质量。

利用传统技术，结合现代科技，不断突出新的消费观念，这也是一种创新。比如，白沙集团的品牌质量创新。随着时代的进步，科技的发展，人们生活水平和消费意识的提高，对卷烟质量的要求也会随之变化。目前，人们认为卷烟质量好主要体现在有害成分比较少，焦油含量比较低，吸味口感比较好，深受广大消费者喜爱等方面。近几年来，中国卷烟不断创新质量，打造了一批代表中国特色，符合中国广大消费者口味的中式卷烟大品牌。其中"白沙"牌卷烟尤为突出，从 2002 年到 2005 年，连续 4 年登上行业销量最大品牌的宝座，2005 年产销量突破 150 万箱。"白沙"取得这样的成就，主要是由于科技创新成就着这一品牌的品质。

2001 年 10 月 8 日的香港国际会展中心，"白沙"人率先推出了"绿色烟草"的概念。当时包括全球知名烟草商在内，所有与会人士均收到了一本白沙集团赠送的《绿色飞翔计划》的小册子，这也是国内烟草企业第一次推出"绿色烟草"的概念，更重要的是"白沙"的实践让这种概念更加清晰与实在。他们从一粒烟种播种下地，到一根卷烟在消费者手中燃烧成灰，每一个环节都要注入“绿色”概念。在种植环节上，减少农药、化肥、重金属含量，从每一片烟叶的生长中开始降低危害；在研发设计上，运用先进技术手段，降低焦油、一氧化碳含量，提高吸食安全性；在生产过程中，减少资源浪费，像生产食品那样严格工艺流程和操作技术，关注人的健康和环境保护……

“白沙”牌卷烟质量创新，实施了科技先导战略，源于其强大的研发机构。早在2000年，白沙集团博士后科研工作站的“航船”即已扬帆起航。长沙卷烟厂成为当时全国180余家烟草企业中建立博士后站的第一家，13名博士多来自清华、北大、复旦、中科院等名校和科研机构，在各自的研究领域都取得了一定的成果。

到2005年3月，长烟已经申请专利55项，其中发明专利20项，已进入实审和授权的有42项。在2004年9月国家工商总局对行业所属企业知识产权调研中，长烟的专利（发明）申请量居行业之首。

从低焦战略到绿色烟草，从博士后工作站到专利大户，科技研发让“白沙”品牌增强了自主创新的能力，“科技先导战略”让其屡占先机。

在这方面，金圣卷烟也将传统与现代进行有机结合。“金”在传统中医学中代表“肺”，“圣”是肾的谐音，既取高贵神圣之意，又表裨益肾肺之意，表现出该烟具有与众不同的低害、除弊特色，是高品质高档次的卷烟，寓意着“金圣”品牌的精神——“关爱健康为金，满足民需为圣”。自古以来，“金”是价值和欲望的标尺，亦表劳苦之意，喻为贵重之意，企业的经营理念是一诺千金、诚实守信，视诚为“金”，在创新的道路上不断追求；“圣”之意为极高，是美誉的最高层次，意味着企业以质取胜，视追求尽善尽美的品质为神圣使命。

为此，南昌卷烟厂运用先进的科技手段，联合有关科研院所的力量，萃取我国中医药精华，成功研制出具有自主知识产权和中国特色的金圣中式低害特色的卷烟产品。在产品研究时，从改善吸烟对人体的某些有害之处着眼，针对一般吸烟者普遍存在的肺部、咽喉不适及肾虚等症状，依据“肾为先天之本，肺调百脉”的中医理论，以中药药理和药效实验为基础，精选《中国药典》中具有补益肾肺的中草药，以烟气中能检测到的挥发性有效成分的理化指标为依据，经过反复科学组方，并引进美国先进技术，经过两年的精心研制，解决了卷烟与中草药混合调香等近百个技术工艺难题，终于达到了理想的效果。中国著名中医学专家和烟草科技专家对“金圣”产品烟气的药性、药效、物理化学成分的分析及临床实验结果进行了鉴定，确认其研究结果可信，产品质量可靠，达到了国际规定的甲级卷烟指标，其独创的烟草与中医药相结合的新技术，也受到了国家知识产权的保护。其技术经过国家级检测机构的权威论证，并获日内瓦世界发明金奖。2004年，“金圣”商标被国家工商总局认定为中国驰名商标，其品牌价值达41.8亿元。

2. 技术创新

品牌代表了企业实力，反映了企业的信誉和技术管理水平。但是回首国产商品的品牌在过去十几年里的发展轨迹，有的像流星一样，淡出了人们的视野。究其原因，是由于许多企业在进行品牌营销时，只知道巨额广告投入，对公众进行疲劳轰炸宣传，却忽视了品牌技术创新。每个商品都有其市场生命周期，都会由导入期进入成长期、成熟期，逐渐走向衰落期。而品牌的生命力，主要体现在业务的技术创新能力上。如一些百年品牌西门子、杜邦能持续下来的真正魅力不是牌子本身，而是业务随着时代的发展，不断进行技术创新才使生命力得以延续，也使品牌百年不倒。

海尔是我国企业中最注重技术创新的企业，每年技术开发占集团销售收入的4%。目前，海尔冰箱业务平均每隔 7 天就开发一种新型号，现已有 6 大系列，4 000多个品种。诺基亚认为一旦 3 个月不推出新业务就会失去市场，所以他们不停地创新。没有业务技术的不断创新，就没有品牌的常青树。因此，目前中国电信率先设立“VIP 客户技术支持中心”，以实现零距离服务贴近客户，达到零中断优质保障客户的服务目标。

在实际管理过程中，通过不断采用高新技术和先进设备提升产业基础，完善产品品质，从而抢占市场制高点，实现质量管理。比如，作为中国服装业龙头企业的雅戈尔，20 世纪 90 年代率先采用“无浆工艺”，1998 年首家开发出“HP 棉免烫衬衫”，1999 年独家引进世界最先进 VP 免烫技术和设备，开发出“VP 免烫衬衫”。2001 年雅戈尔荣登中国最受消费者欢迎的男装品牌榜首，C 衬衫连续八年获全国市场综合占有率第一名，雅戈尔西服连续两年保持全国市场综合占有率第一位。

奥迪品牌创始人 August Horch 创立该品牌的宗旨就是技术与创新，后来通过英国广告公司演绎为奥迪的一贯主张：敢于打破常规，技术不断创新。奥迪这种不断挑战传统的精神，同时也改变了世人对轿车的一般态度和其他汽车制造商考虑设计汽车时的看法。也许，这是奥迪品牌对消费者乃至社会和汽车工业的最大贡献。

技术创新必须以关注消费者体验、实现差异性品牌价值为中心，简单地认为曲高和寡，技术新就可以实现高附加值不可能成就品牌，只有这种技术创新为消费者所关注和重视，这种创新才有存在的价值和推进的价值。格兰仕在媒体上用心良苦地宣传了很久的光波空调，到现在消费者都无法弄清究竟有什么实际的价值，不能成为主流也就在情理之中了。

仅仅有技术创新还无法让消费者产生共鸣，实现技术创新落地的方法就是概念创新和传播创新。技术本身是晦涩、冷冰冰的，只有把创新的技术根植于消费者的大脑当中，这种技术创新才能成为品牌和产品的推动力量。按照 FAB 的理论，技术仅仅是 Feature 和 Advantage 的阶段，只有最后具体到 Benefit 才会对消费者产生价值和实际的触动。因此，概念创新就是技术创新实现的手段。

联想赞助奥运会，海尔和匹克赞助 NBA 都是传播创新的例子，超越和卓越一直是体育精神的灵魂，稳定发挥也是赢得体育比赛的关键所在，因此，体育对于联想的 PC 和海尔的家电都是一种很好的传播和诠释。这就是品牌传播的创新。

3. 管理创新

从世界经济近十年的发展进程来看，连锁经营的营销模式在经济结构中扮演的角色正日益受到重视，同时也无处不在地影响着我们的生活。双汇在经营管理方面的创新——导入连锁经营模式，引起了中国鲜肉市场格局的变化。双汇集团作为中国肉类加工行业的龙头企业，依靠自身规模、品牌、资金、技术、管理等优势，依托实施放心肉类连锁店这一"民心工程"，实现了工业、商业相互推动发展的格局。企业通过连锁店，把优质、营养、安全、卫生的肉制品直接送到消费者的手中，减少了层层批发的中间环节，降低了销售成本，实现了肉品的"冷链加工、冷链销售、连锁经营"，使双汇系列产品的销售一次到位。双汇连锁店的经营模式是中国肉类工业的"样板工程"，实行"五统一"发展，即统一形象、统一标准、统一服务、统一配送、统一管理；在连锁店内的生鲜肉销售不过夜；精细加工和冷分割，减少了流通环节中有害病菌的繁殖与污染，更有效地保持营养和新鲜。这种创新机制，不断地丰富了品牌的内涵，使品牌焕发出勃勃生机。

4. 品牌体验

品牌体验是 21 世纪品牌战中最有力的武器，它与消费者的沟通最有效，互动最有力。心动源于体验，谁能牢牢地把握消费者的心理和需求，谁就会赢得消费者的欢心和忠诚。这种品牌体验的实施，可以让品牌更有竞争力，在消费者心目中更有活跃度，而且不易被竞争对手所拷贝。毫无疑义，品牌体验是从体验经济概念中衍生出来的，是做品牌的极为有效的手段，也是与竞争对手作差异化概念、寻求差异化竞争的最有力武器。

麦当劳在"更多选择、更多欢乐"主题鲜明的舞台上，大玩品牌体验营销，与广大目标消费者倾情演绎品牌心动的感觉，共同分享品牌活动所带来的精神价值。麦当劳店内广告的设计，环境的整体布局，针对少儿消费者设计的欢乐园、促销玩具，无不显现一种无忧无虑的快乐氛围。消费一次麦当劳，就是一次难忘的品牌记忆。

产品包装标新立异，同样是一种创新。北京家乐福方庄店，销售一种喷着紫色"咯咯哒"商标的鸡蛋，包装盒上印制生产日期，一盒 6 枚 10.50 元，引起消费者争相购买。同样的鸡蛋，但价格却是普通鸡蛋的 5 倍，带字的鸡蛋头一次出现，安全放心的标志体现了品牌带给人们的身心感受。

对于星巴克公司来说，星巴克出售的不是咖啡，而是人们对咖啡的体验。星巴克人认为自己的咖啡只是一种载体，通过这种载体，星巴克把一种独特的格调传送给顾客。这种格调就是“浪漫”。星巴克努力把顾客在店内的体验化作一种内心的体验——让咖啡豆浪漫化，让顾客浪漫化，让所有感觉都浪漫化……首席执行官舒尔茨相信，最强大最持久的品牌就是在顾客和合伙人心中建立的。品牌说到底是一种公司内外（合伙人之间，合伙人与顾客之间）形成的一种精神联邦和荣辱与共的利益共同体。这种品牌的基础相当稳固，因为它们是靠精神和情感，而不是靠广告宣传建立起来的。星巴克人从未着手打造传统意义上的品牌。他们的目标是建设一家伟大的公司，一家象征着某种东西的公司，一家高度重视产品的价值和高度重视员工激情价值的公司。舒尔茨说：“管理品牌是一项终生的事业。品牌其实是很脆弱的。你不得不承认，星巴克或任何一种品牌的成功不是一种一次性授予的封号和爵位，它必须以每一天的努力来保持和维护。”

因此，品牌质量创新要传统与现代相结合，更要技术创新的支持，也要让消费者有好的品牌体验。因为体验经济时代已经来临，我们正在进入一个经济的新纪元——体验经济已经逐渐成为继服务经济之后又一个经济发展阶段，在此阶段，体验将超越产品和服务的功能利益，成为满足消费者深层次需求的经济提供物。体验经济一经提出，目光敏锐的 IT 业便洞察出其中蕴涵的无穷商机。微软推出 Windows XP（体验版），新惠普实施 Total Customer Experience（全面客户体验），联想也提出整体客户体验。IT 业的率先实践让其他行业也跃跃欲试，体验式旅游、体验式消费、体验式教育纷纷出现，一种新的营销模式——体验式营销山雨欲来……

本章小结

品牌的核心是具有能够让消费者满意的产品品质，因此建立品牌的第一要素是，严格的质量管理体系生产出让消费者“用着放心”的产品。“万丈高楼，平地起”，产品质量是品牌的基础，没有好的产品质量作支撑，那么构建的“品牌大厦”无异于空中楼阁。

品牌质量是品牌本身的质量（所代表的产品质量）和品牌体现的质量（品牌在消费者心目中感受的质量）的综合体现。优质的原材料，先进的技术设备，优秀的人才，严格的管理，消费者的心愿、希望和满意度等对品牌的质量有着重要的影响。品牌质量需要创新，这样品牌才能够依据内在实力在市场上取胜并获利。

关键词汇、概念

质量　产品质量　品牌质量

思考题

1. 品牌质量受哪些因素影响?

2. 品牌质量的组成要素是什么?

3. 如何对品牌质量进行创新?

4. 你认为李宁与耐克、阿迪达斯的差别表现在哪些方面? 你认为李宁有希望成为国际品牌吗?

5. 在经济条件许可的情况下，你会选择国产品牌还是世界品牌? 为什么?

6. 在你心目中，是否存在国产品牌的质量不如世界品牌的心理? 那么国产品牌应该怎样改变其在公众心目中的这种定向思维?

7. 建立品牌资源管理团队对公司是有必要的吗?

8. 你认为对员工的培训重要吗? 是否可以使他们增加对企业的荣誉感?

9. 在员工中建立与产品和服务有关的自豪感，这会给顾客带来什么感受?

10. 对于品牌生产的管理，你认为政府有必要插手吗?

11. 如何使技术永远跟得上脚步?

第七章

品牌价值

本章学习目标

- ●理解品牌核心竞争力的概念
- ●比较品牌价值与品牌核心价值的不同
- ●阐述品牌核心理念与企业的关系

引例及思考

红塔集团的品牌理念

红塔集团——山高人为峰。2005年，连续7年蝉联中国第一品牌的红塔山成立品牌发展项目组，推出两款卷烟，一款是“神于内，行于外”定位的“人为峰”红塔山；另一款是“未来，我来”定位的“新势力”红塔山，前者是其首度针对区域性市场气候而研制的。此外，红塔集团还通过赞助重测珠峰活动来进一步提升品牌美誉度。一系列营销举措引起了业内外的广泛关注。

2005年，红塔集团全程赞助国家测绘局重测珠峰高度活动。丈量的不仅仅是珠峰的高度，也是一直以“山高人为峰”为理念的红塔集团的高度。“山高人为峰”，昭示着红塔对“新高度”的追求和向往。因此，我们看到重测珠峰高度与红塔的品牌内涵非常贴近。

选择什么样的活动来赞助其实是选择品牌核心理念的演绎方式，活动本身是品牌理念的具体化呈现。重测珠峰活动是集攀登、测绘、科考于一体的体现中国综合国力的大事，关乎民族自豪感、荣誉感。“山高人为峰”一直是红塔集团脍炙人口的品牌传播语言，蕴涵着“超越自我”“以人为本”的精神。两者十分贴近，赞助这一活动，使广大消费者更加全面地认识和理解了红塔集团“山高人为峰”企业核心理念所倡导的精神内涵。这不仅仅是表面上的品牌认同，而且是从文化理念上对红塔集团产生共鸣——“以人为峰，期待超越”，这也是我们所处这个时代的人类的精神追求。“红塔山”品牌的发展是红塔集团崛起壮大的核心力量，是中国烟草发展过程中最值得关注和记忆的品牌。由于“红塔山”与“红塔集团”有着非常高的品牌关联度，因此消费者往往认为“红塔山”＝“红塔集团”，宣传“红塔集团”实际上就等于宣传了“红塔山”品牌，“山高人为峰”企业核心理念的成功传播必然大大加强和提升了“红塔山”品牌的美誉度，使得“红塔山”品牌成功借势赞助“重测珠峰”引起了舆论热潮，从而有效地促进了“红塔山”的销售。

2005年五一前后，红塔集团历时一年多精心研制的两款卷烟新品——“人为峰”红塔山和“新势力”红塔山分别在无锡、昆明、玉溪和四川、广东、昆明、大理上市，受到了消费者的欢迎。这意味着红塔集团差异化营销获得一片新的天空，其中“人为峰”红塔山高档香烟是红塔集团首款专门针对江苏的气候特征、吸食口味、文化特征所开发的卷烟产品。

随着消费群体的日益变化和成熟，以及可选择面的日益多元化，一个真正的大品牌必须能够满足多样化、个性化的需求，有针对性地开发地方版，相应地突出几种风格的产品是品牌营销的好方法，也是对消费者的尊重。“人为峰”是红塔集团精心为高端消费者量身开发的高品质、高档次卷烟新产品；“新势力”则是以消费者为导向，精心为年轻消费者量身开发的卷烟新产品。通过差异化营销锁定不同地区不同年龄段的客户，红塔构筑了烟草行业的新势力。

品牌价值可以通过品牌核心竞争力、品牌核心价值、品牌核心理念来体现。品牌价值是对品牌总体特征的衡量尺度，品牌核心价值是品牌价值的利益点，品牌核心竞争力是品牌核心价值的外在表现，品牌核心理念是品牌核心价值的内在原因。

第一节　品牌的核心竞争力

在全球环境下现代企业的核心竞争力，已经越来越多地和产品品牌的竞争力联系在了一起，两者之间的关系是彼此制约、相互依存的，加入世贸之后的中国企业必须对此保持清醒的认识。品牌核心竞争力是企业赖以生存和发展的关键要素，比如某些技术、技能和管理机制。一个连续成功的企业必定有其核心能力，这种能力需要开发、培养、不断巩固以及更新，因为即使建立了核心竞争力，也还有可能再瓦解。如何保持品牌的竞争力就成了企业经营管理中的重要问题。品牌竞争力是企业竞争力在市场上的商品化表现，也可以说是企业竞争力的物化表现。

一、品牌竞争力

1. 竞争力的概念

竞争力是指竞争主体之间实力、活力和在较量中获胜的能力。品牌竞争逐步走向国际化，企业需要不断增强其国际竞争力。所谓国际竞争力，是在国际自由贸易条件下，一国某特定产业的产品出口所具有的开拓市场、占据市场并因此获得利润的能力。

在品牌竞争时代，品牌在微观上体现着企业素质、产品质量及对消费者的责任心与信誉度，但在宏观上却体现着一个国家的综合经济实力和工业发展水平。

2. 影响竞争力的因素

影响竞争力的因素主要有生产水平和技术先进程度，规模经济的比较程度，开拓占领国内外市场的能力，决策、管理、获利能力，品牌知名度，品牌信誉度与美誉度，品牌受法律保护的程度。

在品牌竞争年代，需要实现以品牌为核心，注重品牌实力与形象的塑造，以及向先谋势后谋利转化。1987 年全国胶鞋市场积压，原材料大幅度涨价，"双星"的生产受到严重影响。恰在这时双星收到几封顾客来信，反映购买的"老人健身鞋"有小毛病，问能否退换。此时双星人想到的是"双星"的荣誉，每天 15 万双鞋，只要有万分之一的不合格，一年就有 5 000 多双，如此便会失去 5 000多个用户的信赖。当晚，电视屏幕上出现了国内第一条"反广告"：双星向顾客道歉，请购买双星老年人健身鞋的顾客立即到双星各门市部或代销点换鞋、修鞋。这个反广告在社会上引起强烈反响，《人民日报》《工人日报》《经济日报》等十余家报纸撰文发表消息，把这种敢于亮丑的勇气和对顾客负责到底的做法，誉为远见卓识。

又如，微软如何取得竞争优势？1975 年，比尔·盖茨与保罗·艾伦联手创立了微软公司，在短短 20 年里，成为世界第一大软件企业。初期的主要业务是用 BASIC 语言为用户编写程序，而后用 FORTRAN、COBOL、PASCAL 等。1980 年，IBM 决定学习苹果公司的经营策略，鼓励独立的开发商为自己编制软件，占领微机市场。微软抓住机遇，与 IBM 签约，开发 MS－DOS 操作系统，并将其作为 IBM PC 的工作平台。1986 年微软上市，比尔·盖茨一直为自己的部门经理和技术专家们提供内部股份，以股票期权方式让大部分雇员共享财产。这一做法的重要性和成功超过了任何人的预料。1992 年，Windows 成为微软的主导产品，成为操作系统中新的行业标准。由于专利及版权方面的法律保护，其他竞争者不可能对微软进行模仿，而且微软有庞大的资金用于科研开发，其他竞争者的赶超机会甚微。

究其原因，可以发现，微软具有强大竞争力的产品——DOS 操作系统。这一系统早期为微软带来竞争优势，虽然影响力不大，却与巨人 IBM 合作来销售这种产品，取得年产 800 亿美元的核心地位；同时，使微软保持技术前沿的领先地位。公司由程序开发员和市场人员组成小组，从技术、资金、生产各方面与竞争对手比较，通过讨论来交流和收集信息，在讨论时规定：不允许指责对方、允许丰富的现象、追求尽可能多的意见、对各种意见综合。比尔·盖茨说："我一直努力让我的员工们感觉我们依然是一家小公司……这对我们很重要。"此外，微软具有竞争威胁意识。在微软成为时代幸运者的同时，也成为众矢之的。Lotus、Novell、HP、Sun 等大公司一直虎视眈眈，连 IBM 也存有戒心，联合苹果公司开发配合 IBM PC 的新软件。虽然有专利、版权的保护，但市场渐趋垄断，《反托拉斯法》对其已开始产生威胁。因此，比尔·盖茨说："微软离破产永远只有 18 个月。"一旦技术不能领先，产品推出时不完善或对各方警惕稍有松懈，微软的霸业就可能土崩瓦解。

3. 核心竞争力

"核心竞争力"这一术语首次出现于 1990 年，由美国密歇根大学商学院教授普拉哈拉德（C. K. Prahalad）和伦敦商学院教授加里·哈默尔（Gary Hamel）在《哈佛商业评论》上发表《核心竞争力》一文提出，所谓核心竞争力是"企业内部经过整合了的知识和技能，尤其是协调各方面资源的知识和技能"，具体地说，也就是"企业开发独特产品、发展独特技术和发明独特营销手段的能力"。因此，核心竞争力是企业组织中的积累性知识，尤其是关于如何协调不同生产技能和整合多种技术的知识和技能，并据此获得超越其他竞争对手的独特能力。而品牌的核心竞争力则是品牌的内核，是品牌资产的主体部分，它让消费者明确、清晰地记住并识别品牌的利益点与个性，是驱动消费者认同、喜欢乃至爱上一个品牌的主要力量。两位学者用"树形理论"对其进行解释：多样化公司就像一棵大树，树干和主枝是核心产品，分枝是业务单元，树叶、花朵和果实是最终产品，而提供养分、维系生命、稳固树身的根就是核心竞争力。

比如，海尔在传播"OEC 零缺陷管理""畅销对质量要求苛刻的德国""海尔，China，中国造""国际星级服务""真诚到永远"等具有销售促进力的信息时，始终围绕着"真诚、人性、卓越科技、国际级大品牌（业内领导者）"这一核心价值而展开，有效提升了家电品牌的核心竞争力。品牌核心竞争力，可以通过先进的技术、知名的品牌、低成本加工技术等来体现。当然，核心竞争力并不一定要有核心技术，像戴尔（Dell）公司没有个人电脑的核心技术，却凭着高效供应链管理这一核心技术，成为行业领导者。同时，核心竞争力必须有独特性，是其他竞争对手很难复制的。

4. 核心竞争力的表现

核心竞争力表现为预见能力、洞察能力、组织管理能力三个方面。

（1）预见能力。

品牌所处的环境是不断变化着的。取得未来竞争成功的第一步，也是最重要的一步，那就是需要有先见之明。它包括国际环境预测和国内环境预测，细分一下，它涵盖了政治环境、经济环境和文化环境等方面。

对未来的展望使企业能够首先获悉未来的发展趋势，并占据领先地位。它给出了品牌的发展方向，并可因此控制企业转向，继而控制企业的命运，关键就是在未来到来之前先把握它。用户一般是缺乏远见的，他们一般很难设想到未来的消费产品会怎样。就像索尼富于远见的领导人盛田昭夫所说的："我们的目标是引导大众的新产品消费，而不是问他们需要怎样的产品。大众并不知道什么是可能的，但我们知道，所以我们不断精练一个产品，设计它的用途，并且力图通过对大众宣传教育而与之相交流，产生这种产品的市场，而不是做一大堆市场研究。"

（2）洞察能力。

对未来的预见是从总体上宏观地把握品牌的发展方向，而洞察市场则要求企业务实地对市场进行必要的观察与分析，并作出相应的判断。这些主要包括市场需求的衡量、市场的细分、市场的发展趋势及市场的结构等方面。

（3）组织管理能力。

提升品牌自身的组织行为管理能力有助于增强品牌的竞争力。品牌组织行为管理包括生产技术、技术领先地位、规模经济、决策、获利等方面。

生产力水平。生产力水平的高低反映了企业创造生产价值能力的大小。生产力水平表现在品牌产品品质、生产资料以及生产者素质等方面。生产力水平是企业首要的能力，也是企业适应市场的最基本条件。

技术水平。在品牌竞争力中，企业的技术创新能力显得尤为重要，其中对自主知识产权的占有就是一个重要的指标。在知识经济迅猛发展的今天，一个企业如果拥有自主知识产权的核心技术，就拥有了占领市场的制胜法宝，也就掌握了市场竞争的主动权和制高点。许多著名的企业都非常重视开发和发展自己的技术，特别是拥有自主知识产权的核心技术。

规模经济。规模经济概念最初是从设备、生产线、工艺过程的角度提出的，这种个别生产过程中的规模经济称为工厂规模经济（或生产技术性的规模经济）。它是指大批量生产能够采用更先进的工艺、更专业化的设备，实现标准化、专业化和简单化操作，从而使单位生产成本下降。另一种规模经济是企业规模经济，它是指生产同样产品的企业或处于生产过程中的不同阶段的若干企业联合在一个经济实体中形成的经营规模的扩张。前一种联合称为水平联合，后一种联合称为垂直联合。这种规模的扩大同样能产生出比分散经营更高的效率和效益。还有一种规模经济是从生产的产品角度定义的，它是指产品生产专业化的经济性。由于产品生产的分工和专业化，可以提高生产者的操作效率，减少劳动消耗，从而提高经济效益。

5. 品牌竞争力的概念

李光斗先生在其《品牌竞争力》一书中是这样定义的：品牌竞争力是指企业的品牌拥有区别或领先于其他竞争对手的独特能力，能够在市场竞争中显示品牌内在的品质、技术性能和完善服务，可引起消费者的品牌联想并促进其购买行为。

因此，品牌竞争力是指品牌的内在实力及其在市场上取胜并获利的能力。它是企业特有的、竞争对手难以模仿的、能够形成独特形象的能力；品牌竞争力是企业长期积淀下来的能力，它深深地扎根于企业文化之中；品牌竞争力能够使企业不断赢利、攫取超额利润（溢价）。例如，两双运动鞋，贴上耐克标识的那双绝对比什么也没贴的那双要昂贵得多。

随着经济全球化步伐的加快，品牌进入国际竞争时代。中国企业在参与国际竞争中，必须努力提升国内品牌的国际竞争力。品牌的国际竞争力是民族素质和国家经济实力的象征，是综合竞争力的体现。具体量化为品牌在国际市场上的知名度和市场占有率，即品牌的国际化能力。中国国内优秀品牌正逐渐通过合资企业、海外公司的合并兼并以及跨国商贸企业在中国市场大宗采购而走向国际市场。这将为国内品牌提供迅速进入国际消费市场以及分销渠道的机会。

二、品牌竞争力的衡量标准

消费者对品牌的直接评价就是一个品牌竞争力的衡量尺度。我们可以从以下几个方面来衡量品牌的竞争力。

1. 品牌知名度

所谓品牌知名度，是指辨别某一类商品时，品牌在消费者头脑中的响应程度，可以用目标顾客的响应率（没有任何提示的情况下，有多少顾客想起它）来衡量。因此，品牌知名度就是目标消费者对品牌名称及其所属产品类别的知晓程度。品牌知名度越高，消费者对其喜欢的程度越高，选购的可能性越大。在品牌喜欢程度相同的情况下，品牌知名度越高，其市场占有率越大。在同类产品中，知名度最高的品牌往往是市场上的领先品牌，即市场占有率最高的品牌。所以说，强势品牌具有极高的品牌知名度，常常是同类产品的代名词，同时也吸引大量消费者来购买。

知名度一靠广告、二靠公关、三靠终端。广告包括各种媒体和高明的策略——大量的赠送、名人代言、制造悬念（TVCF、软文、网络以及主流杂志）等；公关就是抓新闻事件（如神六飞天）、制造新闻事件（富亚董事长喝涂料），其中公益类新闻事件最有价值；终端打造知名度要求集中最优势兵力以最鲜明的展示、最强势的促销、统一的 VI 形象、现场的多媒体、新颖的现场活动等吸引消费者的眼球，如果能够得到媒体的关注，前期的目的就算是达到了。

2. 品牌认知度

所谓品牌认知度，是指消费者认出、识别和记忆某品牌是某一产品类别的能力，从而在观念中建立起品牌与产品类别间的联系。它是消费者对品牌的品质、文化、个性、内涵（功能、特点、可信赖度、耐用度、服务度、高品质的外观）的综合认知。品牌认知必须在商品或服务具有稳定质量的前提下，通过广告媒体和公共关系活动进行宣传和传播，使之为广大消费者所知晓。所以，认知度是在品牌知名度的基础上建立的。

比如，1999年，奇强在众多外资及当地品牌的包围中，采用缝隙战的战术，找到了属于自己的一块阵地。奇强定位于中档，档次稍逊于奥妙、汰渍，明确锁定了自己的目标人群——中档收入者，避开了激烈争夺的高端市场，精确地找准了自己的位置。其实在城市里真正的高档消费人群只有20%，城市里同样有比较穷困的下岗职工，有着大量收入较低、无明显消费偏好的外来人口，他们需要与自己消费水平相适应的品牌。奇强恰好满足了他们的需求，所以成功了。1999年之后，奇强占领了全国近20%的市场，以15万吨的差距将德国汉高远远抛于身后。奇强举起了中国日化行业的大旗，着实让宝洁等企业大吃一惊。

如果说宝洁的优势在于"品牌信誉度"，雕牌在于"品牌知名度"，那奇强十几年累积的"品牌品质认知度"则是其当之无愧的强势。尽管从理论上讲，企业及产品的品牌以及知名度最终会决定于其产品的质量以及与消费者需求的一致性，但任何一个企业或一种产品，尤其是带有创新意义的产品，无论其质量性能等多么优良，与消费者需求（事实上的）多么一致，但总得让消费者认知。消费者对其认知度越高，认知范围越广，其产品需求量提高的可能性就越大。所以，消费者对其认知度的大小，也就会直接影响到其品牌资产价值的大小。

3. 品牌美誉度

所谓品牌美誉度，是指消费者对品牌评价所持的满意与赞美程度，在顾客中表现为消费心理的满足与肯定以及钟爱，在市场上表现为顾客对品牌持续购买的情感以及向别人不断推介的热心。因此，美誉度反映的则是消费者在综合自己的使用经验和所接触到的多种品牌信息后对该品牌价值认定的程度，品牌美誉度是形成消费者忠诚度的重要因素。好的品牌美誉度来自于消费者之间的口碑传播，口碑传播是非常重要的非正规的信息渠道，但是不同的产品、不同方面的信息是通过不同的人群进行的，因此为了更高的品牌美誉度，不仅仅要提高消费者的满意度，还要注意传播产品的正面信息，简而言之，"高知名度+低美誉度=臭名昭著"。作为品牌来说，一定要注意品牌的口碑建设。江西的"煌上煌"卤鸭并未在媒介上做大肆的广告宣传，但其知名度和美誉度都很高，这其中就是口碑传播的力量所形成的。

4. 品牌占有率

所谓品牌占有率，是指在一定时期内，某品牌在某一具体市场上的销售量或销售额，占同期该类产品在同一市场上的总销售量或总销售额的比重。计算公式为：

$$\text{品牌占有率} = \frac{\text{本企业产品销售量或销售额}}{\text{市场上同类产品总销售量或总销售额}} \times 100\%$$

品牌占有率表明了品牌在市场上占有的份额，反映了品牌在市场竞争中所处的地位和具有的控制能力，与销售收益之间存在着密切的正相关关系。一般情况下，任何一个企业都力图以提高产品的市场占有率来确保企业领先的竞争地位，并通过分析市场占有率的变化来对企业的市场营销活动进行有效的控制与调节。但是，高占有率的品牌不一定就是行业的品牌领导者。

5. 品牌满意度

消费者在获得和使用某品牌后，会产生一种对品牌满意或不满意的情感。它是消费者对品牌的期望水平与认知水平的主观比较。通常，消费者满意度有三个层次：满意、不满意和一般满意。而在满意的消费者中，相当大的一部分可能成为重复购买者，进而渐渐成为品牌忠诚者。

比如，2005 年由中国电子信息产业发展研究院（CCID）、信息产业部电子信息中心等主办，赛迪数据承办了一次全国范围内的调查，主要调查中国平板电视用户满意产品，结果显示，夏新电子凭借在液晶电视领域内的全方位优势，一举荣膺液晶电视“用户满意品牌”和“用户满意外观”两项大奖，为国内高端彩电行业注入了新的活力。作为液晶电视的新锐品牌，夏新目前已经形成了两大系列，共十余款液晶电视产品，覆盖了从 17 寸到 40 寸的区间。由于在品质上的精益求精和售后服务上的到位，2004 年以来，夏新液晶电视已经迅速形成了 3% 的市场占有率，而在一些地方市场，如南京、济南等，夏新液晶电视则以接近 20% 的占有率名列市场前茅。夏新新近推出的“惊视”大屏液晶，更由于率先采用了国际顶级的第七代液晶屏，采用 HDMI 接口等多项先进技术，进一步树立了夏新在中高端市场的强者风范。在外观设计上，夏新则一直保持着国内领先的态势。夏新第一款液晶电视 LC－17HWT1 就曾获得第三届中国工业设计论坛金奖，夏新液晶电视融合了欧洲简约风尚和东方文化魅力的独特设计，已经成为市场上一道亮丽的风景。

6. 品牌忠诚度

所谓品牌忠诚度，是指消费者对某一品牌形成偏好，试图重复选择该品牌的倾向。它反映的是消费者对品牌的满意度并坚持使用该品牌的程度，或者说是消费者对品牌感情深浅的程度。

（1）品牌忠诚度的作用。

品牌忠诚型顾客对企业有特殊的重要性。一方面，消费者一旦对企业品牌形成忠诚，就很难为竞争品牌所动，可以减轻企业的竞争压力；另一方面，忠诚型顾客对价格的敏感性相对较低，为获得所偏爱的品牌，一般较少期待从打折和讨价还价中获益。此外，忠诚型顾客还可能从事正面的口碑传播，从而进一步扩大品牌的影响。

品牌忠诚度是测量消费者对所拥有品牌的依恋程度，或转向竞争品牌的可能性；品牌忠诚度反映了顾客对品牌情感的度量，是消费者品牌行为的指标；品牌忠诚度与品牌知名度、品牌的品质认知和品牌联想及消费者自身产品使用的经历有关；品牌忠诚度是品牌价值在产品使用方面的体现，维护并提升品牌忠诚度是企业经营和发展的法则，也是企业的终极目标；品牌忠诚可以创造营销价值，如降低吸引顾客的成本，产生贸易杆杠力等。顾客忠诚度越高，说明品牌越有价值，消费者越容易产生爱屋及乌的心理，喜欢甚至忠诚于延伸品牌，因此延伸策略越容易取得成功。

（2）品牌忠诚度的测量。

品牌忠诚度的测量可以通过以下途径：行为的测量、转变费用分析、品牌喜爱的测量、许诺的测量。品牌忠诚度的价值体现在：有利于降低营销成本，有利于发挥贸易杠杆作用，有利于吸引新的消费者，有利于缓解竞争对手的威胁。具体可以从以下两方面进行测量：

①顾客重复购买次数：在一定时期内，消费者对某一品牌产品的重复购买次数愈多，说明对这一品牌的忠诚度愈高，反之则愈低。由于产品的用途、性能、结构等因素也会影响消费者的再购买次数，因此在确定这一指标的合理界限时，要根据不同产品的性质区别对待，不能一概而论。

②顾客购买挑选时间：根据消费者心理规律，消费者购买商品都要经过挑选这一过程。但是由于依赖程度的差异，对不同的产品消费者挑选的时间是不同的，因此，根据购买挑选时间的长短，可以确定顾客对品牌忠诚度的大小。通常，顾客挑选的时间愈短，说明他对该品牌的忠诚度愈高，反之则说明他对该品牌的忠诚度愈低。例如，有人长期喝青岛啤酒，并形成了偏好，那么他的购买过程就十分简捷。

在利用顾客挑选时间测定品牌忠诚度时，也要考虑产品的属性。不同属性的产品在消费者心目中的地位是不同的。例如，盐、火柴、味精、手套、袜子等产品，消费者几乎对品牌不介意，而化妆品、酒、烟、计算机、汽车等产品的品牌在消费者购买决策时，起着举足轻重的作用。

（3）品牌忠诚度的维护。

①降低营销成本：潜在的新顾客往往缺乏改变其现有品牌的动机，所以吸引新顾客的成本比较高。与此不同的是，只要现有顾客没有对产品不满意，那么企业要留住老顾客通常容易得多。

②贸易杠杆：品牌忠诚度能够产生贸易杠杆。例如，顾客对纳贝斯克撒盐饼干、奇尔或者汰渍的高度忠诚，使得商店认识到顾客希望在它们的商品目录中看到这些品牌，因此会优先考虑在货架上摆放这些商品。

③吸引新顾客：顾客群能产生品牌知名度，众多满意的顾客，能够坚定潜在顾客的信心。

④对竞争威胁作出反应的时间：如果竞争对手开发了一种更好的产品，品牌忠诚度能够使企业有时间改良产品，以使其能够与竞争对手的产品相匹敌或者抑制竞争对手的进攻。

例如，有网上调查显示，Volvo 的人群对品牌认知能力很强，具有消费的忠诚度。由于超群的安全性能，选择驾驶 Volvo 的车主，普遍具有稳重可靠的特点。他们的年龄在 30~50 岁，成功人士、社会名流，大多有良好的教育背景和海外留学经历，具有一技之长和强势增长潜力。优良的专业素养、相对低调的亮相是 Volvo 人群的两大特点。Volvo 接触的客户往往也是非富即贵，所以他们深知自己的座驾最好不要高于客户，但是也一定要显示自己的品位和实力，开一辆符合自己身份的车才是最得体的事情，他们一般不会盲目追求所谓的奢华和昂贵。在他们的理性眼光下，Volvo 的专业性能和低调定位正好让这群精英人车联盟。

三、品牌竞争策略

在激烈的市场竞争中，品牌竞争策略不外乎两种类型：进攻型策略和防御型策略。进攻型策略即采取积极主动的姿态向竞争对手果断出击，以夺取更多的市场份额；防御型策略是指企业采用各种措施保护已有的市场份额不被竞争者抢夺。作为竞争的参与者，既要应对竞争者的进攻，采取有效的防御型策略，也要制定进攻型策略，以应对多变的市场竞争。

品牌竞争力按其能力的高低可分为三种类型：强势品牌竞争力、均衡品牌竞争力和弱势品牌竞争力。这三类品牌竞争力在竞争市场中又表现为四种不同的品牌地位：品牌领导者、品牌挑战者、品牌跟随者和品牌老化者。

1．品牌领导者策略

在同类品牌中，通常市场占有率居于第一的品牌即品牌领导者。它通常在价格变化、新产品引进、传播强度等方面对其他竞争品牌起领导作用。在竞争市场中，品牌领导者具有强势竞争力。品牌领导者要想继续保持第一的优势，就要在三条战线上努力。

（1）扩大市场总需求：寻找新用户、新用途以及更多地使用该品牌；

（2）通过好的防御（阵地防御、侧翼防御、先发制人防御、反击式防御、运动防御、收缩防御）和进攻行动来保护其现有的市场份额；

（3）即使是在市场规模不变的情况下，也可以努力进一步扩大它的市场份额。

2．品牌挑战者策略

品牌挑战者是指同类品牌中市场占有率居于第二或第三的品牌。通常，这些品牌也是相当强势的，有些品牌挑战者甚至抢夺了品牌领导者的市场份额或是超过了它。2005 年，因“超女”活动，蒙牛迅速抢占了内地乳业巨头伊利的部分市场份额。作为品牌挑战者，通常采取竞争性进攻战略步骤如下：

（1）确定战略目标和竞争对手；

（2）选择一个总的进攻战略，包括正面进攻、侧翼进攻、包围进攻、迂回进攻和游击战；

（3）选择特定的专业进攻战略，如价格折扣、廉价品、产品创新、改进服务、分销创新、降低制造成本、密集广告促销等。

3. 品牌跟随者策略

大多数企业喜欢追随而不是向领导者挑战，它们常常模仿或者改进领导者推出的新产品。因为不必承担新产品开发、技术创新、信息宣传等巨大的费用，所以追随者获得的利润更高。品牌追随者常用的追随战略有仿制者、紧跟者、模仿者和改变者。

4. 品牌老化者策略

品牌老化者是指市场占有率所剩无几的品牌。品牌老化者的竞争力疲软，应对市场竞争的能力差。此时，企业的抉择至关重要，要么积极扶持，通过新产品研发、改革创新给品牌注入新鲜血液，要么完全摈弃该品牌。

四、品牌核心竞争力的创造

1. 以企业核心竞争力为基础

企业核心竞争力是指企业赖以生存和发展的关键要素，比如某些技术、技能和管理机制。一个连续成功的企业必定有其核心能力，这种能力需要开发、培养、不断巩固以及更新，因为即使建立了核心竞争力，也还有可能再瓦解。如何保持企业的竞争力就成了企业经营管理中的重要问题。品牌竞争力是企业竞争力在市场上的商品化表现，也可以说是企业竞争力物化的表现。

要建立品牌的核心竞争力，就必须先建立企业的竞争力。成为企业核心竞争力的东西必须具有独特性，品牌作为一种独有的无形资产，具有特殊的附加值，它隶属于一定的组织，并且有相应的专利和法律保护，所以从这个意义上讲，品牌的竞争力也代表了企业的核心竞争力。

2. 以客户管理为中心

未来竞争优势来自于以客户为中心的组织，而不是市场营销。品牌就等于客户，拥有客户才意味着拥有品牌，满足客户需求和维系客户关系的能力是衡量企业品牌竞争力的一项重要指标。如今每一个竞争者都具备了模仿其竞争对手产品、服务、系统甚至整个过程的能力，持续保持一个品牌的差异性市场定位再也不像以前改进产品质量、降低成本和分销推广那样简单，更不能仅靠广告就可以长期维持一个品牌的形象，即传统的、单一的营销策略已难以奏效，而客户关系的培植具有唯一的不可替代性。

3. 从事专业化发展

企业核心竞争力，或者说品牌竞争力的提升，决定了企业在核心技术、核心产品、资金以及生产规模等被动性核心资源方面需要有一个综合平衡的发展。

根据《财富》杂志的统计，全球500强企业中，单项产品销售额占企业总销售额比重95%以上的有140家，占500强总数的28%；主导产品销售额占总销售额70%～95%的有194家，占38.8%；相关产品销售额占总销售70%的有146家，占29.2%。这说明500强企业品牌的核心竞争力来自于最擅长的行业，而不是面面俱到的多元化品牌。

由于全球经济一体化的迅速扩张，资源相对短缺，特别是高科技产品更新换代的加速，以及企业之间兼并潮流的兴起，促使各国企业不再单纯追求多元化和经营规模的扩大；相反，通过拆分、重组，将不相关的业务出卖，或变成独立的公司，缩小企业经营范围，使经营业务专业化，品牌单一化。

比如，国内地产行业被称为第一品牌的万科地产，从创业初期直到最终将地产作为自己的主导行业，也曾经涉足过贸易、模特经纪人、广告业、展览业、服装、葡萄酒等十几种行业。我们看到，在经历了多元化发展之后，国内本土留存下来的都是已经在某一专业领域独具竞争优势的品牌。

4. 建设企业文化

美国兰德公司曾花20年时间跟踪了500家世界大公司，发现其中百年不衰的企业有一个共同的特点，就是他们始终坚持四种价值观：一是人的价值高于物的价值；二是共同价值高于个人价值；三是社会价值高于利润价值；四是用户价值高于生产价值。而这正是打造企业核心竞争力的重要“着力点”，同时也是发挥企业核心竞争力的重要“支点”。这些价值伴随企业的发展变迁和经营活动的成败考验，日积月累沉淀为企业文化，并转化为企业凝聚力和活力的源泉。没有一定的企业文化作支撑，中小企业将很难长大。是什么造就了世界500强企业中的西门子、惠普、索尼、雀巢、IBM、汇丰等品牌？既不是资本、规模和技术，也不是特定的优秀员工（这些因素每天都在变化），而是看不见的企业文化。这些文化融入企业长期发展的战略经营方针之中，渗透在企业经营和管理的每一个环节，并随着企业文化的不断延续和更新，最终通过产品和服务在市场上形成自己独特的品牌竞争优势。

第二节　品牌的核心价值

品牌具有价值，是企业最宝贵的无形资产。但品牌的价值从何而来？实际上，品牌的价值存在于消费者的意识里，可以说，产品是由厂商生产的，而品牌却是消费者创造的，是消费者造就了品牌。在消费者眼里品牌不仅仅是某种产品的代表，更是他们微妙的心理需求的折射。“品牌的核心价值”对于一个品牌极其重要。它是品牌的精髓，是一个品牌区别于另外一个品牌最为显著的特征。一个品牌是否拥有核心价值，业已成为企业品牌经营成功与否的重要标志。

一、价值的概念

罗卡奇（Rokeach，1973）把价值定义为“一种持久的个人信念或社会信念，认为一种特定行为方式或存在的终极状况比一种相对或相反的行为或存在的终极状况更为可取”。①

二、品牌价值

1. 品牌价值的概念

当人们感知这个品牌标志时，在顾客脑中有完全或部分积极的和消极的设想被激活，所有这些设想的总和就是品牌价值。②

加利福尼亚大学伯克利分校的大卫·埃科博士是品牌价值领域的理论权威之一，他定义品牌价值是“一组品牌的资产和负债，它们与品牌的名称、标志有关，可以增加或减少产品和服务的价值，也会影响企业的消费者和客户”。

美国学者 Lynn B. Upshaw 在其所著的《塑造品牌特征》一书中指出：“所谓品牌价值是指品牌的净值、财务状况和其他相关的部分。”

王珏在《消费者评价决定品牌价值》一文中指出：“品牌价值的含义十分广泛，其中最主要的两大范畴：一是从公司买卖方面衡量，品牌价值可以表述为品牌的现金价值；二是以品牌资产衡量的品牌价值，这是比较普遍的定义。”

我们认为，品牌价值是衡量品牌资产的尺度，存在于消费者对品牌的综合认识之中，通过具体的行为方式表现出来。

2. 品牌价值的构成

（1）产品质量。

产品质量是品牌的生命，反映在不同产品上有着不同的要求和内容，表现在高科技产品上，要求产品具有可靠性、精确性、耐用性等；在日用消费品上，要求产品具有使用方便、耐用、美观等良好的使用价值。如大宝作为护肤品，要求膏体细腻，香味适宜，具有养颜、防晒、美容、祛斑等功效。

（2）设计价值。

产品设计水准高，产品在生产中的质量水平就会得到保障，其中高科技人才、专业设计、科研开发和生产管理队伍是设计的主力军。如北京三露厂的大宝品牌，设计队伍中不仅有掌握现代高科技的人才，而且有中国传统文化中的中医学、药物学方面的人才，还有营养学、精细化工等方面的专业人才，从而保证了产品开发和设计水准。

---

① ［英］莱斯利·德·彻纳东尼. 品牌制胜. 蔡晓煦，段瑶，徐蓉蓉译. 北京：中信出版社，2002，5

② ［德］Heinz-Joachim Simon. 品牌的奥秘. 陈兆，黄畅，张晓虹译. 上海：文汇出版社，2003，170

(3) 工艺价值。

现代科技的发展使产品生产的自动化程度越来越高，它远比手工操作更先进，具有更高的工作效率，而有些工艺品，手工制作往往会赋予产品比自动化生产更多的价值。

(4) 服务价值。

服务的重要性在不同行业有着不同的要求和表现，在家用电器行业，表现为产品介绍、安装、维修、保养、安全等；在现代高科技行业，表现为产品原理介绍、使用培训；在化妆品行业，表现为产品售前介绍，售中讲解、试验，售后反馈等。

三、品牌核心价值的概念

品牌的核心价值其实是消费者对品牌理解的概括，是消费者可感知的实实在在的利益，是真正能够满足需要的价值所在。如旁氏“绝对不会对我们说谎，如果有任何东西能使我们更美丽，旁氏就会将它制造出来”。核心价值可以刻画产品的价值，也可以刻画消费者本身，还可以刻画品牌与消费者的互动关系，如捷豹与其他汽车的不同不在于其外形和制造工艺，而在于灵魂、情感和不步后尘。品牌的核心价值可以兼容多个产品的理念，如摩托罗拉带给消费者随时随地的通讯方便和自由感，不受地域、时间的约束。

品牌的核心价值是品牌的精髓，一个品牌最独一无二且最有价值的部分通常会表现在核心价值上。海尔的核心价值是“真诚”“真诚到永远”，其星级服务、产品研发都是对这一价值的诠释和延展；诺基亚的核心价值是“科技以人为本”，通过不断推出新产品和以人为本的设计来打造其高科技形象。

可口可乐、雪碧的品牌个性承载着美国文化中“乐观奔放、积极向上、勇于面对困难”的精神内涵与价值观。尽管可口可乐、雪碧的广告经常变化，甚至大相径庭，人物、广告语、情节都会有很大改变，但任何一个广告都会体现其品牌个性，就像张惠妹主演的雪碧广告，以“我终于可以做一回自己了”“表达真的我”“我就是我，雪碧”等极为煽情的广告语演绎着雪碧“张扬自我、独立掌握自己命运”的品牌价值与内涵。

当然，经营品牌核心价值必须具有一定的稳定性，否则整个品牌体系将会混乱无序。比如从红塔山“天外有天，红塔集团”的形象广告看，可以总结为辉煌、壮观。但在“红塔名品贺千禧”的广告中，我们看不出这种辉煌与壮观。同样是沐浴露，舒肤佳总是不断传递其价值“有效去除细菌”，六神却用“草本精华，凉爽，夏天使用最好”代表其价值。

四、品牌核心价值的意义

衡量一个强势品牌的主要标准，要看它是否具有清晰的核心价值，并能够坚持不懈、始终如一地保持不变。

品牌核心价值并非简单地理解为一句广告语，或是独特的销售主张（产品的卖点）。其实，随着科技的不断创新，应用技术日新月异，产品的同质化程度越来越高，一个品牌物质层面的领先很容易被其他竞争对手所取代，只有情感价值、精神快感、心情惬意表现出的独特价值主张才是品牌的核心价值，它很难被竞争对手所超越。它是一种价值主张，并非一个产品概念。道理很简单，比如说在经济还不发达时，我们去买一块手表，也许最初的购买动机是需要它具有准确的计时功能，质量稳定可靠。可随着生活水平的不断提高，工业的日益发达，制表技术也越来越成熟，产品品质也得到了保障，手表的原始功能已退居其后，而更多彰显出的是尊贵、成就以及生活态度、价值观的精神体验，如今有谁会纯粹为计时用而花几万元大洋买块劳力士或浪琴手表？一个品牌核心价值的设定，不是向消费者说产品有多好，功能有多少，销售网络覆盖面积有多大等，这些方面竞争对手也很容易做到。我们只有向消费者传递一种情感价值、心理的需求满足以及独特的价值观，才能真正地感召消费者。

五、品牌核心价值的特征

品牌核心价值是一个品牌独一无二且最有价值的精髓所在，代表着品牌对消费者的终极意义和独特价值，是考验品牌强势程度的重要标志。一个强势品牌的核心价值必须具备以下特征：

1. 独特性

独特性就是说品牌核心价值一定有自己企业的个性，与竞争品牌具有明显的差异，才能引起目标受众的关注，切忌人云亦云，乱跟风。你说独特我也说独特，你定位创新我也定位创新。品牌核心价值一定要有自己独特的个性，没有个性的企业就像一个没有鲜明性格的人，很难在芸芸众生中脱颖而出。

独特性并不意味着标新立异，盲目追求独特而忽略其执行力。任何一家企业的品牌核心价值都必须与企业发展战略相一致，对品牌核心价值的定位，应充分考虑企业的实际执行力，能否具有一定的优势来支撑这一定位，并对其进行诠释。

2. 利益性

理性的品牌核心价值着眼于功能性利益或者相关的产品属性，在快速消费品行业相当常见。如商务通——科技让你更轻松，红桃 K——生血剂。

3. 兼容性

品牌核心价值可以同时兼容多个产品概念，可以统率多条产品线。产品都有生命周期，每个产品概念都不可能永远处于有效期，品牌核心价值的建立，可以帮助品牌超越个别产品带来的局限，摆脱产品衰落带来的影响。品牌核心价值也因此比产品概念更具恒久性。

4. 归属性

品牌能够拉近与消费者之间的距离，触动消费者的内心世界并产生共鸣，使其对品牌产生偏好。顾客在购买和使用的过程中产生某种感觉，这种感觉为消费者所拥有和使用，品牌赋予了更深的意味和营造了密切的关系。

从不同的关系类型中，我们可以看出他们的归属。如熟悉关系——我对这个品牌知之甚详；怀旧关系——这个品牌让我想起生命中某个特殊的阶段；自我概念关系——这个品牌与我非常相符；合伙关系——这个品牌非常看重我；情感结合关系——如果找不到这个品牌我会非常沮丧；承诺关系——不管生活好坏，我都将继续使用这个品牌；依赖关系——一旦我不使用这个品牌，我会感到有什么东西正在消失。消费者在对品牌进行选择时，通常都会受到来自品牌暗示而自发进行了自我归属。有身份的人坐 BENZ 600，即使他本身觉得品牌堆砌也没有丝毫品位可言，但他的自我定位却是自己高高在上、有品位、卓然出众。这就是品牌的核心价值所在，它可以暗示消费者对自己进行层次归属，归类为“圈子里的人”，因此我们无法离开品牌而独自存活。比如，长期吸软包装“中华”烟可以证实自己的消费能力，暗示所处的层次不低，而吸“熊猫”烟的人却可以彰显自己的与众不同，能够处处通杀的不俗地位。同样，桌边的一本《哈佛商业评论》，可以引起他人的肃然起敬，这是《哈佛商业评论》给目标读者带来的知识，使阅读者看起来更加有品位。

为此，赋予产品更多的精神内涵，可以实现品牌行销三级跳。比如我们的老字号茶叶，大都通过了最严格的有机食品认证和原产地认证，质量已经趋近完美，如果能将产品外在的消费价值提升到消费者自我归属的内在价值层面，老字号必将焕发活力。

5. 前瞻性

一个成功品牌的延伸与扩张关键看核心价值是否具有前瞻性和兼容性。我们已经进入了一个品牌消费时代。如今，衡量一个企业的财富不是看它拥有多少先进的设备，多大面积的厂房，而是看它是否具有消费者长久忠诚的品牌。品牌的竞争力才是企业的核心竞争力。事实上，我们众多的电器企业缺乏的不是品牌，而是品牌战略；缺乏对品牌核心价值的梳理与提炼；缺乏对品牌核心价值持之以恒的坚定之心。

品牌核心价值的主体是消费价值，消费者认知的主要途径是体验，通常以几个词，或者一个短语的方式来提示；但品牌核心价值不是我们惯常以为的品牌口号，而是产品服务、企业运营对某个价值的系统实现。飞利浦新近实施的品牌战略，导入了新的品牌核心价值：Sense and Simplicity。“科技，应该像打开盒子一样简单”是现在的品牌形象广告，当然飞利浦不仅仅用形象展示、广告传播体现了这一核心价值；同时在产品上，我们一样可以体验到飞利浦品牌战略的新意志。全新的飞利浦液晶电视，秉承“Sense and Simplicity”的核心价值，流光溢彩技术将电视画面上的光彩自然延伸到电视机框架外，突破电视机的固有框架，让冰冷的电器充满感性的美好体验。

品牌核心价值使品牌成为顾客表达个人主张或宣泄的方式，有个性的品牌就像人一样，有血有肉，令人难忘。近年来品牌个性在品牌核心识别中的地位越来越重要，以至于不少人认为品牌个性就是品牌的核心价值（如精信的“品牌性格论”），品牌个性已经成为一种悬乎其悬的神奇力量。如 Levi's 牛仔裤——结实强壮，哈雷机车——无拘无束。

六、品牌与品牌核心价值

1．品牌核心价值与品牌概念

很多企业追求的只是品牌概念，而非品牌核心价值。所谓品牌概念，基本上只是一种说法而已；品牌核心价值，在形式上也像一种说法，一种闪亮的、独特的说法，但它更侧重于行动，更专注于对消费者满足的事实设计与兑现，而不仅仅玩概念而已。

品牌概念，是为追逐消费者垂青而设计的辞令，通常用来作为对外的传播主题。很多享誉市场的品牌概念，企业内部成员并不认同。品牌核心价值则不同，它既是企业内部员工广泛认同并热衷于奉献的企业价值追求，又是对目标市场富有吸引力的独特价值。

2．品牌核心价值与品牌理念

如果说企业理念只针对企业内部，以追求内部成员认同为目的，品牌概念只针对外部市场，以追求目标人群认同为目的，那么品牌核心价值则是企业理念与品牌概念的激情大会师，同时追求企业内外的认同，对内部成员和目标受众具有高度的号召力。

比如，诺基亚的“人本科技”，就是品牌的核心价值。诺基亚不但崇尚科技领先，而且还要以“人，即消费者”为出发点，将冷冰冰的科技变为暖融融的科技。因此，诺基亚产品的弧线设计，依据人体工程的原理让机器握在手中舒适自然；很多手机都有闹钟功能，但往往开机状态才能工作，诺基亚手机则在关机状态下一样具有闹铃功能；诺基亚在产品开发过程中融入感性的元素，通过人性化的科技设计，关心每一位消费者的需要。

消费者随时随地都可以感受到诺基亚“科技以人为本”的品牌核心价值。更重要的是诺基亚的人本价值理念并没有停留在市场的表层，更没有停留在传播的表面，而是深入企业内部，在管理过程中处处体现人本精神。

诺基亚十分尊重员工，通过各种渠道创造优越条件，让员工去实现个人价值，为员工制定系统的职业生涯规划，开办诺基亚大学，给员工提供很多发展和学习的机会。每一名员工亦享有这种人本制度的恩泽，包括中国的诺基亚员工，周末加班，一定能拿到双倍的薪酬，传统的节假日，一定会拿到福利礼金。

诺基亚“科技以人为本”，绝对不是喊喊口号而已。由内而外、由外而内，彻彻底底人性化，这就是真正意义的核心价值。

核心价值传播的部分仿佛电脑的显示器，但最终决定一台电脑性能的是主机，最终决定一个品牌强势程度的是行动——核心价值整体实现的一系列行动。

第三节 品牌的核心理念

理念就是概念，就是对大部分事件最合理的解释。也就是透过复杂的表层，发现一个精彩而简明的概念，继而解释事物的本质。它是表面截然不同的现象的内在联系的纽带。理念是形而上学的，是富有理想色彩的，但又不是空洞的，而是可以转化为一定的制度，可以对实践起着永恒指导作用的一种理论上的“信仰”。品牌核心理念是对品牌内在特性的概括，在企业发展和品牌建设中起着主心骨的作用。

一、品牌核心理念的含义

品牌的核心理念是品牌最核心的本质属性，是品牌的生命所在，而品牌个性体现着品牌的灵魂。

二、品牌核心理念的形成

1. 品牌必然要有自己的思想

品牌营销策划更侧重于意识形态和心理描述。如果品牌属性定位为品牌在行业中找到了自己的位置，那么品牌核心理念则是为品牌在消费者的意识形态里找到自己的位子。核心理念反映了品牌的精神，而且是与目标消费者取得共鸣的精神。核心理念反映的是目标消费者更深层次的心理需求，能够提供给目标消费者更多更深层次不可量化的满足。

缺乏品牌核心概念的品牌往往只给消费者留下一个简单的品牌属性概念——我叫什么，我是做什么的。如“一支笔”莱阳梨汁，多年的品牌传播形成的不过是一个强烈的品牌属性定位：梨汁。而该品牌除了是梨汁外还包含什么，还能给消费者带来什么感受等却是谁也说不清的。当有另一个梨汁品牌携带一个清晰的价值概念冲击“一支笔”时，即使在消费者心目中有先入为主（梨汁就是“一支笔”）的权威优势，也很难有效地抵抗该品牌的冲击，因为消费者虽然认可权威，但更认可利益——能带来更多明确的功能性利益和更多感受。

所以，定义品牌核心理念，要始于行业特性，基于产品功能，联系企业实际，忠于消费者需求。定义核心理念，并不是构思一些晦涩难懂的或诗意盎然的华丽辞藻，也不是随口蹦出一句话。核心价值主要体现在品牌传播主题（概念）上。

2. 对比国内外品牌差距

我们可以发现，国内品牌都有一句朗朗上口的广告词，但大家只记住了这句话，而对品牌没有任何价值联想。国外品牌几乎都没有一句“核心”广告语，但提起每一个品牌，大家都有清晰的价值联想。这反映了国内品牌与国外品牌的差距。有人说，宝洁几个品牌的洗发水因为在消费者心目中有了“先入为主”的优势，我们已经无法打倒其“权威”，但是，为什么“风影”可以？因为“风影”携带着有准确表现功能定位（去屑）的概念，而且不断“精确”它的概念：去屑不伤发——准确去屑——精确去屑——五种成分针对五种头屑成因。

当看到国外品牌在不停地制造“小麦蛋白”“准确去屑”“精确去屑”等概念，而国内品牌还在电视上大把大把地“扔钱”时，不禁让人难过。其实，很多国内洗发水品牌也有利益及理由支持（如植物蛋白等），但往往“成也萧何，败也萧何”地失败在广告语上，大家通过这个广告语记住你的时候也因为记住了该广告而忘记了你的好处（功能性利益，能带给我什么好处），因为广告中只能有一个记忆点——大家只能记住一个！解决的方法其实很简单，就是让广告语基于产品的功能性利益即可。核心理念要获得实效，必须在推广中做到准确演绎与全力贯彻。

三、品牌核心理念与企业的关系

核心理念的本质在于“道”。“道”者，乃规律、规则、规矩也。一般来讲，企业理念并没有“对”与“错”的说法，只有顺“道”与逆“道”的做法。理念无“道”，就是企业随心所欲，没有自己的核心理念，违背规律、规则、规矩办事，就会四处碰壁，举步维艰，长此下去，企业难逃衰败的厄运。理念有“道”，就是企业痴心不改，坚守自己的核心理念，遵循规律、规则、规矩办事，就会得心应手，游刃有余，企业就能兴旺发达，长盛不衰。

1. 违反规则而衰败

20 世纪 70 年代世界上最大的 500 家企业，到今天很多已消失。1990—2000 年，近一半的世界最大企业从 500 家排名中退出。在日本和欧洲，所有公司的平均寿命值在 12.5 年；40% 的公司不到 10 年便夭折了，即便是大型公司，也很难维持 40 年。在美国，平均有 62% 的公司存活不到 5 年，寿命超过 20 年的公司只占公司总数的 10%，只有 2% 的公司能存活 50 年以上。为什么会出现这种现象呢？其原因有很多，比如美国 LAND 公司曾经做过一个调查：世界上每倒闭 1 000家企业，可能有 800 家企业是决策失误造成的。而在这 800 家企业中又有 650 家是多元化所致，这说明经营理念出了问题，实际上这就是规律性。珠海的巨人集团，“脑黄金”让一部分人先聪明起来；可史玉柱环顾四周，凄然发现，身边从未有过一个所谓的“巨人集团”，而是一盘缺乏凝聚力的散沙。珠海的

“巨人大厦”被称为巨大的基坑。天津的大邱庄曾因经济上的暴发，被称为现代社会的“庄园”。可是禹作敏倡导“只有向钱看，才能向前看”，靠运气凭胆大，才是赚钱的高手；因为没有能力聚集文化精英，“庄园文化”最终衰落。

2. 遵循规则而兴盛

世界500强胜出其他公司的根本原因，就在于这些公司善于给它们的企业文化注入活力，这些一流公司的企业文化同普通公司的企业文化有着显著的不同，它们最注重四点：一是团队协作精神；二是以客户为中心；三是平等对待员工；四是激励与创新。这四大支柱所形成的企业文化力，使这些一流公司百年不衰。在大多数企业里，对那些杰出的公司来说，实际情况同理想的企业文化之间的关联都很强，他们对公司的核心准则、企业价值观遵循始终如一，这一理念可以说是世界最受推崇的公司得以成功的一大基石。因为拥有并坚持自己的核心理念，3M、美国运通公司（American Express）、波音公司（Boeing）、花旗银行（Citicorp）、福特汽车公司（Ford）、通用电气公司（General Electric）、惠普公司（Hewlett - Packard）、IBM公司、强生公司（Johnson & Johnson）、马利奥特公司（Marriott）、默克制药（Merck）、摩托罗拉公司（Motorola）、诺世全公司（Nordstrom）、菲利普·莫里斯公司（Philip Morris）、宝洁公司（Procter & Gamble）、索尼公司（Sony）、沃尔玛（Wal-Mart）、迪斯尼公司（Walt Disney）等企业所以能够由小到大，由弱到强，并跨越数十年、上百年而长盛不衰，最终成为翘楚中的翘楚，是因为它们不改自己的初衷。

同仁堂、全聚德等百年老店所以能够历久不衰，也是因为同仁堂注重“德、诚、新”的理念。德：养生济世的经营宗旨，“可以养生，可以济世者，惟医药为最”。对联：同气同声，福民济世；仁心仁术，医国医人。诚：精益求精的敬业精神，“炮制虽繁必不省人工，品味虽贵必不减物力”。信：童叟无欺的职业道德，美名远播，有口皆碑，历经磨难，经久不衰，至今已有330多年的历史。因为张瑞敏、柳传志、王石、马明哲、鲁冠球、任正非、宗庆后、牛根生、李东生、张跃、钱金波等一批企业家深谙核心理念之道，所以成就了像海尔、联想、万科、平安保险、万向、华为、娃哈哈、蒙牛、TCL、远大、红蜻蜓等一批优秀企业，在21世纪的商海横流中共领风骚。

四、品牌核心理念的提升

提升品牌的核心理念，可以通过以下途径：规划品牌战略与品牌结构，塑造品牌的鲜明个性，用品牌核心价值统率企业的一切营销传播活动，适度进行品牌延伸与扩张，科学管理各项品牌资产。我们以娃哈哈和沃尔玛为例来看看品牌核心理念的提升。

1. 娃哈哈的幸福快乐

市场经济发展到今天，在中国这片土地上，早已是品牌林立，国际知名品牌的强势影响力更是与日俱增。市场竞争，无情亦有情。企业的立身之本就是要在竞争中求生存；品牌征战之路更是漫漫其修远。而最终能够独步天下，并走向一种境界，却并不是所谓的独家秘籍中一招一式可以达到的。

娃哈哈把经营理念锁定为："千家万户笑哈哈，幸福快乐你我他！"这一经营理念的本质内涵是：生产真正有使用价值的产品；做大众化品牌；代表健康、快乐的形象。

"喝了娃哈哈，吃饭就是香。"这句十多年前娃哈哈营养液的广告语，可能不少人至今还会有点印象，它曾被人们视为广告的经典。20 世纪 80 年代末，娃哈哈就是凭借这句人人皆知的广告语及其体现出的可感知的价值理念，使娃哈哈儿童营养液获得了举世瞩目的成功。20 世纪末的中国儿童和他们的父母们，几乎无人不知无人不晓。

应该说，娃哈哈儿童营养液的成功，不仅仅是一句生动的广告词的成功，更重要的是娃哈哈经营理念上的成功！1988 年是娃哈哈的初创期，当时社会上营养保健品有上千种，但大多生产中老年营养品，而且功能上也大都是"全管"，却反而给人以"全不管"的感觉。而中国有 3 亿儿童，儿童代表着希望与未来，在广大的中国，孩子对于家长的意义更是不言而喻。而当时的家长们普遍存在着一个揪心的难题：让孩子吃饭难。据调查当时有 44.4% 的儿童存在厌食、营养不良的情况。而想让儿童健康成长关键要抓住"能吃能长、滋补不如食补"的理念，不仅这一理念早已深入普及到家长们的心中，而且当时儿童营养品还是一个空白的市场。娃哈哈不失时机地瞄准"儿童开胃"这个潜力巨大的市场，立即全力以赴、义无反顾地为之进行奋斗！不出所料，娃哈哈儿童营养液一炮打响，而且连续火暴了 6 年，先后荣获 30 余项国内外大奖！

"娃哈哈"之所以能够成为深受广大消费者喜爱的大众品牌，正是因为它恰如其分地体现出了"大众"的确切含义——它与消费者贴得很近很近，真正做到了"想消费者之所想，急消费者之所急"。这也正是娃哈哈取得成功的核心所在。

2. 沃尔玛的低成本运作

中国公司的竞争力体现在"高科技产品"中外在的技术引进或制造的低成本上，而对没有多大技术含量的消费品创造"附加价值"则束手无策。我们喜欢各种"计谋"的胜利，而不喜欢通过坚守做事"逻辑"获得的胜利。

这是我们聪明的中国企业家在没有核心技术的消费业，输给"愚笨"的西方企业家的原因。

1945 年，出身美国中西部俄克拉何马州金菲舍附近一个普通农家的山姆·沃尔顿，用自己积攒的 5 000 美元和从他岳父手中借来的 20 000 美元，买下了本杰明·富兰克林商店——自己的第一个杂货铺。5 年后，又将它卖掉了，并在阿肯色的本顿维尔开设了他的 5 美元和 10 美元店。从此，山姆·沃尔顿展开了他的“天天低价”式的零售经营业务。1962 年公司上市，到 2004 年 11 月为止，在全球包括中国在内的 11 个国家共拥有超过 5 200 家沃尔玛商店。沃尔玛一直奉行“人才本地化”的政策，几年来为当地居民提供了大量的就业机会，同时也为当地零售业培养了大批人才。

沃尔玛全球的销售额，2002 年 2 198. 1 亿美元，2003 年 2 465. 25 亿美元，2004 年 2 630. 09 亿美元，2005 年 2 879. 89 亿美元，2006 年 2 630. 09 亿美元，2001 年至 2006 年连续六年排名《财富》杂志世界 500 强企业榜首，2002 年和 2003 年连续两年在《财富》评选的美国最受尊敬的企业中排名第一。在“世界品牌 500 强”排行榜中，沃尔玛（Wal-Mart）从 2005 年的第九名上升到 2006 年的第二名。

沃尔玛 1996 年进入中国，在深圳开设第一家沃尔玛购物广场和山姆会员店以来，总投资额已超过 16 亿元人民币，创造了超过 1. 9 万个就业机会，累计纳税逾 9. 27 亿元人民币。积极开展社区服务、慈善公益活动，累计向慈善、公益团体捐款超过 900 万元人民币。

沃尔玛在中国同样坚持沃尔玛的优良传统，即专注于开好每一家店，服务于每一位顾客。始终为顾客提供优质廉价、品种齐全的商品和友善的顾客服务。在中国每开设一家商场，均会为当地引入先进的零售技术及创新的零售观念，在激发竞争的同时可以帮助提高当地零售业的经营水平和服务质量，从而促进当地经济的共同繁荣。沃尔玛在中国的经营始终坚持本地采购，同时，位于深圳的全球采购中心从中国采购大量商品出口到沃尔玛在全球其他国家的商店。在 1962 年前十位廉价零售商中没有一家在 1993 年还继续从事廉价零售业，而沃尔玛却能保持强劲的发展势头，这主要是由于沃尔玛坚持了两个关键因素：第一是将商店设在偏远的农村地区和小城镇，在这里别人不会加以重视；第二是从内向外的扩张模式，低价和规模只是成功的表象，背后是出色的后勤物流配送（存货补充）能力和吸引客户忠诚的经营能力。廉价零售的核心是服务人员对顾客创造的忠诚，是服务，而不完全是产品创造顾客对沃尔玛的忠诚。

根据《财富》统计，沃尔玛 2001 年初收入就超过埃克森—美孚石油公司（1 915亿美元）、通用汽车公司（1 772 亿美元）、福特汽车公司（1 624 亿美元），成为美国第一大企业，世界第一大公司。为什么一家没有工厂或烟囱，把人家的产品拿来以低廉价格转卖给忠实的庞大顾客群的公司，能够成为企业的新霸主？其原因主要是沃尔玛控制资产和劳工市场。售出的许多商品采取薄利多销的策略，甚至减少单位产品的利润，压低价格，销售量自然超过竞争对手。为了吸引顾客，实行天天平价政策，而不是特价促销、高低价交错。结果货架上的商品流通速度极快。沃尔玛的成功，我们可以分析如下：

第一，沃尔玛经营理念——以小镇为本。

1962 年 7 月，鉴于当时的最大零售商 Kmart 和 Sears 已占据了主要城市的市场，Wal-Mart 创办人沃尔顿选择在小镇本顿维尔开设首家折扣百货店，这项决定也塑造了公司日后的成功。公司设立员工分享利润机制，与供货商结成伙伴，又推出“每日低价”来吸引顾客。节俭和谨慎开支绝对是 Wal-Mart 企业文化的最大特色。主管人员狭小的个人办公室与下属同一楼面，他们须自己清理废纸箱，自己付咖啡钱，甚至在外出席研讨会时会将大会提供的圆珠笔带回公司。

Wal-Mart 的小镇价值观，也反映在对人的重视及公司与员工和供货商的紧密关系上。Wal-Mart 员工被称为“伙伴”（associate），多数人持有公司股票。员工有很大自主权，店员在某些情况下甚至可自行降低货品售价，Wal-Mart 会向供货商压价，但同时向他们提供即时的存货销售信息，令他们能享受节省成本的好处。

第二，沃尔玛企业文化和核心竞争力——尊重每个员工，顾客是上帝，每天追求卓越。

公司员工不被称作员工，而称为合伙人。沃尔玛认为，公司要靠员工团结一致的献身工作才能成功，公司所有的员工都是平等的，他们尽可能在公司内部形成上下沟通的开放环境，让每个人为企业的经营动脑筋、出主意，并有机会充分表达出来。沃尔玛强调：员工是创新和变革的最好源泉。

沃尔玛有一条标语：“①顾客永远是对的；②顾客如果有错误，请参看第一条。”顾客是上帝，所有的员工都在为顾客服务。山姆·沃尔顿说：“事实上，顾客能够解雇我们公司的每个人，他们只需要到其他的地方去花钱，就可以做到这一点。”衡量企业成功与否的标准就是让顾客——“我们的老板”满意的程度，沃尔玛以顾客为中心，提出“3 米微笑原则”，要求员工无论何时何地，只要顾客出现在 3 米范围内，都应该看着顾客的眼睛，主动打招呼，询问是否需要帮助。沃尔玛提出了“太阳下山”规则，即今天能干的事不要拖到明天，只要顾客提出要求，店员就必须当天满足顾客。

逐步完善、不断追求卓越是沃尔玛成功的秘诀。“谁是第一？顾客！”无论是每次股东大会、经理会议，还是每个商店开门营业时，在沃尔玛，你会经常听到类似的狂热叫喊，这是他们在振奋精神、鼓舞士气，它可以让每位员工愉快地度过工作时间，并因高昂的斗志使工作做得更加出色。

第三，沃尔玛成功的关键——超一流的物流配送体系、物流循环系统、补货系统、零售链接系统、集中配送中心、运输车队。

在物流运营过程当中，要尽可能降低成本，在沃尔玛降低成本之后就可以让利于消费者，这是沃尔玛的哲学，就是以最佳服务、最低的成本提供最高质量的服务。为了做到这一点，沃尔玛建立了一个无缝点对点的物流系统，能够为商店和顾客提供最迅速的服务。这种无缝指的是，使整个供应链达到一种非常顺畅的链接，沃尔玛所指的供应链是说产品从工厂到商店的货架，这种产品的物流应当是尽可能平滑，就像一件外衣是没有缝的一样。

顾客到一个商店买了一些产品之后，物流的循环就开始自动地进行供货。卖方和买方（工厂与商场）可以对顾客所买的东西和订单进行及时的补货。这个系统与配送中心联系在一起，是一个中枢，有供货方的产品，然后提供给商场。供货商只需要送到配送中心这一个地方就可以了，这减少了很多成本。

商店把整卡车当中的货品卸下来后就直接放到货架上来卖给消费者，而不用把每个产品检查一遍。因为他们相信过来的产品是没有任何失误的，这样就可以节省很多时间，有助于降低成本。因此，沃尔玛的运输、配送以及对于订单与购买的处理等所有的过程，整个链条、整个环节就可以节省不少钱。

沃尔玛在任何一个时间点都可以知道，现在这个商店当中有多少货品，有多少货品正在运输过程当中，有多少是在配送中心，某种货品上周卖了多少，去年卖了多少，预测沃尔玛将来可以卖多少这种货品。之所以能够了解得这么详细，就是因为沃尔玛有 UPC 统一的货品代码，在中国叫 EAN 数码。

沃尔玛认为这种代码是非常必要的。经理们在商场当中走一走，任意选择某一种商品进行扫描和阅读，就知道现在商场当中有多少这种货品，有多少订货，有多少正在运输过程当中，会在什么时间到，所有关于这种商品的信息都可以通过扫描这种产品代码得到，不需要其他人再进行任何复杂的汇报。沃尔玛零售链接系统，可以使供货商们直接进入沃尔玛的系统。任何一个供货商都可以进入这个系统来了解他们的产品卖得怎么样，昨天、今天、上一周、上个月和去年卖得怎么样。通过零售链接，供货商们就可以通过了解卖的情况来决定生产状况，根据沃尔玛每天卖的情况，他们可以对将来卖货进行预测，以决定他们的生产情况，这样他们产品的成本也可以降低，从而使整个过程是一个无缝的过程。沃尔玛降低配送成本的另一个方法就是与供货商伙伴们一起来分担。供货商们可以送货到沃尔玛的配送中心，也可以送到一百家商店当中。这两者进行比较，如果供货商们采用这种集中式的配送方式，可以节省很多钱，而供货商就可以把他省下来的这部分利润让利于消费者。而且这样做，这些供货商们也可以为沃尔玛分担一些建立配送中心的费用。所有这些做法最终目的是为了向消费者进行让利。通过这种方法，沃尔玛就从整个供应链中将这笔配送中心的成本费用节省下来。

沃尔玛的集中配送中心是相当大的，而且都在一层当中。之所以都是一层，而不是好几层，是因为沃尔玛希望产品能够流动。沃尔玛希望产品能够从一扇门进另一扇门出。如果有电梯或其他物体，就会阻碍流动过程。因此，沃尔玛所有的这种配送中心都是一个非常巨大的一层的配送中心。沃尔玛使用一些传送带，让这些产品能够非常有效地进行流动，对它进行处理不再需要重复进行，都是一次。比如说，在某货品卸下来以后，沃尔玛要对这些产品进行一些处理。如果处理好几次，这个成本就会提高，而采用这种传送带，采用无缝的形式，就可以尽可能降低成本。

由于沃尔玛公司的商店众多，每个商店的需求各不相同，这个商店也许需要这样，那个商店可能又需要另一样。沃尔玛的配送中心能够自动把产品根据商店的需要，分类放入不同的箱子当中。这样，员工就可以在传送带上取到自己所负责的商店所需的商品。那么在传送的时候，他们怎么知道应该取哪个箱子呢？传送带上有一些信号灯，有红的、绿的，还有黄的，员工可以根据信号灯的提示来确定商品应被送往的商店，来拿取这些商品，并将取到的这些商品放到一个箱子当中。这样，这些商场都可以在各自所属的箱子中收到不同的货品。

沃尔玛的运输车队。沃尔玛采用全球定位系统来对车辆进行定位。因此，在任何时候，调度中心都可以知道这些车辆在什么地方，离商店还有多远，同时他们也可以了解到某个产品运输到了什么地方，还有多长时间才能运到商店，沃尔玛可以精确到小时。对于沃尔玛来说，卡车不出事故，就是节省公司的费用，就是节省成本。

沃尔玛将所有的产品从卡车的底部一直装到最高，填得满满的。一些商场，只在白天开门，但是物流部门却是 24 小时都在工作。在配送中心，沃尔玛也和这些供货商、商店约定好时间，对时间进行很好的管理，这样就可以节省时间、提高效率。

采用沃尔玛的运输系统，运输成本比供货商来进行运输要低，这些供货商也可以节省费用。集中配送中心把所有这些因素都集中在一起，进行成本上的节省，而且从厂商到货架的过程，沃尔玛增加的部门并不会增加运作成本，合理安排反而会降低运作成本。

本章小结

品牌的核心竞争力逐渐转向以满足客户需求为标准。如今每一个竞争者都具备了模仿其竞争对手产品、服务、系统甚至整个过程的能力，持续保持一个品牌的差异性市场定位再也不像以前改进产品质量、降低成本和分销推广那样简单，更不能仅靠广告就可以长期维持一个品牌的形象，即传统的、单一的营销策略已难以奏效，而客户关系的培植具有唯一的不可替代性。

企业核心竞争力或者说品牌竞争力的提升，决定了我们的企业在核心技术、核心产品、资金以及生产规模等被动性核心资源方面需要有一个综合平衡的发展，这是毋庸置疑的。而管理能力的缺乏，尤其是品牌管理经验和理论的欠缺所导致的能力低下，更是阻碍企业品牌竞争力形成的关键。

品牌的核心竞争力才是企业的立业之本。企业在运作市场的时候，一定要避免品牌空洞化，一个缺少质量、缺少文化的品牌永远不会有持久的市场竞争力。这种核心竞争力主要表现为预见能力、洞察能力、组织管理能力三个方面。我们可以从品牌知名度、品牌认知度、品牌美誉度、品牌占有率、品牌满意度、品牌忠诚度等几个方面来衡量品牌的竞争力。

品牌价值是一种超越企业实体和产品以外的价值，是与品牌的知名度、认同度、美誉度、忠诚度以及消费者对品牌的印象紧密相关的，是能给企业和消费者带来效用的价值。品牌价值的大小，取决于它给企业和消费者带来的效用的总和。它与目前一些品牌评估机构对品牌的评估、依据品牌给企业带来的利润等截然不同。品牌价值需要通过企业的长期努力，使其在消费者心目中建立起一定的价值，再通过企业与顾客保持稳固的联系来加以体现。

品牌核心价值也绝非一个绝妙的概念或者一句经典的口号，它重在企业内外一致的行动。如果提炼出来的品牌核心价值，不能得到企业内部员工的广泛认同，不能得到企业资源与能力的全力支持，不能真正地体现落实在企业研发、生产、销售与服务的每个环节，而仅仅停留于外部传播宣传层面的话，品牌的核心价值终究只能是“皇帝的新衣”，徒有虚名，根本无法通过消费者的品牌体验得以确认并强化。

品牌核心理念反映的是目标消费者更深层次的心理需求，能够提供给目标消费者更多更深层次不可量化的满足。衡量一个强势品牌的主要标准，主要看它是否具有清晰的核心价值理念，并能够坚持不懈、始终如一地保持不变。

关键词汇、概念

竞争力　核心竞争力　品牌知名度　品牌认知度　品牌美誉度　品牌占有率　品牌满意度　品牌忠诚度　品牌核心价值　品牌核心理念

思考题

1. 怎样培养品牌核心竞争力?
2. 为什么公司一定要先阐明基本价值观再建立相应的品牌呢?
3. 是什么形成了顾客对某些品牌的狂热呢?
4. 如何找到品牌的实质?
5. 以某企业为例，看看其是否建立了与竞争者相似的必要的竞争点？是否建立了顾客想要的并且可以被传递的差异点?

第八章

品牌文化

本章学习目标

- ●掌握产品文化与企业文化的关系
- ●理解品牌文化的概念
- ●比较品牌文化与企业文化的异同
- ●阐述品牌文化提升策略

引例及思考

娃哈哈的品牌文化

杭州娃哈哈集团有限公司创建于1987年，为目前中国最大的食品饮料生产企业，全球第五大饮料生产企业，仅次于可口可乐、百事可乐、吉百利、柯特这4家跨国公司。在全国27个省市建有80余家合资控股、参股公司，主要生产含乳饮料、瓶装水、碳酸饮料、茶饮料、果汁饮料、罐头食品、医药保健品、休闲食品等8大类60多个品种的产品，其中瓶装水、含乳饮料、八宝粥罐头多年来产销量一直位居全国第一。2005年，公司实现营业收入141亿元，娃哈哈在资产规模、产量、销售收入、利润、利税等指标上已连续8年位居中国饮料行业首位，成为目前中国最大、效益最好、最具发展潜力的食品饮料企业。

娃哈哈在全国同行业中排行第一，它何以创造出如此高大的形象和骄人的成绩呢？娃哈哈自从诞生那天起，就没有得到过国家一分钱投入，为了生存，娃哈哈人在市场风浪中苦苦闯荡，饱尝了酸甜苦辣。是娃哈哈人艰苦奋斗的精神推动了企业的发展，为了在市场经济的新形势下真正立于不败之地，为了在同行业中树立"鳌头"形象，娃哈哈人根据企业所处环境和娃哈哈发展历程的特点，经过反复斟酌，提出了振奋精神的娃哈哈形象口号：励精图治、艰苦奋斗、勇于开拓、自强不息。公司总经理宗庆后深为娃哈哈的形象自豪，他动情地说："娃哈哈集团公司能有今天，是公司全体职工艰苦奋斗、勇于开拓、共同创造的结果。"由此可见，娃哈哈形象口号已化作一种精神力量，成为娃哈哈人的行动指南。它使娃哈哈人自觉地发挥主人翁的精神，从而树立起鲜明的娃哈哈形象。娃哈哈的形象口号，喊出了娃哈哈集团与众不同的经营理念，它是娃哈哈公司发展的原动力。现在，娃哈哈的形象口号在全国食品行业广为传颂。

娃哈哈的企业文化是怎样形成的，以及有什么特征呢？齐心协力，共闯难关是娃哈哈企业文化和企业精神的集中表现。娃哈哈在创业之初，举步维艰，那时资金紧张，条件简陋，娃哈哈的员工分秒必争，抓住一切机会让企业得以发展。

娃哈哈企业文化中的又一个重要内容是尊重职工、爱护职工，公司上下，亲如一家。娃哈哈集团超常跳跃式的发展，引来各界人士纷纷探秘。“船长”宗庆后的成功，离不开闯荡市场的营销技巧，离不开舍得花血本的巨额广告投入，离不开新产品的开发，离不开广招人才，但更重要的是他对人才的尊重：尊重全体职工的主人翁地位，调动他们的积极性、创造性，激发他们的责任感和参与意识，使职工感到在娃哈哈集团公司工作，可以最大限度地实现自我价值。在娃哈哈集团，职工互助互爱，亲如一家。

娃哈哈企业文化的第三项内容是倡导全体员工“视厂为家，厂兴我荣”的精神。娃哈哈人视厂为家，自觉维护这个“家”的荣誉。娃哈哈集团公司正在向更大的市场进军，国内市场有待进一步辐射，国际市场需要进一步拓展。

娃哈哈的成功，首先是与他们树立的企业理念分不开的，从娃哈哈的口号中就可以看出公司艰苦奋斗、勇于开拓的精神。正因为有了这种精神的鼓舞，才使他们在创业之初，能冒着酷暑为学校送去冷饮；在产品已初见成效时，又能毅然去开发自己的产品；当娃哈哈儿童营养液在全国打响时，又不失时机地开发了娃哈哈银耳燕窝、娃哈哈红豆沙、娃哈哈绿豆沙等许多新产品。娃哈哈集团提出的口号还充分体现了该企业的自身特点，形象地反映出娃哈哈人特有的精神面貌。正因为企业是靠自己的双手通过艰苦奋斗得来的，所以每个人都视企业为自己的生命，这也是公司成功的重要基础。

如果一个品牌没有文化的支持，无异于失去了它存在的灵魂，伟大的品牌之所以伟大，并不是它能够取得大部分顾客的认知，而是它创造了一种文化，一种让顾客可以奉为终生的品牌信仰！如何让顾客对品牌忠贞不渝，如何让品牌升华为顾客的一种信仰，引导顾客的需要，这是每一个品牌的终极使命。让一个商标成为一个品牌并不难，让所有的人都知道一个品牌，许多企业也能够做到，但让品牌成为顾客实现梦想的方式，这样的企业却是屈指可数的。伟大的品牌可以做到，它们引领了一个时代，改变了许多人的生活方式，甚至塑造了几代人的价值观，而极少数的品牌已经代表了一个国家的文化，这也是每一个企业家的梦想。

第一节　产品文化与企业文化

要想使企业在激烈的市场浪潮中获得强大的竞争力，企业必须具有一种凝聚力，一种以共同事业的辉煌为导向的学习精神和创新精神，更重要的是有一种能够完全体现企业魅力并有效引导企业奋斗的企业特有文化；此外还要使自己的产品比其他同类产品更能够捕捉到消费者的需求，千方百计地为人们提供实用的、情感的、心理的等多方面的享受，努力把使用价值、文化价值和审美价值融为一体，形成独特的、富有人情味的产品文化。企业文化与产品文化的合理开发与应用，如今已成为企业竞争、产品竞争的重要砝码。两种文化中“人”的味道也愈来愈浓。

一、产品文化与企业文化的概念

1. 文化

文化是一定社会经过学习获得的、用以指导消费者行为的信念、价值观和习惯的总和。“文化”一词有多种定义，泰勒的解释是：文化是作为社会成员的人类所取得的知识、信念、艺术、道德、法律、惯例及习惯的复合体。人类学家Linton 将文化定义为“作为学习的行为和行为结果的结合体，它们的构成要素由特定社会的成员共同拥有并流传”。因此，文化是特定社会的成员为适应周围环境而设计自己人生时所产生的独特的生活方式及一种社会性遗产，即若社会是器皿，那么文化就是器皿里的内容。

一般认为，文化应有广义与狭义之分。广义文化是指人类创造的一切物质财富和精神财富的总和；狭义文化是指人类精神活动所创造的成果，如哲学、宗教、科学、艺术、道德等。

世界有三大文化圈，儒家文化、基督教文化和伊斯兰教文化。这三大文化圈的历史都很悠久，人口都在 10 亿以上，影响非常深远。基督教文化强调“赎罪”，要拼命工作才能减轻罪过，所以西方国家（美国、德国、以色列）的法律很规范、职业道德水平高、比较敬业，这跟传统文化是分不开的；伊斯兰的意思是“和平、顺从”，只有按照真主的意愿去生活和工作，才能升入天国，所以这些国家的人都非常虔诚，宗教色彩浓厚，这也导致了这些国家大都在经济上比较落后，思想上较为保守；儒家文化包括中国、日本、韩国和东南亚国家，其精神内涵是道德、和谐、和睦、亲情，这些价值观深刻地影响着我们每一个中国人。在消费者行为研究中，研究者主要关心文化对消费者行为的影响。

2. 产品文化

产品文化，是指以企业生产的产品为载体，反映企业物质及精神追求的各种文化要素的总和，是产品价值、使用价值和文化附加值的统一，又是消费者群体在某段时期内对某种产品所蕴涵的特有个性的定位。

3. 企业文化

企业文化，是指在一定的社会经济条件下通过社会实践所形成的，并为全体成员遵循的共同意识、价值观念、职业道德、行为规范和准则的总和（Schein,

1984）。换句话说，是全体员工在团队范围内精神层面上的、有利于企业发展的共同观念。因此，企业文化相当于人的“人生观”。①

文化是企业的灵魂，是品牌的形象，是品牌理念的提炼。按照国际广泛认可的一种说法，企业文化是个体在某个特定企业环境中的行为方式。企业文化是为企业的生存和发展服务的，因此企业运作的特征也表现在企业文化上。

企业文化对企业的发展有着重要意义：

企业本身的需要。企业文化是企业概念中必不可少的要素之一。尤其对现阶段处于由人治向法治转换过程中的国内公司，健康的企业文化将能削弱甚至取代个人影响力在企业中的过分存在，为企业的平稳发展创造条件。

管理制度实施的需要。由于没有完美的管理制度，因而制度中存在的各种漏洞导致的后果大小完全取决于员工对企业的忠诚度。

人才竞争的需要。对共同价值的认同，会使员工产生稳定的归属感，从而吸引、留住人才。

市场竞争的需要。良好、健康的企业文化能够提高效率，减少费用支出，提升品牌含金量，增加产品的价值，从而增强企业竞争力。因为市场中影响竞争产品定价的因素除通用的生产成本等有形价值外，还包括品牌价值，而品牌价值的影响因素包括受企业文化影响的公司、员工形象。

企业文化的核心是价值观，表现为行为，即企业的凝聚力、员工对企业的忠诚度、责任感、自豪感、精神面貌和职业化行为规范，因此文化的改变会带来行为方式的改变。

二、产品文化与企业文化的关系

1. 两种文化互为主客观性

一个优秀的“企业文化”理念的提出、建设与最终形成，是靠人来实现的，也就是在企业中起着主导作用的人；一个优秀的“产品文化”理念的提出也是靠人来实现的，而这个“人”，是指一个群体。

不是哪一个企业的领导人，也不是哪一个学者，而是依赖于对众多消费者的调查，找到产品共有的文化价值观，并对需求点进行总结推敲，应用于产品之上。这就体现了企业文化的主观性与产品文化的客观性。

2. 两种文化的相互依存

一定的产品文化与它所处的社会文化背景是紧密联系的，也与生产或提供它的企业文化密不可分。产品文化是社会文化与企业文化共同作用的产物，在社会文化背景相对稳定的情况下，产品文化更多地体现了企业文化的内容。产品文化直接作用于广大的消费者，消费者从产品或服务的消费中来体现企业文化。尤其

---

① 庄培章. 现代企业文化新论：迈向成功企业之路. 厦门：厦门大学出版社，2002，336

是服务类企业，如电信、保险、证券、IT界等这样有广泛消费者的大型企业，对企业的认同和对企业文化的认同，是通过接受其产品与蕴涵在其服务中的产品文化来实现的。

第二节　品牌文化与企业文化

企业文化是企业形成的共同遵守的价值观、信念和行为方式的总和，重点是企业价值观、企业理念和行为方式的塑造，是企业生产与发展的指导思想。品牌文化则以品牌个性、精神塑造和推广为核心，使品牌具备文化特征和人文内涵，重点是通过各种策略和活动使这些消费者认同品牌所体现的精神，然后形成一个忠诚的品牌消费群体。

一、品牌文化的概念

品牌文化（Brand Culture），就是指通过建立一种清晰的品牌定位，在品牌定位的基础上，利用各种内外部传播途径形成受众对品牌在精神上的高度认同，从而形成一种文化氛围，通过这种文化氛围，形成很强的客户忠诚度。这种忠诚度是将物质与精神高度合一的境界，人物合一是对品牌文化的总结。它代表了某一类人群的生活方式、价值观和个性。例如星巴克，它的品牌其实就是形成了一种纯正的咖啡文化，这种咖啡文化凝聚了一批喜欢咖啡的忠诚顾客，享受纯正咖啡就一定要到星巴克，这是一种文化的认同。又如哈里摩托车，它塑造了一种美国式的自由主义精神，把摩托车的造型、轰鸣声、马力和速度感融合为一体，哈里品牌的老鹰标识在消费者心目中已经不再是一个商标这么简单，而是代表了一种生活方式、一种体验和特定的表现自我个性的工具。因此，品牌文化其实是一种价值观、一种生活方式和习惯，它的魅力就在于不仅仅提供给顾客产品或服务，而且帮助顾客去实现他们的梦想。

我们可以看到，当品牌成为一种精神、一种文化时的力量是多么强大，现在哈里的品牌标识已经上升为一种精神的象征，它被广泛印制在其他产品系列上，从T恤衫、夹克衫、靴子、手套，一直到泳装、丝质内衣、装饰物和家私，哈里品牌文化被广泛延伸到了服饰以及和摩托车相关的行业里。一个小孩子身上穿着哈里T恤衫体现了品牌文化深入人心，在孩子小的时候，家长就将对哈里品牌的喜好“穿”给了下一代，这时的哈里品牌已经不是摩托车的标志，而是父母对品牌延伸的认同和喜爱。

强大的品牌文化使消费产品成为一种文化的自觉，美国人到异国他乡，一看到麦当劳就不由自主地想去吃，这可能已经不再是因为麦当劳食物适合他的口味，而是内心潜在的一种文化认同，使他感觉亲切，让他潜意识去消费它。

品牌文化作为企业文化理念载体的传播，能够加深人们对品牌的认知和忠诚。像美格（MAG）借助于电视节目开展了“闯关取‘金’喜”活动，让消费者了解产品的同时，将产品的历史与因素牢记在心。海尔在所有工厂的墙壁上都写有“海尔精神——敬业报国、追求卓越”，“海尔作风——迅速反应、马上行动”，因为农民用洗衣机洗涤红薯造成泥沙堵塞而研制出下水管粗的“大地瓜”洗衣机。

品牌是消费者文化利益的代表，是文化个性的象征。当然消费者的文化利益是可以被品牌塑造出来的，比如TCL是具有创造力的大品牌，形成了它的品牌影响力，实际上也是它的文化影响力。用品牌为工具、武器去攻击消费者，让消费者在心里产生认知，这个攻击的过程就是品牌价值在消费者心中塑造的过程。

二、品牌文化战略

品牌文化战略可以初步分为两种：一种是企业品牌文化，另一种是产品品牌文化。企业品牌文化是指在企业品牌基础上形成的一种品牌文化，例如通用电气公司的品牌文化就是“努力争取世界一流，追求高绩效，打破陈规的创新文化”等。产品品牌文化是指在产品品牌基础上形成的一种品牌文化，如可口可乐的产品品牌文化就是美国式自由、英雄主义的文化象征。当然，在一般情况下，许多公司的企业品牌文化和产品品牌文化往往是重叠在一起的，如迪斯尼公司的品牌文化也是其产品的品牌文化，快乐文化是迪斯尼公司的品牌文化特征，同时也是其延伸出来的产品文化，像唐老鸭、米老鼠等。但母子品牌战略延伸出来的品牌文化往往不一样，如宝洁公司的企业品牌定位就是提供世界一流的生活用品，美化人类生活。因此它的品牌文化是希望消费者能够建立一种“体验一流日用品，享受美好生活”的品牌文化。但这种品牌文化延伸出来的各种产品文化侧重点却不一样，如海飞丝是建立一种“无头屑，良好仪表”的文化，而飘柔则强调“完美秀头，自信人生”的文化。

三、品牌文化与企业文化的关系

企业文化与品牌文化都脱离不了文化，它们的形式和内容都与文化密切相关。实际上，企业文化的塑造可分成核心理念（精神）、制度与行为（载体）、文化群体（不同职能部门）三个层次，而品牌文化包括品牌精神、品牌传播（载体）、目标消费者（群体）三个方面。

1. 心理认同一致

一个企业的文化，是这个企业的价值观、信念和行为方式的体现。打个形象的比喻，如果我们把企业当作一个人，从衣着打扮上会给出第一印象，这就是公司的VI（视觉识别），包括公司的建筑、办公环境、办公器具、Logo等表面的直观的有形实体；通过言行举止又能了解到其做事风格，这是企业文化的具体表现，而决定言行举止的，是内心深处的价值观和信念。对于企业来说，是文化决定了这个企业的制度和行为，这个文化的核心，就是我们常说的企业理念和企业核心价值观。

对于企业来说，一个企业给消费者的心理感受和心理认同，就是品牌文化或者叫品牌内涵，它是联系消费者心理需求与企业的平台，是品牌建设的最高阶段，目的是使消费者在消费公司的产品和服务时，能够产生一种心理和情感上的归属感，并形成品牌忠诚度。比如，当我们提到麦当劳，就会想到那个和蔼可亲的麦当劳叔叔，就会想到它窗明几净的就餐环境，还会记起那句充满个性的“我就喜欢”的广告语，这些都是麦当劳品牌文化的具体体现，是一种便捷、清洁、舒适、活力的美国文化的代表，也是其企业文化的体现。肯德基也是快餐，但是品牌内涵稍有不同，“来到肯德基，生活好滋味”，“立足中国，融入生活”的定位，可见肯德基更强调对产品和生活的关注。另外，我们发现惠普公司的“惠普科技，成就未来”的品牌内涵也是其企业文化的体现。

2. 文化内涵一致

比如可口可乐的品牌文化是动感激情、富有个性，那么可口可乐公司的企业文化也必然不能脱离激情、创新，很难想象一批守旧沉稳的人能够领导可口可乐公司。海尔品牌给人的感觉是优质、真诚和负责，其企业文化也是以真诚、创新为核心。联想并购 IBM 笔记本事业部，可以说是其创业精神的完美体现，同时，这与其品牌“只要你想”的文化内涵也是一致的。红塔集团原来的品牌口号是“天外有天，红塔集团”，现在改为“山高人为峰”，这与企业文化的内涵是非常一致的，而且更凸显出了人文气息。

鞋不再是穿在脚上的东西。“红蜻蜓鞋文化研究中心”对中华鞋文化进行梳理，编撰了“中国鞋履文化词典”，建立了鞋文化展馆，并在杭州、上海、香港等地举办了十场“中华鞋文化展览”，用现代时尚的方式将古老的鞋履文化进行了全新演绎。红蜻蜓所做的本应是文化部门或专业研究机构所从事的工作，八年中直接用于文化事业的投资已超过 1 500 万元。红蜻蜓通过挖掘鞋文化，传播鞋文化，将产品、品牌、文化自然而完美地融为一体。

通过分析我们发现，企业文化与品牌文化都不能脱离公司的产品和经营，都要服务于企业的发展，因此，其核心含义应该是一致的。但是企业文化与品牌文化在概念、作用、着眼点和建设方法方面又有明显不同。

3. 表现方式各异

企业文化是企业形成的共同遵守的价值观、信念和行为方式的总和，重点是企业价值观、企业理念和行为方式的塑造，是企业生产与发展的指导思想。品牌文化则以品牌个性、精神的塑造和推广为核心，使品牌具备文化特征和人文内涵，重点是通过各种策略和活动使这些消费者认同品牌所体现的精神，然后形成一个忠诚的品牌消费群体。

品牌文化，不但要具备精神内涵，还要从营销策划、促销活动、广告宣传、客户关系等各个方面进行整合，让消费者能够体会到品牌的精神、个性和文化内涵，还要用典故、故事、仪式和人物等文化载体进行传播，比如可口可乐的诞生传奇、联想的创业故事，海尔的砸冰箱、送冰箱等故事，都让品牌文化鲜活和生动起来，形成了具有忠诚度的品牌消费群体，并形成以品牌来连接消费者的品牌文化。

品牌文化要借助大众文化和消费者心理特征，才能形成自己的文化群体。不同的行业可能表现有所不同。比如商用轿车，瞄准商业人士，基本都是体现一种成功者的风度、气质和不屈精神；麦当劳、肯德基瞄准少年儿童，卖的是美国式的快餐文化；星巴克则瞄准都市白领，塑造了一种忙里偷闲、讲求情调和品位的咖啡文化。

4. 所起作用不同

企业文化是对内的，主要是为了明确企业的生存与发展指导原则，并形成一套以价值观、理念为核心的制度和规范体系，以此提升企业管理水平，但一个优秀的企业文化，不仅对企业管理有帮助，也具有品牌效应。成功的企业越来越把自己的成功归结于公司的文化，企业文化能够推动企业形象的提升，增强企业的美誉度，这不仅可以为公司做很多免费的推广，而且无形中可以为公司吸引更多优秀的人才。虽然海尔的薪水不高，工作也很模式化，但依然可以吸引那么多优秀毕业生，实际上，文化和企业形象起的作用是非常大的。

品牌文化的作用是为了打造企业的品牌，主要应该是营销管理的职能。从某种意义上来说，品牌文化本身就是打造品牌的一种方式，文化这个概念越来越得到关注，全球化的进程暴露出一系列文化的冲突问题（跨国公司在中国的本土化难题），不同企业并购的失败大多源于不同的文化，惠普与康柏合并的不成功，联想收购 IBM 的 PC 事业部，TCL 收购汤姆逊，关键问题也是文化的融合。现在世界级的优秀品牌，往往诞生在那些西方发达国家，这些企业进入中国，本身就带来了文化的冲击，洋品牌与本土品牌的竞争，其深层次是文化的竞争。

因此，企业文化是企业内在的激励和凝聚；而品牌文化是企业外在的宣传和整合，使企业品牌理念有效传递给消费者，并占领消费者的心智。企业文化的内部凝聚作用更为明显，而品牌文化的外向沟通与扩张作用更为显著。品牌是文化的载体；文化是品牌的灵魂，是凝结在品牌上的企业精华。品牌文化既是企业借助外在环境和条件而获得的一种“文化背景资源优势”，也是企业形象的内核，是产品形象的基础，更是消费者对企业品牌的共识和理解。

当然，就企业追求的终极目标来看，要实现品牌价值的最大化，绝不是建设强势的文化，而是建设有助于提升品牌价值的文化。所以企业文化是品牌建设的手段，它不仅能保证品牌建设的方向朝着有利于企业发展壮大的方向前进，并且能协调经济效益和社会效益的动态平衡。因而企业文化是本源，品牌文化是标流，只是事情的目的不是为本，而是为流。那么客户要区分不同的文化，品牌就是区分的标杆。

品牌是文化的载体，文化凝结在品牌中，也是对渗透在品牌经营全过程中的理念、意志、行为规范和团队风格的体现。因此，当产品或服务的同质化程度越来越高，企业在质量、价格、渠道上越来越不能制造差异来获得竞争优势的时候，品牌正好提供了有效的解决之道。

第三节　品牌文化的提升策略

提升品牌文化，可以从服务、企业精神和绿色文化等方面进行。

一、创新服务文化

市场经济发展到今天，产品价格的竞争已全面转向产品价值和附加值的竞争，附加值的最大化表现在服务的内涵上。服务文化已成为品牌战略的一个重要组成部分。

服务是企业之本，而文化是服务之根、服务之魂，是服务的最高境界。服务竞争的实质是文化的竞争，文化的经营是最高层次的经营。“服务是向顾客提供或满足需求的一种产品或活动”，要形成服务文化，要构建服务文化，只有通过对服务特性的认识和了解，才有可能完成向顾客“提供或满足需求”这一终端任务。

IBM 公司是最早将服务上升到文化境界的公司，在加拿大的一个小镇，有一位 IBM 用户的电脑机芯出了问题，IBM 公司能在五小时内召集二十名专业技术人员赶赴现场，而其中五名专家是从欧洲过来的，这就是 IBM 所提供的服务。IBM 其实在很长一段时间内成为服务的一种象征，IBM 品牌形象“蓝色巨人”是由服务和产品两部分构成的。

今天的中国企业，在进行品牌扩张或者打造品牌的同时，也在提升服务品位，海尔公司的品牌战略与服务形象代表了中国未来服务文化和品牌战略的一种发展趋势。海尔卖产品，附加在产品之后的维修服务，以“五个一”为表现形式，很简单，很朴实，是一种中国传统文化的体现；广东顺德家电医院，用“认真”对服务进行诠释，它的产品就是服务，它让顾客明白“世上最怕认真二字”，而它是最讲认真的服务；万达物业把服务转化为一种亲情，将平淡的服务注入一种鲜活的生命力。这一切都显示出，服务文化是品牌战略的基石。企业一旦形成自己的服务文化、服务品牌，就成为企业独特的精神财富，就能使企业贴近市场，紧跟时代，赢得客户，提高竞争优势。服务文化内化为员工的心理需求，员工的积极性和创造性就会持续不断地激发出来，这样，可以使服务从无序走向规范化、常态化，而且能使服务变主动，达到创新服务的目的。通过构建服务文化，就能使服务从制度层面完成文化和观念上的整合，充分发挥服务文化的辐射力、陶冶力、推动力，形成重要的生产力。通过精神和文化的力量，从管理的深层次规范员工的行为，使员工和企业站在市场和客户的角度，不断提升服务的品位，这种服务文化将通过一个个客户口碑的传播，促进公众对该企业文化的认知，促进企业美誉度和知名度的提升，成为品牌扩张与品牌战略的核心竞争力。

现代企业文化强调所有员工对企业核心价值的认同，现代服务文化同样强调其核心价值意义，服务作为品牌的载体，对品牌战略有着非同凡响的意义。

目前，大多数企业的品牌战略依然停留在媒体、策划公司、广告公司等，忽略了自身的服务性与标准性，没有将品牌建设与扩张列为企业管理的重要行为，缺乏行之有效的品牌战略对策。企业对品牌建设认识存有偏差，将品牌与普通商标性质的识别标牌混为一体，没有提升品牌深度。专业、规范的品牌建设与管理服务还未形成一个较良性的市场，顾客认同与自我认同未达成一致，很多企业对品牌与服务的认识是一相情愿的，没有让顾客进行界定。

从发展的角度来看，唯有将品牌战略寓于服务文化建设中，减轻外部压力，借助内部优势，才能从真正意义上完成品牌战略所要达到的目的。因此，未来知识经济时代，将是一个品牌战略完善与实施的时代，同时也是一个全新的服务时代。

二、注入企业精神

在品牌经营中，将文化精神注入企业，可以使企业获得强大动力，同时，品牌价值也能够得到提升。比如，红金“赣”品牌。从香烟外包装看，中间的帆是赣字拼音字母的变形，由于赣南卷烟厂坐落在赣江的发源地赣州，章江和贡水汇合成赣江，从赣州流出，这就是赣。变形的风帆，在包装设计的时候，就有深刻寓意：一帆风顺，红红火火，不论是走仕途，还是经商都需要。用红色做底色，赣南乃至江西是红土地，而且这种品牌，挖掘的是赣文化，是革命历史最辉煌最优秀的文化，是红色文化。“赣”品牌代表赣，代表江西的形象。“发现金赣”，社会各界、广大消费者看到赣南卷烟厂的广告，开始叫“发现金赣”，后来叫无限“发现红金赣”，这是提升企业文化的活动。在红金赣的图案中，“发现金赣”好比眼睛，告诉人们要睁大眼睛看江西，“发现金赣”就是要善于发现红土地上优秀的一面，优秀的产品，把握金子般的机遇、金子般的品质、金子般的文化。“发现金赣”为什么用“发现”来体现和提升自己，来做文章，同赣文化联系起来呢？实际上，我们身边有很多优秀的东西，包括我们自身，我们要善于发现它，发现它就可以提升它、塑造它，“发现金赣”就是告诉人们江西有好的产品，有好的品质和优秀的文化。无限“发现红金赣”是品牌的延伸，它是有品位的，是可以延伸、可以扩张的，无限发现就落脚在品牌上。

抽烟首先抽的是产品质量。当你认为品牌产品质量过硬了，适合你的要求的时候，你才有购买的欲望。赣南卷烟厂的红金“赣”就是要提醒人们吸红金“赣”有“英雄的感觉”，其广告语是“无限发现红金赣、快乐英雄红土情”，表达了整个品牌的创意，也表明了吸红金“赣”有时代英雄的感觉，这里打的是文化牌，赣烟是赣文化、企业文化的缩影，希望吸红金“赣”的人，人人争当英雄，做时代的英雄。另外，红土地上的红金“赣”，把文化资源充分地运作起来了，它是一种红土地文化，它跟江西人有着地缘、血缘，从而产生了情缘，抽这种烟的时候就有了家乡的感觉，一种革命英雄的感觉，同时也是一种走向中国本土的感觉。赣南卷烟厂运用“英雄文化”“红色文化”来倡导企业精神，来倡导企业追求的精神境界。

赣南采茶歌舞剧团和赣南卷烟厂联姻，通过联姻，赣南卷烟厂当然得到许许多多的利益，这就是红金“赣”通过优美的采茶曲走向中国、走向世界。企业与文艺团体联姻，既是红金“赣”品牌扩张的智慧，又是企业家对文化传承的社会责任。在宣传企业的产品时，不仅让人抽的是“赣”烟，同时在看节目时感受的是红土地的文化。通过赣南采茶歌舞剧团，通过一个有着浓郁的红土地色彩的艺术团体来推动红金“赣”的品牌扩张。此外，由张俊以作词，著名作曲家徐沛东作曲并演唱的赣南卷烟厂厂歌——《红土香》，在文化部主办的中国企业歌曲电视大奖赛中，荣获创作、演唱一等奖。《红土香》可以说是品牌与文化互动撞击出来的一束火花。

加入世界品牌的竞争并不可怕，只要品牌文化是有个性的。忠于红金“赣”“红色文化”“英雄文化”的还是有很大消费群体的，所以，会有销售市场。红金“赣”品牌是企业文化的反映，需要一支队伍去表现，去让消费者接受，和赣南采茶歌舞剧团的联姻是强强联合，以此来补充企业文化的不足，并促进企业的发展，让更多的消费者、社会各界人士去了解企业，了解品牌，了解企业文化。

三、外显品牌文化

品牌文化的内涵，需要通过外在事物来显现。比如七匹狼男装，狼，古往今来人们对它有一种神秘、苍凉的感觉，它是有争议的动物。狼集智慧、机灵、团结于一身，是极具拼搏力的群体动物，在自然界弱肉强食的竞争环境中，它们顽强、执著地为生存而奋斗。狼的孤独沧桑、狼的荣辱胜败、狼的勇往直前、狼的百折不挠、狼的精诚团结，正好印证了“成功人士”的心路历程，也是七匹狼“奋斗中男人”的文化精神内核所在，这非常容易引起奋斗中的男人的共鸣。为此，七匹狼谨慎地选择与自身品牌内涵吻合度最高的公众人物齐秦作为品牌文化代言人（不是形象代言人），品牌特征与齐秦的个性之间有极强的共性，七匹狼倡导的狼文化与齐秦的精神气质相符合，这种明星气质和品牌内涵上的碰撞，能带动目标消费群对品牌由内而外的理解和认同，使品牌精神深入人心。此外，赞助“2003 皇家马德里中国之旅”，获得了皇马球队集体形象使用权及群星登长城的独家冠名权，使七匹狼的品牌得到极高的提升。“皇马群星”作为力量的象征，成为七匹狼服饰杰出的男性代言人，并且他们身上激越的体育精神，让七匹狼“相信自己，相信伙伴”的文化理念更加成熟和丰满。

四、倡导绿色文化

实施名牌战略要树立绿色理念，倡导环保文化。随着社会的发展和文明的进步，人们眷恋清新、整洁、优雅的环境，无论是绿色包装、绿色建筑、绿色食品、绿色工程，还是绿色服务都能提高人们的满意度，这种对绿色消费的追求无疑是一种现代的消费潮流。因此，企业在实施品牌战略时，应树立绿色理念，倡导环保文化。

1. 品牌设计上的绿色概念

“杉杉”品牌紧扣“环境保护、生态平衡”的现代性主题，其标识设计力求把大自然的意蕴融入其中，一棵绿色的杉树旁以杉杉英文字母“S”形成两条蓝色的小溪，青绿与水蓝相互交融，标识与环保相互衬映，表达了杉杉人关心人类生存、热爱绿色自然的美好愿望。

2. 品牌行为上的森林法则

利乐是国际上最大的液态食品加工与包装公司。利乐中国公司拒绝在中国采购纸板，因为中国的纸板不符合他们的“森林法则”。利乐规定，所有的纸板供应商都必须保证所采用的纤维材料来自于经过认可的森林。为此，他们实施了一套三步“森林法则”，以确保所有的原材料均来自管理良好的森林：第一，保证所有纸板不得来源于非法砍伐森林、原始森林或保护森林；第二，所有纸板来源于符合公认的可持续森林管理原则的森林；第三，所有纸板来源于通过相关机构认可的标准认证的森林。利乐包装被称为最受环保主义者青睐的产品，用它来包装的牛奶、果汁、饮料，无须冷藏，在常温下可保鲜六个月，节约了大量因冷藏而耗费的能源。同时，这种纸包装回收后可做成“彩乐板”，制作家具、地板、玩具、音响设备等。

人类工业化的进程是以牺牲自然环境为代价的，环保、可持续发展已经成为人类社会发展的一个主题，利乐的这种“深入骨髓”的环保意识，使其品牌赢得了人们的尊重和爱戴，很快被推广到整个欧洲，推向世界。

本章小结

在产品同质化程度越来越高的今天，除了品质和价值上的认同外，还有一种力量正在影响着消费者的选择，这就是品牌文化的作用。品牌文化与消费者内心认同的文化和价值观一旦产生共鸣，这种力量就显得非常强大。

品牌的建立不仅仅要知名度、美誉度和忠诚度，更加要讲究精神的认同，顾客对于品牌的忠诚最终还是取决于他们对品牌内涵的理解和认识，这种内涵仅仅通过一些传播语或所谓的差异化营销方式是不可能持久的。正如一个人可以通过广告认识一个品牌然后去消费它，但你却无法保证他以后在没有任何外部诱惑的背景下去消费你的产品，更加无法确认他是否可以自觉地去维护自己心目中品牌的形象，这都是因为没有对品牌形成一种心理的认同。

认识品牌、接受品牌、忠诚品牌到认同品牌，这个过程并不是所有的品牌都可能经过的阶段，往往在忠诚品牌的时候就已经出现断裂，而品牌认同的伟大在于它不仅仅是忠诚者自己去消费品牌，而且他们自觉地去维护品牌，去帮助品牌拓展它们的忠实用户。就像宗教一样，教徒不仅自己毕生信仰一个教派，而且他们还会主动去传播教派教义。而这些都要求品牌有一种强大的文化支撑，所以品牌文化是实现品牌认同的唯一途径。

企业形象是自身的品牌文化和企业文化的统一。品牌文化是企业整体社会形象的外在表现形式，它定位于目标消费市场的需求，服务于消费者的需要，目的是要与既定的目标消费者产生对于品牌文化认同的共鸣，进而促进其产品的销售。企业文化是企业整体社会形象的内在体现，是企业凝聚力的核心，是企业发展的原动力，目的是为了提高企业的管理水平和生产效率。两种统一于一体的文化又针对不同的群体宣传，所以在营销中应该予以恰当的区分使用，即品牌文化是面向现有或潜在的目标消费者，而企业文化大多是面对企业及行业或相关群体作宣传。

企业文化与品牌文化的塑造，其根源都在于对文化的理解，对文化理解得越深、越透彻，就越容易把握其中的真谛和关键。打造有销售力的品牌文化，并不是一件简单的事情，它是错综复杂的智慧创造过程，只有对文化的深入研究，并将其上升到品牌哲学的高度，利用哲学这个超级理论武器去解剖、分析、整合和创新，才有可能创造出品牌经营实践的品牌理论，更好地服务品牌企业。

关键词汇、概念

文化　产品文化　企业文化　品牌文化

思考题

1. 产品文化、企业文化、品牌文化三者有什么关系?

2. 你对海尔公司的核心理念熟悉吗? 你认为“真诚到永远”能够代表海尔的文化内涵吗?

3. 应当如何把握品牌文化的实质?

第九章

品牌维护

本章学习目标

- ●了解品牌竞争的表现形式
- ●掌握品牌竞争的常见策略
- ●阐述品牌危机管理措施
- ●掌握品牌的保护措施

引例及思考

中国移动通信的品牌竞争

中国移动通信是中国最大的国有移动电话运营商，覆盖率达到中国内地所有县级以上城市的99%，公司与世界114个国家和地区的190个运营商合作，提供移动电话国际漫游服务，中国移动有1.33亿移动电话用户，主要分布在中国内地，控制了70%的中国移动电话用户市场。2005年中国移动进入世界500强第224位，年营业额收入为239.58亿美元，在进入世界500强的中国企业中排名第五位（前四位分别是中国石化第31位、国家电网第40位、中国石油天然气第46位、中国人寿第212位）。

1994年，为满足移动通信的发展，中国移动作为邮电部的下属机构建立起来，其责任是在全国范围建设移动通信网络，同时提出了第一个产品名称——“大哥大”。那时大多数移动用户是富商，拥有它是一种成功的标志，“大哥大”暗示其主人是大哥，是群体中的第一号人物。后来中国政府开始将竞争因素引入电信行业，为了生存，1995年中国移动创出“全球通”品牌，从设计、包装到其他品牌细节方面不断地进行发展和完善，现在是最著名的用户品牌；1999年推出“神州行”预付费服务；2000年推出移动数据和因特网服务移动梦网；2000年4月中国移动通信集团正式成立，标志着公司品牌的开端。

中国移动在竞争中有自身的优势。消费者对品牌有很高的认知度并忠实于它，这极大地节省了其在销售渠道的支出；由于消费者喜欢购买移动的服务，这在批发商和分销商谈判时就具有更为强大的讨价还价的能力；因为品牌所拥有的信任，这在向新领域扩展时更加便利；由于品牌的承诺具体和传递的信息快捷，因而能够制定比竞争对手更高的价格。品牌不仅是一个保护盾牌，而且是价格战中的有效武器。价格战最令人头痛，中国移动是行业老大，占据70%的市场份额，新进入者总是试图快速扩张市场份额，运用价格战来达到目的。中国移动被置于一个尴尬的地位，不参与价格战，客户会抱怨，如果降价，又没有利润可谈。结果他们认为解决问题的方案应该是迅速改善产品和服务质量，从而提升品牌形象。这样可以向客户解释，产品在哪些地方优于竞争对手，更高的价格可以得到更优质的服务。

中国的电信市场跌宕起伏，尤其是移动通信行业的竞争，激烈程度前所未有。走出低级的价格战泥沼，进入更高一级的品牌竞争，已经是摆在运营商面前亟待解决的问题。中国移动宣布在全国范围内推出的针对年轻一族的移动客户品牌——“动感地带”（M-Zone），这似乎表明，电信业进入品牌竞争阶段已经开始。

每个行业都存在竞争，竞争大致可分为价格竞争和品牌竞争两个阶段。动用价格武器进行竞争虽然行之有效，但往往也造成两败俱伤甚至伤害整个行业，我国彩电行业的价格大战就是明证。现在厂家已经开始把重点放在品牌经营与管理上，海尔的崛起在很大程度上就是品牌成功塑造的功劳。中国移动是中国电信运营商中实施品牌战略比较早的运营商，“全球通”“神州行”等品牌已经为大家所熟知，“动感地带”的推出也是为了避免与竞争对手打价格战而另辟蹊径。数据业务刚刚兴起，竞争还没有像语音业务那样达到白热化，中国移动率先进行品牌推广，无疑是将对手拉上品牌竞争的舞台，从而扼杀对手发动价格战的企图，并在品牌竞争中取得先机。中国移动力推“动感地带”品牌不仅带动移动通信领域的竞争进入品牌时代，而且对整个电信产业的竞争告别价格战也有重要的影响。

“动感地带”（M-Zone）的推出，是根据市场细分原则，实施品牌延伸以及对丰富的话音业务、数据业务的整合。对子品牌的清晰规划，一方面有利于贴近不同用户群体的需求重点，刺激用户消费，提升品牌忠诚度；另一方面也有利于根据不同的目标市场的异质化需求进行产品开发。“动感地带”定位的高明之处在于不是以产品的特性而是以客户的特性细分市场。“全球通”现在也推出了大客户俱乐部，以前月话费一万和月话费两百的客户所享受的服务几乎没有什么区别，现在大客户俱乐部的建立使高端用户享受到了更多的人性化服务，使其对品牌的忠诚度更高。以目标客户的年龄为基础的差异化策略是运营商的最好选择。客户年龄不同，需求也不同，支付能力也不同，运营商可以开发出不同的业务，以不同的价格，向客户提供差异化的业务，客户可以各取所需，运营商也保证了自己的收益。中国移动采取这样的手段进行品牌定位可以说是将客户群体“阵地化”了，这样在市场竞争中就可以有的放矢，相对国内的其他运营商，中国移动的品牌定位进入了新境界。

“动感地带”定位为数据业务比重高，年龄集中在15~25岁，追求时尚，对新鲜事物感兴趣的用户。他们崇尚个性，思维活跃，对移动通信中娱乐休闲社交的需求比重较高。同时，他们有强烈的品牌意识，对品牌的忠诚度较低，是容易互相影响的消费群体。不难看出，中国移动推出“动感地带”不仅可以抓住现在的一个非常群体，更重要的是这个群体是高端用户的孵化器，高端用户对于移动运营商来说至关重要，是运营商必争之地。中国移动推出“动感地带”可谓眼光长远，为在未来的竞争中占有优势埋下了伏笔。“动感地带”承载了中国移动的厚望，但它的推出绝对不仅仅是一个新业务诞生那么简单，它是中国电信市场竞争新时代到来的序幕，无论是在品牌战略上还是在客户细分上都会给其他的运营商带来许多启示。

品牌不是永恒的，市场竞争却是残酷的。在变幻莫测的品牌市场上，一些默默无闻的品牌会一夜之间突然成为名牌；而与之相反，一些知名度颇高的品牌却可能是悄然不知去向。原因何在呢？原因就在于企业能否运用各种有效的品牌保护策略来保证品牌发展的良性循环。

第一节　品牌竞争

在市场经济条件下，品牌是市场竞争的产物。品牌在很大程度上决定着产品甚至企业的市场占有率，决定着企业的生存和发展。在市场上，品牌是质量的标志、信誉的标志、市场需求的标志、消费者认同的标志。当今的市场竞争也就是品牌的竞争。

一、品牌竞争的含义

1. 市场竞争的概念

市场竞争是指竞争主体相互之间为了争夺市场发展空间，争夺市场优势，获取市场利益而进行的较量与角逐。常见的竞争形式有：

（1）按照市场参与主体——卖者、买者之间；

（2）按照市场竞争内容——价格竞争、非价格竞争；

（3）按照发展阶段——自由竞争、垄断竞争；

（4）按照规范程度——规范、不规范；

（5）按照结局——淘汰式、协同式、双赢式；

（6）按照领域——部门内部、部门之间；

（7）按照空间范围——国内、国际。

随着时间的推移，竞争优势也在发生变化。“二战”结束后，资源严重缺乏，改进工艺、降低成本、强调规模经济，成为企业获取竞争优势的关键；70年代，随着产品大量生产，消费者对产品的质量意识提高，只有提供高质量产品，企业才可维持竞争优势；80年代，产品同质化现象凸显，竞争焦点转移到产品差异化，生产方式大胆探索、不断改革，开发多品种、小批量生产方式成为优势；80年代后期，同类产品成百上千，快速开发新产品，立刻提供给顾客想要的东西，即基于时间的创新成为竞争获胜的源泉；1990年以后，竞争优势集中反映在企业掌握独特的能力，使它不容易受到模仿，能给消费者创造价值，能不断推出新的技术或产品，获得持续竞争优势。

因此，当代市场竞争的新趋势，是高新技术的竞争、管理的竞争、人才的竞争，而这一切又体现在品牌的竞争上，并且市场竞争逐渐呈现出国际化趋势。如今，中国果汁饮料市场上大约有350多种不同品牌的产品，活跃在市场一线的品牌有可口可乐的酷儿、统一的鲜橙多、康师傅的每日C以及本土品牌汇源、露露、娃哈哈、华邦等，外资品牌有百事可乐的康纳、都乐、大湖、茹梦等，外商品牌有日本的麒麟、三得利和澳大利亚的金环、百利等，众多品牌纷纷抢占国内市场；在服装品牌上，意大利品牌占中国市场海外成衣品牌总数的36%以上，位居第一；在超级市场，美国的沃尔玛、法国的家乐福、德国的麦德龙、日本的伊藤洋华堂等零售业巨头，逐步形成一定的市场网络。面对强大的竞争对手，要在国际的商业挑战中胜出，必须正确认识自己，相信自己，认识差距，认识规模实力等在市场竞争的强弱对比，挑战传统思维方式，制定正确的企业发展战略，拓宽资金来源的渠道，在管理技术、信息技术、整体营销技术上提高运营能力，全面增强企业核心竞争力。

2. 品牌竞争的概念

品牌竞争是指不同的品牌在市场上进行较量。品牌竞争是市场竞争的焦点。这是因为：市场经济向前推进使品牌化趋势日益发展；竞争内容和形式集中在品牌竞争上；品牌竞争反映了企业之间、地区之间、国家之间的实力；品牌竞争体现了竞争趋势。

二、品牌竞争的表现形式

1. 品牌价格竞争

品牌价格竞争是指品牌及其代表的产品或服务在价格水平与定价策略方面的竞争。价格竞争主要有：

品牌价格水平竞争——高价竞争和低价竞争。

品牌定价策略竞争——成本加成定价，目标利润定价，市场需求导向定价，竞争取向定价，折扣定价，短期促销定价，心理因素定价，公开透明定价，差别性定价，新产品定价。

2. 品牌非价格竞争

品牌非价格竞争是指除了价格竞争以外的一切竞争，包括品牌质量、功能、品种、服务、形象等竞争。非价格竞争主要有：

（1）品牌的质量竞争——价格相同时质量取胜，有内在、外在、包装、消费者心目中的质量；

（2）品牌的功能竞争——多功能与单一功能、时尚与怀旧；

（3）品牌的品种竞争——规格、款式、花色；

（4）品牌的服务竞争——售前、售中、售后；

（5）品牌的形象竞争——广告、公关、CI 设计。

比如，百事可乐挑战可口可乐。可口可乐诞生于 1886 年，百事可乐诞生于 1898 年。二者均为美国软饮料王国的巨星，百年以来，竞争不断，它们都在竞争中得到发展。就总体实力与规模来说，可口可乐仍占据首位；就发展速度和绩效来说，百事可乐进步更大。作为防御者的可口可乐长期处于领先地位，作为进攻者的百事可乐处于第二位。两者之间的竞争策略如下：

进攻策略：20 世纪 50 年代前，百事的口味无法与可口媲美，不是可口的竞争对手。从 50 年代开始，百事改良口味，重新设计标志、策划广告、攻占可口忽略的市场，1965 年的营业额比 1955 年增长 4 倍。

正面交锋：1985 年，可口可乐诞生 100 周年之际，宣布改变沿用 99 年之久的配方，采用刚刚研制的新配方，花费几百万美元却引起消费者抗议，形象大损。百事可乐公司的老板此时乐开了怀，放假一天以示庆祝，同时花几百万美元制作电视广告：一个眼神急切的姑娘盯着镜头：有谁能告诉我可口可乐为什么这样做？他们为什么要改变配方？然后镜头转变，姑娘说：因为他们变了，因此我要开始饮百事可乐了。百事可乐销量一下子超过了可口可乐。

纠正错误：新配方的失误，千万美元的损失，部分市场的失去，可口可乐迅速纠正自己的错误，开始恢复老配方的生产线，很快赢回了市场。可口可乐在 1987 年投资 250 万美元聘请著名导演拍摄 60 秒电视广告，百事可乐则于 1988 年利用当时走红的歌星——迈克尔·杰克逊制作广告，单演唱酬金就高达 500 万美元。百事可乐与可口可乐的销量比由原来的 1:12 上升到 1:2。

百事可乐与可口可乐竞争策略的区别：百事可乐在各城市的市场表现，两极分化明显，市场渗透率高者甚至超过可口可乐，而低者不足可口可乐的 40%，这也恰恰是百事可乐近期所希望看到的结果，因为他们的目的就是抓住可口可乐“满天撒网”战略的弱点，集中优势兵力实施中心突破，终于在上海、成都、重庆、武汉、深圳等城市的“两乐”之争中胜出。针对可口可乐的大打广告牌，百事可乐将人力、财力和物力集中在几个重点城市，大肆进行立体式广告宣传进攻，所选择的重点是这些大城市中的高校、名校，因为年轻人中消费力较高的就是学生。因此，百事可乐在高校内设立自动售货机，出资建立公共设施等——抓住主要矛盾的主要方面，是百事可乐成功的秘诀。

竞争策略针锋相对：在体育方面，可口可乐成为冬奥会的指定饮料赞助商，于是拿冬奥会大做文章；而百事可乐则利用 NBA 和美国棒球联盟寻找平衡点，并且在中文网站设有“百事足球世界”“精彩足球”，包括“百事可乐足球联赛”“百事全能挑战足球赛”“百事预祝十强赛中国足球超越梦想”等；在音乐方面，这是百事可乐最精彩的策略之一，包含有百事音乐的主题活动、巨星、新星、音乐卡片、音乐流行榜、竞投场等；在网络方面，百事在网上发动网民投票评选“百事可乐最佳电视广告片”等。

三、竞争中采用的策略

在产品高度同质化、市场过度竞争的大环境下，众多的品牌迎来了平淡不惊的微利时代。面对品牌竞争，通常采用以下策略：

1. 低成本扩张

品牌管理大师波特曾指出“低成本、高差异、集中战略是三大基本竞争战略”，而规模化、OEM 代加工生产是保持较低成本的常用手段。随着原材料成本和各种费用的下降，总成本自然而然就被降下来了；OEM 代加工生产则直接降低了企业的投资成本，企业无须建厂房、买设备和雇用工人，只需要支付低廉的加工费用，因而大量生产时成本更低。比如，雕牌洗衣粉就是实行了 OEM 代加工生产、就近分销的策略。由于洗衣粉是低附加值的产品，生产和运送成本占到它出厂价格的 90% 以上，因此雕牌洗衣粉采取的这一手段巧妙地将总成本控制在整个行业的最低点，最终凭借低成本在竞争中力挫群雄、后来居上。

又比如，戴姆勒—克莱斯勒（Daimler – Chrysler）的扩张。1998 年 5 月 7 日，德国戴姆勒—奔驰汽车公司与美国克莱斯勒汽车公司宣布合并。其中戴姆勒—奔驰占 57% 的股份，克莱斯勒占 43% 的股份。合并前，德国的奔驰 1997 年销售额为 1 240 亿马克，员工 30 万人，美国的克莱斯勒仅次于通用和福特，1997 年销售额为 1 060 亿马克，员工 12.8 万人，合并后市场资本 920 亿美元，新公司市场资本额排名第二，销售额排名第三，销量排名第五。

世界汽车巨人之所以合并，主要是因为：①经济全球趋势不断增强这次合作的大背景。②21 世纪要站稳脚跟必须扩大生存空间、增强竞争力，实现这一目标的最佳途径是走企业联合的道路，通过大批量生产，降低成本，获取更多利润。③两家公司合并后可以实现优势互补。赢利企业“强强联合”前景看好，生产销售互补态势强劲。克莱斯勒销售额的 93% 集中在北美，其他地区占 7%；奔驰在北美占 21%，大部分局限在欧洲。④两家公司产品线互补。克莱斯勒的强项是小型汽车、越野吉普车、微型箱式汽车，奔驰以生产豪华小汽车闻名。⑤可以降低成本，增强竞争力。在采购、营销、技术、零部件互换等方面展开广泛协作。

合并之后，戴姆勒·克莱斯勒从2002年至2004年，连续三年位于世界500强第7位，营业收入分别为：2002年1 368.973亿美元，2003年1 414.211亿美元，2004年1 566.022亿美元，2005年排名第6位，营业收入达1 766.875亿美元。

2. 薄利多销

从市场来看，高端消费群在庞大的消费群体中仅占据较小的一部分，而大多数消费群体都集中在中、低端。因此，占据中、低端消费群体的目标市场是众多品牌的市场经理们的共识。推出质量相同、价格低于竞争对手的产品，必将赢得中、低端消费群体的青睐。比如格兰仕的迅速崛起，基于它高质超低的价格；走平价策略的奥克斯空调，2002年凭借“爹娘革命”“成本白皮书”等自爆价格老底炒作，大幅度降价，在消费者心中树立了低价优质的品牌形象，使自己从无名小卒跃然成为行业第四。

3. 服务延伸

随着市场的逐渐成熟，一些耐用消费品，比如冰箱、电视、汽车等，在技术上已没有竞争优势，因而服务、品牌等变得十分重要。服务不仅有售后服务，还有售前、售中服务，如“1小时的快速上门服务”“24小时的不间断技术支持”“门对门送货服务”等，给品牌带来了较高的美誉度，同时也获得了更多的消费人气和购买率，获取了更多的市场份额，赢得了更多的销售额。在一项海尔空调购买原因的调查中表明，80%的消费者是因为它完善的售前、售中、售后服务，能够使消费者感受到“上帝”的待遇。

比如，小天鹅的“12345”服务：进了用户家门，必须换一双干净鞋；进门后向用户说两句致歉语：“对不起”“给您添麻烦了”；维修时使用三块布，一块专门用来铺在地上垫机子，一块专门用来擦机子，一块专门用来自己擦手；四不准——维修时不抽用户的烟，不喝用户的茶，不吃用户的饭，不收用户的钱；如果比预约时间晚去1天，厂家罚维修当事人5元钱。小天鹅的“12345”服务规则，都是从细微的小处入手，通过维修人员的行为规范和礼仪规范为小天鹅展示出一个优质服务的企业形象。

4. 技术革新

“喜新厌旧”“见异思迁”始终是消费者的消费天性。对于一些与消费者日常生活休戚相关的产品，不断技术革新、推出新产品，来吸引消费者的眼球，并促使其购买，能够在竞争中取胜。比如波导手机在把握国内通信市场流行走向的同时，不断推出迎合潮流且价低的新产品，结果受到了二、三线市场消费者的追捧，一跃成为国产手机中销量第一的品牌。同样，宝洁也不断顺应市场的潮流，推出一系列以飘逸、柔顺为主诉求，同时又兼有其他辅助功能的新飘柔，不但满足了老顾客的新需求，而且满足了新顾客“求新”的心理，让消费者感觉飘柔这个品牌永远都是一个年轻的品牌。

5. 把握消费心理

绝大多数消费者都有“从众心理”，更在乎别人的看法和意见，个人消费顺从社会群体，结果市场上常出现短期消费热潮。为此，有条件的企业可以利用这一消费心理，在消费者心中形成一个行业领导者的品牌。比如四川长虹，面对激烈竞争，陆续在中央电视台推出自己的广告，并打出“振兴民族工业，打造民族品牌”的旗号，似乎真的唤醒了沉睡的国人，立即引起了众多新闻媒体的关注。经过这一事件，长虹立即成为国产彩电中的知名品牌、领导品牌，购买者趋之若鹜。

第二节　品牌危机管理

无论多么有名的企业，都不可能不遇到危机。对企业而言，危机每时每刻都有发生的可能，而且作为一种公共事件，任何组织在危机中采取的行动，都会受到公众的审视。实践证明，一个组织如果在危机处理方面采取的措施失当，将使企业的品牌形象和企业信誉受到致命打击，甚至危及生存。

一、品牌危机管理措施

事物总是利害相因。品牌代表着公司的整体形象，一旦品牌发生危机，势必损害公司的整体形象。例如，天津消费者状告可口可乐旗下的“健怡可乐”配料中含有咖啡因和苯甲酸钠，而这两者的合成物正是国家严格管制的一类精神药品“安钠咖”。有华裔教授在麦当劳吃出一枚铁钉，而中国顾客在肯德基中吃出苍蝇、蟑螂的事件也屡有报道。为什么不断发生的品牌危机与媒体的轰炸，并没有对这些品牌造成根本性影响和伤害，仍然受到众多消费者喜欢，其中奥秘何在？

像可口可乐、百事可乐、麦当劳这些国际知名品牌，它们在世界各地也经常遭遇一些品牌危机，包括假冒伪劣产品的干扰，却始终不能从根本上动摇这些品牌的知名度和美誉度，这正是“品牌危机马赫原理”。越是大品牌越不怕危机，越是小品牌越怕危机，品牌的抗击能力与品牌的强势程度成正比。一般来说，国际品牌都有规范的品牌经营与管理能力，有高超的危机管理能力，平时对员工进行风险意识培育和模拟训练，一旦遇到危机，能够迅速作出反应，扭转危机。而国内的某些知名品牌却常因一次危机就遭受重大挫折甚至一蹶不振，如健力宝、太阳神、秦池、爱多、金正、三株口服液。据 2003 年零点的调查，“45.2% 的企业处于一般危机状态，40.4% 的企业处于中度危机状态，14.4% 的企业处于高度危机状态”。这主要是由于产品单一、扩张不当、危机管理意识缺失、反应迟钝、与媒介沟通能力差等造成的。

品牌危机管理，可以从以下几方面进行：

1. 树立危机管理意识

所谓危机，就是在正常情况下预计不到，而且往往是突然发生又对企业造成严重影响的事件。品牌危机管理的核心是企业在日常管理过程中建立危机管理的程序，培训公司主要管理人员应对危机的方法，培养消除危机的各种关系网络。

2. 作出快速反应

在危机管理中，速度通常是决定危机能否消除甚至转化为机遇的关键，对危机认识不足，或反应速度迟缓，都有造成品牌危机上升到企业危机的可能，因此，要尽一切可能将危机扼杀在摇篮之中，避免危机扩散。

3. 诚恳的态度

在品牌危机中往往会涉及消费者、媒体和公众三方面的关系，但共同关注点是企业的态度，即企业在危机事件中所采取的姿态和措施。而消费者或受害者首先关注的是自身利益，这时候企业应尽量采取措施使消费者满意，或者说将危机事件淡化，转移事件的关注点，否则消费者就会使事件升级，甚至会转移到事件之外，例如个人尊严、国家民族尊严，那么事态就会越发严重。

4. 转化危机

危机的反面是机遇，企业要善于利用危机，使危机为企业所用。在企业危机中，一般是企业最受关注的时候，企业如果不能及时解决危机，会导致企业生存危险，但仅仅解决问题只是危机管理的第一步，转化危机，主动牵引危机的关注点，使危机为企业品牌宣传所用，这往往只有一步之遥。

在危机与机遇的转化中，企业员工的态度起决定性作用。危机通常起源于外部，但结果却取决于内部。如果企业内部在企业发生危机时不能同舟共济，而是相互拆台，打小算盘，那么真正的危机就是来自企业内部。企业文化对外就是品牌文化，而品牌文化就像人的品格，如果我们认同一个人的品格，就算别人对这个人有一些诋毁之词，我们也不会轻易相信。危机管理也是一样，如果各界对企业的文化非常认同，就算危机真的形成，往往也能大事化小、小事化无。

因此，面对危机，企业应该勇于承担责任，真诚与公众沟通，快速作出反应，争取相关权威机构的支持，使得危机造成的破坏减小到最小。

二、品牌危机管理事例

在危机管理方面，金正和创维的教训应引以为戒。2004 年 7 月 9 日，金正董事长万平被山西检察院以“涉嫌挪用资金罪”批准逮捕。“出事”后，金正手足失措，不但没有进行危机公关，反而股东权利之争的风波愈演愈烈。结果，经销商终止销售，供应商停止原材料供应，国外客户纷纷提出赔偿损失，银行不再贷款甚至上门逼债，短短半个月内金正资金链断裂，厂房被关闭、资产被查封，员工被遣散，一步步走向了深渊。反观创维，2004 年 11 月 30 日，香港廉政公署拘捕了“涉嫌盗取公司资金”的创维董事局主席黄宏生。当日，创维数码在香港被停牌，创维董事局副主席张学斌及公司多名高管当晚立即召开紧急会议，商议对策，并在深圳创维大厦紧急约见媒体。次日，经销商国美、苏宁、永乐、大中发出声明力挺创维。此后，供应商北京松下、彩虹、三星等八大国内彩管企业表示将优先保证创维的原材料供应；金融机构深圳7家银行分行行长聚集深圳创维大厦表示鼎力支持创维；同时深圳市副市长到创维表态：创维本部发展非常稳定，市政府全力支持；公司内部全体员工更是齐心协力共度危机。结果，创维数码年报显示，财务年度营业额再创历史新高，较上年同期增长13.6%，纯利增长17.8%，成倍的利润增长远远高过同行。从这里我们看到，面对危机，快速作出反应，积极与媒介沟通，采取强有力的公关措施等，可以将危机逐步化解。

国外知名品牌也有不少面对危机敷衍了事的。2005年1月9日，杭州一辆迎亲的2004款本田雅阁车因撞击断为两截，事故致使车上五人三死两伤。一周后，广州本田、日本本田的技术专家相继赶到，面对死者和媒体的质疑，所有人都纷纷表态：绝对不是质量问题，而且表示，由厂方自行认定质量是否存在缺陷。最后迫于压力，才配合浙江省质量技术监督检测部门的检测，而且在质检报告中推卸责任，多数数据都是广州本田提供，并大幅度引用日本专家的结论。这种态度对待危机，很难赢得消费者的信赖。

当然，也有的国外品牌面对危机看起来反应积极，实际上避实就虚。2005年3月15日，上海市相关部门在对肯德基多家餐厅进行抽检时，发现新奥尔良鸡翅和新奥尔良鸡腿堡调料中含有致癌物“苏丹红一号”。16日上午，百胜集团上海总部通知全国各肯德基分部，立即在全国所有肯德基餐厅停止售卖新奥尔良鸡翅和新奥尔良鸡腿堡两种产品，同时销毁所有剩余调料，用现存的经过验证不含苏丹红的调料取代原来的调料，并向公众致歉。在向媒体作出解释后，肯德基又去追究供应商的责任，很自然地转移公众的视线，企图在最短时间消除影响，挽回信任危机。然而，18日北京有关部门抽查到香辣鸡腿堡、香辣鸡翅和劲爆鸡米花三种产品中也含有“苏丹红一号”，肯德基想轻易掩盖事实终究未能得逞。

不过，大多数知名品牌能够迅速化解危机。2005年4月13日，美国某大学教授Peter Vikesland发布研究成果《太爱干净可能对你的健康和环境有害》，文章指出很多抗菌香皂中包含的抗菌化学成分三氯生，会和自来水中的氯发生反应，产生挥发性致癌物质三氯甲烷。英国《旗帜晚报》记者马可·普里格根据这一观点写出了《牙膏癌症警告》一文，声称包括高露洁等品牌在内的数十种超市牙膏均含有三氯生。为此，国内媒体纷纷爆炒，均在显著位置发布高露洁可能致癌的消息。然而，生产商广州高露洁棕榄有限公司发表声明，“高露洁全效牙膏已经由全球各相关权威机构审查与批准，目前公司不会回收中国市场上的高露洁牙膏，必要的时候会给媒体一个答复”。但是高露洁有致癌嫌疑的消息让消费者恐慌，网民对高露洁的信任由88.4%下降至9.84%，甚至有人开始退货。

面对危机，高露洁通过颇具影响力的媒体《南方周末》发布《高露洁致癌事件调查：谁制造了牙膏信任危机》，指出由于媒体信息传播失真而制造了"公共卫生危机"。同时，高露洁棕榄公司副总裁 David Wilcox 及亚太区总裁高仕亚等一行紧急赶到中国，召开新闻发布会，一方面出示 Vikesland 教授的澄清录音，另一方面展示中华口腔医学会和中华预防医学会近期发表的声明，并且得到这两大机构确认：在中国所做的研究发现，高露洁全效牙膏的独特专利配方非常有效。

有时候，知错能改，也可以化解危机。2005 年 8 月，东芝投影仪在底部贴有一元人民币纸币，并且"特别提示"消费者可以通过输入人民币的编号来确定真伪。此事一经传播，就将其上升到侮辱人民币的高度，东芝（中国）有限公司发表简短声明，称该行为是其中国总代理神州数码所为，自己并不知情，并将敦促经销商停止这一错误行为，声称会进一步加强对渠道的监管。同一天，神州数码称此举是迫于东芝投影仪假货泛滥才不得已而为之，已停止该做法，并启用新的防伪标志。

第三节 品牌保护

品牌的维护是确保品牌不受损害，这要求在开展与品牌个性和核心价值相关的每一项活动时，都要做到前后一致、合适得体，而且在品牌定位上不能有任何妥协，整个工作的目的是向顾客提供最好的品牌体验。要维护好品牌，应该明确定义品牌的核心价值，向全体成员宣传解释品牌的目标受众区分、品牌识别、品牌核心价值、品牌有关解释以及商标和其他符号的表现形式（色彩、字样、布局）等，说明可以使用和禁止使用的视觉图形。

一、企业自身的保护

企业在生产经营过程中，一旦发现自身品牌及其产品可能受到危害时，要及时地采取措施保护自己免受侵害。2001 年 9 月发生的南京冠生园月饼馅事件能够给人深刻教训。冼冠生先生于 1918 年在上海创立了冠生园集团有限公司，生产大白兔奶糖、生字牌蜂蜜、月饼、冠生园牌冷冻米饭、拉面、素易鲜等多种产品，然而对另一家与其没有瓜葛的南京冠生园公司没有采取积极应对措施，以至于南京冠生园生产的月饼出现问题后，消费者却无法分辨这是两家公司，于是纷纷质疑上海冠生园。

品牌不是永恒的，市场竞争却是残酷的。在变幻莫测的品牌市场上，一些默默无闻的品牌会一夜之间突然成为名牌；与之相反，一些知名度颇高的品牌却可能会悄然不知去向。其原因何在呢？原因就在于企业能否运用各种有效的品牌保护策略来保证品牌发展的良性循环。

品牌是一项十分重要的无形资产，好的品牌特别是名牌、驰名商标等具有极高的品牌价值，是企业的一笔巨大的财富。为使企业自身的巨大无形资产和宝贵财富不受侵犯，企业必须对自己的品牌实施有效的保护策略。

1. 让消费者识别品牌

(1) 运用专业防伪技术。

现代防伪技术如激光全息图像防伪、金属隐形防伪、特种印刷防伪等，已在市场上广泛应用，并成为保护品牌的主要手段之一。尽管这些方法治标不治本，但对于保护品牌和消费者权益还是有一定效果的。实践也证明，合理运用防伪技术，对品牌实施自我保护，是富有成效的做法。

(2) 独特的品牌设计。

独特性强的品牌设计比无独特性或独特性差的品牌更易与法律配合，从而获得更好的保护效果。比如，SONY 品牌别具匠心的设计给我们留下了深刻的印象。当 SONY 这个富有创新意识的品牌借助其“索尼小男孩”广告形象的大力宣传已家喻户晓时，市场上突然出现了一个“索尼”巧克力，并且模仿“索尼小男孩”推出了“巧克力小男孩”，这侵犯了 SONY 的权利，出于对 SONY 这个原本无含义的品牌的保护，日本法院第一次使用“不公平竞争法”，SONY 的独特性设计在受到侵权时较好地保护了自己。

(3) 使用前先注册。

注册时要注意：注册类别要宽；字、图多样化注册；注册区域要广。当然，也要注意注册的方式。

比如，2001 年年初，吉林九鑫集团代理了济南东风制药厂的扬帆牌新肤螨灵霜之后，投入了几百万的资金在广州市场运作。由于扬帆牌新肤螨灵霜是国内第一个提出“杀螨益肤”概念的产品，加之其广告宣传到位，因此扬帆牌新肤螨灵霜进入市场之后，很快在广州走俏，甚至一度出现过断货现象。

然而，好景不长，在看到扬帆牌新肤螨灵霜热销的市场现象之后，广州部分化妆品厂相继向市场推出了与扬帆牌新肤螨灵霜外包装相似，但价格却便宜得多的妆字号新肤螨灵霜，进行终端拦截。在针对消费者的低价和针对药店的高回扣率的双重作用下，消费者和终端药店纷纷弃扬帆牌新肤螨灵霜而去。一时间，扬帆牌新肤螨灵霜受到了巨大的冲击，销量一路下滑。由于长时间滞销，一些终端药店纷纷要求退货。

由于济南东风制药厂在给产品命名时采用的是注册商标+通用名的方式，因此从法律意义上来讲，受保护的只有注册商标扬帆牌，而通用名新肤螨灵霜是不受保护的。

眼看着各种牌子的新肤螨灵霜在市场上肆虐，吉林九鑫集团和济南东风制药厂也只能哑巴吃黄连——有苦说不出，最后扬帆牌新肤螨灵霜只好落得个收缩市场的结果。

（4）适度宣传。

产品宣传是必不可少的，但应考虑品牌保护问题。第一，宣传要适度，不能自我泄密；第二，切忌互相攻击、诋毁。

（5）运用法律武器保护品牌。

在品牌受到危害时，可以运用法律武器保护品牌。比如五大国际品牌状告秀水街。2005 年 4 月，5 家国际品牌公司 Burberry、Chanel、Gucci、LV 和 Prada 以公证形式从秀水街市场 5 家商户的摊位上购买了仿冒其商标的侵权商品。5 月，他们将一纸律师函送到了秀水街市场，要求其立即采取有力措施制止此侵权行为，并列出了具体销售者的摊位号。6 月，5 家国际品牌公司再次从这几个摊位上购买到了侵权商品。9 月 15 日，秀水街市场和 5 家商户被这 5 家国际品牌公司告上法庭，成为共同被告。原告的起诉状认为商户的销售行为已经构成对其注册商标专用权的侵犯，秀水豪森公司不予制止，而且提供经营场所，纵容侵权行为的继续，因而与 5 家商户构成共同侵权。遭到起诉后，秀水豪森公司于 9 月底解除了与 5 家商户的合同。12 月 19 日，北京市第二中级人民法院根据《中华人民共和国商标法》关于"注册商标的专用权，以核准注册的商标和核定使用的商品为限，销售侵犯注册商标专用权的商品的行为属于侵犯注册商标专用权的行为"，以及"故意为侵犯他人注册商标专用权行为提供仓储、运输、邮寄、隐匿等便利条件的行为属于侵犯他人注册商标专用权的行为"的规定，宣判原告胜诉，秀水豪森公司和 5 家商户承担 10 万元的连带赔偿责任。

法人在北京市第二中级人民法院做出的民事判决书上看到，光 LV 要求赔偿的经济损失及因诉讼支出的费用就达 50 万元，5 家合计是 250 万元，但判决的赔偿额与原告的诉讼请求相差甚远。对此，原告方表示，他们重视的并不是高额赔偿，而是法院认定秀水豪森公司等承担共同责任的事实。这个只有 10 万元赔偿额的案件，被某些西方媒体称为"具有里程碑意义的案子"。

2．控制品牌机密

（1）要有保密意识。

企业要健全商业秘密保护管理体制，对附着在品牌上的核心技术加大保护力度，使知情者限于较小范围；与雇员签订誓约书或合同，使之保证严守企业秘密；文件资料垃圾要进行防范性净化等。

（2）谢绝技术参观和考察。

竞争对手有时会以参观访问的形式获取秘密，此时特别要注意识破。比如，有一次，一批日本客人到法国一家著名的照相器材厂参观，在观看一种新的显影溶液时，一位客人俯身靠近盛溶液的器皿。精明的陪同人员发现，这个日本人的长领带已沾到了溶液，于是马上向一位服务员吩咐了一番，当那个日本人走出实验室门口时，服务员马上走到他跟前说："先生，您的领带脏了，请换条新的。"随后递上一条崭新的领带，因此保住了新型显影液的配方。

有些企业在这方面的防范意识却显得薄弱。在20世纪80年代初期，一位日本华侨以“代理商”的身份突然要求参观景泰蓝的制作工艺流程。工厂领导便派人陪同，并在参观的过程中向华侨详细讲述了整个生产过程，且允许参观者对景泰蓝的整个制作过程和每个细节拍照。不久，国际市场上就突然出现了日本制造的景泰蓝，中国景泰蓝无意之中培育了竞争对手。我国传统的景泰蓝制作工艺的失密便是企业失密的经典悲情案例，值得许多企业借鉴，以免受挫。

(3) 申请专利保护。

我国专利法中有规定，专利是企业在市场经济中求生存、求发展的一项重要手段，也是企业维护自己品牌利益的重要手段。

3. 品牌的经营维护

(1) 满足消费者需求。

消费者是企业品牌经营者的上帝。品牌的经营保护与消费者兴趣、偏好密切相关。消费者的“口味”是不断变化的，这就要求品牌内容也要随之作出调整，否则品牌会被市场无情地淘汰。几乎每一个知名品牌都在不断变化着以满足消费者的口味与偏好，如柯达的新型号、海尔的空调种类、李维斯牛仔裤的式样，就连曾说“福特汽车只有一种颜色，那就是黑色”的福特汽车近年来也推出了不同颜色的汽车，以适应市场趋势的变化。市场是无情的，不管你是什么品牌，违反了市场规律，就会导致企业经营的失败。那些抱着知名品牌吃一辈子，不肯防微杜渐，对市场变化反应冷淡的思想，其实是扼杀了品牌，最终必将被市场淘汰。

(2) 维护品牌形象。

纵观国内外成功企业及品牌，都把提高产品质量和维护品牌形象作为战略问题列入企业生存发展大计，像荣事达公司，自20世纪90年代就引入了ISO 9000质量体系和推行“零缺陷”管理，建立起良好的品牌形象。

二、社会对品牌的保护

品牌保护不仅是企业的事，更是全社会的事情，是一项综合性极强的系统工程，需要把全社会的力量动员起来，包括传媒、消费者、社会团体等众多力量。

1. 传媒对品牌的保护

新闻媒体是群众和政府的喉舌，它代表着广大人民群众的利益。中国13亿人中，每天有8亿人看电视，6亿人听广播；全国人均拥有3~5册图书、2.06册杂志，每千人每天拥有66份报纸，这些都是社会传媒制造舆论的基础，难怪有人把媒介传播形象地称为操纵品牌的无形之手。

近些年，每年的“3·15”消费者权益保障日这天，全国的各种各类大小媒体齐心协力共曝假冒伪劣产品的光，而各媒体几乎每天都在为品牌的正常健康发展起着防火墙的作用，传媒应该敢于揭露各种丑恶行为，使制假者犹如“过街老鼠，人人喊打"，让广大人民群众了解它们，与假冒伪劣产品划清界限。

2. 消费者对品牌的保护

《对北京市假冒伪劣商品的调查》表明，当消费者发现自己买到的商品是假冒伪劣后，62.5%的人会忍气吞声，自认倒霉；28.2%的人要求退货；4.5%的人会到消费者协会投诉；2.6%的人想到了求助于新闻媒介。从中我们可以看出，若要对品牌进行彻底的保护，必须发动广大品牌消费者加入到品牌保护的队伍中来，只有这样，才能维护社会各界和广大消费者的切身利益，才能打一场全社会参与的打击假冒伪劣的品牌保护行动。

广大消费者是假冒伪劣商品的最大受害者。近年来，由于使用假冒伪劣产品造成身体伤害、心理伤害以及给消费者带来重大经济损失的现象可谓屡见不鲜。有些地区的农民购买了某品牌农药，万万没想到农药是伪劣冒牌产品，导致当年农民收入减少90%以上，几乎是颗粒无收。面对假冒伪劣产品的大肆蔓延，消费者应该勇敢地拿起武器，依法进行斗争，绝不能采取息事宁人的态度，要依法维护自己的合法权益，同时也对品牌起到了重要的保护作用。"王海现象"的出现，不管他们知假买假的目的如何，但仅就敢于跟伪劣假冒产品作斗争这一点来讲，是绝对正确的，也是广大消费者开始觉醒的标志。消费者要人人成为打假先锋，让假冒伪劣产品无处藏身。

3. 社会团体保护品牌

应该讲，许多社会团体是与打假活动有密切关系的，它们应该积极地参与到打假活动当中，保护品牌和人民群众的合法权益和既得利益。比如说，各地的消费者协会是代表着消费者根本利益的社会团体，在维护消费者权益方面发挥了巨大作用。中国消费者协会工作人员每天都要处理大量的投诉信，每年全国县级以上的消费者协会受理的投诉信达数十万件。工会、妇联、工商联、协会和群众团体也要积极地组织力量参与打假，做好品牌保护工作。

三、政府对品牌的保护

在我国，目前各级政府都十分关注品牌事业的发展。中央许多领导在不同场合反复强调质量兴国，创造知名品牌，以众多的中国知名品牌迅速提升我国在国际上的经济地位；很多省市政府也开始组织实施品牌战略，可以讲，政府作为国家的行政机关，对品牌保护有着极其重要的作用。

1. 创造良好的品牌环境

虽然政府机关不能越俎代庖，替企业经营者实施品牌战略，但却可以在政府允许的范围内给予企业一定的物质或精神支持，帮助企业解决一些具体的困难。

然而，不少组织和个人，却打着"评价委员会""评价中心"等旗号，甚至冒充与某些主管部门合作，对企业声称本组织如何具有权威，要求企业交款领那些所谓的"中国名牌"的牌子。中国名牌实在太滥，名牌战略实施才几年，目前就评出了数千个名牌产品，实在太多；操作程序不规范，名牌的含金量值得考虑。实际上名牌应该是市场说了算，可是有时候并不是这样。

此外，地方保护主义也会限制品牌的发展。有些地方为了保护本地的局部利益，制定土政策，对自己的名牌产品大力推荐，进入市场不受限制，而对外地品牌百般刁难，这都不利于品牌事业的发展。

2. 加大打假力度

政府及其有关职能主管部门是行政执法的责任承担者，是打假战场上的第一线主力部队。1994 年 8 月至 10 月，国内贸易部在全国 35 个中心城市以大中型国营百货、副食品商场为重点，开展“打假”工作大检查，对于整顿市场秩序，起到了积极推动作用。政府及其所属的相关职能部门都应认真履行自己的职责，加强对市场的管理，对各类商品要建立严格的检查、检验制度，协同作战，依法打击假冒伪劣的违法犯罪活动，依法对制假贩假者从重处罚。

不过，我们在打假实践中实施的是“填平原则”，即“实际损害实际赔偿”，被告一般只需要填平侵权产品给原告所造成的损失（严重危害公共管理秩序除外）便基本不再受其他惩罚；有时候某些部门把打假罚款变成一种变相的“收费”“创收”，导致越打越假，这是我们要加以避免的。

3. 制定法律法规

品牌是实施名牌战略的基础，要有效地保护品牌，必须引入法制轨道。市场经济从某种意义上说也就是法制经济，对品牌的保护，首当其冲的就是法律的保护。

（1）立法保护。

立法保护是指通过制定和颁布有利于品牌保护的法律来实施对品牌的保护。从立法重点来看有两种类型：一是鼓励性立法，即对品牌保护从正面提倡、鼓励和促进品牌发展和名牌战略的法律。这些法律主要是从正面积极引导、扶持和促进产品质量的提高、品牌的健康发展。二是惩罚性立法，也就是指对危害品牌正常发展、破坏品牌运行正常机制的一切违法犯罪活动进行惩罚和打击的法律。两种类型的立法是有区别的，但二者又是互相联系的，前者有惩治假冒的条款，后者有鼓励保护知名品牌产品的条款。

我国政府早在 20 世纪五六十年代就制定了“质量第一”的政策，改革开放以来，更是制定了许多相关的政策、纲要、规划。如《产品质量法》《消费者权益保障法》《反不正当竞争法》《关于推动企业名牌产品的若干意见》《商标法》等，各级地方政策也制定了有关提高产品质量和实施名牌战略的各项措施，从而加大了对品牌保护的力度。

知名杂志《读者》就曾遭遇过被人假冒商标的尴尬。海南出版社曾印刷《美文奇文妙文》和《红玫瑰》各一万套，销售额达 18.36 万元。海南出版社在这两套书的封面上重点突出“读者精华”四个字，而且极力模仿《读者》的装帧、排版风格，购买者误以为是《读者》杂志的精华本。《读者》杂志于是愤然而起，依据当时的法律，诉诸行政部门以保护自己的利益。后来海南省工商局认定："读者"商标是《读者》杂志社在杂志上注册的商标，注册号为第704750号，其商标专用权受法律保护，海南出版社违反了《商标法》的规定，属商标侵权行为。

改革开放以来，对品牌的立法保护进行了大量的保护工作，制定了一系列有利于品牌保护的法律法规，但与市场经济发展的实际要求相比，有些应该制定的法律还没有制定，已经制定的法律法规对假冒伪劣产品打击的力度还不够，出现了许多法律盲点必须补充。所以，必须进一步加强对品牌的立法保护，进一步加大打击伪劣产品的力度，如2001年7月新出台的高院司法解释，就对制贩假毕业证件的人处以三年以下有期徒刑的新法律规定，从而使打击贩卖假文凭有了法律依据。

根据《商标法》目前的规定，无论是在相同或者类似商品上复制、模仿或者翻译别人未在中国注册的驰名商标，都是一种误导公众的行为。在实践中，鉴于假冒、类似而被侵权的几乎都是驰名商标，新的《商标法》特别规定，驰名商标的保护范围已经不局限于一般的相同或类似商品，只要是可能造成对驰名商标的误认从而误导消费者的商标，驰名商标所有人都可以拿起法律武器进行防御。

（2）司法保护。

司法保护是指依据现有的法律对品牌进行保护，打击假冒的实际司法行为。司法保护主要是由司法机关来实施，其主要方式是通过司法程序，以法律为准则，以事实为依据，对假冒伪劣的违法犯罪行为进行法律制裁，从而保护知名品牌产品的声誉。

比如，杭州阿里巴巴公司被抢注的短信网址——"阿里巴巴"与"alibaba"，经过两次仲裁最终物归原主，并转交给该商标和品牌的所有人。无独有偶，短信网址"哈根达斯"被个人注册，上海哈根达斯食品有限公司就此向中国国际经济贸易仲裁委员会提出仲裁，专家组根据解决办法和程序规则支持投诉人的投诉，将短信网址"哈根达斯"转移给投诉人上海哈根达斯食品公司。

四、驰名商标保护

据不完全统计，目前我国已经有250多个商标被澳大利亚商人抢注，200多个商标被日本人抢注，50多个商标被印度人抢注……其中"红塔山"在东南亚市场的销售额超过万宝路、555品牌，但由于没有及时到国外注册而被菲律宾一家公司抢注；上海冠生园总厂的"米老鼠"奶糖年产千吨，却被广州某三资企业抢先注册后转给美国迪斯尼，上海冠生园只能停用；钱江啤酒集团生产的"中华啤酒"被美国的一家代理商在美抢先申请注册；上海"英雄"被尼泊尔商人抢先注册而使得“英雄”在国外一年损失300万美元……我们的企业确实应该保护好自己的商标！

1. 驰名商标的概念

驰名商标是指在中国为相关公众广为知晓并享有较高声誉的商标。驰名商标是一个法律概念，需要取得法定认可，同时可以得到比一般商标更多的法律保护。

驰名商标是商标法律中的一个专有名词，它最早出现于1883年《保护工业产权巴黎公约》。该公约第6条第2款规定，凡成员国应依职权或利害关系人请求，对构成商标注册国或使用国主管机关认为在该国已经驰名，属于有权享受本公约利益的人所有的，用于相同或相似商品商标的复制、模仿或翻译，而易于产生混淆的商标，拒绝或撤销注册，并禁止使用。①

2. 驰名商标的认定机构

驰名商标的认定必须是经济、法律、文化三者的优化组合。可以由下列机构认定：

（1）商标局。

1989年，北京市药材公司发现其“同仁堂”商标在日本被一厂商抢先注册。该公司遂以“同仁堂”是驰名商标为由，请求日本特许厅撤销该不当注册的商标，日本有关方面要求中方提供“同仁堂”是我国驰名商标的证明文件。为了保护我国商标在他国的合法权益，商标局在做了广泛的社会调查后，于1989年11月18日正式认定“同仁堂”商标为我国驰名商标。这是我国由商标主管机关正式认定的第一个国内驰名商标。美国杜邦公司“FREON”（氟利昂）商标是我国认定的第一个外国驰名商标。

（2）商标评审委员会。

2005年8月，根据国务院保护知识产权专项行动的部署和国家工商行政管理总局保护注册商标专用权行动的要求，商标评审委员会在争议案件的裁决中进一步加大对驰名商标的保护力度，近期在案件审理中认定了15件商标为驰名商标，切实保障了驰名商标所有人的权益，维护了公平竞争的市场秩序。它们是“安吉尔”“太太”“女儿红”“恒柏”“钱潮”“洁尔阴”“春竹SPRINGBAMBOO”“宝钢”“小天鹅CYGNET”“西凤”“香格里拉SHANGRI-LA”“彬伊奴”“采乐”“中铁”“堂皇”商标。

（3）人民法院。

1992年8月2日，在四川省古蔺县郎酒厂起诉四川省古蔺县曲酒厂侵犯“郎酒”注册商标专用权一案中，四川省高级人民法院在判决中认定“郎酒”为驰名商标。后来商标局据此判决撤销了所有已经注册的与“郎酒”近似的商标。

① 余明阳．品牌学．合肥：安徽人民出版社，2002，21

这是我国第一个通过司法途径认定的驰名商标。

3. 驰名商标必备条件

认定驰名商标必须具备两个前提：

（1）必须是注册商标；

（2）必须是名牌。

此外还必须具备三个要点：永远把质量信誉放在首位；持续开展实事求是而又打动人心的广告宣传；把扩大销售、提高市场占有率作为长期的中心任务。

4. 驰名商标的保护

按照专用权的方式，驰名商标的保护有相对保护和绝对保护；按照保护范围，有国际保护和国内保护。

（1）相对保护。

驰名商标的相对保护是指在同类商品的范围内保护驰名商标的专用权。

如法国商标法规定，商标注册并不能阻止他人使用同一商标于不同类商品上，同时规定，一切尚未注册的驰名商标，可以成为相同或相似的其他商标取得注册的障碍。为此，法国最高法院曾要求日本东洋工业公司使用“马自达”（Mazda）商标时，应注明“汽车”以区别于美国索恩电气公司的同名“马自达”商标。

德国对驰名商标的保护也局限于“同一商品与同类商品”，驰名商标是否受到侵害，以及商标是否受到保护，应由两商标的近似程度和使用商标的商品是否为同一或同类来加以判断，对于驰名商标使用于完全不同的商品上，德国商标法未加限制。

（2）绝对保护。

驰名商标的绝对保护指的是禁止在任何商品使用他人的驰名商标，其保护范围比相对保护范围宽，驰名商标的专用权具有绝对效力。

美国法律规定，任何未经注册的商标被使用于同类或完全不同的商品上，都构成对商标权的侵害。如著名的照相器材商标“柯达”（Kodak）被使用于脚踏车或打火机，著名的开胃酒商标“杜波尼特”（Dubonnet，英国卡得勃利—施伟伯公司出品）被使用于女鞋，著名的香烟商标“福运”牌（Lucky Strike）、“骆驼”牌（Camel）被使用于巧克力或糖果都是不允许的，尽管前后两类商品完全不同。

荷兰、比利时、卢森堡对驰名商标的保护，也不以同类商品为限。如汽车商标“雪佛兰”（Chevrolet）用于手表、香烟，“福运”牌用于香水，皆构成侵权行为。

此外，意大利、瑞士、英国、日本等众多经济发达国家也对驰名商标实行绝对保护。如日本东京地方法院曾判决禁止将照相机商标“雅西卡”（Yashica）使用于化妆用品。英国则规定准许驰名商标权人为避免他人冒用，可申请将驰名商标注册于其非经营范围的产品。

对驰名商标"白搭车"的做法，也被认为是对驰名商标的侵害。例如，英国胃药"Bisurated"商标权拥有者控告他人在胃药说明书中，印有与"Bisurated"同一处方字样，尽管并未直接冒用"Bisurated"商标，但明示或暗示其制造方法可以与"Bisurated"产品相比拟。英国法院认定被控者的行为属侵权行为。凡在商品包装上印有"我们的产品质量与某某商标产品质量相同，而我们的价格却较便宜，如不信，可照价退款"等文字，将被认为是侵害他人权利。

(3) 国际保护。

国际上对驰名商标的保护有一系列的条约与协定，包括：世界知识产权中与商标相关条约或协定；保护工业产权巴黎公约；商标国际注册马德里协定；商标注册条约；商标注册用商品和服务国际分类尼斯协定；商标图形要素国际分类维也纳协定；保护原产地名称及其国际注册里斯本协定等。

(4) 国内保护。

根据国际协定，结合中国实际，我国也对驰名商标加以保护。1996 年颁布实施的《驰名商标认定和管理暂行规定》，其中就有规定，相同或相近的商标用在非类似商品上，或暗示与注册人有某种联系，均构成侵害驰名商标注册人权益，商标持有人可在知道之日起两年内请求工商管理机关予以制止；禁止他人复制、模仿、翻译其在中国注册的驰名商标或其主要部分在不相同或者不相类似商品上作为商标使用（须达到"误导公众，致使该驰名商标所有人或者持有人的利益可能受到损害的"程度）。

5. 驰名商标保护案例

(1) 国美电器。

北京国美电器有限公司（简称北京国美），是一家从事家电零售的连锁企业。1997 年，北京市国美电器总公司取得"国美电器"注册商标专用权，2000 年，该注册商标经核准转让给北京国美。近几年来，北京国美及其分布在全国各地的 120 家分部在电视、广播、报纸等媒体上投入 2 亿余元用于广告宣传，获得 111 项各类荣誉。其中，"国美电器"被北京市工商行政管理局认定为 2000 年度北京市著名商标。2003 年，北京国美位居中国连锁百强第 3 名。

涂汉桥于 2003 年 12 月成立武汉市江汉区国之美百货店，并在其经营场所悬挂"国 de 美百货"的标识。2004 年，北京国美以涂汉桥侵犯"国美电器"注册商标专用权为由向武汉市中级人民法院提起诉讼。

法院经审理认为，"国美电器"作为服务商标使用达 6 年，北京国美及其分部投入巨额资金，用于持续的、覆盖全国的广告宣传。公司销售额不断上升，位居同行业前列，并有被评定为著名商标的记录，"国美电器"符合认定为驰名商标的条件。涂汉桥的上述行为，是在不相类似的服务上模仿驰名商标"国美电器"，误导公众，造成北京国美的利益受损，应构成商标侵权行为。依法判决

"国美电器"为驰名商标，涂汉桥在经营活动中不得使用"国美""国之美""国de美"字样。双方当事人均未提起上诉。

(2) 杜邦。

杜邦公司（美国）起诉称：杜邦公司分别于1976年、1986年、1997年至1999年向国家商标局在多类商品上注册了"DUPONT"商标。自1998年开始，杜邦公司在中国设立了11家独资或者合营公司。自1992年开始，杜邦公司在中国采用多种形式对其"DUPONT"商标进行持续广告宣传。北京国网信息有限公司（以下简称国网公司）于1996年3月成立，经营范围包括计算机网络信息咨询等。1998年11月2日，国网公司注册了"Dupont. com. cn"域名，但一直未实际使用。杜邦公司认为国网公司注册该域名的行为已经构成商标侵权及不正当竞争，请求判令国网公司立即撤销注册的"Dupont. com. cn"域名并公开赔礼道歉。

北京市第一中级人民法院一审认定杜邦公司在中国多家新闻媒体上投入大量资金对其"DUPONT"商标进行宣传，使该商标在中国为相关公众所知悉，依法认定"DUPONT"商标为驰名商标，国网公司注册该域名的行为已经构成对杜邦公司驰名商标专用权的侵犯，判决国网公司撤销其注册的"Dupont. com. cn"域名，并赔偿杜邦公司为本案诉讼支出的调查取证费用。国网公司上诉后，北京市高级人民法院判决驳回其上诉，维持原判。

本章小结

品牌竞争是不同的品牌在市场上进行较量，是市场竞争的焦点。认识品牌在市场竞争中的地位与作用，有助于我们进一步强化品牌意识，更为清醒地认识到实施品牌战略的必要性与迫切性，以正确的思路引导我们的品牌建设，使我们能主动、快速、全面地进入品牌竞争层次，尽快适应品牌竞争的要求，把握竞争的主动权，充分发挥品牌带动经济，促进经济发展。

品牌危机是企业和品牌竞争过程中必然存在的问题，品牌在不同的发展阶段会面临不同的危机。有的企业和品牌运营良好，谈到品牌危机时根本不当一回事，而一旦危机爆发，就束手无策，步步被动，贻误解决危机的良机，令事态不断恶化，最终导致无法收拾的局面。既然品牌危机必然存在，那么品牌危机管理就变得非常重要。因此，如何防范品牌危机，如何应对品牌危机，应当成为每一个企业运营决策和管理的重中之重。无论是新创建的品牌抑或是已经创建起来并在运营的品牌，要打造成真正的强势品牌，都必须站在战略性的高度做好品牌危机防范和管理工作，以使品牌良性发展，进而驱动企业持续发展。

品牌是一项十分重要的无形资产，好的品牌特别是名牌、驰名商标等具有极高的品牌价值，是企业一笔巨大的财富。为使企业自身的巨大无形资产和宝贵财富不受侵犯，企业必须对自己的品牌实施有效的保护策略。

企业如果缺乏对品牌的保护意识，将会给自己带来严重的后果。一直以来，我们的市场中都不乏处心积虑的市场追随者，"螳螂捕蝉，黄雀在后"就是所谓追随者的竞争策略。他们有着敏锐的商业嗅觉，时时都在打探着钻营的机会，企业不注意保护自己的品牌恰恰就给他们提供了这样的机会。因此，需要采用注册商品名称来保护自己，而且为了防止相似品牌的出现，还需进行近似商品名称的注册，以全面保护品牌不受侵犯。

关键词汇、概念

市场竞争　品牌竞争　品牌价格竞争　品牌非价格竞争　品牌危机　驰名商标

思考题

1. 品牌竞争的优势有哪些?
2. 中间商为什么要为采用他们自己的品牌而煞费苦心呢?
3. 对于2005年大头娃娃事件，你对此有什么看法?
4. 在现代社会，更多的人不看电视，而忙于计算机或投入娱乐活动中，你认为营销者应采用什么新方法来吸引人们对自己品牌的注意?
5. 今天品牌化的发展如此迅速，以至于很少有产品不使用品牌，你认为食盐、螺丝、黄瓜这些产品都有必要建立品牌吗?
6. 公司如何建立与竞争者相似的必要的竞争点? 如何建立顾客想要的并且可以被传递的差异点?
7. 你认为目前中国的有关品牌保护法律是否健全，真正起到了保护品牌的作用吗?
8. 企业怎样对自己的品牌进行保护?

第十章

品牌延伸

本章学习目标

- 理解品牌延伸的原则
- 掌握单一品牌与多品牌的优缺点
- 掌握品牌延伸模式的选择方法
- 掌握品牌延伸策略的运用

引例及思考

科龙的多品牌策略

广东科龙电器的发展是以“容声”品牌的发展壮大为基础的。“容声”是原容奇广播器材厂的品牌，寓意为“容奇之声”。1983 年，容奇镇政府成立冰箱试制组，开始生产冰箱，沿用“容声”商标，商标所有权归镇政府所有。“容声容声，质量取胜”广告语深入人心，容声品牌知名度急剧提高。1991 年至 1998 年，容声冰箱连续八年保持产销量全国第一，成为科龙电器的主要利润来源。1999 年 1 月，容声商标被国家工商行政管理总局商标局认定为中国驰名商标。2002 年，在国务院发展研究中心出具的一份调研报告中，容声品牌的知名度、美誉度、第一提及率和潜在购买用户的指标，高居行业首位。由于商标权不归科龙公司，科龙的高层就决定发展“科龙”这个既是企业，又是产品（冰箱、空调）的品牌。科龙作为一个高端品牌出现，将所有尖端前沿的技术都运用在科龙冰箱和科龙空调上了，而容声以大众化品牌形象出现。随着“科龙”企业形象的上升，科龙电器以“科龙”品牌改变了品牌不能独有的状态，树立品牌高档形象，建立和保护自有的品牌资产，为其参与国际竞争做好了准备。

随着市场竞争的加剧，格力、美的、海尔等后起之秀在空调市场上风起云涌。由于体制的羁绊，华宝逐渐失去了当年的锐气与优势。在顺德市政府的安排下，1998 年，科龙并购华宝，但华宝的所有权不属于科龙。在 2002 年底，面对中低端市场，科龙推出康拜恩，涵盖冰箱、空调和小家电等领域，而据国务院发展研究中心的报告显示，康拜恩冰箱已经蹿升至行业第五位，是科龙成本领先优势的集中体现。

华宝品牌是中国空调行业的元老。在华南、华东这些空调市场的重镇，华宝的市场占有率一直高居前列。将华宝定位为区域性品牌，不仅符合现实的客观情形，使有限的资源效益最大化；同时，“一线品牌，三线价格”的定位，成功地担负起让科龙空调这个一线品牌健康成长的重任。康拜恩是科龙品牌阵营里的老幺，不到半年的时间，就迅速成长为业内的知名品牌，且没有投入一分钱的广告费用。2003 年调查数据表明，康拜恩空调的销量可以和一些二线品牌比肩；而康拜恩冰箱，在冰箱业的排行榜上，居行业第五位。康拜恩已经占据了科龙总销量的 1/3 强。随着人们生活水平的提高，困扰农村空调、冰箱消费的电力已经不再成为障碍。电费的下调，使得空调、冰箱的农村市场变得十分开阔。康拜恩定位中低端，剑指二三级和农村市场，显然是针对这点而来。康拜恩由于价位很低，不可能和科龙、容声一样有大量的广告投入，而是通过公共关系的运用，扩大知名度与美誉度。从康拜恩的上市到热销，科龙一直运用其高效的媒体网络，对此进行广泛报道。利用人们对科龙多品牌的关注，巧妙地提高康拜恩传播的到达率。同时采用经销商主推的方式运作，“做康拜恩能够有很好的赢利水平”，这种口碑很快在经销商这个圈子里传开来，康拜恩的热销也在情理之中。

因此，科龙、容声、华宝、康拜恩这四个品牌能够在市场上形成较好的品牌区隔，用差异化来构筑竞争优势。

实际上，科龙的品牌战略以科龙、容声品牌为主，科龙作为高档品牌，而容声定位为大众性品牌。现有的科龙品牌阵营可分为两个，一个是传统品牌，即科龙、容声、华宝；另一个是新推品牌康拜恩。容声，占据了国内电脑冰箱市场份额的 40%，这个一度陷入中低档境地的大众品牌，在消费者的心目中，已经成了中高档品牌。根据国务院发展研究中心、信息产业部经济运行司、国家信息中心和中国家用电器协会等四家权威机构共同组成的“2001—2005 年中国城市家电市场联合调查研究课题组”出具的报告表明，科龙（容声）在冰箱品牌的“第一提及率”“知名度”“市场占有率”“未来五年内家庭预期购买率”等四项指标中，科龙（容声）均居第一位。

日常生活中，人们说一个人贪婪，往往以“吃着碗里的，看着锅里的”来形容，同样，我们用贪婪者来形容现今的品牌管理者肯定也不为过，因为企业在市场拓展中，即使是新品牌也会遇到品牌延伸的诱惑。于是，企业如何合理进行品牌延伸而由此获取利润，便成为品牌管理的最重要工作。正像一个人一样，要长高，也要长宽，品牌的成长也是这样，品牌在成长以及发展的过程中要不断地延展。

第一节 品牌延伸原则

品牌延伸也受到很多人的批判。以定位论闻名于世的营销学大师杰克·特劳特指出：最容易毁掉一个品牌的做法就是把该品牌加以延伸。品牌延伸往往会模糊品牌定位，混淆品牌概念。在品牌延伸中，需要特别注意品牌宽度与时机。

品牌宽度。品牌宽度就是在企业品牌下产品的变动幅度。品牌宽度是衡量原产品与品牌延伸产品相关性的重要标准。品牌宽度窄的品牌，该品牌下所覆盖的产品类型就少，产品相关性就高。相关性高的品牌就可以避免给消费者造成混淆品牌概念，也不会损害母品牌形象。如果企业总是将品牌延伸到相类似的产品上，那么品牌宽度会比较窄，这样的品牌延伸的成功率要比品牌宽度宽的品牌延伸大得多。

品牌延伸的时机。品牌延伸的时机并不是越早越好，相反，在市场发展的早期，品牌延伸相对于新品牌获得的市场份额要小，生存的可能性也弱。这是因为在市场引入期风险较大，如果产品失败，品牌延伸就会损害到母品牌的形象，品牌延伸应暂缓推出。还有就是品牌延伸在定位上缺乏伸缩性，原品牌的某些特有形象限制了品牌定位的适应与调整。因此，在市场相对成熟的条件下进行品牌延伸，就可以尽量避免不确定因素带来的风险，避开“产品延伸陷阱”。

一、相关性原则

所谓产品相关性是指延伸产品与原品牌之间的“相似性或关联性”，即消费者头脑中原品牌知识与新产品认同的相关联程度。而原产品与延伸产品的关联性越高，消费者对延伸产品评价（认知与情感）越高，反之则越低。相关性原则是指导品牌延伸的第一原则，违背这一原则的品牌延伸，要么导致延伸产品的失败，要么损害品牌权益。同时，延伸时一次性跨度太大容易导致失败。所以，品牌延伸要从“小”开始，先迈出小小的一步，既让消费者容易接受又大大降低品牌与特定产品之间的黏合度，从而为品牌今后进一步延伸奠定基础。海尔采用这个策略，娃哈哈也采用这个策略，结果使品牌延伸的路子越走越宽，可以延伸的领域也越来越大。

1．具体产品的相关度

具体产品的相关度是指原品牌与延伸产品在工艺、功能、材料、形式等方面的相互关联程度。产品相关度越高，消费者越容易接受，其品牌延伸也越容易成功，反之亦然。

相关性延伸原则指出了企业的两个产品类别接近、技术相同。如康佳在打响彩电品牌后，又在手机品牌上倾注全力，两者在技术上接近，彩霸的质量优势和名牌效应有所体现。当然，两种产品即使物理属性不同，但只要产品的核心价值相同，就可以延伸。如眼镜和领带，可以算是奢侈品，象征的是一种身份，而其物理属性和原始功能已经退化了。娃哈哈的温馨、质量可靠、亲和力强的品牌形象，与果奶、纯净水的核心价值共融，所以可以相关性延伸。

又如七匹狼品牌，它所涉及的领域也是天南地北，有服装、香烟、手表、化妆品、油漆等。七匹狼在中国是一个做得较成功的品牌。可是它不具有国际竞争力，因为它会使消费者产生迷茫的感觉。相关领域延伸，成功率较高，如三菱重工在制冷技术方面非常优秀，因此，它自然将三菱冰箱的品牌延伸到三菱空调，海尔品牌延伸也是大致如此。相反，春兰空调与其“春兰虎”“春兰豹”摩托车的形象没什么相关性，很难使消费者产生技术优势联想。

因此，延伸也要有个“度”的把握，盲目的延伸所带来的教训是非常惨痛的。早年美国的“派克”钢笔质优价贵，是身份和体面的标志，许多社会上层人物都喜欢带一支派克笔。然而，1982 年新的总经理上任后，把派克品牌用于每支售价仅 3 美元的低档笔上，结果，派克公司非但没有顺利打入低档笔市场，反而丧失了一部分高档笔市场。其市场占有率大幅下降，销售额只及竞争对手克罗斯公司的一半。盲目延伸品牌，毁坏了派克在消费者心目中的高贵形象，而其竞争对手则趁机侵入高档笔市场。

2. 受众的相关度

受众的相关度是指原品牌与延伸产品受到消费者性别、年龄、文化、职业以及地域等特点的影响。显然在品牌延伸中，将原品牌延伸到原有忠诚消费群及其所消费的产品中去，品牌延伸容易成功。

受众相关性延伸也指品牌的准确定位。定位于第一次使用这一品牌的商品所属行业，能够保持品牌的价值取向，减少延伸带来的风险。例如原来生产农药化肥的企业，就不能涉足生产冰激凌等冷饮。而像三九集团“999 胃泰”起家，核心品牌是 999 胃药，集团将品牌延伸扩张到啤酒行业，“999 冰啤酒，四季伴君好享受”，这对消费者来说，喝 999 啤酒的第一潜意识反应应该是 999 药品，带有“心理药味”的酒怎么会有“好享受”。“999 胃泰”无疑是在提醒消费者少喝酒甚至不喝酒，进一步联想饮酒会伤胃，而“999 冰啤”分明是在劝人喝酒。三九集团是卖药救人还是卖酒伤人？岂不是形象定位自相矛盾。不过，999 品牌延伸到其他药品如皮炎平、感冒灵等，则对树立其专业的药品品牌形象大有帮助。同样道理，娃哈哈延伸到酒（关帝酒），活力 28 延伸到水饮料，都是不合适的。

二、品位区隔原则

消费进入分众时代，消费的需求日趋多样化、差异化，这就决定企业必须在深入科学的市场调查的基础上，发展多个品牌，而且每个品牌都针对每一细分群体进行产品设计、价格定位、分销规划和广告活动，这样才能保证品牌的个性和产品利益点能够照顾到自己所针对的那部分消费者的特殊需要，从而建立起这一群体对品牌的信赖和忠诚。这也反映了多品牌战略的本质——凸显个性、锁定目标消费群。

在这方面，欧莱雅选择了一条以“价格、档次”为区分的多品牌战略，产品所标榜的审美情趣与品位以及由此决定的价格是品牌区隔的主要准绳。作为全球最大的专业化妆品生产集团的欧莱雅，2005 年位列《财富》500 强中排名第 327 位，营业收入为 158 亿美元。

欧莱雅的产品中，作为护肤品的薇姿和巴黎欧莱雅，薇姿只在“药房专售”，这就强化了它专业化、科学化、医学级的品牌识别，同样在发廊及专业美发店销售的卡诗和欧莱雅专业美发两款染发产品，卡诗在染发领域属于中高端品牌，比欧莱雅专业美发高一些，二者区隔清晰。

实际上，欧莱雅总是在“淡化”总品牌。这主要是由欧莱雅所处的化妆品行业属性所决定的。化妆品是一个以产品的情感性利益和自我表现性利益为主要诉求点的行业，品牌与品牌之间的最大区隔不是功能，而是品牌所代表的不同的身份、不同的品位、不同的生活方式、不同的审美风格。而总品牌无法支持各种不同的审美风格，许多时候，这种品牌间的差异往往是巨大的。对于一部分高端消费者来说，在大卖场选购化妆品，及把大众化妆品摆在她们的化妆台上，是不可想象的。所以，对于兰蔻、赫莲娜等奢侈品牌来说，以“欧莱雅”这个中档品牌来背书是不现实的。这样的策略同样存在于宝洁的 SK－Ⅱ。SK－Ⅱ作为宝洁公司化妆品的旗帜，背书并没有被大张旗鼓地宣扬，而是以一种更独立的姿态特立于宝洁公司旗下各个品牌。

因此，欧莱雅选择了一条以“价格、档次”为区分的多品牌战略，而宝洁则建立了以功能为区分的多品牌战略。在大众日化领域，只有中低档产品，没有高档产品的分类，这自然不需要按照“价格、档次”去区分品牌。但在美容化妆领域的宝洁，也没有采取所谓的“背书品牌战略”（担保品牌战略），在推广过程中，对总品牌的“淡化”倾向非常明显。

三、互补性原则

互补性原则是指企业借助已有的品牌优势，发展壮大规模，生产更多适合消费者需求的高质量产品，满足消费者物质和精神上的需求。

品牌延伸产品与原型产品的相似性和匹配性，依赖于消费者对产品类别的知识。匹配性可能是制造技术和产品技术的相似性；也可能是更表面化的匹配性，如互补性、附属性等。

延伸产品与品牌是否适合，有时不是基于品牌产品与延伸产品的具体性能和利益点，而是其他一些因素。其中之一是公司（供应方）是否有这个核心技术来生产出延伸产品，并保证相应的高质量，即所谓制造和设计技术的相似性。如理光从照相机向复印机的延伸，佳能亦然。这就是基于技术的相同，因而被认为是相配的。还有一些品牌延伸产品与原型产品的匹配性则更加表面化，两种产品的制造技术可能毫不相干，如两面针从牙膏延伸至牙刷，或三笑的牙刷延伸至牙膏①，它们只是在使用时互补而已。

在消费者看来，延伸产品和原产品应当具有互补关系，即在共同的场合同时被消费者使用，或者与原产品开发相联系的技术、技能、知识等有助于延伸产品的制造和生产，两者在技术制造和最终用途方面存在一定的相关性。例如本田公司从摩托车延伸到汽车，其相关性就非常明显。另外，延伸产品与原产品应在同一水平上，即产品的档次与品位一致，如果不是在同一水平进行延伸，风险就比较大。

四、优势效应

优势效应理论是指消费者最先接触的事物或最近一次接触的事物给人留下较深刻的印象。在这里，品牌成为产品的代名词，在购买中能够增强消费者的满意度和信任度。

在进行品牌延伸之前，做好品牌实力评估。因为品牌延伸的目的就是要借助已有品牌的声誉和影响迅速向市场推出新产品，所以，品牌延伸的前提就是这一品牌具有较高的知名度，在消费者心中有很高的地位，具有高的市场占有率，具有超越文化和地理界限的能力。当某一品牌并不强大并且受到诸多同行强有力的挑战时，品牌延伸就是冒险的。比如巨人集团在最初经营的电脑行业没有取得绝对优势的情况下，就迫不及待地进军生物保健品和房地产市场，致使企业人、财、物等资源过度分散，加上管理混乱而“只开花不结果”，使本来很有希望的企业陷入了重重危机之中。同时，强势品牌形成的固定的核心竞争力，不会因为某一方面的损失而导致整体崩溃。如果企业的品牌还没有足够强大，就不能推行品牌延伸。

1.“搭便车”效应

“搭便车”效应是指新产品的销售能享用成功品牌的有利方面。但这种效应只有在下列情况下才会出现：①新产品与原有产品有较高关联度；②新产品的市场竞争不太激烈；③新产品的主要竞争品牌并非专业品牌。

若品牌旗下产品众多，特别是产品之间关联度较低、差异性较大时，不同产品对外传播的广告信息千差万别，会导致品牌所蕴涵的信息复杂混乱，难以给人恒定的印象，而品牌的最高境界是在子品牌与产品特点、个性、定位之间，形成“品牌 = 产品”的对应概念。因此，品牌延伸有一定的弹性，在人们习惯并喜欢

① 现在三笑已被高露洁兼并。

上某一品牌之后，通过品牌管理，能够在产品系列或品牌上进行延伸。

2. “庇护”效应

子品牌相对不独立，新的子品牌与原有品牌有某种联系，可以得到已成功品牌的庇护，或者得到企业品牌的庇护。在市场竞争激烈的今天，开发新产品投入高，失败率高，周期长，风险大，要推出一个新产品品牌更是难上加难。因此，这种策略对企业要求很高，要求企业经济规模大，综合实力强，推广经验丰富。

五、延伸的市场研究原则

品牌延伸从心理学上讲有三个假设：第一，品牌的积极有利的联想和要素会有效地转移到新产品之中；第二，品牌的负面影响不会传给延伸产品；第三，在品牌延伸过程中，品牌的正面联想，不会变成负面效应。但品牌延伸研究表明，情况并非始终如此，它们只是假设而已。因此，延伸之前的市场调研是必不可少的。市场研究，就是要验证这三个假设的正确性。如高露洁是牙膏品牌，当延伸到口香糖产品上去时，市场测试表明他们联想到了药味。这种联想对牙膏是正面效应，但对口香糖却是负面效应。又如娃哈哈纯净水会令人联想起开心大笑的娃娃，这对果奶、AD 钙奶是正面的，但对纯净水是负面的。因此，广告应当渲染纯净水的清纯、甜美，弱化娃哈哈的字面意义，防止品牌的某些因素传入延伸产品。

第二节　品牌模式

品牌模式从总体上来说，主要有单一品牌模式和多品牌模式，但又可以从中再进行细分。

一、企业品牌模式

1. 单一品牌战略

（1）单一品牌的特点。

许多大企业的品牌战略是从一牌一品或者企业与品牌同名开始的，然后伴随品牌延伸战略的实施而成为一牌多品。如食品业的统一、雀巢、娃哈哈，家电业的海尔、索尼等品牌。

单一品牌战略的优点包括：节约新产品推广费用——宣传企业的同时也在宣传品牌，宣传品牌时又可以宣传企业；有利于集中资源塑造一个知名度、依赖感、安全感都很高的大品牌；多种畅销产品的同一品牌有利于品牌价值的提升；消费者会将每一次品牌行为都当作企业行为，也会将每一次的企业行为积累到品牌身上，这种企业与品牌的互动，将有效加快品牌积累。

从塑造核心竞争优势的角度看，一牌一品更有优势，可以让品牌成为类别的代名词；从企业发展的角度看，有统一核心价值的一牌多品占优势，产品关联度不大，核心价值难以统一的品牌尽可能少推出产品。在中国市场上，雀巢是咖啡的代名词，但其采用一牌多品战略后，雀巢咖啡的市场份额虽然仍居第一，但有一定下滑。雀巢旗下的奶粉、矿泉水、冰激凌在市场上均处于非领先地位，与同期在中国市场采用多品牌战略的宝洁、强生公司相比，无论营业规模，还是赢利水平，均有所不及。

所以，单一品牌的缺点也非常明显：产品太多，模糊品牌认同和个性；定位相对单一，单一品牌很难同时抢占高中低市场；传播整合难度极大，如果没有统一的核心价值去兼容各类产品，品牌形象难以清晰；有“一荣俱荣，一损俱损”现象，一旦品牌旗下某类产品出现严重问题，相关产品容易受牵连，即所谓“株连效应”。

单一品牌不能满足不同层次的细分人群的消费需求，实质上是一种品牌的窄化，即品牌收缩与集中，但也会打造出更加牢不可破的核心竞争优势。品牌的窄化可获得长期稳定并有较高的市场份额，利润率较高，不过利润额不一定大；品牌的宽化如果背离了品牌核心价值，则短期内可获取销量与利润，但长时间来看稀释了品牌的核心价值，降低了核心竞争优势。

（2）单一品牌的案例。

单一品牌运作成功的典范要数高露洁。在全球快速消费品领域，高露洁能够始终保持40%的绝对市场占有率，将一个易耗、低关注度的牙膏产品做到50亿美元以上，几乎是凭借单一品牌逐鹿全球市场，以95亿美元营业额，在细分的专业市场上，树立起强势品牌，让人敬畏。2003年在中国内地市场上，高露洁30亿元人民币的年营业额只由高露洁一个品牌来完成，而宝洁75亿元人民币的年营业额却动用了十几个品牌。

高露洁在品牌定位上，给人的感觉是几乎为全行业做广告，“我们的目标：没有蛀牙”。其实这个广告诉求几乎是所有牙膏产品面临的产品主题，高露洁以王者至尊提出来并把它作为自己的产品主张，实际上已经向全行业进行挑战，同时也对全行业进行教育，其立意之大气与包容绝对让竞争对手敬畏。从广告的情感诉求看，“甜美的微笑，光明的未来”，将人类牙齿健康提升到关乎人类生活未来的高度，高露洁仿佛是为全行业做公益性广告。

之所以这样定位，主要是由于高露洁全球牙膏市场上具有较高的市场占有率（海外销售量占总销售量的70%），使其在全行业有着巨大的市场号召力，有着与生俱来的大度与豪情。同时，由于高露洁选择的是单一品牌策略（虽然广州高露洁有限公司有“洁银”商标，但洁银主要是面向低端人群，且很少传播），决定了其定位不能太具体于某一品类，而应该有相当的包容性。此外，由于竞争的需要，每年花费1.9亿美金作为全球研发费用，对全球技术资源整合是一般牙膏品牌难以企及的，它始终立足行业耕耘，看似辽阔无边的定位，其实是有着强大产品策略支持的。

在品牌传播上，围绕“让全世界没有蛀牙”这一主题，选择电视、平面、地方性、全国性媒体，获得了非常强大的市场震撼效果。在公关上，与中华预防医学会、中华口腔医学会和全国牙防组等专业团体合作，针对儿童在全球推广“甜美的微笑，光明的未来”口腔健康教育活动（在80多个国家和地区，每年获益的在校儿童超过5 000万人），帮助儿童从小养成良好的口腔卫生习惯，降低儿童口腔疾病发病率，这一举措使得千万人把高露洁的品牌牢牢记在了心中，也引起媒体与中国消费者高度关注；与央视节目部门、广告部门共同创造《千秋奥运》，提供了与消费者深度沟通的机会。

但是，从以上事例中我们也可以发现，由于单一品牌在定位上的狭窄，很容易让一些潜在的消费人群在消费心理上过早地对品牌下定论。例如，消费者认为：“茅台”是当官的、有权有势人喝的；“五粮液”是大款们喝的；“稻花香”是普通老百姓喝的酒，用来请客有点寒酸，等等。定位准确的单一品牌拥有固定的消费群体，而定位相对模糊的品牌让消费者在选择消费时产生游移心理，如“泸州老窖”“全兴大曲”“郎酒”等。独立品牌可以延长产品线，用不同的品牌占据不同的细分市场，从而培养消费者对本企业的品牌偏好，提高其忠诚度。对竞争对手来讲，企业各类品牌的产品摆满了货架，就等于从销售渠道减少了竞争对手进攻的可能，从功能、价格诸方面对市场的细分让竞争对手更加难以插足。

当然，也有企业在发展过程中，改变策略，转向运用单一品牌战略。National是松下电器创始人松下幸之助为体现“为国为民造福”理想，在1918年自创的白色家电品牌，并得到了日本政府特别批准使用，是松下电器光辉历史的标志。Panasonic是1961年松下电器欲进入北美市场时，发现National的商标早已被注册，而开始在北美市场使用的品牌。以后逐步形成了电视机、录像机等黑色家电产品使用Panasonic品牌，而空调、冰箱、洗衣机、微波炉、电饭煲等白色家电产品使用National品牌的品牌架构。

Panasonic品牌一向给人以科技含量高、时尚前卫的印象，而National品牌下的产品则似乎代表传统、经典。根据不同品牌占据不同细分市场的要求，收缩与放弃定位重叠的弱势品牌，明确与加强符合企业发展战略要求的强势品牌。而海外市场的松下产品中使用National商标的仅有10%，在品牌认知度上Panasonic要远远高于National。海外事业已成为松下的成长引擎，松下海外市场的销售额超过了本土，达到53%。这样看来，单一品牌策略的出台，可以利用松下原有的企业品牌资产，集中资源，全力打造Panasonic全球品牌，强化其品牌知名度，从而塑造成强势品牌，更进一步推进松下电器的国际化进程。因此“Panasonic ideas for life”——“松下电器的所有员工，通过开发、制造、销售、服务，为人们富足的生活和社会的发展，不断提供有价值的提案”。历时一年，耗资超过

200 亿日元（约合 14 亿元人民币），在 2003 年 7 月 21 日，松下完成了品牌统一工作。Panasonic 作为全球海外市场统一的品牌商标，实行品牌策略转变，有利于资源的整合，可以避免投资的分散，压缩经营成本，集中资源提高品牌的资产价值和品牌竞争力。为此，松下认为，如果品牌没有太大的区隔作用的话，根本没有必要维持多品牌策略，集中资源做自己拿手的事情，而不是分散自己的资源，降低自己的竞争力。

2. 多品牌战略

（1）多品牌的特点。

企业品牌、产品品牌在性能上或质量上存在着差别，或者产品的目标消费者不同，企业品牌及产品品牌（其产品品牌为两个以上）均采用不同的名字，这时的产品品牌便可称为子品牌，也称为多品牌。具体可分为多品多牌战略、一品多牌战略。

采用多品牌战略的优势在于：多个品牌使企业有机会最大限度地覆盖市场，没有哪一个品牌能单枪匹马地占领一个市场；多品牌有助于限制竞争者的扩展机会，使得竞争者感到在每一个细分市场的现有品牌都是进入的障碍；突出和保护核心品牌，比如为了捍卫品牌资产，迪斯尼企业在其电影制作中使用多个品牌，使得迪斯尼企业可以出品各种类型的电影，从而避免了损伤声望卓著的迪斯尼的形象；可以抢占货架面积，霸占终端资源，增加企业被选中的几率；给品牌游离者提供更多的选择机会；不同品牌具有不同的个性和利益点，能吸引不同的消费者，满足消费者的多种需求；企业的成败维系在一个品牌上，存在较大的风险，多品牌可以提高同一类产品的市场竞争力，容易给对手造成包围态势，给人实力雄厚之感；鼓励内部合理竞争、激扬士气。

多品牌战略的缺点也很明显：推广品牌一般投入巨大，一旦企业资源有限、家底不厚、胆量不过人、市场操作不当、品牌推广不成功，则损失不菲；多品牌是大公司的游戏，广泛的中小企业难以采用；一旦各个品牌之间定位不当，如定位交叉重叠等，则令自己的品牌之间相互打架，增加内耗，降低利润；多品牌战略给品牌管理带来较大的难度；如果细分市场规模过小，多品牌推广即使成功（以市场份额衡量），其销售额所产生的利润也不一定达到公司的期望。比如，纳爱斯洗发水、沐浴露，在 2002 年进入市场时，沿用雕牌粗放的操作方法，把洗发水、沐浴露卖得像洗衣粉一样随便，使消费者混淆不清，把洗发天然皂粉列入洗衣粉的细分市场，不仅影响新产品的扩展，而且伤害到雕牌本身，使本来清晰的品牌变得模糊。洗衣粉、洗发水、沐浴露等日化产品之间毫无疑问存在着关联，但它们的用途各异，渠道、终端也不完全相同，消费者对它们的要求、理解更是相差甚远，不能简单地加以借用。

企业发展到一定规模，要进一步抢占新的细分市场，多品牌战略应是必由之路。

（2）多品牌的案例。

多品多牌战略如联合利华。1930 年成立，2005 年财富 500 强中排名第 70 位，全球年销售额 483.18 亿美元，全球约有 247 000 名员工在 150 个国家推广其品牌；在 90 个国家拥有生产基地；研究发展年经费约 10 亿美元，占全年营业额的 2% 左右；市场推广年经费 65 亿美元，是世界第一位冷冻食品、调味品、冰激凌、茶饮料和香皂制造商。目前发展的 4 个行业有 13 个类别，近 2 000 个品牌，其中 75% 的销售来自年增长率约为 4.6% 的 400 个品牌，如力士、夏士莲、凡士林、旁士、立顿、中华、洁诺、和路雪、奥妙等，主要产品为食品（人造黄油、各种食用油及油脂、奶制品、茶、冷冻食品、冰激凌、各种饮料等）和各种洗涤用品及个人保健护肤用品等，在中国市场年销售额达到 60 亿元。

一品多牌战略如宝洁公司。宝洁公司（P & G）始创于 1837 年，被誉为“日用消费品大王”，在 2005 财政年度，公司全年销售额达到了 438 亿美元，名列《财富》500 强第 86 位，2005 年世界品牌 500 强排名第 52 位。宝洁公司全球雇员近 10 万人，在全球 80 多个国家设有工厂及分公司，所经营的 300 多个品牌的产品畅销 160 多个国家和地区，其中包括织物及家居护理、美发美容、婴儿及家庭护理、健康护理、食品及饮料等。公司的经营特点：一是种类多，从香皂、牙膏、漱口水、洗发精、柔软剂、洗涤剂，到咖啡、橙汁、烘焙油、蛋糕粉、土豆片，再到卫生纸、化妆纸、卫生棉、感冒药、胃药，横跨了清洁用品、食品、纸制品、药品等多种行业。二是许多产品大都是一种产品多个牌子。在中国市场上，有舒肤佳香皂、佳洁士牙膏、玉兰油护肤品、护舒宝卫生巾，仅洗发水就有潘婷（Pantene）、飘柔（Rejoice）、海飞丝（Head & Shoulders）、沙宣（Sassoon）、伊卡璐（Clairol）等；洗衣粉有汰渍（Tide）、奇尔（Cheer）、格尼（Gain）、达诗（Dash）、波德（Bold）、卓夫特（Dreft）、象牙雪（IvorySnow）、奥克多（Oxydol）和时代（Era）。各类产品行销全球，一直是世界上最大的广告主，1990 年广告支出达 22.8 亿美元。20 世纪 90 年代初，宝洁以广告攻势打开了中国洗发水市场的大门，90 年代末，已占据市场的半壁江山。

在品牌命名上，宝洁为其每一个产品都结合产品特点取了相对应的中文名称，产品在中国进行宣传时就采用其中文名称，为消费者对产品的记忆提供了方便。通过对英文名字（单词）的精确选择或组合，使中文名字与英文能在意义和发音上很协调贴切地配合，准确地体现了产品的特点和要塑造的品牌形象以及消费定位，能大大地减少产品被消费者认知的阻力，能激发消费者美好的联想，增进消费者对产品的亲和力与信赖感，并可大大节省产品推广的费用。实际上对于消费者来说，如果连产品的名称都说不清楚，又怎么能让他们记住这个品牌并成为其长期使用者呢？

在品牌定位上，宝洁根据消费者对产品的相异需求心理，追求同类产品不同品牌之间的细微差异，使每个品牌均有鲜明的个性，都有自己的发展空间，占据细分市场，不会产生重叠。如潘婷——头发健康，飘柔——飘逸柔顺、洗护合一，海飞丝——去头屑，沙宣——去屑更柔顺，润妍——乌黑有生命。

实行一品多牌、类别经营的经营策略，在自身产品内部形成竞争，使宝洁产品在日用消费品市场中占有绝对的领导地位。在广告宣传上，广告中采用中国模特，很多中国的产品在国内进行销售时喜欢请外国的模特进行宣传以给人一种产品国际化的印象，与此相反，我们在中国看到的宝洁广告中不存在这一现象，部分产品的广告是一名中国家庭主妇，直接把自己使用宝洁产品的体会讲出来。

宝洁在广告、公关上进行品牌经营时有自己的独到之处：在全国范围内聘请形象代言人，借助电视、网络、杂志树立品牌；在高校设立奖学金；与国家相关部门开展公益活动等来提高品牌的认知度；在农村开展全国性的路演活动；在城市中的超市、商场中使用大货架空间有序陈列，吸引消费者的注意力。

在营销上，不断注入知识含量，通过知识营销提升品牌价值，帮助广大消费者增加商品知识，提高消费者素质，从而达到销售商品、开拓市场的目的。如洗发、护发要营养保健、光滑柔顺、调节水分与营养，更黑才更有生命力；同时用蔚蓝的大海带来清新凉爽的感觉，由发根渗透至发梢，补充养分，头发才会健康亮泽。

在诉求上，通过利益诉求与情感诉求的有机结合，提高品牌的文化内涵。利益诉求点如“佳洁士”与全国牙防组联合推广“根部防蛀”的防牙、护牙理念；“舒肤佳”与中华医学会一起推广“健康、杀菌、护肤”的理念；洗发水的“去屑、健康、柔顺”理念等。情感诉求点如飘柔打出自信的概念大旗，有“飘柔吵架篇”“飘柔老师篇”“飘柔指挥家篇”“说出你的自信”等。

不同的消费者需求不一样。以洗衣粉为例，有些人看中洗涤和漂洗能力，有的人认为使织物柔软最重要，还有的人希望洗衣粉具有气味芬芳、碱性温和的特性，于是宝洁公司设计了 9 个品牌的洗衣粉，汰渍、奇尔、格尼、达诗、波德、卓夫特、象牙雪、奥克多和时代。这样，每个品牌都有自己的施展空间，市场就不会重叠。

与宝洁品牌经营相似，手机厂商 TCL 实施的也是多品牌战略。TCL 目前有四大品牌，把“蒙宝欧”打造成女性 IT 精品品牌；“神典”则定位于移动数码产品品牌，主打移动通信、互联网、数码电子消费品三个行业相融合而产生的巨大商机和市场；“傲仕”定位于高端男性手机品牌，是“生活艺术家”，具备摄像、拍照、蓝牙、MP3 等高端应用功能；“TCL”定位于低端市场，该品牌已经参与了很多价格战，它在价格战中受益，迅速地做大，同时也为价格战所伤，容易使人产生价格便宜的印象，不利于支撑高技术、高附加值的精品形象，TCL 品牌的手机毕竟是整个企业的家底，创造了最多的利润，因此用它提供的资源去培育新的品牌。而跨国手机公司大都以产品系列的方式来进行区分，鲜有实施多品牌战略的，如摩托罗拉以 V 系列、C 系列区分高端和低端产品，诺基亚也以 9、8、

7、6、3、2等数字打头来区别不同定位的产品系列，索尼爱立信则以P、Z、T等英文字母来区分。

实际上，多品牌策略不是把一种产品简单地贴上一个商标，而是追求同类产品不同品牌之间的差异，包括功能、包装、宣传等诸多方面，从而形成每个品牌的鲜明个性。同样的产品，不同的顾客希望获得的利益组合不同，因此，不同品牌进行不同的定位，以满足细分目标顾客的需求。即便在产品类别上采用多品牌战略的顶新集团（康师傅品牌下有方便面、饮料、饼干等类别产品），在方便面市场上，针对不同收入的人群推出满汉全席——高档，康师傅——中档，福满多——中低档，小虎队——儿童等品牌，各种品牌均有不俗的表现。

3. 主副品牌战略

（1）主副品牌的特点。

主品牌：代表消费者从购买中得到的主要期待，主品牌所代表的价值正是影响购买决定和使用经验的主要核心，如海尔小王子，海尔就是主品牌，就是消费者购买价值的核心所在。

副品牌：在主品牌（也叫母品牌）不变的情况下，在主品牌后为新产品添加一个品牌，称为副品牌，也叫做母—子品牌，主要用以区分在品牌系统中产品线的某个部分，如999胃泰、999帕夫林中的“胃泰”和“帕夫林”；海尔—美高美，海尔—小神童；长虹精显背投彩电和乐百氏健康快车奶等。主副品牌战略，已被越来越多的企业所运用。

主副品牌战略的优点：兼有单一品牌与多品牌战略的共同优点，既发挥主品牌知名度、美誉度的优势，又通过副品牌突出产品的特点与个性，让人感受到全新一代和改良产品的问世；通过副品牌创造新的卖点，给主品牌注入新的活力，赋予主品牌以成长感、现代感、时尚感。

主副品牌战略的缺点：一旦宣传，有可能喧宾夺主，弱化主品牌价值；副品牌一般定位明确，但适用面较窄。

（2）主副品牌的案例。

主副品牌战略在家电行业被普遍运用，主品牌发挥“高品质，安全”等核心价值，副品牌则强调功能特点（如松下—画王，春兰—静音博士）、特定对象（如海尔—小神童），两者定位相互补充，相得益彰。

例如，美的空调有100多款，怎样才能让消费者一一记住它们呢？副品牌战略便是解决之道。于是，美的利用星座作为产品的副品牌，“冷静星”“超静星”“智灵星”“健康星”等应运而生。由于副品牌定位准确，美的产品投放市场后引起强烈反响。

4. 双品牌战略

双品牌战略是指企业在传播过程中和在产品包装上同时使用两个品牌，如雀巢—美极酱油，雀巢—宝路薄荷糖，三洋—科龙冷柜等。双品牌战略一般是企业之间合资后的过渡性战略，随着时间的推移，企业一般只能保留其中的一个品牌，另外一个品牌或消失或成为担保品牌。由于双品牌战略带给消费者模糊的品牌认知，很难塑造统一的核心品牌价值，如索爱（索尼—爱立信）手机，因此，企业一般不太使用。

5. 担保品牌战略

担保品牌战略是指企业总品牌对独立品牌起担保、背书或支持作用。其目的是告知公众担保品牌（即企业总品牌）是独立品牌的制造商，能提供品质安全、技术和信誉等方面的承诺。如宝洁公司在推出其旗下的许多产品时，往往会给它们打上宝洁的印记，“潘婷——宝洁公司优质产品”，以加强产品的权威感，提高消费者的信任度；酷儿，在饮料包装不醒目的位置上印上一行小字“可口可乐公司荣誉出品”，可口可乐是其担保品牌；别克，电视广告的最后半秒出现“别克——来自上海通用”，通用是其担保品牌。企业主要用独立品牌体现产品独特价值，担保品牌则不显山露水。

6. 品牌联合

在同一产品上使用两个或更多的品牌，以实现相互借势，达到 1 +1 >2 的目的，这就是品牌联合战略。

Intel 公司与全球主要计算机制造商之间的合作，就是典型的品牌联合案例。Intel 公司是世界上最大的计算机芯片生产者，曾以开发、生产 x86 系列微处理器产品而闻名于世。但由于 x86 系列产品未获得商标保护，因此，竞争对手也大量生产，这使得 Intel 公司受损。有鉴于此，Intel 公司推出了鼓励计算机制造商在其产品上使用“Intel Inside”标志的联合计划。结果在计划实施的短短 18 个月里，“Intel Inside”标志的曝光数高达 100 亿次，使得许多购买者认定要购买有“Intel Inside”标志的 PC。

7. 品牌特许经营

品牌特许经营是指特许人与受许人借助同一品牌，在相同模式下实现品牌扩张，以达到双赢或多赢的目的。当特许人向受许人提供统一的品牌、技术、管理、营销等之后，受许人要向特许人支付一定费用。品牌特许经营战略可以实现品牌的快速扩张，并能借助受许人的资金，降低风险与成本。

在全球范围内，实施品牌特许经营战略最为成功的企业当数麦当劳。目前，麦当劳在国内的加盟店已有 500 多家，全球加盟店数以十万计。其近 50 年的特许经营历史所积累的经验值得借鉴。

8. 品牌虚拟经营

普通消费者也许并不知道，他所穿的耐克鞋，喝的浏阳河酒可能并不是由这些企业生产的，而是委托其他企业加工的。这些产品加工费相对低廉，但一旦贴上耐克、浏阳河的品牌标志后，立即身价倍增。

这就是品牌虚拟经营模式的魅力，它实现了品牌与生产的分离，使品牌持有者从烦琐的生产事务中解脱出来，专注于技术、服务与品牌推广。在移动电话行业，爱立信、诺基亚、摩托罗拉等都在做这种尝试。

二、企业品牌模式的选择

1. 从企业发展战略的角度

（1）集中发展。

如果企业采用集中发展战略，如市场集中、产品集中，则宜采用单一品牌战略，并尽可能窄化，成为某一细分市场产品的代名词，从而集中资源，提高效率。

比如，娃哈哈集团于1988年推出儿童营养口服液而一举成名，成为儿童营养液类别的代名词，品牌核心价值是“健康的，快乐的，营养的，儿童的，大众价位的，品质保证的”。随后采用宽化战略，1991年推出八宝粥进军成人市场，成为八宝粥行业中的领先品牌。

1992年，娃哈哈开发出儿童果奶，凭借娃哈哈营养液的品牌影响力和销售渠道、规模生产的优势，果奶一度占据市场的半壁江山。1995年进入成人饮料市场，并沿用“娃哈哈”品牌生产纯净水，淡化了原先的儿童概念，采用了“我的眼里只有你”“爱你等于爱自己”等宣扬年轻、活力、纯净的时尚感觉，寻找在成人特别是年轻人心中的品牌认同，依托纯净水使企业规模和实力完成了一次飞跃。

1998年，娃哈哈义无反顾地杀入被“两乐”把持的碳酸饮料市场，在市场上引起轩然大波，引入了在娃哈哈品牌下的隐性品牌——“非常可乐”（Future）；同时延伸出“非常柠檬”“非常甜橙”等产品，全面挑战两乐旗下的“雪碧”“芬达”“七喜”和“美年达”；此外还推出“非常茶饮料”，向统一、康师傅主导的茶饮品细分市场渗透。结果从“农村路线”走出来的非常可乐进入碳酸饮料前三甲。

2002年8月，娃哈哈决心进军童装市场，并宣称到2002年年底在全国开2 000家专卖店，完成跑马圈地，为塑造一个儿童服装品牌奠定基础。娃哈哈运作童装的思路是以OEM进行贴牌生产，以与专业童装设计单位合作的方式完成设计，以零加盟费的方式尽快完成专卖店在全国的布局。但一年多过去了，娃哈哈在全国仅开设了800多家专卖店。由于“对整个市场需求的估计不足”，娃哈哈童装在一年内只创造了两亿元的收入。

2004年11月，娃哈哈的大厨艺方便面正式在杭州、上海、徐州等地开始试点销售。产品类别还颇为丰富，有非油炸、鲜湿、营养健康，口味有小鸡炖蘑菇、番茄烩牛肉、片儿川、鲜汤虾仁等。为此，娃哈哈还专门成立了市场拓展部，以便为新品方便面进行系统化推广。

从娃哈哈的品牌路线来看，食品饮料都有效地利用品牌的核心价值，取得了宽化延伸的优势效应，但是娃哈哈童装与食品饮料的产品属性差异太大，产品关联性极低，娃哈哈饮料的核心价值难以秉承。实际上，娃哈哈完全可以塑造出全新的品牌。非常可乐、纯真年代就是在没有大规模广告支持的背景下，取得了不俗的业绩。

在深度上，果冻行业霸主喜之郎固守儿童果冻阵地，实施品牌窄化延伸。在果冻行业内精耕细作，年销售额近20亿元。喜之郎与果冻之间形成了对等关系，营造出强大的品牌壁垒，令其他品牌遥不可及，难以攻击。同样是坚持了一贯的核心品牌价值——健康的，快乐的，亲情的，儿童的，美味的，开发出针对少男少女的“水晶之恋”果冻，也取得相当的成功。

（2）前向一体化发展。

如果企业采用前向一体化发展战略，从消费品业向零售业发展，应采用另立公司、另设品牌，如顶新（康师傅）集团进军零售业，另创“乐购”品牌，否则，消费者很难认知——这是零售业品牌还是制造业品牌？假设企业从生产资料性行业向下游消费品行业发展，则新企业必须采用全新的单一品牌战略，企业必须深刻认识到：原材料与消费品行业的市场运作模式截然不同。要在消费品行业取得巨大成就，塑造出强大的品牌是企业的必由之路。为适应消费品行业的运作模式，该企业最好采用单一品牌及品牌窄化战略，逐步累积在细分市场内的竞争优势。

（3）后向一体化发展。

如果企业采用后向一体化发展战略，从零售业向消费品制造业发展，则可以对消费者低关心度的产品采用贴牌加工方式实施适度的品牌延伸，如沃尔玛、家乐福、农工商卖场中销售各自品牌的纸杯、拖鞋、卫生纸等。

（4）相关多元化发展。

如果企业采用相关多元化发展战略，主要集中在产品使用方面（不是基于同一核心技术的相关，而是基于产品属性相类似，目标顾客群类同的相关），则围绕品牌的核心价值，企业可采用适度品牌延伸和宽化战略。如海尔从生产冰箱到生产洗衣机、空调，围绕家电行业开展多元化战略，并取得非凡成就；养生堂的多品牌战略（旗下有养生堂龟鳖丸、朵而胶囊、农夫山泉、清嘴、成长快乐五大品牌），被业界所赞赏。企业采用相关多元化发展战略时，除采用多品一牌式的品牌宽化战略外，针对不同的产品特性，企业还可采用多品多牌、主副品牌、担保品牌等多种品牌发展战略。

2. 从企业产品生产的角度

（1）产品线的不同。

当企业同时生产相关性不大的各类产品时，可考虑在统一的企业品牌下，按产品线建立新产品的品牌。例如，名不见经传的广东雄伟集团旗下却有几大知名品牌产品，如松本电工、正野电器、威利坚机器模具等。

(2) 产品档次（质量）不同。

这样可以保持其高档产品的份额，同时又可以打入中、低档市场而且不对高档品牌造成影响。如号称“钟表之王”的瑞士钟表便采取了这样的子品牌策略，其一级表品牌用“劳力士”“欧米茄”，二级表品牌用“浪琴”，三级表品牌用“梅花”，四级表品牌用“英纳格”。

(3) 产品使用周期不一样。

当产品使用周期较短或客观需要更换品牌时，则采用多品牌策略。多品牌能够满足消费者“品牌转换”心理，这在洗发护发用品、个人清洁用品、护肤用品等行业中的运用尤为突出。而一些行业，则在客观上需要使用不同品牌的产品，如从保健的角度出发，就不要经常使用一种品牌的牙膏。相反，产品使用周期长时，一般用副品牌策略，如家电行业适宜采用副品牌策略，我国洗衣机、冰箱、空调等行业企业多采取副品牌策略。

(4) 假定对手不一样。

它是指在同一类产品中设立两个或多个相互竞争的品牌，这虽然可能会使原有品牌的销售量（额）稍减，但几个品牌加起来的总销量（额）却比原来一个品牌时更多。这种策略的优势在零售市场的商品陈列位置表现得十分明显，能抓住不少消费者好奇的心理。引入企业内部品牌之间的相互竞争，企业拥有较多的品牌就能占有较多的不同细分市场，不仅满足消费者的共同需要，也尽力满足具体市场的独特需求。如我国服装业著名的杉杉集团有五大品牌，“杉杉”品牌以男装为主，主要目标为中档偏高的消费群体；“麦斯奇莱”品牌以女装为主，主要目标为白领职业女性群体；“意丹奴”品牌以休闲装为主，主要目标为年轻活泼群体等。

3. 从企业市场竞争角度

(1) 企业间合资或并购。

在合资企业（尤其是中外合资）中，外资方、中资方都可能在合资后继续保留自己的品牌，如 TCL 收购乐华，并购后的 TCL 家电有了 TCL、乐华两个品牌。

(2) 企业出于品牌壁垒。

为防止竞争对手侵略或抗衡竞争对手，打造企业品牌群，或者把核心品牌相关品牌（如谐音品牌、改变文字或字母排列顺序的品牌、图案变形的品牌）纳入自己旗下，防止竞争对手“钻空子”，迷惑消费者。比如可口可乐在取得巨大成功之后又相继推出了芬达、雪碧、醒目、天与地茶、天与地水、阳光等饮料系列，而且除了碳酸饮料还推出了茶、水和果汁等新产品。每种品牌都有它独特的内涵。可口可乐主要是针对运动后补充能量的一种清爽感受，而天与地茶更注重的是健康和保健，芬达要表达的则是一种清纯及相聚的喜悦和兴奋。

（3）企业为规避经营风险。

当一个品牌在运营中遭遇经营危机（如产品质量事故等）时，市场每况愈下，采用多品牌，转移外界注意力，可以降低风险和免受攻击，不致影响到整个企业。如三株口服液因一起“致人死亡”的恶性质量事故后，便一蹶不振。

（4）增加抗衡的实力。

企业为了与竞争对手打价格战、促销战，又不想降低核心品牌的形象及核心产品的利润，可通过创立新品牌与竞争对手“战斗”，打“消耗战”。

例如，嘉里粮油（中国）有限公司是实施多品牌的企业，以生产“金龙鱼”系列而著称。金龙鱼是一个多品种的产品，有花生油、色拉油、豆油、菜油等品种。在每一个市场细分中，金龙鱼都推出了一个代表性品牌：如元宝是豆油品牌，鲤鱼是菜油品牌，胡姬花则是花生油品牌，“海皇”牌 24 度精炼食用棕榈油、“花鼓”牌 33 度精炼棕榈油、“卫星”牌 44 度精炼棕榈油等，还推出了玉米油和葵花籽油等有抗衰老、降低胆固醇的高档健康食用油。到 2002 年年底，金龙鱼系列共推出了 16 个品牌，除金龙鱼是中国食用油的领导品牌外，还有鲤鱼、元宝、胡姬花、香满园、花旗、手标、巧厨、嘉龙、万黛兰、海皇、花鼓、卫星等 15 个品牌。其麾下的金龙鱼、元宝、胡姬花、鲤鱼等品牌市场占有率之和超过了从第 2 名到第 10 名的市场份额总和。如果再加上其他 13 个品牌的销量，嘉里粮油差不多占据了中国小包装食用油市场的半壁江山。在品牌经营与管理中，嘉里首先通过领导品牌塑造领导形象，认为如果将金龙鱼延伸到中、低端市场，那么低档产品的形象通过品牌效应势必会波及高档产品，就会对消费者心中“食品油专家”的品牌形象造成冲击，损害到金龙鱼的品牌资产。

为此，金龙鱼首先采取低价品牌应对价格战，推出元宝、胡姬花等二、三线品牌与主要竞争对手——中粮集团的“福临门”（享受国家原料配给，又有亚洲最大的油脂生产线的成本优势，这都是金龙鱼所不能企及的，福临门零售价总是比金龙鱼要低 1 元到 3 元）进行价格竞争。这样，既不会损害到核心品牌的价值，又可以提高产品的市场占有率，维护企业的品牌资产。其次，采用竞争品牌紧跟竞争对手策略，应对鲁花花生油咄咄逼人的势头，嘉里粮油适时地推出了胡姬花花生油，扰乱了对方的部署，也提高了核心品牌金龙鱼策略的灵活性。此外，不断推出新品牌开拓新市场，利用新品牌进入新的细分市场，把风险控制在可行的范围内，而在推广过程中，继续以金龙鱼为全国性品牌面向全国推广，并在某些地方设立分厂，生产区域品牌，形成区域优势。

金龙鱼鼓励品牌之间进行竞争，并不意味着各品牌之间就不存在协同效应。金龙鱼鼓励将公司所有品牌看成一个整体，而不人为地将市场区别对待，有机地将主力品牌与专业品牌相结合，发挥整体优势，争取达到最好的效果。有效的整合可以做到占据陈列优势、占据油品优势、占据规格优势，争取不同消费层的目标顾客。金龙鱼在其推出的新一代调和油“1:1:1”，就是深度传播其产品有益于

“健康”的创新行为。金龙鱼“1∶1∶1”的健康概念，实质是在抢占调和油营销噱头的制高点，设置更高的市场门槛，由自己来制定调和油的行业标准。

（5）适应不同区域市场。

不同区域市场有着不同的消费理念、消费习惯、消费文化、消费需求及消费能力（购买力），企业为适合当地区域，开发不同品牌。如华龙针对中原大省河南开发了副品牌“六丁目”，针对东三省开发了副品牌“东三福”“可劲造”，针对山东大省开发了副品牌“金华龙”，都取得了成功。

第三节 品牌延伸策略

品牌延伸可以从横向和纵向两个角度进行，但要防止进入延伸误区。

一、纵向延伸

1. 向下延伸

向下延伸是指企业原来生产高端产品，随着市场的发展，增加低端产品。这主要是因为：高档产品增长缓慢；企业的高端产品受到激烈的竞争；当初进入高端产品市场是为了建立其质量形象；增加低端产品可以填补空隙，不让竞争者有隙可乘。向下延伸也有风险，由高端产品步入低端市场，原有高质量的形象受到损害，为此应该启用新品牌；向下跨度也会刺激生产低端产品的行业发起反攻；经销商可能不愿意经营利润较少的低端产品。

向下延伸不仅可以躲避高端产品市场竞争的威胁，而且可以填补自身中、低档产品线的空缺，为新竞争者的涉足设置障碍，并以低档、低价格吸引更多的消费者，提高市场占有率。

科龙采用的就是向下延伸策略。科龙是主打高端市场的核心品牌，康拜恩则是其向下延伸的产品线，冲击近六成市场份额的低端市场，满足低端消费者的需求，开发出售价在2 000元以下的白色家电品牌。中国名酒五粮液，在高档酒竞争激烈，低档、低价酒出现市场空白时，延伸出五粮春、五粮神、五粮醇、五湖液、京酒、圣酒、红豆缘酒等。

2. 向上延伸

向上延伸是指企业原来生产低端产品，后来决定增加高端产品。这主要是因为：高档产品畅销，销售增长较快，利润率高；企业估计高端产品市场上的竞争者较弱，有进入优势；想成为生产种类全面的企业。向上延伸同样有风险，会引起高端产品竞争者的反击；潜在消费者对企业的扩张能力持怀疑态度；企业的销售代理商和经销商还不具备经营高端产品的能力，有待进一步培养。例如，四川全兴集团为进入高一级市场推出的水井坊便占据了高档酒的市场；森达集团为进入高档女鞋市场，推出了梵诗蒂娜女鞋，并进行独立的推广、独立的定位，在行销推广时不提及森达这个母品牌。

海信采用的就是向上延伸策略。海信原是一家生产黑白电视机的厂家，但其高瞻远瞩的目光，以高于一般彩电技术两倍的代价引进当时最高技术水平的日本"松下"彩电生产线，创立海信彩电这一品牌。1996 年与英特尔合作，挑战多媒体系列计算机领域获得成功，同年推出 VCD 光盘机，引进日本三洋空调技术，推出变频系列海信空调，从而使海信品牌不断提升。中国鞋业青岛双星原是生产"解放"牌黄胶鞋的青岛橡胶九厂，在与美国布瑞克公司合作生产"抛尼"、"凯斯"、"布鲁克斯"后，创立品牌"双星"（DOUBLE STAR）高档运动鞋、皮鞋，畅销欧美市场。

3. 上下延伸

上下延伸也叫双向延伸，是指企业原来生产中端产品，随着市场的变化，既向高端市场进军，又向低端市场迈步，朝产品大类的上下两个方向延伸。例如，起初美国鲍默公司在低质量和低价格的电子计算机市场上占支配地位，休莱特—帕卡德公司在高质量和高价格电子计算机市场上处于领导地位，后来，得克萨斯仪器公司决定先进入中等质量和中等价格的电子计算机市场，然后决定逐渐增加高档和低档电子计算机，它一方面推出高档电子计算机，但价格比休莱特—帕卡德的低；另一方面又推出低档电子计算机，但质量比鲍默的好，价格比鲍默的低，以便占领高档和低档电子计算机市场。

二、横向延伸

横向延伸是指借助原有品牌资产，建立在对消费者行为分析以及市场细分基础上，根据不同的地区、不同的文化背景、不同年龄、不同性别的人群，实施品牌延伸，并保持品牌较大的区隔。或者说，横向延伸是在不同的品牌范围内进行品牌线或产品线的延伸。企业特别是专业公司，它对各个地方不同层次消费者的需求及需求的变化非常敏感，始终站在消费者需求的角度研发产品，它提供不同的品牌和产品供消费者选择。

比如，皮尔·卡丹从服装延伸到饰物、香水、家具、食品、酒店、汽车甚至飞机造型。同样，登喜路、都彭、华伦天奴等品牌麾下的产品一般都有西装、衬衫、领带、T 恤、皮鞋、皮包、皮带等，有的甚至还有眼镜、手表、打火机、钢笔、香烟等价格跨度很大、产品关联度较低的产品，但也能共用一个品牌。

又比如，欧莱雅集团一共拥有 500 多个品牌，其中 17 个是国际知名的大品牌，占欧莱雅集团销售总额的 94%。目前已经有 10 个品牌引入到中国，加上收入囊中的小护士和羽西，欧莱雅在华目前一共拥有 12 个品牌。欧莱雅在中国的品牌架构包括了高端、中端和低端三个部分，形成金字塔结构（见图 10－1）。

塔尖部分。高端第一品牌是赫莲娜，无论从产品品质和价位都是这 12 个品牌中最高的颇具现代感的前卫品牌，于2000年11月在上海梅龙镇伊势丹开设了中国的第一个专柜。将美容科学作为品牌理念，治疗效果作为其保养品的特征和研究方向，面对的消费群体的年龄也相应偏高，并具有很强的消费能力。第二品牌是兰蔻，它是全球最著名的高端化妆品品牌之一，是欧莱雅集团众多高档品牌中最早进入中国的一个，主要通过高档百货店、购物中心的专柜销售，为众多高端消费者所青睐，消费者年龄比赫莲娜年轻一些，也具有相当的消费能力。第三品牌是碧欧泉，2001年4月进入中国的欧洲三大护肤品品牌之一，是以自然温和的方式使肌肤细胞达到平衡的高档化妆品，采用时尚的开放式购物方式，它面对的是具有一定消费能力的年轻时尚消费者。欧莱雅集团希望把它塑造成大众消费者进入高端化妆品的敲门砖，因此价格也比赫莲娜和兰蔻低一些，主要在高档的百货商场销售。兰蔻在22个城市有45个专柜，目前在中国高端化妆品市场占有率第一，碧欧泉则是第四。而赫莲娜目前在全国最高档百货商店中只有6个销售点，柜台是最少的。

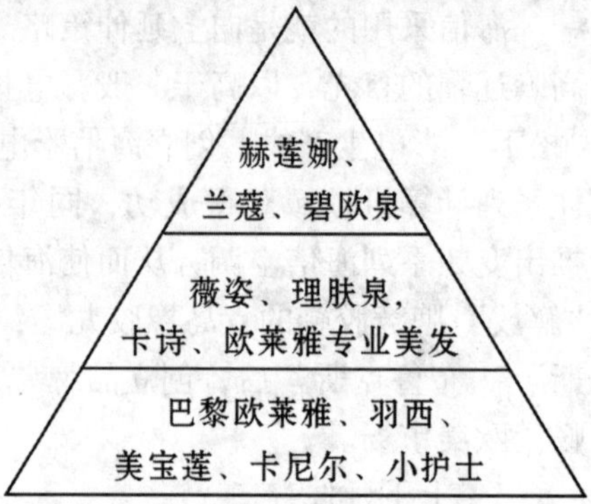

图10-1

塔中部分。中端品牌分为两大块：一块是美发产品，有卡诗和欧莱雅专业美发。卡诗在染发领域属于高档品牌，比欧莱雅专业美发高一些，它们的销售渠道都是发廊及专业美发店，只在特定高档发廊提供服务及销售。通过发廊美发师的特殊技巧和极具个性化的服务，使顾客得到整体享受。欧莱雅则是专为美发师创造的品牌，只在专业发廊销售和使用，专门针对发廊在专业服务中的特殊需求。在欧莱雅看来，除了产品本身外，这种销售模式也使消费者有机会得到专业发型师的专业服务。还有一块是活性健康化妆品，有薇姿和理肤泉两个品牌，它们通过药房经销。欧莱雅率先把这种药房销售化妆品的理念引入了中国。薇姿是1998年7月进入中国，通过全国各地医院的皮肤科临床试验，在国内大中城市的专业药房建立了专柜。理肤泉在2001年登陆中国市场，在药房进行销售，解决皮肤保养难题，对皮肤病起辅助性治疗作用。

塔基部分。中国市场不同于欧美及日本市场，就在于中国市场很大而且非常多元化，消费梯度很多，尤其是塔基部分上的比例大。在大众市场，欧莱雅目前在中国一共有5个品牌。其中，巴黎欧莱雅是属于最高端的，是欧莱雅集团内历史最为悠久、知名度最高、进入中国市场较早的大众化妆品之一，它有护肤、彩妆、染发等产品，在全国500多个百货商场设有专柜，还在家乐福、沃尔玛等高档超市有售。欧莱雅的高档染发品已是目前中国高档染发品的第一品牌。第二品牌是羽西，羽西秉承“专为亚洲人的皮肤设计”的理念，是一个主流品牌，在全国240多个城市的800家百货商场有售。第三品牌是美宝莲——来自美国的大众彩妆品牌，是欧莱雅于1996年收购的美国品牌，风格明快、时尚、青春，在大众市场颇具影响力。它在全球很多国家彩妆领域排名第一，在中国也毫不例外，目前已经进入了600个城市，有1.2万个柜台。第四品牌是卡尼尔，目前在中国主要是引进了染发产品，它相比欧莱雅更大众化一些，年轻时尚，以"健康之源美于自然"为宗旨，致力开发天然美容产品，适用于大众消费者，在各大超市、百货商场和化妆品店开设专柜进行销售，在中国有5 000多个销售点。第五品牌是小护士，它面对的是追求自然美的年轻消费者，市场认知度在90%以上，目前在全国有28万个销售点，网点遍布了国内二、三级县市。

根据这个架构，欧莱雅以目标客户来选择销售渠道的策略，也就一目了然。为高端客户生产的兰蔻等产品，只有在高档的商店才可以买到；走大众路线的美宝莲，则在普通商场及超市就可以买到。而总裁盖保罗的理想还不止于此，他希望有一天，大家买美宝莲就像买可乐一样方便。因为欧莱雅给美宝莲的定位是"国际化的品牌，平民化的价格，要让中国的消费者买得起，且便于购买"。

尽管业界普遍认为高端市场利润丰厚，低端市场利润微薄且竞争激烈。但欧莱雅认为，大众化妆品市场只要精心设计产品组合，有不同的分销渠道、产品价格、品牌风格，同样能创造出丰厚利润。有数字表明，欧莱雅在全球范围内的大众化妆品占其全部销售的55%。到2002年年底，欧莱雅公司的市值已接近500亿欧元。并保持了连续18年利润两位数增长。而且，欧莱雅以品牌收购闻名，被誉为"品牌收购专家"，曾有过收购兰蔻、薇姿、美宝莲等著名品牌的大手笔，并把它们培育成为具有全球影响力的品牌。据美国《财富》报道，1996年欧莱雅收购美宝莲时，美宝莲还只是美国中西部的一个地区性品牌，销售额为3.5亿美元，其中仅有7%来自美国以外的市场。而到2002年，美宝莲创下了十几亿美元的销售业绩，有近60%的销售额来自海外市场。

三、品牌延伸的误区

1. 简单的产品扩展

这种延伸形式，指的是单纯的产品延伸，即从一个产品拓展到另一个产品。延伸时没有仔细考虑产品的相关性。如果产品的关联程度小，也可以考虑使用独立品牌，这比较适合那些没有品牌基础的企业进行产品多元化。比如，医药保健业的海王，虽然通过主副品牌的模式延伸出银得菲、银杏叶片、金樽、牛初乳等诸多花样，花了三亿多的推广费用支持其品牌延伸，"种下的是龙种，收获的却是跳蚤"，以致被业内笑称"没有销量的品牌工程"，其实应该是"没有销量的品牌延伸"。海王根本没有什么品牌历史和品牌影响，主品牌海王的自身价值尚未得到公众认可，主副品牌结构中的优势互补性无从谈起，"用主品牌拉动副品牌，通过副品牌反哺主品牌，形成良性循环"的结果也不可能出现，最终导致

"一损俱损，全军覆没"。

2. 向成熟行业扩展

最适合于品牌延伸的行业应该是成长型的行业，而非成熟型的行业，要想迈进成熟型的行业，必须找出适合自己的细分市场、区隔市场，否则也难逃厄运。比如长虹，品牌延伸到空调、DVD 就没有多大成就，虽然延伸的领域有相关性，但空调行业的市场增长在放缓、赢利能力在下降，而竞争在加剧，领导品牌的集中度越来越大，这种格局即便有强势的品牌资产也是难以突破的。海信进入空调业的时候时机也不太好，但却能通过市场细分找到了富有潜力的变频市场，结果通过打起"变频革命"的大旗，一举跻身前列。

3. 协同效应缺失

品牌延伸要求在各个品牌之间能够找到协同关系，共同发展。如果缺乏协同，就很难获得成功。TCL 在从彩电向 PC 进行品牌延伸时，没有深入进行规划，自以为彩电的制造与销售网络可以转移到电脑，实现资产共享。实际上，首先 PC 行业要求全球整合资源，对供应链的成本效率要求极高，即便是做了几十年的联想与戴尔相比，在供应链上也差得很远，TCL 就差得更远了；其次，TCL 传统的彩电销售网络并不适用 PC，必须自己重新组建渠道，渠道协同也就成了空话；再次，PC 品牌要求品质认同，TCL 的彩电品牌资产仅具知名度而已，根本无法共享。所以出现亏损在所难免。

4. 主次不分

不同的品牌对企业的贡献不同，发展的前景也不一样，品牌经营与管理时，必须区别对待，而不能采取平均主义。根据历史业绩和未来预测，合理配置资源优先权，有效进行品牌整合，而不能一味地去强调个个发展。集中精力，把最好的发展机会转移至最有发展潜力的品牌。比如科龙，其品牌家族中的华宝、三洋科龙的市场占有率和销量几乎都没有什么增长，却偏偏还要用它们来组成"品牌航母"，实在难以理解。

品牌延伸之所以难，是因为它不仅仅是品牌问题，还涉及营销问题甚至战略问题。抱残守缺或以偏概全都会使品牌向"绝地"延伸。

本章小结

品牌战略是企业经营与管理的核心组成部分，而品牌延伸是品牌战略的重要内容之一。企业将其成功品牌运用到新产品或新业务上，凭借消费者对现有品牌的认知度和认可度，迅速占领市场。因此，品牌延伸策略更有研究意义。

品牌延伸作为一种品牌经营策略，被国内外企业和理论界所追捧。品牌延伸成功与失败都不乏案例，关键是怎样规避失败，如何探求成功。品牌延伸成功是品牌自身因素、延伸策略和特定的市场条件与正确的营销策略整合的结果。

单一品牌延伸可以集中资源塑造品牌，但很难同时抢占高中低市场，容易一损俱损；多品牌延伸能最大限度地覆盖市场，但受企业资金限制。因此，品牌延伸是一把双刃剑，操作得好，不但能使新产品快速进入市场，还有助于提升原有品牌；操作失误，则不但新产品要失败，甚至可能危及品牌的生命。面对巨大的市场机会和同样巨大的市场风险，任何简单的结论对企业而言都是致命的。我们必须善于在机会中规避风险，从风险中寻找机会，如此才能在激烈的竞争中胜出。企业对待品牌延伸，更须如此，在品牌延伸时可以从企业发展、产品生产、市场竞争等多方面、多角度对自身品牌进行考量和评估，以找到最适合的延伸方向和延伸策略，选择最佳品牌延伸模式。

关键词汇、概念

关联效应　株连效应　搭便车效应　庇护效应　品位区隔论　单一品牌　多品牌　主副品牌　子品牌　双品牌　担保品牌　品牌特许经营　品牌虚拟经营　向下延伸　向上延伸　上下延伸

思考题

1．品牌延伸应遵循什么原则?

2．多品牌策略有什么优缺点?

3．你对宝洁所采用的多品牌战略有何看法？尤其是在洗发水领域，有着飘柔、潘婷、海飞丝等众多品牌，这必将造成每个品牌所占领的市场份额减少，你怎样看待这一问题?

4．品牌延伸会给公司带来什么不利影响？如何尽量减少这种不利因素?

5．哪些品牌适合延伸?

6．索尼把它的名字用于大多数新的电子产品中，从而使每个新产品立即建立起高质量的认识，你认为这样做会不会非常冒险呢?

7．什么品牌适合纵向延伸，什么品牌适合横向延伸？试举例说明。

第十一章

品牌资产

本章学习目标

- 掌握品牌资产的分类
- 描述品牌资产的组成
- 掌握品牌资产的评估方法

引例及思考

荣事达的品牌资产运作

地处安徽合肥的荣事达集团，在企业发展史上，有几次大的飞跃，都伴随着无形资产的有形操作。1993年荣事达集团在赢利能力最强的时候，毅然出售了集团49%的产权给一家香港公司，引来1亿多元的资金。荣事达以49%产权卖出的价格是当时市价的4倍，多出的就是企业的无形资产部分。1997年，荣事达集团与美国泰克公司合作，资产评估时，企业的无形资产达4亿多元，超出了企业的有形资产，美方则以与荣事达有形资产和无形资产相对应的现金投入，与荣事达各持49.5%的股份。1998年合肥一家民营企业欲以2 000万元现金注资荣事达，结果荣事达以无形资产投入，在新注册的公司中占20%的股份。同年，荣事达成功兼并三峡洗衣机厂，在注入资金的同时，其品牌价值也作价投入。

荣事达之所以在处于赢利高峰时进行无形资产运作，总经理陈荣珍解释到，企业在身价最高时转让厂权，企业还姓"荣"，实现了无形资产；企业在经营出现困境时进行无形资产运作，不但卖不出好价钱，甚至根本卖不动；企业处在上升期，无形资产以几何级数上升，无形资产处在最大化；企业止步或下滑，无形资产会以几何级数下降，甚至为负数。

品牌是重要的无形资产，完整的品牌评估可以填补短期财务评估和长期策略分析间的落差，取得一个平衡点。品牌在市场上的良好销售表现及与消费者建立一种较稳定的关系，便逐渐积累为品牌资产。品牌资产是企业的一种最有价值的长期投资。

第一节 品牌资产概述

资产可以分为有形资产与无形资产，而品牌资产是一种重要的无形资产。

一、资产

1. 资产的概念及分类

所谓资产，是指一定主体即所有者（企业或个人）拥有或能够控制的、可以用货币计量，并能为所有者主体获得效益的经济资源。

我国资产负债核算中的“资产”指经济资产。所谓经济资产，是指资产的所有权已经界定，其所有者由于在一定时期内对它们的有效使用、持有或者处置，可以从中获得经济利益的那部分资产。

资产的分类。根据经济周转特性的不同，可以分为流动资产、长期投资、固定资产、无形资产和递延资产等；根据存在的形态不同，可以分为金融资产与非金融资产，有形资产与无形资产。这里我们主要讨论有形资产与无形资产。

2. 有形资产

（1）有形资产的概念。

有形资产是以物化形式（实物、货币）存在的资产。它是指具有价值形态和使用价值形态的资产。有形资产的实物形态就是资产的自然状态，如大小、形状、颜色等，是人们可以直接接触到的；有形资产的价值形态是看不见、摸不着的，只有在与其他资产进行交换时才能通过价格表现出来。

（2）有形资产分类。

固定资产是指在使用中基本保持原有形态，如机器设备、工具仪器、生产用具、房地产、基础设施、运输工具、储藏工具等。

流动资产是指经常变换其实物形态的劳动对象、商品物质、货币资金，如原材料、易耗品、半成品、现金、存款、应收及预付款。

长期投资是指以获取投资利益为目的、长时间内放弃对资产的实际直接控制的资产，即企业不准备随时变现、持有时间在一年以上的投资，如债券、股票等。

专项资产是指具有专门用途的资产，如专项存款、专用物资等。

3. 无形资产

（1）无形资产的概念。

无形资产是由特定主体控制的、不具有物化形态或独立实体，对生产经营与服务能发挥作用并带来经济利益的一切经济资源。

无形资产按照范围可以分为专利、专有技术、商标、商誉、版权、租赁权、特权、土地使用权等。

（2）无形资产的特点。

一是独立性。无形资产相对于有形资产而言有其独立性，它可以不依赖有形资产而独立发挥作用，它体现一种权力或取得经济效益的能力。无形资产受法律保护。

二是转化性。无形资产虽然是看不见、摸不着的非物质资产，不能用实物尺度来衡量，具有非实体性，即无形性。但它可以通过一定的物质载体来表现，如专利权通过专利证书、图纸来表现，商标权有注册商标及证书；同时，它与有形资产相结合，就可以相互转化并产生巨大的经济效益。

三是增值性。无形资产能给企业带来强大的增值功能，而且本身并无损耗。不少名牌企业的无形资产价值远远高于企业的有形资产和年销售额。

四是交易性。无形资产有其价值性和增值性，因而具有交易性。如企业的专利权、商标权可在市场上进行有偿转让、拍卖等交易活动。

五是潜在性。无形资产是企业在生产经营中靠自身日积月累、不断努力，逐渐培育出来的，它潜存于企业中，如经验、技巧、人才、企业精神、职工素质、企业信誉等。其潜在的价值伸缩性大，可能具有高附加值或贬值。

4. 无形资产与有形资产的联系

（1）相互作用与促进。

虽然无形资产既可以单独存在，也可以单独表现其价值对外投资或转让，但在企业的生产经营过程中无形资产通常不能脱离有形资产而单独存在，它与有形资产相互作用。

（2）无形资产通过有形资产来体现。

企业拥有的无形资产必须通过有形商品在市场上流通才能得以识别，无形资产的作用也才能充分体现出来。因此，要以有形资产为载体来发挥无形资产的作用。

（3）无形性与有形性。

既要注意无形资产的无形性，又要注意其有形性的表现。由于无形资产是以知识形态的智力成果为基础，以法律为保障，以市场为依托，以经济利益为目标的经济资源，而其作用的发挥又在某种程度上依赖于有形资产。因此，企业在开发、培育、运用无形资产时，不能忽视其有形性的表现，应使无形资产和有形资产之间相互作用、相得益彰。

二、品牌资产的概念

美国人 Alexander L. Biel 认为：品牌资产是一种超越生产、商品及所有有形资产以外的价值。在我国，有的学者以与品牌紧密联系的商标为基准来定义，认为所谓品牌资产“就是一种超越生产、商品、一切有形资产以外的价值，这种价值集中体现在商标所代表的价值上，它是企业为从事生产经营活动而投资在商标上的各种资产的总和”。①

简单而言，品牌资产就是与品牌名称（标志及标语）相关并能实现产品或服务增值的诸如品牌知名度、忠诚度、品质认定以及品牌联想（如纯净、能漂浮）等一系列要素，是与某种品牌名称或标志相联系的品牌资源或保证，它能够为提供这种产品或服务的公司以及购买这种产品或服务的顾客增加或减少价值。②

品牌资产可以看作将商品或服务进行品牌化后所产生的额外收益。因此，品牌资产又可以理解为品牌给产品带来的超越其功能效用的附加价值或附加利益，这种附加价值或利益表现为品牌给企业和顾客提供超过产品或服务本身利益之外的价值。如果某种品牌给消费者提供的超过商品和服务本身以外的附加利益越多，则该品牌的吸引力就越大，顾客就越喜欢这一品牌，从而品牌资产价值也就越高。如果该品牌的名称或标志发生变更，那么附在该品牌上的资产也将部分或全部消失。品牌给企业带来的附加利益，最终源于品牌对消费者的吸引力和感召力。也就是说，品牌资产是企业与顾客关系的反映，而且是长期动态关系的反映。迪斯尼公司的行政总裁奥维兹则说：“在我看来，工商界中无论是谁，其全部未来都维系在他的品牌资产及与之有关的一切上。”

从管理者角度看，企业品牌资产是一系列财产的组合，包括品牌认知、品牌忠诚、品牌体现的品质、品牌联想等。这些都是与品牌名称及其标志联系在一起的，是一种超越生产、商品等所有有形资产的外在价值。

品牌资产一般用在企业兼并、并购、合资、资产重组、核算企业资产等活动中进行资产评估和作价。

第二节　品牌资产的作用与特点

品牌资产的生成与增值从根本上说取决于企业的内部治理，但是，良好的内部治理并不意味品牌的自然生成，它在很大程度上还有赖于企业具有强烈的品牌意识，以及在此基础上的品牌资产管理活动和企业与消费者持续良好的互动，这一系列的理念、行为和运作构成了企业品牌资产生成路径及其管理的基本内涵。因此，品牌资产可使企业在品牌建设中抓住关键问题，帮助企业建立品牌，增强核心竞争力。

① 余明阳．品牌学．合肥：安徽人民出版社，2002，5

② ［美］大卫·爱格．品牌资产管理．丁恒，武齐译．呼和浩特：内蒙古大学出版社，2003，3

一、引起品牌资产变化的因素

1. 主要的新产品

尽管许多新产品对品牌资产不会产生明显的影响，但 IBM 公司的 ThinkPad 电脑、苹果公司发明的革命性的牛顿（Newton）电脑和微软的 Windows 3.1 等产品对品牌的积极影响是众所周知的。

2. 产品出现问题

牛顿（Newton）电脑的发明帮了苹果公司的大忙，可接下来令人失望的问题却给苹果的品牌资产造成负面影响。英特尔由于对奔腾芯片的一个缺陷处理不当也连累了它的品牌资产。

3. 高层管理的变动

娄·杰斯特那加盟 IBM 与史蒂夫·乔布斯重回苹果电脑都有助于品牌的改进，这些首席执行官经营策略的变化显然都影响了它们的品牌。

4. 竞争者的行为

惠普遭遇的品牌资产的逆转在一定意义上是被其竞争者（佳能）的广告击中了要害。视窗 95 的推出也对苹果品牌产生了戏剧性的影响，这体现在视窗 95 品牌资产的提升，以及后来成功打击了苹果在用户友好界面技术上的优势。事实上，微软的胜利既是战略上的，也是战术上的法律问题。在经历了品牌资产发展的一段太平盛世后，微软遭遇到的法律诉讼也让其品牌形势逆转直下。

二、品牌资产的作用

品牌资产对企业是一种无价的资本。广告调研专家 Larry Light 直言："市场营销的战争，正是品牌的战争。拥有市场比拥有工厂更为重要。而拥有市场的唯一途径正是拥有领导市场的品牌。"

拥有品牌资产意味着品牌拥有一种独一无二的、对消费者具有特殊意义的特质。只有拥有品牌资产才能保证拥有更高的消费者忠诚度，并使品牌能够排除竞争对手价格下降、新品上市的压力而处于不败之地。品牌资产更是为企业带来更高利润、支持产品延伸和占据通路优势的法宝。总之，只有当品牌具备一定"资产"时，企业才能得以保持长期的增长。

品牌资产的作用概括起来可分为两类：为消费者提供价值和为企业提供价值。

1. 为消费者提供价值

品牌资产为消费者提供的价值主要表现在：通过品牌名称、品牌标识物帮助消费者解释、加工整理和储存有关产品及品牌的信息；通过消费者购买使用某品牌产品而产生的品牌忠诚来增强消费者的购买信心，提高消费者作出购买决策的效率；满足消费者的个性偏好，使之有一种心理上的满足感。

2. 为企业提供价值

品牌资产为企业提供的价值主要表现在：通过培养消费者的品牌忠诚度，促使消费者产生重复购买行为；通过品牌所体现的产品质量使消费者确信自己购买的是高质量产品，即使支付高价格也理所当然；能使该品牌产品以溢价销售；品牌资产能够为品牌扩张提供条件，同时能够为竞争对手设置进入目标市场的障碍。其具体表现为以下几个方面：

（1）提高品牌的忠诚度。

同非名牌相比，名牌的一个特点是消费者对名牌更信赖，因为品牌本身是左右消费者购买欲望的一大因素。一些强势品牌之所以能够领导市场，是因为消费者对于这些品牌是什么及代表什么早有认识，而顾客对品牌的忠诚度往往是通过重复购买的次数来衡量的。顾客对于其忠诚的品牌可以不加考虑地、习惯性地购买这种品牌的商品，这就不但增加了竞争者争夺顾客的难度和成本，而且能使公司获得稳定的收入来源。

（2）价格竞争的替代品。

企业要防止产品变成大众化的同质商品，唯一能代替价格竞争的办法是创建品牌。价格作为一种推动力的重要性往往被高估，调查显示，几乎没有消费者只凭借价格因素来决定购买。即使在波音飞机的客户面前放着成堆的量化报告，他们也要将最终的分析交给一项客观的鉴定工作，这种鉴定的依据就是客户们对波音品牌的亲近和信任度。

比如，三星显示器靠品牌抗拒价格战。2002 年中国内地显示器市场自有品牌中，三星显示器继续以 29.61% 的市场份额保持第一的地位，飞利浦和 LG 分别以 16.66% 和 14.96% 的市场份额列居第二和第三位。在液晶显示器领域，三星也以 18.5% 的市场份额高居榜首，紧随其后的是明基和飞利浦，其市场份额分别是 17.8% 和 16.7%。调查显示，无论整个显示器市场还是单纯的液晶显示器市场，前三名品牌加起来都占据了半壁江山，品牌集中化正是国内显示器市场的大趋势。

尽管 2002 年国内显示器市场上价格战此起彼伏，但从最终的市场结果来看，2001 年在市场上忙于价格战的一些活跃厂商并未有太大作为。挑起特丽珑显像管大幅降价的 NESO 以及在液晶领域降幅最大的美格，并没有取得太多的市场份额。讯怡等一些新进入市场的中小品牌虽纷纷推出了 2 500 元左右的液晶显示器，想以超低价策略抢占市场，但也没有对市场造成太大影响。相反，一直保持平稳价格策略的三星却依然在市场上取得了不俗的业绩，市场份额远远超过第二名。事实证明，价格并不是企业制胜的法宝。

从市场份额占有率情况来看，人们对品牌的忠诚度高，并不是由于其价格低，而在于品牌本身的价值，只有脚踏实地地依靠产品，才能赢得消费者的信赖。这种信赖就是品牌的价值所在。因此，企业在价格定位的决策上，应走出传统低价的误区，因为低价位虽然可以占领一时一地的市场，但却无法巩固或占领整个市场。那种恶意、无序的价格竞争，将导致市场的毁灭。

实际上，消费者消费观念的转变是市场变化最直接的反应。显示器厂商对市场的争夺已经不再像几年前那样主要围绕 PC 制造商以获得大量的产品订购，而对消费用户的重视，决定了显示器厂商必须超越产品的价格、技术等浅层次、表面化的竞争，深入品牌的核心竞争力以期形成新的品牌力量，从而在市场竞争中提前获得市场的认可及青睐。国内显示器市场在经过几年的发展之后，以价格战为主要竞争手段的中小品牌的生存空间已经越来越小了。随着人民生活水平的提高、消费者的成熟，人们的消费观念也正在发生转变，消费者在产品的选购上越来越关注的不再是价格，而是品牌。正是品牌力量使三星、飞利浦等主流厂商取得了不凡的业绩，特别是全球著名显示器厂商三星，突破低价重围，以其强大的综合品牌实力，在国内显示器市场上，自有品牌市场份额占有率中获得四连冠，创造了中国显示器价格战的奇迹。

这样看来，随着国内显示器市场的成熟和消费观念的转变，市场竞争已开始步入更高的阶段，未来的显示器市场将步入品牌竞争时代。在显示器领域，价格战的发生是经常性的，在 2001 年 6 月，显示器市场所爆发的价格大战让业内人士津津乐道，然而这场价格战的挑起者在其中并未捞到太多的好处。就事件而言，降价取得了公众瞩目的效果，但是降价的同时也损害了附加于其上的“特丽珑”显像管一贯的高品质形象。其中的症结，从品牌经营上分析，在于其没有在前期做好品牌的铺垫工作，价格的突然下跌，虽然在瞬间给用户带来惊喜，但同时也导致了市场的反方向心理反弹，对品牌的伤害也较大。正是因为价格具有双向发力的效应，导致很多著名厂商在动用价格利刃时顾忌很多，一般并不轻易率先打出价格牌，弱化因价格战而对自身品牌形象的负面影响。这也是我们为什么会看到诸多国际性显示器品牌很少主动降价的一个重要原因，一般降价也要通过促销或者捆绑等活动来进行。

（3）有创造财富的巨大潜能。

一旦拥有积累丰厚、具有巨大市场影响力的品牌，就相当于拥有了广大的消费者，成为未来收益的保证。在企业的所有无形资产中，最重要的、最能为市场所认知的、最具有生命力的资产，非品牌莫属。

以美国为代表的经济发达国家，恰恰是世界强势品牌的拥有者。饮食起居、飞天行地，信手可以列出可口可乐、谷哥、微软、麦当劳、IBM、万宝路、Intel 等首屈一指的大品牌，是这些国家经济实力的代表。

20 世纪 60 年代的日本制造，也曾是低价货的代名词，随着 80 年代以后丰田、日产、松下、SONY 等一大批知名企业成功实现全球化，日本制造已经成为全球最领先制造水平的代表。随着韩国三星、现代、LG 品牌成功实现全球化，极大地提高了韩国制造的国际地位。

品牌资产可以产生额外的收益，拿产品生产来说，一件产品在同一个工厂里由同一批工人采用同样的质料生产，如果贴上不同的商标，所产生的价值就完全不一样，这就是所谓的“同工同质不同价”。

比如广州熊猫衬衫厂生产的衬衣一般卖60~70元，但该厂的“金利来”衬衣在市场上却可以卖到300元，品牌价值远远超出了产品本身。2001年中国广东生产的钟表达11亿只，钟表产量已经占到世界总量的一大半，但总产值却只有10.6亿美元，平均每只钟表不到1美元；而同期瑞士只生产了2 700多万只钟表，生产总价却高达62亿美元，平均每只钟表229美元，两地比较，每只钟表的价值竟相差数百倍。

（4）品牌价值的衡量标准。

品牌的价值无法精确评估，但可以大略地估算（±30%的范围内）。由于误差很大，这些估算不能用于评估营销计划，只能说明创造了多少品牌资产。这些估算还能为制定品牌创建计划和编制预算提供参考。比如说，如果某个品牌价值是5亿美元，一个500万的创建品牌的预算就可能显得太少了。同样，如果一个品牌在欧洲的价值为4亿美元，在美国的价值为1亿美元，将品牌预算在两个市场一分为二的决策就可能需要质疑了。

（5）使企业在竞争中占据优势。

当今市场中的技术竞争异常残酷，可以说是胜者王侯败者寇。在瞬息万变的市场中，要想把握未来技术的发展方向是非常困难的，即使你能够把握，还需要持续不断地保持技术的绝对领先，要想在短短的几年内达到是不太可能的。而任何一个失误，都可以使一个世界级的巨型公司遭受重挫。为了使公司在技术落后于竞争对手时能够避免被彻底打垮，企业需要一个强大的品牌形象来维持市场，从而缓冲压力，以图后计。英特尔就是个很好的例子。

英特尔推出高科技新CPU的速度只能用“奔腾”一词来形容，英特尔采取了永远领先市场两步的技术升级战略。不但快得让老对手AMD、CYRIX在后面追得气喘吁吁，就连消费者都感觉有点头昏脑涨，总被逼得升级，都有点烦了。虽说市场对英特尔的技术崇拜已经形成了路径依赖，但英特尔这只狂奔的高技术兔子终于在2000年被AMD赶上了。

2000年8月，AMD公司在技术上领先英特尔推出了主频为1G的CPU。3个月后，英特尔推出同类产品，然而AMD的市场份额并没有获得很大的提升，只是由13%增至17%，再加上其他竞争对手，市场份额也没有达到20%，根本没有对英特尔芯片市场的品牌霸主地位构成真正的威胁。这是因为英特尔已经历时10年，耗费70亿美元，创造了“Intel Inside”这一高科技品牌竞争力塑造的最佳范例，将其高科技优势转化为品牌竞争力优势，从而将市场对英特尔技术崇拜的路径转化为对英特尔这一高科技品牌崇拜的路径依赖。

（6）可以盘活有形资产。

无形资产可以转化为有形资产，发挥“名牌效应”的作用，以名牌盘活有形资产。企业以名牌为龙头，将现有闲置的设备加以改造，或将原材料加以改制，适应龙头产品生产的需要，盘活有形资产。

比如，海尔无形资产的运用。海尔集团是世界第四大白色家电制造商，也是中国电子信息百强企业之首。其旗下拥有240多家法人单位，在全球30多个国家建立了本土化的设计中心、制造基地和贸易公司，全球员工总数超过5万人，重点发展科技、工业、贸易、金融四大支柱产业，2005年，海尔全球营业额实现1 039亿元人民币（合128亿美元）。

海尔集团在首席执行官张瑞敏确立的名牌战略指导下，先后实施名牌战略、多元化战略和国际化战略，使一个亏空147万元的企业迅速成长，成为中国家电集团中产品品种最多、规格最全、技术最高、出口量最大的企业。2005年12月26日，创业21周年之际，海尔启动第四个发展战略阶段——全球化品牌战略阶段。海尔品牌在世界范围的美誉度大幅提升。1993年，海尔品牌成为首批中国驰名商标。2005年，海尔品牌价值高达702亿元。自2002年以来，海尔品牌价值连续四年蝉联中国最有价值品牌榜首。海尔品牌旗下的冰箱、空调、洗衣机、电视机、热水器、电脑、手机、家居集成等16个主导产品被评为中国名牌，其中海尔冰箱、洗衣机还被国家质检总局评为首批中国世界名牌。2005年8月30日，海尔被英国《金融时报》评为“中国十大世界级品牌”之首。海尔已跻身世界级品牌行列，其影响力正随着全球市场的扩张而快速上升。

从1991年起海尔就开始实施资产扩张战略。至2004年，海尔兼并国内企业16家，组成国内家电行业规模最大的一艘“联合舰队”。在这16家中，海尔认为对红星电器的兼并是最成功的一次，因为在这次兼并中海尔没有投入一分钱，只是用自己的品牌和管理等无形资产入股，在短时间内就使红星扭亏为盈并且成为海尔洗衣机的重要组成部分。

三、品牌资产的特点

品牌是一种无形资产，它的特点主要表现在四个方面：

1. 无形性

有形资产可以直接看到，品牌资产作为无形资产存在，是不能用肉眼直接看到的。

2. 依附性

品牌资产在发挥作用的时候，必须和其他资产结合在一起，它不能孤立地起作用和发挥功能。任何品牌都是产品的标志，没有一个消费者只需要品牌而不购买产品，品牌对消费者并没有直接的物质使用价值；任何一个商号都是一个企业的商号，没有一个商号离开企业的实体还有存在的意义。因此，品牌资产总是以依附的形式存在和发挥作用。

3. 概括性

从法律的意义看，品牌的知识产权是“商标专用权”，品牌及商标只允许其拥有者使用，而其他公司或个人未经授权是不能使用的。从经济的意义看，名牌这种知识产权的内涵并不只是商标专用的问题，而是这个企业有形资产和无形资产运行状况的综合。名牌并不是商标创造而是整体经营创造的结果。在这种意义上讲，品牌概括了企业的一切，正像一个人的名字概括了这个人一样。

4. 独立性

品牌一旦形成，特别是成为名牌之后，它的独立性就比较明显，这种无形资产和有形资产的结合是可以流动的。和一个名牌结合的有形资产，实际上是不断变动的，但牌子并不需要变动。企业的有形资产随着经营的状况其数量在不断地变动，但牌子不需要变动，可见品牌是具有相对独立性的。

第三节　品牌资产评估

品牌资产就是存在于品牌所有对象从理性以及感性消费过程中的关于某品牌的全部体验之和。这种理解是不能被衡量的，但是可以通过间接的手段或者具备统计学意义的样本调查取得。这也就是品牌资产统计的所谓科学依据。

一、评估的意义

20 世纪 80 年代以来，西方营销界一个广为流传的概念是“品牌资产”(Brand Equity)，它将古老的品牌思想推向新的高峰。品牌资产作为公司最有价值的资产，又是一种无形资产，品牌资产评估成为关注的一大焦点，有关的研究大量展开，国际上已形成两大权威机构，每年或每两年发布全球品牌评估报告，受到广泛瞩目。

近年来，越来越多的企业开始使用品牌资产进行融资活动。品牌资产评估使企业资产负债表结构更加健全。资产负债表是银行贷款、股市的依据。评估品牌将品牌资产化，使得企业负债降低，贷款的比例大幅降低，显示企业资产的担保较好，获得银行大笔贷款的可能性大大提高。对品牌资产进行评估还具有以下意义：

1. 是品牌兼并的依据

近期兴起的品牌兼并、收购热潮，使许多企业意识到对现有品牌资产的价值进行更好的掌握是必需的，对兼并、收购的企业品牌价值的掌握也同样重要。合资企业的不断出现，产生了传统上认为不能联合的联合品牌名称。另外，品牌资产评估有利于提高管理决策效率。虽然有企业形象资产对股东有利，但是无法具体评估各项品牌经营实绩。对公司各个品牌价值作出评估后，有利于公司的营销和管理人员对品牌投资作出明智的决策，合理分配资源，减少投资的浪费。

2. 鼓舞员工士气

品牌价值不但向公司外的人传达公司品牌的健康状态和发展，肯定品牌是公司长期发展的目标，更重要的是向公司内所有员工传达公司的信念，增强员工的信心。品牌经过评估，可以告诉人们自己的品牌值多少钱，以此可以显示品牌在市场上的显赫地位。

3. 激励投资者信心

评估品牌可以让金融市场对公司的价值有较正确的看法，这可提高投资者的交易概率。

4. 有利于品牌扩展

将品牌从公司的其他资产中分离出来，当作可以交易的财务个体的做法，有日渐增加的趋势。很明显，这为合资与品牌繁衍奠定了稳定的基础。品牌的价值，很多未作评估，在与外商合资时，草率地把自己的品牌（如洁花、孔雀、扬子、美加净等）以低廉的价格转让给外方，就吃了大亏。

总之，研究品牌资产评估的原则和方法对于建立和管理品牌资产是非常有价值的。品牌资产是个战略性问题，它是竞争优势和长期利润的基础，它必须由企业的高级管理层亲自决策。品牌领导模式的目标不仅要管理品牌形象，更要建立品牌资产。

通过将品牌资产化，使得企业负债降低，贷款的比例大幅降低，显示企业资产的担保较好，获得银行大笔贷款的可能性大大提高。

二、评估的方法

1. 成本法

(1) 历史成本法。

历史成本法是依据品牌资产的购置或开发的全部原始价值估价。最直接的做法是计算该品牌的投资，包括设计、创意、广告、促销、研究、开发、分销等。

这种方法的主要问题是如何确定要考虑的成本因素，例如管理时间的费用要不要算？如何算？品牌的成功归因于公司各方面的配合，我们很难计算出真正的成本。即使可以，历史成本法也存在一个最大的问题，即无法反映现在的价值，因为它未曾将过去投资的质量和成效考虑进去。使用这种方法，会高估失败或较不成功的品牌价值。

(2) 重置成本法。

重置成本法是按品牌现实重新开发创造的成本，减去其各项损耗价值来确定品牌价值的方法。重置成本是第三者愿意出的钱，相当于重新建立一个全新品牌所需的成本。其基本计算公式为：

$$品牌评估价值=品牌重置成本\times成新率$$

按来源渠道，品牌可能是自创或外购的。其重置的成本的构成是不同的。企业自创品牌由于财会制度的制约，一般没有账面价值，则只能按照现时费用的标准估算其重置的价格总额。外购品牌的重置成本一般以可靠品牌的账面价值为论据，用物价指数高速计算，公式为：

$$品牌重置成本=品牌账面原值\times\frac{评估时物价指数}{品牌购置时物价指数}$$

成新率是反映品牌的现行价值与全新状态重置价值的比率。一般采用专家鉴定法和剩余经济寿命预测法，公式为：

$$成新率=\frac{剩余使用年限}{已使用年限+剩余使用年限}\times100\%$$

这里要注意的是，品牌原则上不受使用年限的限制，但受年限折旧因素的制约，不过它不同于技术类无形资产的年限折旧因素。前者主要受经济性贬值（外部经济环境变化）和形象性贬值（品牌形象落伍）的影响，后者主要受功能性贬值（技术落后）的影响。

2. 市价法

这种方法是通过市场调查，选择一个或几个与评估品牌相类似的品牌作为比较对象，分析比较对象的成交价格和交易条件，进行对比快速估算出品牌价值。参考的数据有市场占有率、知名度、形象或偏好度等。应用市场价格法，必须具备两个前提条件：一是要有一个活跃、公开、公平的市场；二是必须有一个近期、可比的交易对照物。但在执行上存在一些困难。因为对市场的定义不同，所获得的市场占有率也就不同，且品牌的获利情况和市场占有率、普及率、重复购买率等因素并没有必然的相关性。这些市场资料虽然有价值，但对品牌的财务价值的计算用处不大。

3. 收益法

收益法又称收益现值法，是通过估算未来的预期收益（一般是“税后利润”指标），并采用适宜的贴现率折算成现值，然后累加求和，得出品牌价值的一种评估方法。

在对品牌未来收益的评估中，有两个相互独立的过程，第一是分离出品牌的净收益；第二是预测品牌的未来收益。收益法计算的品牌价值由两部分组成，一是品牌过去的终值（过去某一时间段上发生收益价值的总和），二是品牌未来的现值（将来某一时间段上产生收益价值的总和）。其计算公式为这两部分的和：

$$品牌价值 = \sum_{t=1}^{n} At\ (1+i)^{n} + \sum_{t-1}^{n-t} At\ (1+i)^{n-t}$$

公式中，At 为品牌的销售净利润，i 为贴现率（每年的折现率），t 为收益率，n 为年数。

收益法无法将竞争对手新开发的优秀产品考虑在内，同时折现率和时间段的选择都有一定的主观性。

4. 英特品牌集团公司（Interbrand Group）评估模型

英特品牌集团计算品牌价值分两步：第一步，主观判断，确定品牌强度；第二步，客观数据，有市场占有率、产品销售量、利润状况。

计算公式：$V=PS$（V 为品牌价位，P 为品牌带来的净利润，S 为品牌强度倍数）。

比如，吉列剃须刀。吉列公司创办于 1901 年，到 1917 年，吉列公司在美国国内的市场占有率已达 80%，奠定了其在刮胡刀领域的领导地位。自 20 年代开始，吉列公司逐渐进入国际市场，并迅速成长为国际知名品牌。70 年代期间，吉列公司持续多元化经营。2005 年世界品牌 500 强排名第 37 位。

第一步，计算品牌带来的纯利润。

1995 年吉列剃须刀销售额为 26 亿美元，营业利润为 9.61 亿美元。产业专家估计，在护理业资本产生率为 38%，即每投入 38 美元的资本，可以产出 100 美元的销售额。因此吉列所需资本额为 9.88（26×38%）亿美元。假设一个没有品牌的普通产品其资本可以得到净利润 5%，则吉列这个名字下的税前利润为 9.12（9.61－9.88×5%）亿美元；再减去税收，便得到吉列品牌的净收益为 5.75 亿美元。该数字就是纯粹与吉列品牌相联系的净利润。

第二步，计算品牌强度倍数。

按照英特品牌公司建立的模型，它由七个因素决定。每个因素的权重有所不同。

领导力（Leadership）——品牌的市场地位，权重为 25%；

稳定力（Stability）——品牌维护消费者特权的能力，权重为 15%；

市场力（Market）——品牌所处市场的成长与稳定情况，权重为 10%；

国际力（Internationality）——品牌穿越地理文化边界的能力，权重为 25%；

趋势力（Trend）——品牌对行业发展方向的影响力，权重为 10%；

支持力（Support）——品牌所获得的持续投资和重点支持程度，权重为 10%；

保护力（Protection）——品牌的合法性和受保护的程度，权重为 5%。

参照《金融世界》对世界著名品牌赢利倍数取值为 6～20 的经验，考虑到吉列品牌是世界稳定的前50名，其领导地位、稳定性、市场力和国际影响力都处于良好状态，只是发展趋势、支持程度和受保护程度有所削弱，因此赢利倍数估算为15倍，为此，吉列的品牌价值为86.25（5.75×15）亿美元。

英特品牌公司的评估方法是国际上最有影响力的一种品牌资产价值评估方法，与前述几种评估方法相比较，这种方法的特点主要表现在以下两方面：

（1）以未来收益估算为基础，从最终结果而不是过程来评估品牌资产的价值；

（2）结合使用定量分析和定性分析手段，即未来收益的预测以定量分析手段为主，而将未来收益在品牌资产与非品牌资产之间进行分割，以及品牌强度倍数的估计确定，则以定性分析手段为主。

品牌资产的价值事实上是一种不可辨认的无形资产，品牌资产价值的主要部分是与商誉价值浑然一体的，这就从根本上决定了品牌资产价值评估存在“先天”的困难，所以，无论采用什么具体的评估方法，品牌资产价值评估都只能是相对合理而无法做到绝对准确的。

影响品牌价值的因素是多方面的，因此，从多个角度进行品牌资产价值评估有其合理性。这就意味着，品牌资产价值评估方法的多样化有其客观基础，我们不必要求趋于统一。同时，这也意味着，按多种不同的方法评估同一品牌资产的价值出现结果上的不一致是不可避免的。

品牌资产价值评估方法的选择，应该依评估目的而定。一般而言，以市场、顾客影响力为基础确定的品牌价值，是品牌发展战略的直接目标，为此，品牌资产价值评估就应该采用市场、顾客影响力评估法；以未来收益现值为基础确定的品牌价值，是品牌发展战略的最高目标，也是企业未来获利能力的一个指示器。

对于收益法，有些人持怀疑态度，其不可靠性主要有三点：预计的现金流量，无法将竞争对手新开发的优秀产品考虑在内；贴现率选取的主观性；时间段选取的主观性。

总之，企业在品牌战略方面要制定一个相对稳定、持久的整体规划，建立以品牌为核心的企业重组和资源重新配置的营销管理机制，将品牌资产经营同企业生存、发展的命运结合起来，这是未来中国企业跨入国际市场竞争、迎接网上营销时代到来的必然选择。

美国加利福尼亚大学市场营销战略教授 David A. Adker 在他所著的《品牌资产管理》一书中曾指出：“品牌资产是当今管理最热门的话题之一。”进入20世纪90年代之后，人们越来越注重对品牌资产的研究，而且这一内容也成为广告和市场营销专业人员研究和关心的重要课题。从目前世界著名品牌的成功轨迹来分析，未来企业的经营不再是有形产品的经营，而是没有国界的品牌资产的经营。中国市场发展的趋势，已经显露出品牌资产竞争的端倪，尽管中国大多企业的品牌资产还是一片空白，距世界品牌的价值相差甚远，但中国市场的对外开放和商品经济发展的步伐，最终会将企业无情地推入品牌资产经营的国际竞争轨道。我们不希望21世纪在中国市场看到更多的外国品牌。中国企业能不能在市场沉浮中主宰自己的命运，重要的不是产品如何，而是有没有品牌资产。

三、世界品牌价值500强比较

1. 世界最有价值品牌排名的背景

当前世界上最权威、最被广泛认可的两组排名，一个是世界最有价值品牌排名，这是由英特品牌集团（Interbrand Group）提供数据，品牌价值从1到500排列；另一个是世界500强排名，由《财富》杂志（*Fortune*）提供数据并发布，按销售收入从1到500排列。世界品牌实验室是一家国际化的品牌价值研究机构，全资附属于世界领先的战略咨询公司——世界经理人集团，由诺贝尔经济学奖得主、“欧元之父”罗伯特·蒙代尔（Robert A. Mundell）教授担任主席。世界品牌实验室的专家和顾问来自美国哈佛大学、耶鲁大学、麻省理工学院，英国牛津大学、剑桥大学等世界顶级学府，其研究成果已经成为许多企业并购过程中无形资产评估的重要依据。从2004年起，世界品牌实验室每年都会发布两个榜单，一个是世界品牌500强，另一个是中国500最具价值品牌。事实证明，这两个榜单得到了政府、企业和媒体的认可。

2004年度中国最有价值品牌共选出43个，海尔以616亿元的品牌价值连续三年位居中国最有价值品牌榜首，其后是红塔山469亿元、联想307亿元、五粮液306.82亿元、第一汽车306.65亿元、TCL 305.69亿元。

2004年“世界最具影响力的100个品牌”中，可口可乐荣登排行榜第一名，麦当劳排名第二，诺基亚排名第三，海尔成为唯一入选的中国本土品牌，排在第95名。

2005年“世界品牌500强”排行榜，由世界品牌实验室（World Brand Lab）独家编制，在排行榜中，可口可乐（Coca-Cola）蝉联第一，品牌价值675.25亿美元；微软（Microsoft）取代麦当劳（McDonald's）排名第二，品牌价值599.41亿美元；谷哥（Google）取代诺基亚（NOKIA）排名第三；排名第四的麦当劳，品牌价值260.14亿美元；排名第五的国际商用机器IBM，品牌价值533.76亿美元。中国有海尔（Haier）第89位、联想（Lenovo）第148位、央视（CCTV）第341位和长虹（CHANGHONG）第477位共4个本土品牌入选。

2006年“世界品牌500强”排行榜中，谷哥（Google）跃居到第一，沃尔玛（Wal-Mart）上升到第二，微软（Microsoft）排名下降为第三，上届的冠军可口可乐（Coca-Cola）则降至第四。排行榜入选国家共计28个，从品牌分布的地区看，亚洲国家8个，占总榜的28.57%；欧洲国家14个，占总榜的50%；美洲国家5个，占总榜的17.86%；大洋洲国家1个，占总榜的3.57%。从品牌数量的国家分布看，美国占据500强中245席，占据49%，成为榜中最强劲的力量；法国以46个品牌占总榜的9.2%，位居第二；日本以44个品牌占据总榜的8.8%的席位排名第三。静观榜单的入选国家，美国品牌霸主的地位坚不可摧，入选品牌占据半壁江山。值得一提的是，中国以6个品牌（海尔 Haier、联想 Lenovo、央视 CCTV、长虹 CHANGHONG、中国移动 CHINA MOBILE 和中铁工程 CREC）成为入选品牌数在前十名的国家。

品牌价值是按品牌影响力（Brand Influence）的三项关键指标评定：市场占有率（Share of Market）、品牌忠诚度（Brand Loyalty）和全球领导力（Global Leadership）。

2. 世界最有价值品牌分析

（1）经济总量与品牌总量。

从2004年看，美国的GDP约占世界GDP总量的22%，拥有100个最有价值品牌中的68个，前五位全部由它占据，前十位占8位。日本的GDP约占世界经济总量的7.5%，居世界第二位。在品牌榜上，也居于第二位，有6个品牌上榜。由欧洲15国组成的欧盟，其GDP约占世界GDP总量的20%，占有25个最有价值品牌，其中德国和法国分别拥有5个品牌。除这三大经济组织外，只有一个韩国的三星品牌上榜。

近年全球经济增长速度始终在2%~4%之间徘徊，但是世界最有价值品牌销售收入增幅高达40%以上，前20位品牌平均销售规模增幅达到30.37%。我国前20位品牌平均增幅为28%，但都是在低水平的基础上增长，50%的增幅不及世界名牌1%的增长所带来的利润。

（2）品牌与营业额利润增长。

从世界最有价值品牌前20位来看，销售利润率平均为16.89%，品牌营业利润额平均增长28.98%，而我国前20位品牌利润率为13.11%，品牌营业利润额平均增长只有2.03%，与销售收入28%的增幅远远不成比例。

（3）品牌名次与销售收入名次的关系。

一是价值较高的品牌一般也有较高的销售收入。在前100名的品牌中，有47个出现在了世界500强的排行榜中，近50%。

二是品牌价值排名顺序与销售收入排名顺序并不重合。品牌价值第一的可口可乐的销售收入为200.92亿美元，排名第239位。排名第二的微软销售收入为252.96亿美元，排名第175位。而销售收入第一的沃尔玛，则没有入选品牌价值排行榜。

（4）世界名牌的收入来源。

世界名牌的收入主要来自海外，而我国仅限于国内。世界名牌已经按照全球区域化的需要，在世界各地建立了大量生产厂或分销中心，我国企业参与国际竞争还只能是产品的出口，而且出口规模也很小，品牌平均出口额不到销售收入的10%，而世界品牌海外收入占到其销售收入的绝大部分，如本田汽车42%的收入来自美国，可口可乐70%的收入来自海外。

（5）品牌价值有较大幅度下降。

在2002年世界最有价值品牌排行榜中，48个品牌的价值有不同程度的下降，全部品牌的价值与上年的比例为－275%。这还包括部分新进入排行榜企业对其的冲抵。下降幅度最大的为福特，下降32%。

（6）品牌评价标准。

英特品牌集团的品牌价值评定方法为利润乘以倍数。利润的确定为前三年的利润加权平均，倍数根据领导能力、市场环境、稳定性、国际性、发展趋势、法律支持、投资支持七个方面的因素，综合评分，得到一个倍数值。

本章小结

品牌资产作为公司最有价值的资产，事实上是一种不可辨认的无形资产，是超越生产、商品等一切有形资产以外的价值，它集中体现在商标所代表的价值上，是企业从事生产经营活动而投资在商标上的各种资产总和。影响品牌价值的因素是多方面的，包括品牌认知、品牌体现的质量、品牌联想、品牌忠诚度等。

建立品牌资产，企业必须具备一种竞争性定位的思考方式，为消费者提供充分的、独一无二的购买理由，提高购买的附加值；同时保持广告、营业推广、公关、人员推广等一系列活动的一致性，而且要在时间上保持连贯性。

品牌资产价值评估方法的选择，应该依评估目的而定。以市场、顾客影响力为基础确定的品牌价值，是品牌发展战略的直接目标，为此，品牌资产价值评估就应该采用市场、顾客影响力评估法；以未来收益现值为基础确定的品牌价值，是品牌发展战略的最高目标，也是企业未来获利能力的一个指示器。当然，英特品牌公司评估模型的使用较为广泛。

关键词汇、概念

资产　有形资产　无形资产　品牌资产　重置成本法　收益法

思考题

1. 什么叫品牌资产？
2. 品牌资产由什么组成？
3. 如何对品牌资产进行分类？
4. 如何来定义有形资产和无形资产？
5. 企业的品牌与顾客的喜好、现在的市场条件和趋势之间怎样保持联系？

6. 企业是否以最优化价格、成本和质量来满足或超出顾客的期望?

7. 世界最有价值的品牌排名和世界500强排名有什么不同?

8. 你认为中国企业有无必要进入500强? 如果要进入500强，中国企业应该怎么做? 中国最有价值品牌与世界50大驰名商标差距在哪里?

第十二章

品牌传播

本章学习目标

- 了解品牌传播的基本形式
- 掌握品牌营销推广的方法
- 掌握品牌广告推广策略
- 理解广告与品牌的关系
- 掌握品牌公关推广策略

引例及思考

诺基亚的品牌推广策略

国外手机进入中国已有很多年了，它们在中国的销售市场上一直是独占鳌头，长盛不衰。国外手机之所以能在中国市场保持如此良好的势头，除了其独特的广告宣传以外，各品牌独特的营销手段也是成功的法宝之一。诺基亚的品牌推广策略可分析如下：

第一个层面是消费者至上。据英国顾问公司 Interbrand 调查，诺基亚在 2003 年是全球排名第 6 大品牌，是前 10 名中唯一入榜的非美系品牌。2004 年，在台湾做过的知名科技品牌调查中，诺基亚荣登第一名。同时，调查也显示，消费者喜欢诺基亚，并不仅仅是因为它的高科技，而是其足以显示品牌的特质。

诺基亚来自芬兰，事实上，“诺基亚”是芬兰的一个小镇的名称，诺基亚刚开始非常“不务正业”，从纸浆厂开始走多元化经营，做过橡胶，也做过电视机，最后决定将重心放在电信产业。虽然诺基亚属于高科技产业，但诺基亚品牌的成功之处却不在于它是高科技品牌，而更多地在于它是一个人性化且与消费者息息相关的品牌。

对于科技在一个公司中所起的作用，扮演的角色是什么，诺基亚有自己独到的理解，这决定了其品牌营销的思维定位。诺基亚认为科技是一种工具，主角则是消费者。诺基亚主张透过科技提供给消费者生活上沟通的便利。所以，诺基亚研发了许多最轻、最小、最薄的产品，目的就是为了使产品合乎消费者使用及心理上的需求，这是决定产品功能规格的关键。

消费者的需求是多方面的。奥美整合行销传播集团董事长庄淑芬曾总结出“科技品牌的十大迷思”，其中有一个常见的迷思是，“产品够好，消费者自然就会接受”，其实并不见得。这种想当然的营销逻辑是“产品至上”时代留下的后遗症，是建立在卖方市场环境之下的。在今天的买方市场，诺基亚认为消费者才是真正的主角。

还有一个科技品牌的迷思是，很多人常常希望产品的推出能够涵盖所有层次的消费者。但今天是个分众的时代，具有不同生活形态的人，如业务员、家庭主妇、学生。手机在生活中的意义是不一样的，使用的动机和功能也不同。

诺基亚的成功之处恰在于深刻洞察了以消费者为主角的营销思路，针对不同的使用者和习惯，推出不同的产品，满足不同的需求。

第二个层面是人性化策略传播。广告诉求是否应该让人觉得科技很伟大，一看就肃然起敬？诺基亚有自己不同的想法。诺基亚的广告非常生活化，1997年年底，诺基亚台湾公司从诺基亚区域总部新加坡收到了“Human Technology”全球广告语。但这个广告语在台湾不管是翻译成“科技以人为本”，还是“人本科技”，好像都太过生硬，和广告语诉求的人性化相互矛盾。广告公司曾想出很多版本的翻译，最后公司还是决定使用“诺基亚相信，科技始终来自人性”，虽然很长，但因为口语化，符合人性化、生活化的理念，后来证明很成功。

诺基亚有一部广告片，主题是“游戏”。在消费者调查中，“游戏”从来就不是消费者使用手机的主要动机，却是很重要的隐藏性需求。所以诺基亚把游戏功能放在品牌诉求中，以强调产品的人性化，并借此开掘消费者内心深处的童心，为品牌增添人文关怀。

诺基亚还根据消费者的不同使用动机对产品类别进行区分。其中有一个系列叫做“时尚系列”，目的是为了迎合一群把手机当作身上流行配件的消费者。因为强调时尚，所以产品发布会多半用模特儿走台步的方式呈现。而对于重视品位的消费者，诺基亚则推出与其身份地位相配合的“品位系列”。至于一般年轻人，使用手机是为了沟通，对他们而言，沟通过程中只要好玩、有趣即可，手机是突显自我的东西，是个人的图腾。这一系列的营销强调的是“街舞”之类的年轻人玩意。还有一种人对手机的要求非常实用，将手机当成“超级秘书”。他们很忙，希望手机能够代他们做时间管理，所以商务型的NOKIA 6510、9210便成为他们的工作伴侣。

最后一个系列是“活力系列”。诺基亚发现，今天已经是消费者可能拥有多部手机的时代。这部手机可能是一部假日用或外出用的手机，在健身房或是在从事户外活动时可以随身携带。所以NOKIA 5210手机在上市发布时，就选择在健身房开上市发布会。

有了不同品类后，还要锁定目标受众群。为达此目的，诺基亚进行了各式各样的营销活动，除传统媒体外，还有许多分众化的消费者活动。例如在京华城举办了一个“诺基亚生活”的全系列活动，以京华城不同的楼层代表不同的生活形态。诺基亚试图通过这样的方式传达“不同的品类拥有不同的生活形态”。

诺基亚在推出新的科技服务或是增值服务时，会开发布会，将要传达的信息用比较好玩的方式与消费者互动。比如诺基亚下载城，是专门做图铃下载的网站，成立时诺基亚和台湾的一些内容提供厂商一起做上市活动。在上市诺基亚第一款具备数字相机的手机 NOKIA 7650 时，与汤姆·克鲁斯的电影“关键报告”合作，在电影首映会时举办有手机的联合宣传活动。

第三个层面是追逐时尚媒体。在媒体选择策略方面，诺基亚主要是选择对流行时尚具有倡导力的媒体。

在北京，诺基亚在极具影响力的流行杂志《瑞丽》有较高的广告投放量。《瑞丽》有三个分册:“服饰美容”“伊人风尚”和“可爱先锋”。这三本杂志都是该年龄阶层读者的流行文化指南。他们是城市流行文化的倡导指南，他们有消费能力且愿意消费，这些人同诺基亚的目标消费群形象特征是吻合的。

在上海，诺基亚锁定权威的时尚杂志《ELLE——世界时装之苑》和《申江服务导报》。在年轻人中影响极大的《申江服务导报》是上海第一份时尚生活类报纸，诺基亚希望通过这些媒体能与上海的年轻消费群有很好的交流。

在广州，诺基亚的媒体选择同样是以年轻一族为主要消费者。《新周刊》作为一份内容覆盖面广、贴近生活又具有独特时尚品位的杂志，拥有众多思想活跃、特立独行的年轻读者，因此便选择在《新周刊》上投放色彩丰富、富有创意、动感十足的广告；另外，在《广州日报》上的投放，则更多的是为配合当时所推出的各种促销活动，这符合它“在某些城市，开展大规模的促销活动，以阻击中国手机品牌”的竞争策略。

企业在充分的市场调研的基础上，通过综合分析，确定品牌的市场定位以及完成品牌命名后，必须让目标顾客知晓企业的品牌，认识企业的品牌内涵，并且在心目中形成对本企业品牌的偏好，从而提升品牌形象，赢得一定的竞争优势，要达到此目的，主要依靠品牌推广来完成。因此，品牌推广在提高企业和产品的知名度、美誉度和忠诚度方面起着重要作用。

第一节　品牌传播概述

越来越多的企业开始投入大量资金和成本做品牌，但是由于信息过剩，社会处于注意力紧缺时代，大量资金投入下去之后，品牌却未见明显的起色，品牌传播的难度也越来越大，需要准确把握品牌传播的基本方式。

一、品牌传播的发展阶段

1. 区域品牌阶段

区域品牌阶段表现为一种纽扣式商标。20 世纪 80 年代以前，属于短缺经济时代，几乎所有的商品都是供不应求的，消费者不太关心产品的品牌，出现的品牌现象是区域性品牌，比如，上海的企业生产的轻工业产品被认为是好品牌、有档次。消费者购买时只能隔着柜台远远地观看，外包装上只是表明产品的属性，商标被置于很不显眼的位置。例如奶粉，一头奶牛占据包装袋上 90% 以上面积的位置，商标只占 5% 的面积，像一件衣服上小小的纽扣，故称为纽扣式商标。

2. 海外品牌阶段

海外品牌阶段主要通过企业性质划分品牌档次。80 年代初期至中后期，海外品牌凸显综合优势，国内许多地区进行产品效仿，在基本保证质量的基础上，以低价格吸引消费者，如温州的鞋、广东的家电。这一时期，国外品牌是好品牌，其次是国有、集体企业的品牌，再次是私营企业、个体家族企业甚至是手工作坊品牌。实际上，很多海外品牌，如意大利的鞋、法国的服装等，大部分也是从家庭企业发展起来的。

3. 国内创牌阶段

国内创牌阶段是品牌竞争阶段。80 年代中后期至今，随着市场经济的发展，全国范围内出现品牌创造热潮。在质量大战、技术大战、广告大战、价格大战及服务大战等阶段后，全面进入品牌竞争的更高境界。经过一系列的品牌尝试，逐渐找到了一条依靠品牌策略和品牌传播来提升自己竞争力的途径。

二、品牌传播的表现形式

质量、技术、广告、价格乃至服务等在不同的阶段，是国内的企业品牌发展经历的主要形式。

1. 质量大战

随着市场的不断成熟与发展，产品质量是基本保障，是进入市场的基本要求。没有合格的产品，没有过硬的质量，产品就没有资格参与市场竞争，品牌的传播也无从谈起。因此，在购物商场产品的开机合格率几乎能够达到 100%，特别是家电产品，有些品牌连续 3 年合格率 100%，享受免检产品的待遇。当然，如果企业的产品质量有问题，现代传播媒体瞬间就能将这个事件报道出来，企业或产品品牌会遭受巨大伤害，甚至是灭顶之灾。

如雀巢的碘含量超标事件。2005 年，在迎六一儿童节商品抽检中，雀巢金牌成长 3 + 奶粉被发现碘含量超标。对此，雀巢公司表示自己的产品是安全的，其碘含量符合《国际幼儿奶粉食品标准》。随后媒体发现其所谓的国际标准并未规定碘含量上限，而且早在半个月前便知道产品有问题的雀巢竟然未采取任何处理措施。结果，雀巢傲慢的态度和对公众健康的冷漠引发了媒体和公众的大规模集体声讨，同时在北京、昆明等地又陆续被查出碘超标奶粉，初期的星火危机终成燎原之势。有的品牌，像可口可乐欧洲中毒事件、欧洲四国奶粉的二噁英事件、三菱的制动事件、日航服务质量事件等都是一瞬间便祸传千里的，质量问题今天已成为品牌有可能面临的最大的潜在危机。

2. 技术大战

在现实社会里，科学技术发生着巨大变化，企业不可能长期保持领先的技术，在竞争对手面前单纯强调技术，并把它推广，很可能将自己的广告费变成竞争对手的广告费，给对手提供一个对比广告的机会。比如，冰箱、空调广告中的静音、省电之争，一个说是冷静星，噪音只有 34. 2 分贝，紧接着另一个说叫冷静王，噪音只有 33 分贝，接下来还有说只有 26 分贝……所有厂家公布的噪音分贝是在它最低工作运转状态下产生的噪音，而不是最高状态下的；一个品牌的冰箱说一个月省了多少度电，另一个品牌的冰箱说一个月只用了多少度电。实际上，如果品牌形象、企业形象、产品形象都以数字来说话，消费者是很难记得住的，这就产生了一种非常模糊的传播效果。相反，如果把具体的技术数据转化为一种描述，则更有助于品牌传播。看看伊莱克斯的广告：老冰箱的噪音使得鱼缸里的鱼也翻来覆去，婴儿在哭闹，大人也睡不着，但换了伊莱克斯的新冰箱后，家里变得非常安静，放在冰箱上的鱼缸里的水都很平静。广告语是“真真正正，安安静静，伊莱克斯新境界冰箱”，这个广告基本上已经抛弃了数字，传达的只是品牌所带来的一种先进性，比单纯的数字传播效果更好。

3. 广告大战

大众传播理论中的枪弹论认为，所有接受信息的人，无论是电视观众、广播听众，还是报刊读者，完全是被动接受信息，任何一条信息的发出都可以像子弹一样击中受众，使其完全接受。只要将信息发布出去别人就该看到、收到，并相信。许多企业单纯地以此为信条来进行品牌传播策略。比如标王现象；还有一种奇特跟风现象，某行业某类产品在所有媒体黄金段铺天盖地地做广告，这个月一起补钙，下个月共同补血，再下个月合伙做保暖内衣，好像只有这种广告才能提升品牌，提升企业的竞争策略。品牌代言人的标准被确认为只要知名度够高就可以，却很少理性地考虑形象代言人与企业、企业文化、产品以及消费群体的一致性、吻合性。

4. 价格大战

在品牌传播中，所有的导向对消费者的影响只有一条：价格低者取胜。把一切竞争都归根为价格比较，这有利于跟进者，因为其低成本进入，竞争使其占有优势。家电是很明显的例子。但对于消费者来说，由于产品在价格上的不断变化，使得消费者对品牌信誉产生动摇。

1996 年，长虹彩电大幅降价后，市场占有率迅速提高，成了彩电市场上的

“霸主”。之后，彩电市场的烽火就绵延不断，降价成了彩电市场争夺战中的“撒手锏”。2000 年，海信纯平彩电率先大幅降价，纯平彩电市场重排座次就是一个最有代表性的例子。2004 年，海信一推出低价工薪变频空调，马上就有人预言：海信准备做家电市场上的“双冠王”。司马昭之心，路人皆知，空调如此大规模的降价难道不是重蹈彩电靠降价瓜分市场的老路？春兰公开表示此次大幅降价就是封杀空调“小字辈”的低价竞争优势，并重新定位中国空调业的合理利润水平。

长虹为抵御国外品牌首先举起降价的大旗并一举成功，之后降价就成了彩电市场上屡试不爽的锐器。几年惨烈的价格战下来，打跑了彩电市场上的小兵小卒，打得厂商的利润越来越薄，却没有打走国外兵团。而且，目前的彩电价格战陷入了欲罢不能的困境，不降价，消费者不买你的账；降价了，消费者还是抱怨降得幅度不够大。虽然厂方由于连续降价而变得发展底气不足，但不得不咬牙降价以保住市场份额。

彩电市场的恶性竞争让人担忧，谁能将降价进行到底呢？松下、索尼、东芝、飞利浦等洋巨头在国内市场混战之时，已悄然在中国市场安营扎寨，建立起合资工厂、营销管道，而且市场占有率稳步上升。国产彩电虽然宣称在技术研发上已与国外品牌相差无几，但谁都知道，目前市场上最畅销的纯平彩电的显像管几乎全部依赖进口。在这种状况下，国产彩电玩价格游戏的风险有多大不言而喻。

5. 服务大战

一个企业，一个品牌对消费群体进行影响的时候，如果强调服务，这是一件好事。在服务中，既要讲究时间，也要考虑距离，还要考虑投入产出的效率。我们在做一个品牌时，最应该强调的是无限的服务，也恰恰是很多人做不到的。这一点意味着，一个企业如何向消费者传达自己的品牌，并把这种理念、文化灌输给每一位员工，如果能达到这一步才有可能做到无限的服务。

2005 年，国内车市正在从“卖车”向“卖服务”转型，不少厂商的职能已经从以制造为中心转变为以服务为中心，进入了“后市场时代”，将来用户的忠诚度就是靠服务来体现的。美国汽车服务行业流传着这么一句话：“只要有 1 美元的车在路上跑，那它就会牵扯出至少 8 美元的汽车售后服务！”而且，服务对于销售的促进作用也不言而喻。

北京吉普公司今年围绕着其“Friend”服务品牌宗旨不断地与消费者进行沟通，奔驰着力打造“星徽理念”，上海通用则力推“别克关怀”。2005 年伊始，南京菲亚特也迅速整合其销售、服务的渠道和体系，对下属的授权 4S 店加强了指导与管理，并正式推出了“简捷生活”这一服务品牌，通过“小修快修绿色通道”“大修理赔快速通道”“全国汽车救援联盟”等众多服务举措，不断提供给所有菲亚特车主最便捷的服务。

汽车厂家不仅大推服务品牌，而且还从延长保修时间等方面着手加大服务力度。华晨金杯在全国率先推出了尊驰轿车10年或20万千米超长保修的服务承诺，开创了国内超长保修的最高纪录。而广州本田在京的4S店则推出了“您买车我养车”活动，即购买一辆雅阁2.4升车型，将送一年的基本养车费：一年的路桥费、养路费和保险费（基本险），折合人民币约8 000元。此外，还有东南汽车、海南马自达、奇瑞、比亚迪等汽车公司均大幅降低了汽车零配件的价格。

这些服务方面的种种举措不仅更好地维护了企业的良好形象，同时让消费者真正得到了实惠。

在现阶段，我们的企业品牌传播普遍进入了一个明确的停滞期，遭遇到了成长的烦恼。而且出现怪异现象：狂降、恶炒、乱轰、谩骂、阻击。要解决长期遗留和现时存在的难题，必须更深入地理解品牌策略传播的科学高效体系，坚持走高层次竞争之路。

三、品牌推广

1. 品牌推广的概念

品牌推广是指在品牌定位和发展战略的约束和指导下，为实现阶段性的品牌发展目标，整合品牌广告、营销和公关等各方面，使品牌在消费者中传播，使消费者对该品牌逐渐认识，累积品牌资产、提升品牌价值。离开了品牌推广，品牌的塑造和成长几乎是不可能的。品牌推广的核心是综合利用各种工具进行传播和推广，把品牌的特征信息充分传递给消费者，接受消费者的检验和认可。

2. 品牌推广与产品推广的区别

与简单的产品推广相比，品牌推广面对的环境更为复杂，需要整合的资源更为丰富，达到目标的变数更为繁杂，它必须在变动的环境中和复杂的条件下，综合运用各种推广工具才有可能实现推广目标。

把产品以相对较低的价格卖出去其实是不难的，难的是如何以相对较高的价格把产品卖出去，品牌推广显然具有这样特殊的价值。与一般性的产品推广相比较，品牌推广还能够持续地将品牌信息传递给目标消费者，因为品牌推广是以寻找、吸引、挽留目标消费者，并与他们建立起牢固的排他性的合作关系为最终目的的。

在产品供应相对过剩的时代，如何把自己的产品卖出去？更准确地表述是，如何以相对较低的投入持续地把自己的产品以相对较高的价格卖给目标消费者？只有品牌推广能够担此重任。

3. 品牌推广的目的

品牌推广的目的在于把消费者理性消费产品的过程变成感性消费产品的过程。在产品供过于求的情境中，品牌推广是围绕品牌的差异化价值展开一致性的行销、传播和公关作业，对个别推广作业进行了全面的整合和梳理，能够通过同一个声音、同一种行动的协同作业。正因为如此，品牌推广实现了以相对较低的投入把产品卖出去的目的。

品牌推广的另一个目的是为了占领市场，扩大市场范围。没有一定的规模，占领市场就是一句空话。名牌产量应是名牌产品市场效益与销售量的最佳结合点。意大利小城——葵蒙，是著名琴厂史特拉迪瓦里的原产地，至今仍维持原有传统的制琴工艺，产品批量极小，价格却十分昂贵。

4. 品牌推广的原则

企业在进行品牌推广时，应遵循以下原则：

（1）核心价值原则。

品牌推广不可背离品牌的核心价值主张，否则难以在消费者头脑中建立一个统一清晰的品牌形象，消费者就不会记住这个品牌。

（2）长期建设原则。

品牌推广是一个长期的过程，而不是一种短期行为，要作长程投资。唯有通过长期持续的投入，才能使消费者对品牌形成记忆，产生认同。许多成功品牌的推广过程也是如此，像可口可乐、万宝路、麦当劳和肯德基等。

（3）整合传播原则。

品牌推广应根据不同传播方式的特点，整合各种传播手段，达到向消费者传递一个品牌的核心价值，在消费者头脑中形成统一印象的目的，并且要通过各种手段与消费者进行沟通和交流互动。

（4）成本效益原则。

由于企业的资源总是有限的，品牌推广应该注重成本效益，不可不顾及企业的承受能力盲目地进行推广。

5. 品牌推广期的特点

品牌的成长过程可分为导入期、推广期、收获期、衰落期四个阶段。不同的成长阶段应采取不同的品牌经营策略。

导入期：品牌战略制定，品牌识别系统建设，品牌竞争建设；

推广期：品牌沟通功能获得消费者份额，品牌竞争力功能获得市场份额，品牌识别系统逐渐完善；

收获期：品牌成长为知名品牌，品牌竞争功能维护品牌地位，向新领域扩张；

衰落期：品牌经营不善或管理不当，品牌将会逐渐衰落。

其中，推广期是指品牌导入市场，企业通过营销战略的实施，建立品牌知名度、品牌美誉度、品牌忠诚度的过程。在此阶段品牌经营的重要职能是品牌沟通，即扩大消费者份额。品牌沟通的目标之一是使消费者对于品牌识别系统的各个层面逐渐熟悉和认同。在此阶段作为品牌沟通及品牌竞争的销售通路建设逐渐完善。

由于消费者对品牌识别系统的了解，切实感受到品牌在诸多方面的利益，譬如优良的品质、良好的售后服务、购买方便等，或者由于品牌独特的文化内涵而形成品牌忠诚度。品牌推广期是品牌成长为知名品牌、形成品牌资产的储备阶段。

第二节　品牌营销推广

每个品牌的成功，都需要独具匠心的营销推广方式，更需要大量的营销投入。销售促进是实现品牌营销的重要手段，但不同销售促进工具的成本会大不相同。企业应该把市场类型、促销目标、竞争情况及每一种促销工具的成本效益考虑进去，进行核算对比，确立最佳的销售促进方式。

广告能够从更大意义上提升品牌知名度，从预先影响消费者的情感和认知开始，到最终影响消费者的购买行为。但是已有研究表明，广告对消费者行为的影响正在逐渐减弱：一是越来越嘈杂的广告环境，削弱了每个广告的沟通功能，使消费者对所见到的广告的记忆力也在减弱；二是日益激增的媒体费用，动则几十万上百万的广告费使得越来越多的企业望而生畏；三是广告更多体现了一个品牌效应的长期积累过程，广告作用的最终体现需要一定的认知周期。

相比声势浩大的广告而言，那些促销费用相对较低，见效快，周期短，能够在最短的时间内引起目标消费人群的注意，而且灵活多变，以不同的形式适应不同场合的不同要求的促销方式，更多地被众商家企业所采用。例如，使用优惠券、减价打折、返款、有奖竞赛、现场活动展销、赠送样品等，商家企业以五花八门的手段来吸引消费者，降价促销更成为促销手段的主流。在服装行业，在家电行业，在日化行业，在食品行业，在大江南北，在节日假期，名目繁多的促销降价活动总会使你应接不暇。

一、降价

若单纯从市场营销学的角度讲，降价策略是通过降低利润空间，提高产品的市场竞争力，以期占据更大的市场，以实现薄利多销为目标。实施降价策略的企业，或主动，或被动，但目标都是扩大销量，底线至少是不能亏本。促销是直接诱导消费者发生某种购买行为。它的关键在于“产品能在今天脱手，就不能等到明天”，降价促销则以最直接的利益承诺和实惠，对消费者的购买力产生直接的拉动作用。无数事实也证明，降价促销确实为扩大产品市场占有率立下了汗马功劳。

适当的降价促销不失为推销产品的一着好棋，但从维系品牌忠诚的角度来讲，一个恒定的产品需要以一种相对恒定的价格来体现，而好品牌的价值也不只体现在金钱上。很多消费者都觉得摩托罗拉的手机降价太快了，辛辛苦苦花五千元买的 V70 不出两个月降到了三千元，大多数人想想都会心痛，而这种感觉与品牌忠诚的维系是相背离的。其实在做出购买行为的时候，每个消费者都依据自己的知识对目标产品作出一个价格衡量标准，当这种标准很快被价格战所打破之后，消费者会对其产生毫不理性的品牌忠诚怀疑。降价的范围选择同样要符合消费者的心理承受能力。

从更深层次上讲，降价促销战对于一个行业而言，如果不能从单纯的价格战中脱颖而出，就会陷入困境，一个企业价格战的成功模式被另一个企业追随抄袭，最终导致整个行业同质化竞争愈演愈烈。产品同质化、技术同质化、营销同质化，长期的价格层次上的模仿，引起不劳而获的投机心理和短期行为盛行，企业商家不愿将更多的资源投入到技术创新上，竞争总是停留在低水平上，因而最终也无法形成真正的核心竞争力。将单一价格层面的竞争上升为品牌内涵层面的竞争，上升为企业技术层面的竞争，为产品本身创造一定的利润空间，这才能真正摆脱价格竞争的束缚。

在当前的市场竞争中，无论对商家还是对厂家而言，价格都是一种常规武器，而且，如果使用得当，低价可以帮助企业争取销路、占领市场、战胜竞争对手。制造业的格兰仕、戴尔和流通业的沃尔玛都是运用低价策略的高手。低价在苏宁发展壮大的过程中一直扮演着相当重要的角色。1993 年，在苏宁与八大商场两军对垒的紧急时刻，正是凭借价格优势，苏宁才让对手措手不及，最终书写了以弱胜强的神话。时至今日，苏宁仍然不断挥动降价利器，并且每每赚足人气，同时获得不菲的利润。为了给降价合理的理由，苏宁几乎天天在“过节”，什么“空调节”“彩电节”“洗衣机节”，而且都有一个动听的名目，如空调节用“空调救市”，彩电节是为了“普及数字高清彩电”，洗衣机节是为了“推进智能洗衣机的平民化”，众多节日，再加上“五一”“十一”黄金周，元旦、春节、周末传统节假日，新店成立老店店庆日，所有这些都是苏宁发动价格战的良机。

与降价促销相反，也有涨价促销。从中国世代品牌网上得知，2006 年，就在其他品牌纷纷降价促销的当口，农夫山泉却在饮用水旺季来临之际的“五一”黄金周前夕上调其天然水系列产品的零售价格，上涨幅度甚至达到 6%。

这是继前不久可口可乐、百事可乐等涉糖饮料企业涨价之后首次加入涨价潮的瓶装水品牌，涨价后的农夫山泉天然水比市场上同类企业水价高一些，甚至比可口可乐瓶装水价还高出 30%，按照人们业已习惯的思维定式，价格和销量往往成反比变化，价格的提高必然会在很大程度上导致销售量的缩减，而最终致使市场占有率的降低。由此而得出的一个判断是，在饮用水市场日益激烈的竞争环境中，农夫山泉的提价之举无疑是一着险棋。

根据农夫山泉对涨价原因的解释，除了因包装材料成本的不断上涨之外，农夫山泉坚持水源地建厂、水源地灌装，开拓这些水源导致运输成本远远高于纯净水公司，加之油价上调，迫使农夫山泉对天然水价格实行微调。

不可否认的是，这些成本的增加构成了农夫山泉提价的直接理由，但若将生产和运输成本直接转嫁到消费者头上却不是每个企业都可以做到的，因为这需要的不仅是胆量，更是品牌的内在实力。

一个支撑农夫山泉涨价的实力是，2006 年 1—3 月农夫山泉的增长速度高达 60%，其中南方地区增长高达 100%，北方地区虽气温仍偏低却增长 30%。他们认为消费者对水质选择已较前几年更为理性，消费高速增长是农夫山泉敢于涨价的主要原因。

以旁观者的立场来看，农夫山泉此次涨价不能简单地归因于成本上涨，而恰恰相反，更深的意图在于借助成本上涨之机在产品价格中展现自己的品牌价值，而成本增加的涨价理由恰恰是容易被消费者所接受的。

一个佐证是，农夫山泉在对涨价的解释中念念不忘自己“坚持水源地建厂、水源地灌装，生产基地都是建在深山老林之中”的生产理念，一个不言自明的潜台词是“好水就应卖个好价格”。

但凡事都不是绝对的，一个理论上的判断是，西方经济学中的价格需求理论并没有充分考虑到品牌的价值，而品牌价值的一个重要表现则是其溢价能力，通俗地说，好品牌就应该卖得贵。

曾经有两个啤酒品牌在一个市场上展开竞争，当一个品牌作出降价一元的举动之后，另一个品牌并没有贸然跟进，而是作出涨价一元的决策，同时强化品牌和品质的传播，将自己的品牌和产品置于一个更高的档次之上，由于注重了长期的品牌打造而非争一时之长短，这一举措收到了比单纯地降价促销更好的效果。

二、折扣

折扣是指厂商通过降低产品的售价来吸引消费者促进销售的方法。有直接折扣和附加赠送两种形式。

当然，作为同质性强的产品，知名度不高时，应着重塑造品牌，而非寄希望于打折；知名度较高时，开展折扣促销效果比较明显，对消费者吸引力较大。

附加赠送本质上也是一种折扣，是指消费者每购买一定数量或金额的商品后，就按其比例附加赠送同类商品，以吸引消费者。例如“金龙鱼”食用油买一送一活动期间，凡购买 5 升金龙鱼调和油，即可获赠一瓶 300 毫升的食用油。

直接折扣可能会导致消费者的怀疑：是否由于质量不好、卖不掉才打折？买×送×是一种比较含蓄的打折，大多数商品打折不会低于八折，如买二送一相当于六六折。蜜饯等食品临近保质期，为快速销售以免造成更大损失，往往馈送机会大。

有时候对于经济耐用品，馈送也会造成一种负担，因此促销用于小包装、消费快的产品，同一品牌不同口味的食品会更受欢迎。

在进行折扣优惠时，一定要给折扣找一个理由，没有理由的打折首先会伤害到品牌。海信品牌管理人员认为，首先要弄清价格和市场占有率之间的关系，即价格下降与市场占有率上升的反向关系，而且在目前市场上，一种更明显的关系是谁第一个降价，谁的价格对市场占有率的贡献就越大。因此，海信一反长期被动的局面，第一个举起纯平彩电、工薪变频、学生电脑等产品的降价大旗，既赢得了多数媒体的免费宣传，又极大地提升了品牌知名度和市场占有率，先后赢得了彩电、空调市场的发言权。同时，要为每一次降价寻找能够维护品牌形象的理由。比如，对纯平彩电、工薪变频的降价，海信称之为"迎合消费者实际消费能力低价入市""技术进一步，价格让一步"，降价源于技术的进步，与"海信"品牌"创新科技"的核心价值相符，在降低价格的同时加强品牌内涵的宣传推广。

有人刚花了800元买了某品牌产品，过两天却发现打了五折变成400元，他会怎样想呢？打折伤害的往往不是新客户，而是品牌的老客户，新客户会觉得无所谓，五折、六折都很好，老客户却会对该品牌失去信心，或者找到规律：刚上市时不要买，两三个月后再买。据统计，20%的客户能够创造出一个店铺或公司80%的利润和营业额，因此品牌的利润必须依赖20%的核心客户。要做到既打折又不伤害老客户，可以采取贵宾形式，把原本打折给VIP客户带来的伤害变成一种特有的待遇和福利。比如，印制精美的限时代金券并赠送给老客户，消费1 000元可用500元代金券，其实质就是表明全场五折，但只有VIP客户才有资格，这让老客户感受到特别关照。

折扣策略有利有弊。有利的一面表现在：同质性强、品牌形象差距不大的产品，价格影响更大；可用于处理到期产品、减少库存、加速资金回笼；可抵制竞争者入市的新产品。

但折扣也有不利的一面：不能解决企业营销的根本问题，折扣只可能在短期内增加销量和市场占有率；折扣后的产品难以恢复至原有价位；折扣有损企业利润。比如，利润为20%时，九五折需增加33%的销量，九折需增加100%的销量，八五折需增加300%的销量。以九五折为例，不打折时，单个产品成本A元，售价B元，利润$C=(B-A)/B$，获利$D=(B-A)$元；当利润$C=20\%$时，则$A=0.8B$；假设销量为E，则获利$D=(B-A)E=0.2BE$元。若折扣率为九五折，则售价$0.95B$，销量为F时，成本为AF；利润相同均为20%，则获利$D'=0.95BF-AF=0.15BF$，D'应该与D相同，所以$0.15BF=0.2BE$，因此，$F=1.33E$，即销量需要增加33%。

三、赠品

赠品是指消费者购买产品的同时可得到一份非该产品的物品。它必须具备两个特点：第一，消费者在购物时能立即得到回馈；第二，所赠商品非产品本身，而是其他礼品。附送赠品可以使消费者将赠品与产品品牌相联系；帮助消费者识别产品的适用者；与产品相关的赠品可以增加使用频率；可以鼓励消费者重复购买。附送赠品可附在包装内、包装上或包装外。

包装内赠品：赠品放在产品包装内，通常体积小、价位低，如小玩具、迷宫图片等，优点是赠品在流通时不易遗失，但仅仅通过文字吸引儿童，效果会降低。还要注意告示工作，以免消费者忽视赠品的存在。

包装上赠品：赠品附在产品包装上或捆扎在一起，如福临门食用油＋群星牌不锈钢碗。优点是产品在货架上的陈列效果好，容易引起注意，但也容易引起不良零售商或批发商的拆除。

包装外赠品：赠品常常被放在零售商店内，消费者购买后由店员或促销推广员交给消费者，如购伊利奶粉赠送毛巾。

当然，附送赠品时，还要考虑到附送品与产品品牌形象的相关性、可重复使用性（想起产品的好处）、有价值性（渴望得到赠品）。如凡一次性购买某商场××牌珠宝两千元以上，可获得价值××元的炒锅一个，对于新婚消费者来说，赠品实用却与产品（品牌）形象相去甚远，与结婚的温馨浪漫不相融，不能让人津津乐道，产生甜蜜的回味。

四、以旧换新

以旧换新，即用旧产品（或包装盒）作为优惠凭证进行促销激励。它可以吸引对品牌有一定好感或者已经试用过该产品且感到满意的消费者，企业可以利用这种方法推介新品种、新口味，拓展新群体。

比如，在指定商场凭任何一台旧电视机可以折价 400 元，选购一台乐华新电视机。又如凭任何一款旧高压锅一个，就可以以零售价的一半换购“双喜”新上市高压锅一个，每户限购一个，换完为止。活动强调红双喜高压锅不得换领。从中可以看出，活动的目的在于吸引竞争品牌的消费者，通过半价换购活动，促使他们尝试双喜产品。这种有条件限制的促销可以界定活动的目标对象，更具针对性。以其他同类产品的旧品折价选购新产品，适合于推广新品牌或换代品，同时争取了新的消费群体，比免费赠送目标性更强。

五、免费样品

免费样品是指将产品或者其样品试用装免费赠送给消费者，供其试用或品尝的一种促销方法。当产品较为复杂、广告难以表述清楚时，通过试用，消费者可以直接感受，并产生好感和信任。免费试用适合于价值较低的日用消费品推广，差异明显的小包装。通过吸引消费者试用新产品，使之转化为购买行动并成为忠实消费者，能提高产品的入市速度。但只有产品较特别或品牌较突出时才有效果，如洁白柔软的纸巾、更薄更易吸收的卫生巾，都有明显的优越性。

免费样品常见的形式有入户派送和户外分送。入户派送是直接入户发送，是派送成功率最高的方式。在送赠品的同时附有产品的广告宣传，原本讨厌看广告的消费者也会给予更多的关注，尝试购买率可达70%～80%。其针对性强，通过研究目标消费者特性，选择合适的赠品派发范围，如住宅区、健身中心等直接沟通，可提高样品的使用率。户外分送一般选择在零售店内、购物中心、交通车站、重要街口等人流大的地方，促销员向行人派送，或定点搭建促销台，产品放在显眼处供人拿取。如果目标消费群体比较模糊（如食品、糖果，不像洗衣粉针对家庭主妇），户外派送效果比入户好，但目标没有针对性，派发重复率高，达到目标群效率低，浪费大。

比如，恒源祥羊毛衫在哈尔滨举行“把诚信放在消费者的手心里”为主题的免费试穿羊毛衫的促销活动。仅凭一张身份证，填写一张登记表就可以免费领取一件价值380元的羊毛衫，免费试用两天后，再决定是否购买或退回。这种“天上掉下馅饼”的奇事不仅把消费者的心抓得痒痒的，当地媒体也甚感新奇纷纷“聚焦”这条新闻，引起空前轰动，恒源祥以“诚信”给了消费者从未有过的消费体验。

六、其他销售推广方式

展销会。行业协会一般每年都组织年度商品展览会或展销会。公司可以在展览会或展销会上租用摊位，陈列、表演和示范自己的产品。

抽奖。抽奖是指一人或数人占有高额的奖金或赠品的附奖销售。抽奖活动饶有趣味，富于联想，便于活跃气氛，有利于沟通交流，易于提高品牌的影响力。

销售竞赛。销售竞赛是一种包括推销员、销售代表和经销商参加的竞赛，其目的在于刺激他们在某一段时期内增加销售量，方法是谁成功谁就可获得奖品或奖金。

纪念品广告。纪念品广告是指由销售人员、销售点向潜在顾客或者顾客赠送一些有用但价格不贵的且带有本公司及其品牌信息的物品。这些物品使潜在顾客记住公司及其品牌的名字及相关信息。

产品保证。现代企业基本上都提供“三包”（包换、包退、包修）等类似的服务，很受消费者的欢迎和认可。

奖励。奖励是指消费者在购买某物品后，向他们提供赢得现金、旅游或物品的各种获奖机会或者提供摸奖机会。

特价包装。特价包装是指以低于常规价格向消费者提供产品的一种方法，其做法是在商品包装上或标签上加以附带说明。

联合促销。联合促销是指两个或两个以上的品牌经营者，基于相互利益的考虑，共同进行的品牌推广活动。

正确选择销售促进方式是降低销售成本，提高销售业绩，进而提升企业品牌形象的重要工具。

第三节 品牌广告推广

广告是品牌传播的主要方式之一，它通过各种传媒向消费者传播品牌信息、诉说品牌情感，构建品牌个性，进而对消费者心理形成强大的品牌影响力。从广告心理学理论角度讲，广告在建立消费者品牌认知、培养品牌意向和改变对品牌的态度上起着重要作用。

一、广告的概念

"广告"一词是英文"Advertising"的译名。我国1980年出版的《辞海》给广告下的定义是："向公众介绍商品、报道服务内容和文艺节目的一种宣传方式，一般通过报刊、电台、电视台、招贴、电影、幻灯、橱窗布置、商品陈列的形式来进行。"

《美国小百科全书》对广告的解释是："广告是一种销售形式，它推动人们去购买商品、劳务或接受某种观点。"

美国市场营销协会指出，广告是一种有别于人员促销的非人员促销，它给广告下的定义是："广告是由特定的广告主通常以付费的方式通过各种传播媒体，对商品、劳务或观念等信息进行的非人员介绍和推广。"

美国广告主协会认为："广告是付费的大众传播，其最终目的为传递情报，转变人们对广告商品的态度，诱发消费行为而使广告主得到利益。"

因此，可以概括为，广告是广告主通过媒介向目标消费者传播有关商品、劳务或观念等信息，并说服消费者采取行动的一种活动。

在这里，指出了广告的五个基本要素：广告主（制造商、批发商、零售商）、广告信息（广告内容）、广告媒体（报纸、杂志、广播、电视、网络、户外）、广告对象（目标消费者）和广告效果（综合效应）。

二、广告与品牌的关系

广告应该达到两个目的：一是销量的增长，二是品牌形象的提升和品牌资产的积累。如可口可乐、海尔、美的等从来都是既注重眼前利益，更注重长远利益；既注重销量，更注重品牌积累。片面追求销量的结果往往导致对品牌其他要素（品牌的知名度、美誉度、忠诚度、品牌联想等）的建设视而不见。哈药集团凭借铺天盖地的宣传攻势，广告投入每增加一倍，销售额便翻一番。但是，哈药在公众中的品牌形象如何呢？从盖中盖"捐赠"希望工程事件和大大小小的报刊质疑文章中，我们不难得出结论。

1. 广告提高品牌认知度

品牌的认知度即品质的认知度和品牌的知名度。产品品质指的是产品的功能、特点、可信赖度、耐用度、服务水准及外观，品质认知度就是指消费者对某一品牌在品质上的整体印象。对品质的认知，一般来源于使用产品之后。这里所要强调的品质，并不完全指技术上、生产上的品质，而更侧重于营销环境中的品质的含义。使用者更多地关心他们使用过或正在使用的产品的广告，将他们已有的关于品质认知的经验和体会与广告中对品质的表现进行对比和联系。如果相符合，则原有的好感将会加深，更加信任这一品牌，对产品和自己的判断都很满意，成为品牌忠诚的拥护者；如果不符合，一般是使用者认为品质差而广告却宣传品质优良，消费者会认为广告是欺骗，原有的恶感会进一步加深，变成极度反感和不信任。新产品上市时人们对品质一无所知，而高品质、定位准确的广告，通常使消费者对产品产生好感并愿意购买。广告的品质在一定程度上反映了产品的品质。品质的改进与创新要通过广告告知，教育消费者认知，而且不妨碍品牌原有的形象。产品的功能变了，广告必须为它找出一个新的利益点而不会改变产品的个性。

广告可以使产品或品牌在短时间内建立起知名度，有助于建立正面的品质认知度。有了知名度则是广告最明显的效果，但相对广告的代价是最昂贵的。

据资料显示，在美国排名前 20 位的品牌，每个品牌平均每年的广告投入费用是 3 亿美元，排名前 50 位的品牌，平均每年花在广告上的费用达到 1. 58 亿美元，而一些顶级品牌如 AT & T，每年花在广告上的费用达 4 亿美元。优质产品的成名，必须借助广告特有的渗透力和扩张力。广告是提高知名度最有效、最明显的方法。一个企业要想使自己的品牌青春永驻，就必须不断地在品牌宣传、广告上投入力量，只有这样，品牌才不会被人淡忘。品牌的形象需要广告来塑造，广告能够以平面、立体的形式展现品牌形象。广告对创造名牌产品，树立品牌形象有重要作用，能够使品牌提高知名度，扩大品牌影响力。

例如，1998 年之前，很少有服装企业舍得花钱在中央电视台做广告，报喜鸟在央视广告的投放，使得任达华与“我爱报喜鸟”这句广告语在短时间内传遍大江南北，妇孺皆知，大大提高了“报喜鸟”品牌在全国的知名度。各地代理商纷至沓来，主动要求代理报喜鸟品牌，从而拓宽了加盟渠道，促进了报喜鸟连锁专卖市场网络的建立。由于央视的高覆盖率、高收视率，使得报喜鸟广告投放的单位成本、每个收视点成本都处于一个较低水平，与在其他电视媒体的投放相比，最大限度地保障了广告资源的有效利用，帮助企业节省了广告费用。

央视实际上给消费者传达了“报喜鸟”是一个“大”品牌的概念，因而很快建立了较高的品牌形象，央视的高权威性和高可信度赋予品牌更多内涵的附加值，为企业进一步扩大了赢利的空间，并增强了企业抗御各种市场风险的能力。

比如，天美时新产品上市的广告。原名“TIMEX”的新表在香港市场销售时已经有了一个中文译名“大力”，然而，字面意义充满不精细的感觉，会使消费者把商品视为粗品，于是，广告主开始征求新译名。在台湾地区 7 种主要日报上同时刊出一则巨幅广告：“请大家赐一个中文名字”，说明有不同档次的金额奖励，同时介绍表的产量和在世界各地的销售量。命名征求期限短暂，并利用电视传媒，要求广泛参与命名，结果应征信有 8.7 万件。这里我们可以看出，有奖征求命名法打开了知名度，而且消费者参与命名，往往会与家人、朋友商量，8.7 万封信，至少有 26 万人对表的名称印象深刻。

2. 广告提升品牌形象

长虹的“精显”彩电闪亮登场，副品牌“精显”不仅立竿见影、十分形象地表达了这款长虹彩电超高清晰度的特点，迅速使长虹在高端彩电市场大有收获，更重要的是“精显”让公众了解到长虹有能力研发生产最尖端的彩电，使长虹品牌在公众心目中的技术感、高档感和现代感有质地提升。“精显”不仅命名得恰到好处，而且围绕“精显”展开的宣传活动，尤其是影视广告是长虹有史以来第一个在创意与制造水准上与海尔、康佳媲美的广告片。整部“精显”广告片画面质感强，夜空背景折射出高科技，配音极富磁性与张力，一改长虹“红太阳一族”“长虹空调，中国风”等广告片画面不精美、对高科技形象传达不力的缺点。尽管长虹在国产彩电中技术较为领先，但由于长虹一直以来与价格战密不可分，媒介上整天是长虹打价格战的信息，因此淹没了长虹在技术上的领先形象。再说长虹在宣传自己的科技实力上的技巧和力度与海尔等相比差了一大截，所以在公众心目中长虹是一家“有超大规模制造能力、成本较低、生产中低档产品”的公司。“精显”不鸣则已，一鸣惊人，不仅在科技上代表着彩电业的最高水平，在传播上也体现了“现代、高科技、时尚”的品牌气质，有效地提升了主品牌的高科技感与现代感。

3. 广告培养品牌忠诚度

（1）品牌忠诚度的表现。

产品亲和力。要让某个品牌对它的目标消费群具有亲和力，首先要让消费者喜欢这个牌子的产品。不仅产品的品质要优良，更要让他们觉得这些产品是专门为他们的某种需求而设计的，让他们对这个品牌产生归属感，从而产生建立品牌忠诚度的基础。举例来说，很多世界著名品牌的目标顾客都是 25～45 岁的女性，RalphLaren 定位于英国式的贵族风格，Versace 定位于意大利的奢华，LizCiaibore 定位于职业女性，TommyHilfiger 定位于户外、运动和休闲，等等。虽然顾客年龄段定位相同，但它们根据各自的风格，推出了满足这个年龄段不同身份、地位、职业、爱好的顾客不同需求的产品。这些国际品牌在各自的领域都做得很好，在世界各地有很多崇拜者，“IT' S FOR ME!”（这就是为我设计的。）对于日益追求个性化、时尚感的中国消费者来说，产品的亲和力的确不能忽略。

价格亲和力。很多消费者在购买商品前都没有明确的目的，常常是在商场里转着转着，看见某个牌子的产品和价位都不错就掏腰包。如何把这些随机购买稳定成重复购买，价格亲和力起着推动作用。消费者把商品买回去后觉得物有所值、物超所值，自然会增加重复购买的几率。很多人都有过这样的经历，买了某著名品牌的服装后觉得很值，以至于后来几乎每隔一段时间都要光顾那家专卖店，成了这个品牌的忠实拥护者，并且还会向其他朋友推介。

市场推广亲和力。一个品牌的市场推广，传达给消费者的是一个企业的整体形象。企业要让消费者对其产生亲切感和信任感，这需要一个长期的过程。急功近利地在一段时间内做广告、做宣传，做完之后就无声无息，这种昙花一现的行为其实很容易失去消费者的信任。一些知名品牌每年都要定期参加一些著名的展览会，以此来推广自己的品牌。因为如果有哪一年没有去，他们的客户就会产生怀疑：是不是财政状况出了问题，还是经营状态不佳，等等。一个持续稳定的市场推广计划，一个让人信赖的企业公众形象，就是一笔巨大的财富。市场推广亲和力服务是商品在流通过程中最关键的一个环节。服务上的亲和力，常常能拉近品牌与消费者之间的距离。据说，一个品牌的总经理这样要求他的营业员：穿着打扮要在简洁大方中显示气质，上班时不能穿金戴银；敬业爱岗，掌握专业知识，对服务对象要有情感上的亲和力，在顾客拿不定主意的时候，能够像好朋友一样提出中肯的建议，等等。其实服务也是一门艺术，不仅体现了服务者的个人修养，也反映了这个品牌是否具有亲和力。试想，如果一个消费者在前面翻看一些商品，营业员就跟在后面整理，并且有意无意地弄出很大的响声。即使是再好的商品，谁还会有心情去买？服务并非一些表面功夫，只有真心诚意地替消费者着想，才能获得消费者长久的喜爱。

营销亲和力。美国很多大百货公司经常和厂家一起举办营销活动。每周每月都有活动，在报纸、电视上做广告。有时候生产商亲自来当售货员站柜台，进行现场咨询；有时候在店里搭个T形台，现场作秀等。在复活节、万圣节、感恩节和圣诞节这些大的节日，营销活动更加热烈。这些活动常常能带来可观的营业额。例如，世界第三大零售商KMART在圣诞节期间的销售额要占到全年营业额的35%。积极活跃的营销手段是在营造一种购物气氛，吸引消费者的注意力。不仅商场如此，品牌也要不断给人新鲜感，否则很容易变成被消费者遗忘的角落。现在很多品牌的经营者都意识到了这一点，产品经常更新，店面的橱窗布置也会不断有新的感觉。从这些变化中，可以看出一个企业的实力与活力，不仅老顾客会继续光顾，也会吸引来新顾客。

对代理商的亲和力。企业要有序健康地发展，常常需要借助代理商、加盟商来延伸触角。如果在其他地方的市场开拓有当地代理商、加盟商协作，不仅可以节省大量的人力、物力，还可能少走一些弯路。企业和代理商、加盟商的合作，是一种团队关系，换个角度来说，代理商首先也是企业的顾客。企业对代理商有亲和力，获得代理商的认可和信任，才能有更长远的品牌忠诚度。

(2) 广告在建立品牌忠诚中的作用。

广告不但能产生试用，而且会强化品牌忠诚。对成功的品牌来说，由较大的广告量引起的销售量的增加中，只有20%来自新消费者，剩下的80%的销售量是来自现有的消费者，这是由于广告使他们对品牌变得更忠诚。因此，现在比较公认的一种看法是，广告的一个重要目标是加强已经存在的消费者与品牌的联想，并使他们变得更加忠诚。对已经存在的品牌来说，大部分广告的目的是使现有的消费者更加忠诚，而不是说服其他消费者从别的品牌转移过来。有研究表明，三分之二的成功广告的效果是增加品牌忠诚。

忠诚的顾客的特点是：经常性重复购买；惠顾公司提供的各种产品或服务系列；树立口碑；对其他竞争者的促销活动有免疫力。

这些行为有一个共同的缘由说明了为什么顾客的忠诚与公司的运营利润会有这么紧密的关联性，上述的每一种行为，不论是直接还是间接，都会促进销售额的增长。消费者持续购买同一个品牌，即使面对更好的产品特点、更多的方便、更低的价钱时也会如此。品牌忠诚其实是品牌资产中最重要的资产。如果没有忠诚的品牌消费者，品牌不过是一个没有价值的平面构成，是仅供识别的符号罢了。

广告对品牌忠诚的形成，其作用过程的模式是：认知—试用—态度—强化—忠诚。就是说，由广告认知产生试用期望，导致试用行为；试用经验形成决定性的态度；这种态度经企业的广告所强化，被强化的态度如果总是肯定的，就会增加重复购买或重复使用的可能性，进而转化为对品牌的信任，形成品牌忠诚。

消费心理学家认为，消费者的态度更多的是在试用之后形成的，而不是在试用之前形成的。广告中有一种情形是：对旅游广告最热心的是刚从有广告场景的旅游地回来的旅游者。从理论上来讲，广告肯定并强化了消费者使用经验的感觉，增加了其对品牌的忠诚。

忠诚的使用者会对产品产生依赖感，他们重复购买、重复使用，而对其他品牌的类似产品表现出一定的不自觉的抵抗力，这样，企业在品牌竞争中就有了更丰富、更自由的时间和空间上的回旋余地，加固、维持现有的忠诚者以回击竞争者。

4．扩大品牌市场占有率

广告是扩大市场占有率的最佳方法，因为广告可以使产品或者品牌在短时间内建立起知名度，从而占领市场。只有在市场上有很高的占有率，才能有很大的销售量，如果人们在想买东西的时候，就能想到什么牌子有这样的东西，则购买这个品牌的可能性就会很大。市场的占有率也能体现一个品牌的大小，品牌市场占有率越大，越能体现品牌的可靠度。如现在有些人在买东西的时候会经常问什么牌子的东西卖得比较好，然后就决定买这种品牌的，这样也能形成良性循环。

5. 广告与品牌的误区

（1）品牌是广告创造出来的。

维护品牌的主要因素是质量管理，知名度固然可以利用广告来打造，但产品质量是内功，广告只是外力。广告铸就的辉煌犹如天上的“流星”——瞬间闪光、瞬间熄灭。比如1992年发展起来的县级中小企业秦池，以6 600多万元夺得中央电视台1996年黄金段位播映权，成为中国标王，后又以3.2亿元蝉联1997年标王称号。然而，无论从销售管理、生产管理还是从产品质量管理、核心优秀人才管理，秦池都显得力不从心，仅仅靠广告建立起的品牌形象必然导致失败。

进行铺天盖地的广告轰炸，可以促进产品销售，但塑造一个品牌，却没有那么简单。品牌知名度可以在短期内达到，而品牌忠诚度却需要完善的品牌规划和持续优良的产品品质，而品牌品质、产品创新却是广告所无法做到的。2004年哈药集团的广告支出额达10亿元，其覆盖面之广、播出频率之高、投资额之大远胜于当年的“标王”。盖中盖的明星广告，不仅引起舆论争议、司法纠纷，更触发了众多消费者对盖中盖广告的反感情绪。

品牌的创建，广告只是利用工具，而非依赖的法宝。我们看到的飘柔、汰渍、舒肤佳、佳洁士等一大批品牌大军，占据了我国日化用品市场的大部分江山，这样的佳绩只凭广告战是做不到的，正确的品牌规划与持续的传播推广才是宝洁品牌雄霸天下的真正原因。

（2）广告煽情可以提高品牌形象。

有些产品形象与档次都不错，但在广告表现上却附庸风雅，不知所云，让人觉得“别扭”。如满婷的广告：丈夫深夜未归，妻子怨言：“爱，就是等待吗?”丈夫带了一盒满婷“我最大的心愿就是愿你永远美丽”，妻子热泪盈眶，此时广告播放歌曲“好男人不该让心爱的女人受一点点伤害……”广告语：爱她，就送她——满婷。

除螨护肤品，本身很难承载并传递“爱”的功能，不适合作为礼品来赠送。更何况满婷之前的广告都是使用皮肤上蠕动的螨虫来对消费者进行恐怖诉求，形象一直不佳。在品牌成长期，满婷用大量的科普与恐怖诉求相结合的广告，让观众明白了螨虫的危害与满婷的除螨效果；在品牌发展阶段，满婷又用一系列“伪纪实”风格的广告片，表达了满婷良好的除螨护肤功效，“看这里，看这里，看这里”的广告语至今仍广为流传。然而，采用煽情的方式来表现，使得格调不一致，品牌形象并没有得到很好的提升。

三、品牌的广告推广策略

1. 准确选择媒体

广告是一种投资。在广告投资过程中，绝大部分的广告费用用于支付媒体购买，因此，广告的媒体决策直接影响到广告投资回报率、广告资源利用率。企业在选择广告媒体时，一般要考虑以下几个影响因素：

（1）产品性质。

不同性质的产品，有不同的使用价值、使用范围和宣传要求。通常，对生产资料、高技术产品面向专业人员进行广告宣传时，多选用专业性杂志、报纸或邮寄等媒介。

（2）媒体传播范围。

适合全国各地使用的产品，应以全国性的广播、电视、报纸、杂志等做广告媒体；属地方性销售的产品，可通过地方性报刊、广播电台、电视台或路牌等传播品牌信息。

（3）消费者接触媒体习惯。

由于不同的消费者接触广告媒体的习惯不同，在选择广告媒体时，要考虑目标市场上消费者接触广告媒体的习惯。如对儿童用品进行广告宣传，宜选电视作为媒体。

比如，脑白金的宣传策略，追求最有效的途径、最合适的时段、最优化的组合，不求全但求到位。从脑白金的媒体宣传策略来看，可将其分为两个阶段，一为市场启动期（或试销期），一为市场成长期或成熟期。在市场启动期，脑白金基本以报纸媒介为主，但到市场成熟期媒体重心则向电视广告转移。电视广告每天滚动播出，不断强化产品印象，广大中老年人有更多的机会接触电视，接受产品信息。脑白金电视广告分为三种版本，一是专题片，二是功效片，三是送礼片。三种版本的广告相互补充，组合播放，传播力度更是不同凡响，特别是周边地区，电视广告更是主要手段。

脑白金在产品成熟期，有8部专题片，每天播放的科普片都不重复。一般在黄金时段、亚黄金时段播放一次，视具体情况而定。脑白金的送礼广告，更趋向于黄金时段，强调组合使用、系列性，但在时间上错开。

户外广告也成为脑白金中后期新增长的媒体亮点。户外广告主要是根据各区域的市场特点，有选择性地开展。户外横幅求多不求精，大街小巷都挂，营造脑白金氛围。同时还辅助做一些车贴、车身广告、墙面广告、推拉广告、横幅，让脑白金随处可见，走进千千万万消费者的心中。

脑白金宣传策略的时段性、时效性极强，市场启动与市场拓展不同，销售淡旺季节不同。一般节假日着重宣传礼品概念，非节庆日宣传功效，其相应的媒体组合都有所调整。

（4）媒体费用。

各广告媒体的收费标准不同，即使同一种媒体，也因传播时段和影响力的大小而有价格差别。一般说来，电视媒体的绝对费用较高，而报纸媒体的绝对费用较低。

2. 掌握广告发布时机

广告发布的时机策略包括广告发布的时序策略、时限策略、时点策略和频率策略。

(1) 广告发布的时序策略包括提前、同步和延迟策略。

(2) 广告发布的时限是指广告发布持续时间的长短，在品牌的广告推广中，必须解决媒体发布的长期安排和短期安排的问题。

(3) 广告发布的时点是指广告在某种媒体上发布的时间和时段。一般来说，广告应该选择诉求对象接触媒体最为集中的时段发布。

(4) 广告发布的频率是指在特定时间内广告在某一媒体上发布的次数，广告发布的频率有一种最佳状态，“过与不及”都会严重影响广告效果和效益，造成广告资源的浪费。

比如，《英雄》的广告推广。比较前几年两个星期创下中国电影亿元票房纪录的《泰坦尼克号》，《英雄》成为中国电影史上最快打破亿元票房纪录的电影，品牌推广战略是《英雄》票房大捷的关键因素。其中包括利用名人效应和名人的个人品牌充实电影品牌，而更为重要的是对电影品牌做了大量的广告推广宣传工作。

从2002年12月中旬起，中央电视台的广告中就出现了影片《英雄》的诸多片花，以电视广告这种商业形式对影片进行强化性宣传在国内尚属首次，这种推广手段对观众的吸引效果非常显著，使得大部分观众对《英雄》都有了一定了解。在正式上映之前，北京各大车站广告牌上就打起了制作精美的《英雄》巨幅画照，另外，报纸、杂志等对于《英雄》的宣传也都起到了推波助澜的效果。所有这些结合在一起，成就了《英雄》这个中国电影的票房英雄。

3. 广告口号要品牌化

广告的品牌化就是让人一看到这个产品就能记起它的广告口号，加深它在人们心中的印象和生活中的影响，这就达到了宣传的目的。良好的广告口号也能成为一种品牌，也是品牌的表现。在美国，有高达七成的青少年的梦想是拥有一双耐克鞋，他们都以穿耐克鞋而感到荣耀，耐克“离经叛道”的广告为其塑造了“体育先锋”的形象，深深根植于青少年消费者的心中，使耐克成为他们的最爱。耐克广告的着眼点正是与消费者建立忠诚而持久的关系，并非单纯的交易与征服的问题。有一种极端的说法是：当今时代，不做广告，钻石也卖不出去；广告做得好，用报纸包一砖头，也能卖个好价钱。

且不说，结婚钻戒 De Beers 的广告全世界都是，满大街都在吆喝。有一个故事流传甚广：分隔东西的柏林墙倒塌的时候，遗留下一大堆垃圾。如果让清洁公司来清理，需要花上千万马克，有一个德国人突发奇想包下了所有的废墟，把柏林墙的断壁残垣零敲碎打，用透明的有机玻璃塑封包装，做成镇纸、钥匙扣、城徽等各种各样的旅游纪念品，然后大做广告，广告语是“把柏林墙搬回家”，生意做得红红火火，大赚其钱。菲利普·科特勒认为，营销就是发现价值、创造价值、交换价值、满足价值的过程。

一则60秒的黑白广告片出现在全国众多电视台的黄金强档节目中，这就是上海通用汽车全新别克品牌形象广告。片中以“逗号”为诉求点，表现当代中国人在“成就”“杰作”“纪录”“荣耀”面前，锐意进取再求超越，从而揭示别克品牌的精髓——“心静、思远、志在千里”。这则广告是“别克”成为旗下四大车系（君威、凯越、陆上公务舱和赛欧）母品牌后的新宣言，无论从立意上，还是表现手法上，都能看出它是别克融入东方文化和时代精神的一种传承与升华。而回顾别克根植中国以来的一则则经典广告，了解广告背后的底蕴，就会发现其品牌传播和品牌发展的一贯之道。

4. 创造产品附加值

除了切实利益之外，广告要善于创造附加值，通过心理暗示的方法赋予商品额外的价值。“创造一种需求，然后满足它”乃广告的最高境界。广告应建立广告信息的累积效果，塑造品牌与企业一致的形象，并给予目标受众持续而深刻的刺激与冲击。

广告在传播过程中，可以实现品牌与媒介的良性互动，产生好的品牌联想，提升品牌的美誉度，使品牌的内涵有效到达目标消费群体，收到事半功倍的传播效果。在确定品牌的消费群体后，广告传播的效果可以提高品牌在目标群体中的认知，在广告投放过程中，如果时机恰当，可以与产品的铺货、促销等相互推动，共同促进品牌的市场表现。

广告创造品牌价值。从产品到商品，实现了产品的价值；从商品到品牌，实现了产品的附加值，而广告创造了这种附加值。广告可以承诺利益，当然一定要有梦想成分，即所谓的附加值。广告是造梦的，是梦工厂，要使消费者对品牌忠诚，必须使他们好梦不断。

因此，广告实际上是在推销一种承诺，一种理念，甚至是一种思想，在向大众灌输购买某种商品或使用某种服务后所得到的好处，让消费者的潜在购买意识变成实际行动。女性不惜花钱买高级化妆品，为的是希望使用以后能变得更加艳丽动人；饮用数千元一瓶的XO，因为能够体会到一种“高人一等”的感觉。

5. 广告推广要音形具备

有声有色是音形兼备的最佳形象，品牌传播中只见其形听不到其声的不能算是一个完整的传播过程。品牌传播需要借助声音的力量来助推与强化受众对品牌的联想，传播中的品牌音乐是最为活跃的识别因素，它能有效调动受众对传播品牌的情感认识，进而不断使品牌的核心价值与内涵深深铭记于心。比如，麦当劳电波媒体广告中最后的声效画面：“Balabababa，我就喜欢”，堪称声效品牌传播的经典之作。它没有将其品牌口号简简单单地说出来，而是通过与品牌定位相一致的欢快的音乐节奏利用和声唱出来，非常便于记忆与受众的口碑传播。很多小朋友都相互传唱的"有了肯德基，生活好滋味"，也同样把肯德基贴近中国老百姓的饮食生活和文化定位发挥得淋漓尽致，从而不断深化了肯德基"立足中国，融入生活"的本土化品牌经营战略。

将流行音乐与产品利益属性相结合，表现产品的功能性诉求和精神诉求，最能传播品牌的声音形象。比如，百事可乐在2000年聘请香港当红艺人陈慧琳、郭富城、王菲、郑秀文为亚洲形象代言人，并创作多首广告主题曲，像《渴望无限》《动起来》《星空无限》等歌曲都成为当时助推产品的有力武器，每当消费者想起这几首歌时，就会想起百事可乐，当然，这些音乐都与其所瞄准的新一代年轻消费群体相一致；而现今的周杰伦、蔡依林、古天乐、陈冠希、F4成为其第五代百事新代言人，其广告歌曲《蓝色风暴》《蓝色缘分》都已成为其产品推广过程中的音乐识别内容，从中也都体现出蓝色的基调，为产品的深度推广提供了传播性极强的音乐视听效果。

美特斯·邦威为品牌量身定做的《不寻常》广告曲，借用形象代言人郭富城与独特个性的"不走寻常路"吸引了大批的年轻人成为其现实消费群。伊利借用张韶涵的《喜欢你没道理》非常准确地将产品的定位理念传递给消费者，使得消费者在品尝"巧乐滋"时不得不跟着哼起这首歌，听到这首歌时又不得不想起"巧乐滋"的味道。中国移动推广"动感地带"产品品牌时，启用品牌代言人周杰伦的《我的地盘》以及新的广告曲《浪漫手机》，都极为准确地传递出"动感地带"产品年轻、自信、自我、自由的主张。

因为流行音乐本身具有流传性极广的特征，流行歌曲与推广产品品牌相结合，既能利用广告发布宣传歌手自身的新专辑，增加曝光率，更能帮助产品的上市推广。当然，这必须选择与品牌传播调性相一致的音乐识别内容，同时也必须非常明确地掌握目标受众的心理特征，即消费群喜欢的音乐形式，使目标受众一听到歌曲就能想起产品，即发挥音乐识别内容对产品利益属性的联想度。

四、名牌发展策略

1. 名牌的概念

余明阳博士认为，所谓名牌，就是社会公众通过对组织及其产品的品质和价值认知而确定的著名品牌。而李光斗先生则认为，名牌是能获得高溢价的品牌。

因此，名牌是品牌中的优秀、精华部分，品牌发展的目标是成为名牌。名牌，狭义上讲，就是质量好、服务好、知名度和美誉度高的产品和商号。它不仅包括商标，还包括质量、知名度、形象、市场占有率和覆盖率、相应的文化含量，以及形成这一切的企业在科技、管理、经营、人才等方面高层次、高质量的持之以恒的工作。

名牌象征着财富，标志着甚佳，证明着品质，积淀着文化，引导着时尚，激励着创造。

2. 关于名牌的理解

名牌是驰名品牌或著名品牌的简称。在我国，有些人对名牌产生了误解，认为名牌就是知名度很高的品牌。这种理解只强调了品牌的认知性，而忽视了品牌的形象和权益性，是十分片面的，高的品牌知名度只是名牌创建的基础性要素，提升品牌知名度只是名牌创建的基础性工作。名牌是知名度和美好形象的统一体，是优异品质、美好联想和企业信用的组合体，名牌往往在市场上有上佳表现。一般认为品牌包括品牌知名度、品牌认知度、品牌联想和品牌忠诚度四个方面的内涵，知名度只是品牌的一个最基本的内涵，也只是品牌打造的初级阶段。

当然，也有人错误地认为，名牌就是卖得贵，是炒作出来的，是评出来的，是能够压倒一切的王牌，一旦获得便永远拥有。从市场效应来看，名牌卖得贵、卖得多、卖得快、卖得久，但是，名牌不思进取、不创新，就会变成普通产品；而一般品牌经过努力可以变为强势名牌、长寿名牌。

还有人错误地认为，"名牌"一词的出现，是在我国特定市场环境下产生的特定名词，是一种俗称，从严格意义上来讲是不准确、不科学的，更不应成为企业发展和追求的目标。品牌只要名气大，通过大量的广告投入，不断叫卖就可以成为名牌。实际上，广告是品牌扬名的手段，广告具有传递速度快、辐射面广、手段全面、可反复宣传等特点，对于提高品牌知名度有极其重大的作用。纵观全球，名牌产品无一不是在优质的基础上，借助广告宣传而四方扬名的。没有过硬的质量，则不是名牌，名气大仅仅是名牌的一个标志，必要的广告投入有利于创名牌。

在我们看来，名牌的前提是一种品牌，它的创建也是一个复杂而浩大的工程，包括品牌的整体战略规划、品牌的准确定位、品牌形象设计、品牌核心理念确立、品牌市场运作、品牌适度延伸、品牌有效传播等一系列经营与管理工作。它还需要品牌管理者长年累月、战战兢兢地小心经营。一个强势品牌的树立，需要经过漫长岁月的考验。同仁堂经过了 338 年的风风雨雨，可口可乐经历了 100 多年的洗礼，柯达、万宝路等强势品牌也非一朝一夕造就的。

因此，强势品牌的说法似乎更能让人接受。

3. 名牌战略的主体

可以说，企业是实施名牌战略的主体。首先，企业创造产品名牌，无论地区名牌、全国名牌、世界名牌，都只是名牌的影响力，都是某一企业创造或主导的；其次，企业创造企业名牌，产品名牌是企业名牌的基础，企业名牌不是产品名牌的简单综合，而是在产品名牌基础上塑造出企业良好形象的结晶。

比如，海信构建自己的名牌。1992 年 2 月，34 岁的周厚健被任命为青岛电视机厂长，该厂前身是 1969 年成立的青岛无线电二厂，有着浓厚的计划经济色彩。为改变计划经济时代的烙印，企业改名为海信公司并以其为商标，改革企业内部管理机制，实行现代企业人事管理，强化以厂长为中心的经营决策，引进 CI

战略，树立企业形象。1994 年净资产 3.8 亿元，1998 年产值 109 亿元，销售收入 82.5 亿元，利税 4 亿元。1999 年初“海信”被国家工商总局确认为中国驰名商标。海信在发展过程中始终坚持使用海信品牌，在合资时海信也要自己控股。海信认为，企业要先强才能大。

因此，企业实施名牌，要以质量为核心、技术为动力、人才为根本，并综合运用广告、公关、CI、商标及其他因素共同实现。比如诺基亚，20 世纪 90 年代初，摩托罗拉、爱立信等在世界无线通信市场稳坐江山，芬兰的诺基亚才开始生产手机。现在诺基亚占据 30% 的市场份额，名列世界移动通信榜首。地处“欧洲农村”的诺基亚，能够预见未来、把握发展趋势，1865 年以来从事过造纸物业、橡胶、机械、电缆业务，1992 年开始经营计算机、电子消费产品、电信产品，新任总裁约玛·奥利拉明确指出“未来属于通信”，于是将 90% 的人力和物力用来加强移动通信和多媒体研究开发，做到每月都有新品问世，企业内近三成人在进行科研工作。

4. 企业的名牌发展战略

创立名牌，可以通过以实造名、以名带实、借名启动、嫁接名牌、借实成名、以特成名来实现，其中购买老品牌（品牌兼并）、以名人带名牌（品牌代言人）目前运用最为广泛。从企业的名牌发展战略来看，我们可以从名牌商标战略、名牌商号战略、商标商号统一的名牌战略、商标和商号共创名牌战略、名牌价位战略几个方面进行决策：

（1）创立名牌商标战略。

以企业产品商标或服务商标为对象所实施的名牌战略，就是把企业的产品或为顾客所提供的服务创出名气，目标就是把产品或服务的商标，努力创出著名商标或驰名商标。企业为顾客所提供的产品或服务受到广大顾客的欢迎和信任，产品或服务的商标也随之出名。当商标成为著名时，企业的产品或服务就成为地区的或全国的名牌；当商标成为驰名时，就可能成为国际名牌。所谓创立名牌商标战略，就是指企业为实现其经营目标，使产品或服务的商标成为著名商标或驰名商标所作出的长远性的谋划与方略。

（2）创立名牌商号战略。

这是以企业作为创牌对象，创出著名商号，实现企业经营目标所作出的长远性的谋划与方略。这种战略的重点是放在使企业出名上，企业出名，就是使企业的名称——商号出名。有些产品，特别是初级产品或某些中间产品不容易在顾客或用户中出名，而一旦企业出名，则容易带动产品或服务出名。因此，这些企业特别是第三产业的企业，主要选择创立名牌商号战略。“要好钢，找宝钢”，“宝钢”出名，带动其产品出名。

（3）商标商号统一的名牌战略。

这是指一些企业的产品在一定范围（如地区或全国）出名之后，随之以产品商标作为企业名称。名牌既指该企业产品（或服务）商标，也指该企业的名称，即商号。实施商标、商号统一的名牌战略，其实是为了实现企业更大的经营目标，创更大范围、更高等级的名牌而作出长远性的谋划和方略。例如“嘉陵”牌摩托车，“长虹”牌彩电，“海尔”牌电冰箱，在这些产品成为名牌后，企业的名称也相应以这些商标名称代替，即商标名称和商号名称统一，目的是在更大的市场范围内，尤其是在世界市场范围内，创出名牌商标和名牌企业。

（4）商标和商号共创名牌战略。

企业产品（或服务）商标名称与企业名称不统一，商标是商标，商号是商号，商标和商号共创名牌。例如“活力28，沙市日化”，“活力28”是企业洗衣粉产品的商标，沙市日化是该企业的名称即商号。又如“容声冰箱，科龙电器”，“容声”是电冰箱产品的商标，“科龙”是该企业新的商号。所以这些企业在创名牌产品、名牌商标的同时，也在创名牌企业即著名商号，使产品和企业或企业和产品一起出名。

一般说来，生产消费类产品，即最终产品或整机、整车产品的企业，应首先把重点放在创立和实施名牌商标战略上，待产品出名后，再选择商标商号统一的名牌战略，或实施商标和商号共创名牌的战略。而初级产品、部分中间产品，主要提供服务的企业，则应当把重点放在创立著名商号战略上。

（5）名牌的价位战略决策。

所谓名牌的价位战略，就是根据名牌面对的消费层次不同，相应地采取不同的质量和价格组合的谋划与方略。根据消费层次的不同，有以下名牌价位战略方案可供选择：

①高价位战略，即面对收入高的消费群，实行高质量和高价格的组合战略，也叫高档化名牌战略。例如德国的奔驰轿车，法国的人头马、轩尼诗酒，我国的茅台酒、五粮液等，就是实施高价位的名牌战略，以满足收入高的某些消费者追求豪华、显示身份的高档消费欲望。

②中价位战略，即面对收入中等的消费群，实行中等质量和中等价格的组合战略，也叫中档化名牌战略。例如康师傅方便面、燕舞收录机、孔府家酒等，选择的是面对中等收入的消费群，因而市场十分广阔。

③低价位战略，即面对收入较低的广大消费群，实行不同等级的质量与低价格的组合战略，也叫低档化名牌战略。这种战略，可实行优质与低价的组合，如美国的可口可乐、麦当劳快餐，中国北京的红星二锅头酒等，价格虽然较低，但质量不差。当然，定价也可以以中等质量与低价相组合，还可以以低等质量与低等价格相组合，如某些地方名牌产品（低度白酒）也很受欢迎。不过要占领更广阔的市场，使自己的产品具有突出的竞争优势，实行中、高等的质量与低等价格相组合的战略，应是最佳选择。例如联想的板卡和微机产品，打入国际市场，同外商强手争夺国内市场，实行的就是“茅台酒的质量，二锅头的价格”的组

合战略，从而创出了中国名牌，成为我国计算机行业的排头兵。

（6）名牌扩张战略。

企业的名牌扩张战略主要通过市场扩张和规模扩张来实现。市场扩张是指占领市场、开拓市场、扩大市场份额的总体谋划。可以通过避实就虚的重点突破和多角度拓展的全面推进达到目的。

比如奇强拓展农村市场。山西运城的南风化工集团股份有限公司，前身是有着50年历史的国有企业——运城盐化局。1992年推出奇强洗衣粉，年产2万吨。当时，世界洗涤行业四大军团的美国宝洁、德国汉高、日本花王、英国联合利华占据中国半壁江山。1999年南风化工的洗涤剂产量为42万吨，市场份额为20%，居全国同行业第一。而四大军团的产量由70万吨降到20万吨，市场份额由42%降到28%。在这里，奇强的成功主要是因为采用了农村包围城市的准确市场定位，年产10亿袋洗衣粉，有8亿袋销往农村，人均一袋。同时，在县城建立销售点、分销点，自营销售网络，以低价格、高质量开发速效、强效、加酶、加香、无磷等30多个洗衣粉品种，如低温强效洗衣粉深受东北、新疆、西藏等高原地区的农民欢迎。

规模扩张是指名牌企业在发展中不断壮大的总体谋划，通过兼并、收购等资本运营方式进行。企业兼并是对被兼并企业资产进行吞并和吸收，包括对同一产业部门、同一产业市场的横向兼并和对前后生产工序、销售方与生产商的纵向兼并，还有不分生产领域、产业部门的混合兼并。企业收购是指一家企业通过购买另一家企业的部分或全部股份，从而获得控制权的产权交易行为。它包括成为最大股东的控股式、成为自己的子公司的购买式、成为企业股东的吸收式三种方式。

如康佳通过兼并与收购实现企业规模迅速扩张。康佳从一个华侨农场的加工厂成为全国彩电行业第二，采用的是东西南北四面扩张策略，把资本扩张和市场扩张结合起来。1993年出资1 800万元，以60%股份兼并牡丹江电视机厂；1995年以1 800万元兼并陕西如意电视机厂；1997年以4 200万元取得安徽滁州电视机厂65%的股份；1998年出资2 700万元兼并重庆无线电三厂。康佳的扩张口号是“城市不让、农村不放、国际赶上”。在城市，根据年轻人爱时髦的特点，将黑色外壳换成时装，开发“七彩小画仙”系列，14寸彩电月销量猛增，达4万台；在农村，根据农民收入低、农村电压不稳、山区信号差等特点，定做“福临门”，彩电销售量增加30%；在国际市场，本身是从国际市场起家，为稳固阵脚重点开发国内，再度挥师出洋，不再只是进行简单的来料加工，而是把重点放在“KONKA”品牌整机出口。

通过品牌收购，可以遏制本土品牌，快速抢占市场；可以借助品牌优势实现生产制造、完善品牌，使品牌阵营更加合理；可以挖掘品牌在未来的发展潜力，抢占市场品牌资源，防止品牌被竞争对手所拥有。

企业兼并是通过转让、出售、出租等方式完成品牌所有权或使用权的转移，这是品牌运营的重要组成部分，是品牌资产化的重要体现。其中“嫁”品牌就是一种表现形式，如2001年三笑集团以2 100万美元把自己的品牌卖给居全球财富500强之列的美国高露洁棕榄公司；2003年12月11日全球最大的化妆品集团欧莱雅宣布收购中国护肤品品牌小护士；2004年1月法国欧莱雅集团正式对外宣布收购护肤品品牌羽西……通过收购、兼并维持品牌生存并发扬光大，也是品牌经营与管理的较好措施。其实，像乐百氏、娃哈哈“嫁”给法国达能，现在运营也不错。

第四节　品牌公关推广

品牌公关活动既是一种促销方式，又是品牌宣传的有效方式，因为公关活动过程能够维护并提升品牌形象和企业形象。企业的管理者在利用品牌公关进行品牌宣传时，应该熟悉各种品牌公关方式。

市场竞争的激烈化和品牌环境不确定性的增强，要求事前进行系统的品牌公关规划，并进行全员性的公关培训，建立起完备的危机预警机制。面对危机时必须秉持坦诚诚实、实事求是的态度作出快速反应，及时向公众公开信息，及时作出负责的回应和处理，防止竞争对手的乘隙打压，化危机为品牌发展的机遇。

一、宣传性公关

1. 媒体宣传

宣传性公关是指运用广播、电视、报纸、杂志等各种传播媒介，采用撰写新闻稿、演讲稿、调查报告等形式，向社会各界传播品牌和企业的有关信息，以形成有利的社会舆论，创造良好的活动气氛。这种方式传播面广，对塑造品牌及企业形象效果较好。

比如，史玉柱在推广脑白金时，就是典型地运用公关向左、广告向右的策略。通过七篇可读性很强、广告信息极其隐秘的科技软文，娓娓动听地向公众介绍脑白金的功效与作用，慢慢地将脑白金这一生僻的名词及惊人的功效刻进公众的脑海中；然后，运用铺地盖天“恶俗”的广告投放，不断强化脑白金在公众记忆中的印象与提及率。尽管脑白金的市场营销策略受到诸多非议，但我们不能否认其营销结果的成功——公关的客观与权威有效帮助了广告的渗透，最终俘虏众多盲从的消费者。

2. 事件行销

(1) 事件行销的含义。

事件行销，就是企业通过介入重大的社会活动、历史事件、国际博览会等，迅速提高企业及其品牌知名度和美誉度，达到“一举成名天下知”。根据事件产生的原因，事件有两类：一类是自发的重大事件，不依广告主的意图而改变；一类是人为事件，即按照广告主的意图精心安排、刻意制造出来的。

（2）利用新闻事件。

宣传性公关最重要的一个任务是发现、利用和创造对企业和品牌有效的新闻。新闻具有内容真实性、传递快捷等特征，因此其信息传播的可信赖性较强。企业可充分借助新闻的形式，利用新闻的传播优势，提高品牌和企业的知名度，展示企业的经营理念，进而树立并提升品牌及企业形象。

例如，2000 年娃哈哈和乐百氏被法国达能控股，走外资合作道路时，农夫山泉却向外界宣布：纯净水对健康无益，只生产天然水。之后，农夫山泉凭借自身资源优势，借助有争议的营养知识，站在维护消费者的立场上进行新闻策划，调动新闻媒体，为自已关心消费者利益的品牌形象和新产品特色进行裂变式免费宣传，形成轰动。2002 年，在“一瓶水，一分钱”2008 阳光工程活动中，农夫山泉代表消费者，购买相同价值的体育器材，捐献给全国范围内贫困地区中小学。体育赋予了农夫山泉健康、积极、富有亲和力的品牌内涵，在一定程度上拉开与其他饮用水公司的竞争距离。贴附“更高、更快、更强”的奥林匹克精神的“农夫山泉”，已经不仅仅是水，更是积极、自信、向上乃至团结拼搏的象征。

（3）制造新闻事件。

利用公众关注的话题或事件来制造新闻、宣传品牌及企业，是宣传性公关比较常见的做法。除了利用公众关注的主题来宣传以外，也可以巧借传统节日、纪念日开展宣传品牌及企业的公关活动，这也是比较常见的制造新闻之举。

二、赞助性公关

赞助性公关是指通过赞助文化、体育、教育、卫生等事业，支持社区福利事业，参与国家重大社会活动等形式来塑造品牌和企业的良好形象，提高品牌及企业的社会知名度与美誉度。这种公关方式，公益性强，影响力大，但成本相对较高。

1. 要有明确的目标

这是确保赞助活动获得理想效果的十分重要的前提。把目标确定在能促进塑造品牌形象或有助于强化品牌定位的活动或项目上，是赞助性公关应首先考虑的。

2. 有效发挥作用

赞助公关活动强调赞助者要有真诚的态度，在保证被赞助的活动能发挥其应有作用的同时，显现品牌在其中的作用，进而使品牌及企业形象得到提升。

3. 正确看待投入产出比

赞助活动对于那些已经建立起知名度的品牌来说，是十分有效的营销工具。

大量的事实证明，对于那些知名度不高的品牌来说，进行赞助活动的效果并不显著，而且很可能是一种浪费。

三、服务性公关

服务性公关就是通过各种实惠性服务，以行动去获取公众的了解、信任和好评，进而实现维护品牌形象与声誉的活动。企业可以以各种方式为公众提供服务，如消费指导、消费培训、免费修理等。

1. 对服务有正确的认识

服务不仅仅是单纯地为顾客维修产品，而是通过提供让顾客满意的服务来展示品牌及企业的整体形象，是一种维护并提升品牌形象的公关行为。

2. 切实可行的服务内容

服务性公关要确定切实可行的、与顾客的关注点一致的服务项目或服务内容。如有可能或有必要的话，提供消费指导、消费培训也是比较有效的服务内容。当然，这要建立在企业自身产品质量和性能过硬的基础上。

3. 亲情化服务方式

服务性公关还应该注意方式方法，尽可能地在有约束条件下提供优质的亲情化服务。

四、新闻公关

企业在进行品牌的新闻推广时，具体步骤如下：

1. 明确新闻公关目标

品牌经营者在通过新闻公关进行品牌推广之前，必须明确其目标。诸如年终报告会、新产品上市、高层人事变动、品牌新举措、新战果等事件，都可以有针对性地策划实施新闻推广。

2. 策划新闻公关方案

在明确了推广目标的基础上，调查研究目标受众、竞争对手、媒体及一些媒体的内部记录，编辑新闻的特性与要求、品牌自身的优劣势、问题点和机会点等因素，然后寻找、嫁接、策划、制造一些可行的新闻推广方案，对几种方案的优势和长处进行整合归纳，最终确立新闻推广方案。

3. 实施新闻公关推广

品牌新闻公关推广的实施一定要时时小心、处处用心、样样创新。在实施前要做好各项准备工作，根据其策划书有步骤、有计划、有目的地实施。在新闻推广活动中，要随时注意事态的发展与变化，及时进行调整。

4. 评估新闻公关推广

评估总结可以针对最初新闻推广的目标、欲达到的影响和作用、实施执行情况、市场销售额等方面进行检测。

品牌的新闻公关推广在今天受到许多企业的重视，因为它能产生很大的影响力和震撼力，易于引起轰动效应，而其投入却是最少的。所以，在扩大品牌影响力的策略中，实施新闻推广是非常必要和可行的。

比如，英特尔的教育创新计划。2000 年，英特尔公司在教育部的指导下，率先与上海教委和北京教育学院合作，以上海红十字培训中心和北京教育学院为培训机构，进行该项目在上海和北京的试点运行工作，并计划逐步推广到中国其他城市。英特尔向中国的重点大学捐赠的设备和资金总值达到 300 多万美元，在北大、复旦和交大等重点院校中建立了 21 个实验室供教学和研究，资助研究项目，开展研究合作，设计了英特尔奖学金，定期在校园召开专业讲座和研讨会。

又如，阿迪达斯和耐克的赞助活动。阿迪达斯热衷于赞助重要的、大型的比赛，如奥运会、欧洲足球锦标赛、世界杯足球赛等，这些策略的充分运用使得阿迪达斯将自己与最激动人心的体育盛会联系起来，向人们传达阿迪达斯卓越表现、积极参与、振奋人心的品牌精神。而耐克则通过赞助著名体育运动员来参与赛事活动，通过运动员的出色表现来诠释和宣扬耐克富有进攻性、直面挑战、生机勃勃的"酷"，强劲有力的品牌精神。耐克最早的品牌代言人有著名长跑运动员斯蒂夫以及迈克尔·乔丹等。

五、品牌整合推广

整合营销传播理论指导下的品牌整合推广，是通过广告宣传、公关关系、销售促进、人员推销等手段，向目标消费者传达企业品牌的核心价值，以在消费者心目中建立良好的品牌形象，对品牌的创建与维护有着极其重要的意义。

品牌整合推广，可以充分发挥自身的资源优势快速打开市场之门，迅速摆脱竞争者的围追阻截，引起消费者的高度关注并持续不断地达成交易，赢得他们的高度忠诚和主动推荐。品牌整合推广是由三方面构成的，即品牌广告推广、品牌营销推广、品牌公关推广。

品牌广告推广是应品牌信息传递的需求，从品牌定位和远景出发推广差异性的品牌形象、品牌风格及相应的传播主题，并通过广告传播识别规范，保证品牌形象传播的一致性。符合组织内外的要求制作脚本，恰如其分地安排广告媒体投放计划，提高目标品牌的可见度，不断深化品牌认知，丰富品牌形象，促成品牌认同。

品牌营销推广是在全面分析通路变革和消费需求的基础上，不断发展符合品牌成长需求的市场开发策略和相对应的产品策略，全面进行分销网络和零售网络的建设、管理和促进，使品牌产品和服务能够以恰当的成本在恰当的场所及时与目标消费者见面，防止价值链关系的紧张和整个价值链的断裂。

品牌公关推广是以理性的态度、周详细密的思虑，从以投资者、合作者和消费者为代表的直接关系者，以政府、媒体和社区为代表的间接关系者以及危机公关等三个方面出发，建立起完备的危机预警机制和危机应急反应机制，深化品牌认知，协调合作关系，保证目标品牌对环境的变化和可能发生的危机，能够及时预警和正确处理，防止品牌形象受损，从而实现广告、营销、公关三位一体，共同推进目标品牌的持续成长。

例如，李宁的奥运推广策略。2000 年的奥运会期间，李宁公司在取得唯一领奖装备赞助权之后，立即通过多种方式推广。首先是以中国奥委会、国家体育总局装备中心和李宁公司的名义，联合举办了一场大型文体晚会，该晚会随即在中央电视台的黄金时段播出。在载歌载舞的文艺演出的同时，李宁公司获得了难得的宣传机会。此后，李宁公司选择了从地方到中央的广告投放策略，以中央五套为核心，配合销售重点地区的地方卫视，争取到了最大的覆盖面和覆盖率。李宁公司还利用自己独特的资源，大打明星牌，选用了李小鹏作为“奥运形象使者”，又选择了孔令辉、伏明霞、刘璇、张山等十大明星，推出金牌掌门大侠明星卡，借以造势。最后是促销配合，北京、天津、上海、武汉、广州等大城市都先后举办了“李宁奥运加油站”，在大商场里安排了奥运知识竞赛、趣味游戏等。2000 年的推广结果对李宁公司而言是相当满意的。在奥运会期间，李宁公司的销售额成倍增长，甚至在奥运会结束后，李宁的销售热潮仍然持续了一阵。

由品牌广告、品牌营销、品牌公关组成的品牌整合推广，如果坚持品牌承诺和品牌履行的全面平衡，在策略上保持简洁集中，在执行上保持持续协同，坚持不懈地创造和提升品牌体验，就一定能够在复杂的市场中使品牌立于不败之地。

本章小结

品牌塑造离不开广告、市场推广、促销、公关传播等方面。事实上，随着海量信息时代的来临，消费者对信息呈现了订制的趋势，如何让品牌不被淹没，如何使品牌成为打击竞争对手的锐器，一定要注重细节。因为，微利时代的来临，使得靠广告狂轰滥炸的时代已经一去不复返了。做品牌需要滴水穿石的韧劲，更需我们对每一个细节的注意。

在品牌经营价值链上，品牌推广不仅仅意味着建构和传承品牌承诺，更承担着全面履行品牌承诺，与其他品牌作业一起推进品牌承诺和品牌履行的一致化的职责。品牌经营者通过掌握品牌推广方法，从单一的品牌传播层级上跳离出来，统一广告、营销、公关等个别作业，使目标品牌的声音一致，行为一致，在获得推广投入产出的同时达到累积产出的新境界。

对品牌而言，广告是最重要的推广手段之一，品牌的传播需要广告支持，广告创造了品牌的知名度，也就是创造了名牌。而销售促进是实现品牌营销的重要手段。品牌公关活动既是一种促销方式，又是品牌宣传的有效方式，因为公关活动过程能够维护并提升品牌形象和企业形象。当然，品牌传播最关键的是依靠高素质的人，因为只有高素质的人，才有高品位的企业、高质量的产品和服务，才可能在社会环境中真正铸就成功的品牌。

关键词汇、概念

品牌推广　降价　折扣　赠品　以旧换新　免费样品　广告　名牌　赞助性公关　服务性公关

思考题

1. 如何制定品牌推广策略?

2. 互联网作为新兴的媒体，你认为在品牌推广的过程中，互联网能起到什么作用?

3. 在品牌推广中，文字、广播、电视广告起了很大的作用，但除此之外还有哪些因素影响着品牌的推广呢?

4. 如何制定品牌广告策略?

5. 对于脑白金的广告策略，你有什么看法? 尽管它被评为年度最“恶俗”的广告，但其仍取得了非常好的成绩，你是如何看待这些的?

6. 你觉得代言人对于制定广告策略有重要影响吗?

7. 你是如何看待众多品牌应用电影做广告的，例如在《007》中屡次出现宝马车的场面? 你认为奔驰赞助网球大师赛，并使奔驰的标志出现在网球的横网上有必要吗?

8. 名牌是怎样产生的? 中国餐饮业有几千年的历史，但至今仍未创出“麦当劳”“肯德基”等世界快餐名牌，是什么原因?

9. 你能建立一个深受欢迎的品牌吗? 能否看到你的可行性计划?

10. 如何进行公关造势?

11. 品牌通过慈善捐助可以获得人们的认可吗? 请举例说明。

第十三章

品牌全球化

本章学习目标

- 理解品牌国际化的含义
- 掌握品牌国际化的基本策略
- 掌握品牌本土化的含义
- 理解品牌本土化的基本策略

引例及思考

伊莱克斯的品牌全球化

伊莱克斯总部设在瑞典首都斯德哥尔摩，主要开发、设计、生产、销售各种电器，并提供相关技术支持及服务。近百年来，伊莱克斯一直是世界上最大的家用电器专业制造商之一。1912 年，世界上第一台家用吸尘器——伊莱克斯一号问世；1925 年第一台伊莱克斯冰箱问世。在后来的 70 多年里，伊莱克斯收购和兼并了近 400 家家电厂商和品牌，涉及饮食服务设施、园林设备，并成为全球家电行业的第一大厂商。拥有 10 万名雇员，年销售额 1 380 亿元人民币。每年超过 6 000 万件伊莱克斯集团的产品遍及世界，全球 3.5 亿个家庭拥有或使用着伊莱克斯的电器产品。

伊莱克斯现在全球使用的标志最初是由 1901 年被正式注册为商标的 LUX 发展而来的。LUX 公司与生产吸尘器的 Elektroekaniska 公司合并后，Electrolux（伊莱克斯）这个名称才正式出现。伊莱克斯的标志经过多次变化，现在使用的这个标志是 1962 年瑞士设计师 Carlo Vivarelli 设计的，经过了七八十年代的几次修改才最后确定下来。

由于历史的原因，伊莱克斯在全球拥有众多的品牌，其中不少品牌是原来的本土品牌，这就为伊莱克斯品牌的本土化创造了条件，美国人购买了一台 Frigidaire 冰箱，他会以为是美国的产品；有人在意大利买了一套 Zanussi 家电，他会把它当作意大利的产品；德国人买了一台 AEG 洗衣机，以为这一定是德国产品，而这些品牌都是伊莱克斯旗下的品牌。在世界上其他一些国家和地区，伊莱克斯也直接使用伊莱克斯品牌。但是，复杂的品牌系统对于企业的全球化品牌战略来说，却是一个很大的挑战。要在一个分布于世界60余个国家、产品种类繁杂的多品牌体系上构建出全球统一的、鲜明的伊莱克斯品牌形象，让不同国家的消费者在领略具有个性化、本土化的产品和服务的同时，对伊莱克斯品牌有一致性的认知绝非易事。为此伊莱克斯制定了一套相当完备的全球性伊莱克斯品牌框架。

伊莱克斯的品牌金字塔诠释了构成伊莱克斯品牌的要素。在这个金字塔中，不同地域、不同类别的产品特色构成了伊莱克斯品牌的基石，形成了对伊莱克斯品牌的传达，即使生活更简捷和智能化，从而自信地享受生活。金字塔的顶部是伊莱克斯品牌特征，即知识性、现代化、和谐而富于变化，这正是伊莱克斯品牌的特色和价值所在。伊莱克斯的品牌金字塔表明，不同地域、不同类别的产品既有各自的个性，也体现出伊莱克斯品牌的共性，将本土化与全球化统一起来。

要发展品牌，企业首先要看清世界经济全球化的趋势，同时民族经济并不会因为世界经济全球化而退出历史舞台，在很长一段时间内，民族经济仍然是世界经济的主体。因此，品牌全球化，并不意味着可以忽视区域的差异，在全球品牌定位下，仍有不同的品牌组合。全球化的品牌具有规模效益，能够降低成本，能够创造有益的品牌联想，让人感到品牌实力雄厚，能够让人想起品牌的发源地。

第一节　品牌国际化

在国际化战略中，品牌的国际化是国内企业绕不过去的门槛。“Made in China”不应该是价格低廉和质量粗糙的代名词，也不应该是低成本劳动力聚集的“血汗工厂”的象征。实际上我们正在被各种各样的国际化品牌包围着，它们代表着统一的品质、全球化的服务和不断的技术创新。从某种意义上讲，品牌就是对商品价值的一种承诺。在国内企业日益全球化的今天，国际化品牌的塑造已是迫在眉睫的事情。一个强大的国际化品牌的树立，背后是强大的研发、制造和市场运作能力的支撑，最终的国际化品牌来自真正具有国际竞争力的企业。

一、品牌国际化概述

1. 品牌国际化的概念

所谓国际化品牌，是指在各地提供的产品和服务基本上是相同的，只有些细小的差别；有相同的品牌本质、特征和价值观；有相同的战略原则和市场定位；尽可能地使用相同的营销组合。品牌国际化有两种形式，一是在不同的国家使用不同品牌，二是使用全球化品牌。目前，企业的战略更倾向于后者，这是因为全球化品牌能获得规模经济效益，品牌定位一旦面向全球化，该品牌就有了世界范围内的亲和力，在全世界范围内形成规模效益，从而降低成本。

2. 品牌全球化与品牌国际化的区别

品牌全球化，主要是通过全球范围的品牌管理，创建一个世界级的强势品牌。中国国内市场则是一个很好的舞台，它是世界上增长最快的消费市场，在这个市场上，中国企业有天时地利人和的优势，风险投资少。为此，许多企业在海外投资打造品牌，用意却不在开拓国际市场。如科健公司向英超球队埃弗顿提供320万美元的赞助，如今包括来自中国的球员李铁在内的埃弗顿的众球迷都身披印有科健字样的战袍上阵。科健的品牌在英国开花，却是在国内市场结果。原来科健根本就没有在英国销售的计划，而有着众多足球迷的中国市场上，科健的品牌越来越广泛地被接受。

从某种意义上说，全球品牌就是进入世界上大部分市场的品牌，但是，全球品牌和国际品牌的重要区别在于，全球品牌为所有市场的消费者提供相同的品牌个性和定位，连名称都不改变；而进入全球市场的国际品牌，是为满足不同对象的需要，要实行不同的定位或改变其品牌个性。对于全球品牌，如果定义得更严密些，就是它在任何情况下都不改变其产品特点。这样一来，像万宝路这样的品牌就属于全球品牌，而像雀巢这样的品牌，由于它为了满足各地不同的口味而提供一百多种配方，因此就算不上全球品牌。

3. 关于品牌国际化认识的误区

公司生产的国际化成为不少国内企业和企业家努力追求的目标。家电行业最早迈出了品牌国际化之路，先后有海尔、康佳、TCL、海信等品牌进入国外市场并进行海外投资兴建生产基地，走上了跨国生产和国际化营销的品牌国际化之路。服装行业被认为是中国入世后最受益的行业，在入世之前中国制造的服装营销世界各地，如美国、日本、欧洲、大洋洲、非洲和东南亚等，加入 WTO 后国内服装界对品牌国际化也充满信心，波司登、鹿王、鄂尔多斯等品牌对国际化都势在必得，还有浙江的雅戈尔、杉杉、罗蒙、报喜鸟、法派和庄吉等也表现出了极大的兴趣。在皮革行业里，中国皮革协会甚至提出了具体的指标：到 2010 年，中国要创出 3 ~ 5 个国际性皮鞋名牌，其中的温州鞋业提出了要创两个以上国际品牌的愿望。许多企业正在逐步迈向国际化，把公司和品牌名称改成国际化的洋名，如美的的“Midea”，西湖（彩电）的“Soyea”（数源）等。还有一些企业通过国际认证的方式，宣称企业实现了国际化，因为达到了国际性的质量标准要求，如通过欧盟的 CE 认证、美国的 FDA 认证等；或者通过请一些老外担任企业的管理顾问、营销顾问、设计顾问、工艺专家等，宣称公司国际化了；甚至把在国外开一个办事处，开一个设计室，投资建一个实验室，请国外演员当品牌代言人等做法当作国际化。

产品质量达到了国际性的品质要求，通过美、日等国的基本质量标准，这些都不是品牌国际化。如格兰仕生产的微波炉，占国际市场上销量的 1/3，格兰仕微波炉的质量具有国际性水平，但格兰仕牌微波炉基本上在国内销售，在国外销售时贴的是外国公司的品牌，这也不算是一个国际性品牌。

一个在国内销售的品牌，取一个洋名，看起来好像与国际接轨，但实际意义有多大值得探讨，如果以此标榜品牌国际化，也是滑稽可笑的。在国外做广告，却不在国外销售产品，宣称品牌国际化，这是对品牌国际化的片面理解。如前面提到的科健，采用“赞助＋球员”模式，每年花费百万英镑，却并不在英国销售手机，而且广告用的是中文“科健”，老外也看不懂，目标受众是国内看英超的球迷，科健赞助只有一个目的：达到在国内提高和长时间保持品牌的高知名度。这与海尔在意大利甲级联赛上的广告用语“Haier”、目标受众是意大利人，完全是两码事，海尔的广告是为了品牌国际化，而科健的广告行为与品牌国际化无关。

因此，品牌国际化可以理解为，一个企业用相同的品牌名称和图案标志，进入一个对本企业来说是全新的国家开展品牌营销。通常，品牌国际化的目的是在异国他乡建立起本品牌的强势地位。品牌国际化简单地说就是品牌的跨国营销。

二、品牌国际化的意义

由于国内市场增长缓慢，竞争加剧，通过国际化品牌运作，海外业务将带来更多的发展机会；同时获取规模经济以降低风险，分散风险；满足消费者追求多样化、个性化需要。

比如，美国通用电器公司（GE）国际化品牌的经营与管理。韦尔奇在1998年公司报告中称自己为全球公司，一些词汇“外国”“境外”“国内”对开展业务的企业来说已经无用、过时和毫无意义，通用公司过去10年在美国销售收入每年增长6%，而在全球达到17%。

美国可口可乐前总裁罗伯特·戈伊苏埃塔在1980年报告中取消了“境外”销售或“境外”收入的提法，全球化后的可口可乐由六个国际部分组成——五个可口可乐分部和一个可口可乐食品分部。美国国内经营部门的赢利只占可口可乐的20%，并已降级为公司全球地域中的六个国际经营单元中的一个，其地位与其他经营单元相差无几。日本丰田在美国市场获得全部收入的42%；比利时的德海茨超级市场从美国获得全部收入的2/3；英国荷兰壳牌石油在美国的子公司已列入世界十大公司之一。

三、品牌国际化策略

企业的全球化品牌战略，不是要开发一个适合全世界的品牌，而是要通过全球范围的品牌管理创建一个世界级的强势品牌。如今国际上大多消费者吃的是“麦当劳”，喝的是“可口可乐”“雀巢咖啡”，嚼着“M & M”巧克力，穿着“皮尔·卡丹”，戴着“劳力士”表，用着“派克”笔……这些国际品牌，为企业带来了巨大的财富。

1. 品牌国际化进入策略

(1) 品牌国际化进入方式。

国际品牌进入方式有直接投资方式、合资经营方式和贴牌生产方式。独资进入是一种直接投资方式，指的是投资企业按照目标市场国的法律，经所在国政府批准设立的、享受经营管理权的经济组织，从而达到对目标市场进入与拓展的经营方式。1998—2000年，跨国并购活动迅速成为全球外国直接投资最主要的方式，比重已达到80%以上。

比如，伊莱克斯并购活动。伊莱克斯自1980年开始实施并购战略，通过寻找适当的并购市场，并购知名品牌企业建立市场主导企业，占据市场主导地位。并购高峰时，每三周进行一次并购。伊莱克斯在40个国家中进行约300次并购，在25个国家中拥有100多家生产子公司。在并购过程中，它选择对自己开拓市场有利的企业进行。为了进入意大利和西班牙，它看准了意大利的赞努西公司，该公司在意大利、西班牙、法国占据重要市场，这正是伊莱克斯长期亏损的地方，赞努西是欧洲最大的洗碗机和洗衣机生产商，通过并购弥补了伊莱克斯的劣势，使其从一个单一产品企业转为产品多样化的全球最大的家电集团公司。

我国的企业在进行并购活动时，应当注意选择适当的并购对象以及适当的并购时机。并购发达国家的品牌企业，利用经济低迷、企业业绩滑坡等机会，通过并购进入目标市场，利用现有渠道推销自己的产品，从而降低进入该国市场的门槛和成本，不失为一种良策。

比如，万向集团并购UAI。万向集团专门生产汽车零部件，2001年8月并购美国纳市上市公司UAI 21%的股权，成为第一大股东，其中强制性条款为“UAI必须每年向万向购买2 000万美元的制动器产品，万向可以拒绝向其他国内厂商购买同类产品”。从这次并购来看，万向可以把UAI公司的先进技术拿来使用，有利于自己的技术升级；可以借助其销售渠道在美国市场销售自己的产品。在美国经济衰退时并购，大大降低了入市门槛和成本。UAI公司生产的制动系统系列产品属于最优层次，在北美的维修市场的占有率最大，但在美国的销量有限，而且由于企业经营不善，在2000年净资产降至70万美元，不符合纳市200万美元的最低要求，被证监会威胁除牌。万向抓住机遇，完成并购。

合资经营方式是另一种品牌国际进入方式，指的是两个以上的不同国籍的企业共同投资而设立的企业。

如上海大众的合作双赢。上海大众是上海汽车工业集团总公司、中国银行上海信托咨询公司、中国汽车工业总公司、德国大众汽车公司等多方合营的公司。中德投资比例各占50%，于1985年9月开业。合资时，首先确定质量意识。上海大众成立伊始，明确了自己的战略目标，即实现桑塔纳国产化。为此，引进德国大众先进的质量能力评审制度，结合国情厂情，提出质量保证体系——质量管理小组、5S（整理、整顿、清扫、清洁、规范）、工序中管理质量，内部审计——对1 300个缺陷部位和50个缺陷种类检查制度，横向外延审计——配套厂分成ABC三个等级。其次，注重人才意识。中方的人才交流窗口为“智力引进办公室”，德方以退休职工、专家技术员为主，1987—1993年派遣技术员达130人次，国内50%以上配套厂家接受了德方的指导，从而加快了桑塔纳的国产化进程。在质量和人才基础上，合作进一步加大，经过努力，桑塔纳国产化率由起步的2.7%上升为90%，目前在中国市场份额为50%。2000年，合作步伐加大，注册资本由原来的46亿元扩大到63亿元，合同期限再延长20年，即从2010年延至2030年。上汽集团正进一步扩展多元经营领域，力争2007年实现年产汽车100万辆、跻身世界500强、生产自主品牌汽车5万辆的目标。

合资本是件好事，但有些企业置自己的名牌产品和优势项目不顾，盲目去换烫眼的“合资”招牌，结果弄巧成拙。在合资过程中，中国很多品牌被“洋人”收编。如著名制冷设备企业扬子集团的“扬子”商标在合资中被德国博世—西门子家用电器公司以9 600万元人民币买断50年使用权，可是50年后“扬子”商标也许早就被人遗忘了。曾经连续70多次荣获各种荣誉和奖励的香雪海电冰箱厂在1995年与韩国三星进行合资中，没有对品牌资产进行任何评估（据估计，当时品牌价值在1亿元左右），而且毫无保留地将公司最优秀的资产——人员和设备给了外方控股公司，甚至答应从合资起3年内不生产香雪海冰箱。国内名牌“金鸡”鞋油、“孔雀”电视机、“洁银”牙膏分别被外商以1 000万元人民币、315万美元、1 000万元人民币收购后束之高阁或限量生产。曾经拥有会员单位100余家的四川“天府可乐”被百事可乐收编后已无声无息了。

不过，合资后也有醒悟的，如北京日化二厂的熊猫洗衣粉在1994年与美国宝洁牵手，以品牌、厂房参股35%，宝洁看好熊猫品牌50年使用权，以65%股份入股，结果熊猫洗衣粉产量由合资前的年产6万吨降到2000年上半年的4 000吨。看到这一切，北京日化二厂终止合作，收回熊猫洗衣粉的品牌使用权，此后在2000年下半年的订货会上，一下子就拿到了1万多吨的订单。同样的情况也发生在上海家化的美加净身上，与美国庄臣合资前的年销售额为2.4亿元，合资一年后仅有600万元，结果上海家化以1 900万元购回使用权后，一个季度就完成销售额700万元。

此外，贴牌生产也是一种品牌国际化进入方式。贴牌生产（Original Equipment Manufacture，OEM）是指一家厂商根据另一家厂商的要求为其生产产品。按照规定的要求进行加工生产的厂商没有自己的产品品牌；或虽有自己的品牌但在产品上不贴自己的商标，为其他著名品牌厂商生产产品，并贴上对方的商标。在贴牌生产中，委托方拥有自己的品牌或技术，或者拥有自己的市场，而被委托方则具有规模生产和低成本的优势。贴牌生产是目前国际上企业之间相互合作进行生产经营管理的常用手段。

走进商场，人们可能会选择一双国际名牌皮鞋、一件世界著名品牌西服，或者一台功能、造型俱佳的名牌音响，而这些也许就是中国沿海地区的某个中国企业制造的。企业之所以愿意接受国际或国内知名品牌的委托，为它们制造合同规定的产品，并打上委托方的品牌，愿意为他人作嫁衣，主要原因是想通过大批量生产积累相应的“打工资本”。我国最早开展“贴牌打工”战略的是服装业、制鞋业，现在已经扩展到IT业，成为一股席卷中国的热潮。

实际上，贴牌生产可使闲置生产能力得到充分利用，设备折旧得以实现，单位产品生产成本下降，职工收入有所保障；可以了解、熟悉和掌握先进技术，加快设备更新速度，推进企业技术进步，提高企业的技术含量；可以促进职工业务技能的提高，有利于技术专家、技术工人的培养；能够让企业接受最新的管理理念和管理方法，促进企业整体运行素质的提高；可以有效防范市场风险，克服盲目生产导致库存积压的现象；可以为今后自创品牌集聚资本、市场、技术等众多有形和无形的优势。随着经济全球化、知识化、信息化的出现，贴牌生产将会在更大范围、更高层次上展开。

（2）中国企业的国际品牌进入。

一般企业进入国际市场需要经过不规律的间接出口、规律的间接出口、直接出口、建立海外销售机构、建立海外生产机构五个阶段。对于中国企业却可以不完全按照传统的国际发展阶段，直接进入高级阶段，从而实现跨国经营、海外办厂、品牌国际化。这主要是由于现代信息技术飞速发展，缩短了时空，提高了效率和生产率；同时，入世后国际环境为中国企业跨越式发展提供了良好的条件；此外，中国已有一批实力强大的企业在世界上享有盛誉。

比如，海信阔步进入国际市场。目前海信集团在国内外拥有20多个子公司，净资产28亿元，拥有信息产业园、家电工业园、研发中心（技术孵化园）和海信大厦的“三园一厦”大工业格局。海信国际化采用“三步走”原则：第一步，对于陌生市场，选择成熟代理商渗透；第二步，在有一定市场份额的基础上，树立品牌形象，建立贸易公司扩大销售；第三步，拥有一定占有率，产品出口成本大于在当地的成本时，投资建厂巩固市场占有率。

2. 品牌国际化的文化策略

（1）文化对品牌的影响。

文化通常是指特定社会中存在的独特生活形态，即在思想、认知、情感、信仰、行为上，与其他社会代代相传的不同方式。文化有三个特征：文化的习得性、文化的内在一致性（强调文化的认知、价值、信仰和习惯的相互联系和整体性）和文化的自觉性或者说无意识性（即文化是在人们不知不觉中习得，不与其他文化比较是很难感觉到的）。

在品牌国际化的过程中，一些品牌已经成为该国人民日常生活的一部分，一个外来品牌要有所突破很难。如在美国，可口可乐、GE、AT & T等；在德国，奔驰、宝马、西门子等，已经伴随这些国家的人民生活了上百年，是他们生活中的一部分，已经成为他们的习惯，他们相信这些品牌，对他们有很深的感情。品牌国际化，就是要改变人们的消费习惯，更换别的品牌。所以，品牌国际化不仅是一种经济行为，而且也是一种文化行为。为此，欧美的跨国公司不遗余力地从事中国的青少年“事业”，目的只有一个，就是让这些跨国公司的品牌伴随中国新一代人的成长，成为他们生活的一部分。

比如，润妍润发露的文化传播。1997 年，宝洁公司在中国酝酿的新产品中，推出一种全新的展示现代东方女性黑发美丽的润发产品，取名为“润妍”，意指“滋润”与“美丽”，产品定位为成熟女性。产品从产生到上市，“润妍”品牌怀胎将近三年。最终推向市场的“润妍”倍黑中草药润发露，强调专门为东方人设计，在润发露中加入了独创的水润中草药精华，融合了国际先进技术和中国传统中草药成分，特别适合东方人的发质和发色。广告把水墨画、神秘女性、头发芭蕾等画面进行组合，营造东方气息。同时从中国杭州起步，与产品着力营造的既现代又传统的东方美一拍即合。在产品推出时，公司举行了一系列公关宣传活动，如推出运用各种书写体写出千姿百态的“润妍”；赞助中国美院，共同举办“创造黑白之美”水墨画展，这些活动都取得了极大的成功。宝洁一丝不苟地准备了三年的“润妍”款款上路，宝洁为广告的跨文化付出了努力和耐心，为品牌的传播付出了艰辛。

（2）文化的差异。

文化的差异主要有以下几种形式：

①没有文化上的差异，两个国家语言也相同，如美国和加拿大；

②很小的文化差异，具有相同的语言，如美国与英国、澳洲等；

③中等程度的文化差异，相同的文化渊源，不同的语言，如美国与欧洲国家，共享西方文明；

④较大的文化差异，如中国与日本、越南、韩国，但它们享有共同的儒家式文化；

⑤很大的文化差异，不同的文化渊源，不同的语言，如中国与美国、美国与阿拉伯国家等。

从品牌的国际化运作来看，文化差异越大，语言越不相同，品牌国际化进程中所受到的阻力将会越大。中国品牌国际化最易成功的地方应该是讲中文、有相同或相似的文化的国家和地区，如新加坡和台湾、香港、澳门，其次是韩国、越南、日本等。但是，由于政治、经济和心理情结等问题，导致中国品牌的国际化主要只能从欧美国家开始。

（3）品牌国际化中的文化运用。

首先，选择一个合适的品牌名称和品牌图案。到阿拉伯国家就得取一个阿拉伯文的品牌名称，到了美国和欧洲国家就得取一个以英文字母为主的品牌名称，当然还必须考虑文化差异。如孔雀彩电的英文名称是“Uranus（天王星）”而不是“Peacock（孔雀）”，就是因为 Peacock 在英语里比喻一个幸灾乐祸的人；白象电池的英译“White Elephant”在英语里指费钱而无实际用途的东西；紫罗兰男士衬衣品牌 Pansy 在英语里指没有男子气或搞同性恋的男人；蝙蝠商标 Bat 在英语里指吸血鬼。

其次，正确选用促销和广告宣传标语。促销和广告用语通常不是一句完整的话，或虽然是完整的一句话，但是正确理解必须有相应的文化背景。如百事可乐为了维护在全球的统一形象，在每个国家和地区坚持同样的营销宣传和品牌信息，其中在台湾地区的广告宣传语“Come Alive with Pepsi Generation”被翻译成“百事让你的祖先死而复生”。而斯堪德纳维亚半岛的吸尘器生产商伊莱克斯在美国让许多人皱起眉头，因为它的宣传语“Nothing Sucks like Electrolux（没有什么东西比伊莱克斯更烂）”中 suck 有“吸”的意思，但也有“糟糕”的意思。

再次，了解现有品牌对当地消费者的文化意义。到目前为止，美国、欧洲、日本进入中国市场的品牌中，没有成功的白酒品牌、中药品牌。因为中国人心目中有大量知名的白酒品牌，有的品牌有千年历史，有丰富的文化内涵，在这个市场上，外国品牌很难有所作为，只有追求异国情调的人们才偶尔会对国外的品牌感兴趣。中药更是如此，一般的中国人不会相信外国品牌的“Chinese Medicine”。对中国品牌国际化而言，在进入对方国家时必须研究竞争品牌对消费者的文化意义，以及它们的可替代性和不可替代性。

此外，理解文化消费和消费文化。在 21 世纪的今天，对品牌经过深入的研究后发现，品牌能否被认可和喜爱，关键在品牌的文化上。因此，品牌消费本质上是一种文化现象，是一种文化消费。在时尚类产品上（如美容、时装、娱乐等），品牌的文化内涵尤其明显。如中国文化中“美就是更白、更细、更光泽”。在美国这个多肤色人种的国家，这个表述就有问题。经济发展水平和文化渊源的差异性还会导致消费文化差异，如饮食文化、穿文化、居住文化、日常生活方式等，这些差异对品牌的定位、包装和色彩的选择、展示和沟通策略的运用等都会产生显著的影响。

比如，迪斯尼在法国。1955 年，迪斯尼乐园在美国加利福尼亚州阿纳海姆诞生。1971 年在佛罗里达州创办第二个乐园，2002 年在东京建成迪斯尼海洋乐园，有力促进了迪斯尼公司国际化战略，准备建造迪斯尼主题公园。当时全世界有 200 多个地方要求建造迪斯尼，而公司最终选择在法国建造。

迪斯尼与法国政府谈判，当耗时比预计长得多时，领队乔·夏皮罗在法国人眼中很失礼地反复踢门“给我打开”，令法国人惊讶；法国文化人认为，迪斯尼梦幻世界的翻版是对法国文化的威胁，法国文化部长也宣布抵制迪斯尼的开放；法国农民驾驶拖拉机堵住迪斯尼入口大门，以抵制美国政府一直要求法国政府削减农业补贴；迪斯尼服务方针包括不准在乐园内出售酒类，引起法国人的不满，因为在法国，午餐时来一杯酒是必不可少的。此外在早餐，迪斯尼误认为欧洲人不吃早餐，还认为法国早餐应该是羊角面包和咖啡，结果早饭时间人人到场，排起了长队，并且没有熏肉和鸡蛋；午餐被告知在上午11:00或下午2:00，实际上每个人都想在12:30吃午餐，结果餐厅挤得厉害。迪斯尼设计的活动时间过长，迪斯尼期望欧洲人逗留四五天，公司投资几十亿美元建造了豪华旅馆和公园，而大多数欧洲人认为主题公园是一天的活动场所，不是长假目的地。结果到1994年末，欧洲迪斯尼乐园亏损20亿美元。

后来，迪斯尼改变了欧洲策略，改名为迪斯尼巴黎乐园，强化公园标志上的象征意义；食品提供方式有所改变，有法国式的食品服务，也有美国式的自助服务；门票和旅馆房间价格削减1/3，结果游客从1994年的880万人上升到1996年的1 170万人。

又比如，北京松下企业文化融合。北京松下彩色显像管有限公司是中国与日本松下电器集团建立的合作企业，在经营过程中始终突出双方协同管理的作用。中日双方高级管理人员不是以投资比例确定各自的权限，更多的是从文化角度认识和处理双方的关系。

3. 国际品牌的领导策略

在当今的国际市场，著名品牌正日益从它们的出生地脱离出来，以国际化的脸孔面对消费者。IBM正在努力减少自己身上的美国色彩；麦当劳也在努力不让身上的美国味影响自己在其他国家的拓展。中国企业在经营已经创建的品牌时必须将它虚拟成一个国际品牌进行管理，而在创建一个新的品牌时尤其要规划它的国际性身份，国际化的眼光是成功经营中国品牌的起点。所以“品牌管理”的概念首先是“品牌的国际化管理”或“国际品牌的管理”，只有实施全球品牌管理，才能在全球市场获得成功。国际品牌的领导有四种组织形式：

(1) 业务管理团队。

这种方式最适合于最高层管理者本身是营销人员的公司，最高层管理者视品牌为公司的核心资源。宝洁公司就采取这种方式。每种产品类别都由一个副总经理负责，他负责该产品在全球的研发、制造和营销，这样就为全球品牌战略的实施扫清组织上的障碍。

(2) 品牌领袖。

品牌领袖是公司的高层执行者，甚至是首席执行官，他是全球品牌的主要倡导者。这种方式适合于公司的高层执行者对品牌战略具有热情和天赋。例如，雀巢公司，其营养部的副总裁是Carnation品牌领袖，速溶咖啡部的副总裁是Nescafé的品牌领袖。

(3) 品牌管理经理。

在许多公司，尤其是高科技公司，它们的高层管理者是技术人员出身，缺乏品牌管理和从事营销工作的背景。因此，它们就得聘请有营销经验的专家作为品牌管理经理，品牌经理的任务就是要战胜分公司经理的偏见，让他们接受全球品牌战略。品牌管理经理的权力有限，无法对有很大经营自主权的分公司经理发号施令，因此很难保证他能很好地履行职责。

（4）品牌管理团队。

品牌管理团队是由不同的利益集团派出的代表组成，他们的行为会得到各自集团的支持。品牌管理团队的最大困难是没有人对最终的结果负责，而且品牌管理团队的成员还受到主要工作岗位的压力，不能客观地作出决策。美孚公司的做法是建立一支“行动团队”到各个分公司检查战略的执行情况。

4. 国际广告一体化策略

国际市场其实大同小异，各国消费者对产品的要求相近，广告商可以利用这个大同的趋势，采取市场策略一体化，集中资源，用同一品牌名称，制造划一的产品形象，达到最佳广告效益。国际广告一体化的基础在于，人性共通和世界趋向大同。所谓人性共通，是指共通的消费需求（求廉、求美、求名、求新）和共通的心理需求（对安全、健康、荣誉的需要，跨国界文化）；而世界趋向大同是指随着传播科技的发展，全世界各地人民有共同的文化基础，经济、文化全面趋同，人类拥有共同的喜好。如迪斯尼成为卡通的代表，好莱坞电影在世界各地播放，卫星电视内容国际化，因此，划一的形象对产品十分有利。

比如，可口可乐，1886 年至 1993 年，曾 32 次变换广告主题，用过 94 条广告口号，强调过美味、有身份的人喝的、饮用时机、场合、气氛情景等不同角度的着眼点，但始终贯穿一条主线——用“世界性语言”与不同国家、民族、文化的消费者沟通，“A TOUCH OF THIRST MAKES THE WHOLE WORLD KIN（口渴的感觉使四海成为一家）”，世界性的音符 Coca-Cola，是美国精神的象征，将美国青少年热爱的摇滚乐、铜鼓乐、街舞等文化风潮扩散到世界每一个角落。可口可乐成功抓住人类共有的“口渴”的需要，广告诉求总是以快乐、健康、活力为主题，而健康、快乐、活力是人类共同的需要，是超越国界文化的。面对中国市场，可口可乐广告将中国人的“乡情”与“可口可乐文化”巧妙融合在一起。比如春节期间，可口可乐广告画面上总会出现寺庙建筑，穿着中国蓝色小长衫的胖男孩，回乡游子，红色地板上有一个人用毛笔书写一个大大的汉字“福”，晶莹的可乐在有标记的杯中泛着诱人的泡沫，同时叠现出贴春联、烧佳肴、亲朋团聚畅饮的场面。有时以中国东北村民农历新年为题材，以欢笑的孩童和迎风转动的风车烘托出幸福如一、喜悦团圆的气氛，这都表明可口可乐看重中国市场和对本土化的追求。

5. 国际产品策略

实施国际经营的企业，按适应地区范围，将产品主要分为：当地产品，面对国内市场研发、生产和销售；国际产品，具有能够扩张到许多国家市场潜力的产品；全球产品，根据全球市场需要设计出来的产品。

按购买目的，产品可分为：工业品，对不同文化背景的适应性较强，采用相同规格、包装，甚至相同定价；一般消费品，因文化的不同会产生不同的审美观、价值观，需要某种程度的调整与修改。

在品牌的国际化经营中，适合采用全球化标准战略的产品主要有：

①青少年常用产品：追求时髦、流行的现代文化生活方式，有共同的偶像、时尚、音乐、体育等，使世界青少年市场日益趋同和稳定，如耐克、可口可乐；

②具有良好形象的大众化、廉价产品，如沃尔玛、麦当劳；

③针对极少数社会精英和上流社会的奢侈品、高档耐用品以及高层次全球服务，如劳力士表、宝马、奔驰；

④国际旅游消费品：标准化产品帮助消费者识别并购买，如吉列剃须刀、柯达胶卷、希尔顿饭店；

⑤代表国家形象、地方特色和民族文化的产品：在海外市场具有独特含义，如万宝路、法国香水、中国丝绸。

第二节　品牌本土化

国际市场国内化、国内市场国际化的潮流势不可当。国门的开放，不仅国外许多公司蜂拥而至，而且我们的不少企业也纷纷走出国门，到国外开展跨国经营。许多国际品牌采用的本地化策略，将变与不变的辩证法运用得恰到好处，给我们开展跨国经营以深刻的启迪。

一、品牌本土化的含义

品牌本土化，是指在品牌运作时，充分利用当地资源优势，结合当地的文化特征，开发生产适合当地消费需求的产品或服务。

二、品牌本土化的意义

跨国公司出于竞争需要，品牌实施本土化。乡风、习俗是感情的载体，是企业创建品牌不可忽略的问题。如可口可乐大张旗鼓地标榜自己的中国化：人力资源上的本土化，原料采购和生产的本土化，广告宣传上的本土化等。2002 年春节的时候，可口可乐在包装上印有国人熟悉的阿福；麦当劳推出身着唐装的吉祥物“小猫”；马爹利在“人人更显面子”的礼盒套装广告用的是四张颜色不同的京剧脸谱。还有世界级大饭店中一直排名第二位的喜来登在苏州的连锁店，在中秋、国庆两个节日期间的广告中，用的就是一个头戴红盖头的“新娘形象”。同样，为迎合中国人的口味，肯德基于 2002 年在北方推出了米饭，在上海推出了中式早餐“皮蛋瘦肉粥”，在江苏无锡热卖“番茄蛋花汤”“金针鸡丝汤”。肯德基走本土化路线，主要是为了迎合各地消费者的不同口味。口味不单是指口中的好味道，还有“情之所钟”之意。2003年春节肯德基又在服装上再打“本土”牌，让山德士上校穿上具有浓厚中国味道的红色中式长袍，戴上瓜皮小帽，令中国消费者一见就喜欢。在长安商场麦当劳快餐店全部换上了中国传统节日装饰，店内男女员工全部换上了唐装，使洋快餐融入中国传统文化。这些跨国品牌极力用中国文化符号，试图勾起深藏在每个中国人心中的文化情结。

为此，伊莱克斯集团总裁麦克·特莱斯科在做中国市场调查时说，在开拓任何一个国家的市场时，我们都相当重视当地的民俗风情、生活习惯、消费方式等文化差异。只有尊重这些差异，充分了解、发现消费者对我们产品的认识，我们才可能赢得他们的信赖与尊重。因此，可以说跨国公司品牌的国际化就是不断进行品牌本土化的过程，而在品牌建设方面，最显著的特点是融合当地文化特点的品牌本土化，创造品牌的亲和力。

三、品牌本土化策略

1．品牌形象本土化

有些公司在进入异国市场时，采取本土化形象战略，即先通过得到该国政府支持，努力树立“社会好公民”形象，以此迅速实现其品牌的本土化。摩托罗拉公司无疑是这方面的典范。

摩托罗拉公司在进入中国市场采取的形象战略就是亲善政府、亲善企业、亲善民众。因此，它在进入中国伊始就提出要做一个“中国公司”，要“以中国为家”。

在亲善政府的表现上，摩托罗拉以巨额投资表明其“以中国为家”的决心。这在2001年11月8日的全球董事会上表现得淋漓尽致——制定三个100亿美元战略。三个100亿美元战略就是在此后的未来5年内，摩托罗拉将累计从中国采购价值100亿美元的零配件和服务；到2006年，摩托罗拉在中国的年产值将达到100亿美元；到2006年，摩托罗拉在中国累计投资总额将达到100亿美元。如此大的投入使企业的发展方向与政府的政策保持一致，达到了亲善政府的目的。与此同时，摩托罗拉公司又曾一度致力于改善、协调中国政府与美国政府的关系，支持中国加入WTO以及支持中国申办奥运会等一系列亲善政府活动，由此得到了中国政府的大力支持，为其品牌本土化创造了良好的宏观环境。此外，摩托罗拉公司又大力支持中国的教育事业，投巨资于希望工程，到2001年累计捐款2 100万元人民币；投资中国高教事业，到2000年底累计达到1 100万元人民币。在抗洪救灾、环境保护以及救助孤儿等方面，摩托罗拉一方面与中国政府积极合作，一方面积极捐钱捐物，从而真正树立了公司“社会好公民”的亲善形象。

正是在这种亲善形象的影响下，摩托罗拉公司在其品牌本土化上取得了空前成功，并成为中国所有外企中“第二家最受赞誉的公司”，被中国高技术发展评价中心评为中国千家高新技术企业之首。

2. 品牌文化本土化

可以说，品牌国际竞争的本土化首先应该表现为品牌文化的本土化。这主要是因为跨国公司的产品和服务需要通过品牌的影响力扩展渗透到人们的经济生活中，因此，这种品牌的影响力必须首先通过品牌文化的本土化，才能被日渐认识和接受。

作为一个国际品牌，在不减损自身的“国际一流品牌”形象的同时，结合中国本土文化，Coca-Cola 做得非常成功。Coca-Cola 是最早来到中国的跨国公司之一，其在中国的成功发展得益于其品牌的本土化，而 Coca-Cola 本土化最成功的标志就在于它在中国获得了一个极为美妙的汉语名称——可口可乐，因为品牌名称是个性化品牌的基础，是品牌最显著的外在表现，其优劣会直接影响品牌形象及市场表现。可口可乐这个汉语译名采取了双声叠韵的方式，既朗朗上口，悦耳动听，又揭示了品牌的产品特征，令人回味无穷。这个备受翻译界赞赏的中文名字，甚至被认为是比原名更美的译名。在美国，Coca-Cola 是这种饮料中两种主要原料的名称古柯叶（Coca）和古拉果（Cola）连缀在一起的结果。可是谁也不会想到它在中国会获得这样一个既“可口”又“可乐”、极具亲和力的汉语名称。正是“可口可乐”这个美妙的名称拉开了 Coca-Cola 公司在中国本土化的序幕。此后，具有魔鬼、妖精之意的“sprite”又被译为蕴涵纯洁、清凉含义的“雪碧”，这种迎合中国传统文化的品牌名称在其品牌本土化成功的背后功不可没。

在与本土品牌的合作上，Coca-Cola 注意在其包装和广告上注明“与可口可乐公司荣誉合作”字样，这样就对可口可乐品牌的本土化有了更进一步的诠释。2000 年春节，可口可乐包装换成了象征喜庆团圆的“阿福”形象，随后又有十二生肖包装以及全新可口可乐中文标志推出，把可口可乐文化和中国传统色彩巧妙地融合在一起，让中国消费者倍感亲切；在 2003 年的中国首届饮料节上，可口可乐公司甚至举办了一场颇具民族特色的剪纸、捏泥人的现场表演，有人开玩笑说可口可乐几乎要把自己塑造成中国的国粹了。

与本土品牌的友好合作使可口可乐这个品牌更具有亲和力，正因为可口可乐的品牌文化本土化，才使它在中国取得了骄人的销售业绩。

3. 人力资源的本土化

海信认为，“没有比当地人更了解当地人的了”，这也是品牌本土化的前提。文化差异的本质是人的差异，人力资源的本土化，可以化解品牌管理中的沟通障碍，理解当地的消费文化，创制出有效的营销策略。为此，寻找合适的合作伙伴——既理解中方的品牌创建理念，又是地地道道的当地人，这是中国品牌国际化成功的重要条件。跨国公司采用合资方式进入我国，很重要的一点也是为了获得当地的人力资源。就像可口可乐，产品原材料的98%采购于中国，99%的员工也来自中国本地，在由经济观察报社和北京大学企业案例研究中心发布的“2002年中国最受尊敬的企业”评选中，可口可乐再次被评为“最受尊敬的企业”之一。

4. 设计和开发的本土化

中国品牌国际化中，不仅缺乏品牌的核心技术优势，而且由于消费文化上的差异性，对品牌产品的要求不尽相同。如服装，欧美男士高大，体形与中国人明显不同，在服装设计和板型制作时就要加以考虑，而当地人对此就非常清楚，他们在服装设计上比国内的人才要胜任得多。其他产品的情况也非常相似。

比如，每一次奥运会之后，可口可乐在主办国的销量都会大幅度上升，虽然在申奥中一切都充满着变数，可口可乐公司也无法准确预料最终结果，但他们不愿意放弃在这个对于中国人最重要的时刻和中国人站在一起的机会。2001年7月13日北京时间22时08分，国际奥委会主席萨马兰奇站到了话筒前，此时在可口可乐北京公司的易拉罐生产线上，一批全新金色包装、庆祝申奥成功的可口可乐纪念罐已经生产出来了，随时准备送往全国各地。可口可乐中国有限公司董事长陈奇伟说：“我们也作了很充分的准备，因为申办奥运的结果还没有宣布之前，我们已经把纪念罐都准备好了。那个时候当然需要两手准备，如果申办不成功的话，我们这批易拉罐肯定就要销毁了。”

5. 品牌的产品本土化

一个国际化的品牌必然要拥有适应当地市场的本土化产品，否则一项符合世界标准的产品可能会与当地消费者的距离很遥远，所以在产品上采取本土化战略无疑是提升品牌本土化的方法之一。比如肯德基、麦当劳推出具有中国特色的米饭等食品，就是产品本土化的成功典范。以下将介绍伊莱克斯的产品本土化战略。

伊莱克斯最初进入中国市场，并没有采取品牌本土化战略，正因为如此，虽然伊莱克斯是欧洲著名品牌，但是在中国市场却迟迟无法打开局面。1997年4月，新任总裁刘小明将公司战略转向品牌本土化，而这其中最成功的就是产品本土化。在充分理解中国的本土文化特征、消费心理和情感需求后，伊莱克斯调整了新产品的开发方向，并将其在中国原为两年的新产品开发周期缩减为7~8个月。同时，针对中国人喜欢把冰箱摆在客厅，追求时尚的特点，开发出“新境界”“省电奇冰”等节能低噪音冰箱，然后又推出“自选冰箱”。本土化新品“新境界”“省电奇冰”等节能低噪音冰箱的推出使伊莱克斯的知名度大增，仅两年就摆脱了亏损的尴尬境地，到1999年，伊莱克斯冰箱的市场占有率达到8%。在产品本土化成功的同时，伊莱克斯又注意将营销方式本土化，举起“向海尔学习”的大旗，从而到2000年底，在一些主要城市坐上了仅次于海尔的第二把交椅。

6. 品牌营销策略的本土化

在推广方式、文案写作、形象表达等方面，要通过本土的机构和人员来运作，通过品牌名称当地化进入市场，可能是明智的选择。国外的跨国公司虽然品牌本土化，但是我们可以发现，其西文名称始终还出现在显著的位置，这是它处于全球化的考虑。

比如，亚啤的中国市场本土化。在菲律宾，亚洲啤酒公司是第二大啤酒生产企业，拥有“啤中啤”“豪绅”等著名民族品牌。1998 年亚啤进入中国市场，全资收购厦门酿酒厂，成立亚洲酿酒（厦门）有限公司，此后，先后并购 10 家啤酒生产企业，但并没有使用自身传统品牌“啤中啤”“豪绅”，而是利用中国地方名牌，保留当地的主力品牌，如北京亚啤的“丽都”牌、上海的“上海”牌、哈尔滨的“太阳岛”牌、南昌的“南昌”牌、厦门的“丹凤”牌。

亚洲啤酒公司之所以不用自己的品牌，而用当地的品牌，是因为亚啤决策层认为，啤酒具有长期性，一种品牌的形成，往往需要一代人或几代人的心血投入；品牌具有稳定性，一种品牌一旦确立，就会在消费者心目中造成不可磨灭的印象；品牌具有“保值增值”的功能，后期成本远小于前期；保留被并购企业的品牌，走中国品牌战略，容易诱使当地民众产生对企业以及产品的认知感和亲和力。

7. 国际品牌发展本土化

成功的国际品牌的发展，一般都经历过这样几个阶段：立足本土的品牌—以本土化为基础的品牌国际化—国际化背后的品牌本土化—成功的国际品牌。因此，一个国际品牌的成功必定由卓越的本土化品牌开始，又以另一种“本土化”（他国本土化）结束的。

比如宝洁公司，1837 年成立于美国俄亥俄州辛辛那提市，直至 1904 年，为了满足日益增长的需要，宝洁才在美国的辛辛那提市以外的地区建厂。1915 年，宝洁首次在美国以外建立生产厂（加拿大生产厂），时隔宝洁成立已近 80 年。1930 年，宝洁在英国建立了第一个海外机构，自此宝洁开始了其品牌国际化之旅。在以其本土化成为基础的品牌国际化过程中，宝洁公司也注重品牌在他国的本土化，中国宝洁本土化的成功无疑是其经典之作。诸如宝洁之类的跨国公司为什么要经历如此漫长的品牌国际化历程呢？答案就是众多跨国公司选择这样的品牌发展道路是因为品牌本土化为其品牌国际化发展积累了资本与经验，储备了技术与人才。

但在如此相似的品牌发展战略下，每个品牌在国际化与相应的本土化的具体战略上又有很大的差异。这些差异主要体现在营销环境上的差异。

四、中国品牌国际化与本土化

1. 打破中国品牌国际化的障碍

(1) 中国制造难成领导品牌。

在世界各地的市场中，标注着“Made in China”的产品通常给人的感觉是价格不会很高，这是因为中国无论是自有品牌的产品还是给别人 OEM 的产品，其劳动力成本较低，导致产品的价格较低。同时，由于中国的很多商人只注重短期收益，从而为“Made in China”的本土品牌带来了不良的“口碑”。此外，由于中国是发展中国家，在技术密集型产品上很难得到发达国家消费者的认同。这些都构成了中国品牌国际化的先天性障碍。正因为如此，中国品牌产品进入国际市场是相当困难的。所以，中国品牌要想国际化成功，必须首先打破先天性障碍。

（2）海尔品牌国际化的启示。

如果说 TCL 在越南的品牌国际化陷入了一种较为尴尬的境地的话，那么海尔的美国之行就有许多值得我们学习的地方。尽管在业界海尔品牌国际化战略一度引起众多的质疑，但是我们不得不承认在目前的国内品牌中，其品牌国际化运作是相当成功的。海尔为了打破先天性障碍，率先在美国建厂，精心打造美国海尔，而不是海尔美国，在文化本土化、人员本土化、制造本土化以及营销本土化上做文章，使美国人真真切切体会到本土化的海尔文化和海尔产品，在美国生产的海尔产品标上“美国制造”，标志着海尔国际化的成功。正是因为这种品牌本土化策略，海尔在激烈的美国市场竞争中迅速站稳脚跟，并于 2001 年在美国家电生产商中以 1.5 亿美元的销售额排名第五，当年实现赢利。所以能否打破中国企业品牌国际化的先天性障碍是国内品牌国际化的关键。

2. 立足于本土化的国际化策略

从许多国际品牌的成功经验中我们可以看出，中国品牌国际化最重要的是要打好两张牌——资金牌和技术牌。因为只有在资金和技术上积累了一定实力，才能真正做好品牌国际化。

（1）资金实力是基础。

一个品牌在进入一个新地区市场特别是新国家市场时，企业在最初阶段是很难赢利的，这时品牌背后就要有强大的资金实力作支撑，使企业度过战略性亏损阶段。这就要求每个试图实施品牌国际化战略的企业，要在本土积累一定的资金实力，为品牌国际化打下坚实的基础。

我们从国际品牌在中国的发展可以看出，许多外国企业来中国打市场，实际上最初做的都是亏本生意。但是他们亏得起，在国外这些企业每年有几十亿美元的利润，在中国亏几亿元人民币根本就不算什么。在谈到这个问题时，柳传志在 2002 年曾经表示联想进军发达国家市场、实施品牌国际化战略的时机不是很成熟（那时联想的利润为 10 亿元人民币左右），但是 2004 年联想由 Legend 更名为 Lenovo（主要因为 Legend 在某些国家已经是合法注册过的品牌），无疑是在本土化实力积聚后，为企业和品牌国际化作准备。

正如联想所做的那样，不能盲目地进行国际化，而是要在企业资金实力达到一定程度以后，做一个长寿的国际品牌。

（2）技术实力是动力。

一个品牌希望在他国立足，单靠雄厚的资金实力是不够的，因为任何一个公司走国际化道路的最终目的都是为了赢利。那么作为一个后进入品牌，依靠什么与原有的品牌较量呢？答案就是技术，拥有了不可复制的技术实力，才真正具有品牌国际化的动力。

跨国公司进入中国市场，立足于品牌背后的通常都是令人信服的技术实力。宝洁以其卓越的化工技术在中国掀起了洗发水的革命，IBM 以其令人信赖的技术依然牢牢占据中国计算机的高端市场，奔驰亦以其卓越的性能在中国深入人心……而中国的许多企业并没有属于自己的核心技术，这在国际化的后续发展上是非常不利的。所以，中国企业在品牌国际化时应该注重技术创新，注重在技术标准上（比如国际 CB、美国 UL、荷兰 KEMA 等国际认证标准）与国际接轨，因为标准的才是国际的。

在品牌国际化上，中国企业要走的是比许多国外企业更艰难的道路，但是只要把握关键的品牌国际化因素，相信中国企业可以在国际竞争中崭露头角，中国品牌可以在世界知名品牌中占得一席之地。

五、百事公司在中国的本地化

1. 特许经营模式本地化

百事公司主要通过 1995 年在中国注册成立的百事（中国）投资有限公司开展业务，它一般通过商标特别使用许可及浓缩液供应协议，与其在华的 15 个罐装厂发生联系；同时，与其在美国等世界其他地方做法略有区别的是，百事公司在这些罐装厂中也有投资。一般来说，特许经营的受许方需向许可方交纳一定的特许费用，而根据中国市场的特殊要求，百事把商标特许给罐装厂使用时不收任何费用，供应浓缩液的价格也在中国政府的一定管理下。百事公司通过广告投入等多种经营手法保持商标的价值及增值，同时还通过与罐装厂的合作共同做大区域市场（按照双方特许经营协议，百事公司对在华 15 个罐装厂的销售区域有特定限制）。实践证明，把世界通行的特许经营模式依据当地的特定法律法规和经营环境进行适当的本地化调整，可以保证经营取得成功。

2. 营销策略本地化

百事在世界上比较常用的做法是直销直送。到中国后，已逐步演变为富有中国特色的积极销售系统，如直销直送、我销他送、协作批发、专营分销、批发商管理、传统批发等。百事公司通过将其管理技术和经验传授给本地批发商及分销商，使他们逐步转变为积极的产品分销商或第三方物流商，并制定符合中国国情的销售渠道，探索新型的销售方式。

3. 品牌发展本地化

针对中国消费者的喜好，百事公司注重赋予产品中国特色的品牌资产。如在制作有关品牌的广告中，既沿用国际创意，又融入中国概念，有效地使用中国的体育和音乐明星资产，传达“渴望无限、突破渴望”的品牌精神，并为当地所接受。通过签约单个明星，逐步组成明星家族，纵向组合使用音乐和体育资源等，建立百事音乐排行榜，整合品牌和媒体资源，通过提升品牌在当地的价值进而提升自身价值。

4. 原材料采购和设备本地化

1982 年至今，百事公司在华销售产品的原材料包括食用糖、瓶、易拉罐、箱、瓶盖等都在中国本地采购，1982—2003 年，原材料采购成本已超过 200 亿元；此外，1999—2003 年，百事系统还在华采购冰柜 33 000 台，共计约 1.2 亿元。这样，既使成本得到了保证，也给当地相关产业带来了销售额。

5. 员工本地化

目前，百事公司在华直接雇用员工已近 1 万人，在产业链中创造的间接就业人数约 15 万人。在百事中国区员工中，外籍员工不到 1%，管理层中华人比例达 64%。公司大力投资于合资、合作企业员工和相关业务人员的培训和能力培养，近 5 年共为合资合作企业、分销商、批发商从业人员提供了 4 500 人次的培训。同时，百事公司建立了较为完备的人才组织架构，为未来业务发展储备本地人才，如推动本地化完整的区域总监，组织架构人员能力建设，有策略地培养本地人才作为合资企业管理人员，选择合资企业的杰出人才作为总经理人选等。

6. 农业项目本地化

百事食品 1993 年进入中国后，目前已在华设立 4 家工厂，并投资 2 000 万美元在中国西部地区开发了土豆种植项目。其产品不仅供给在华公司使用，2003 年起百事在山东、内蒙古等地种植的土豆还出口到东南亚，2004 年出口合同额已达 7 000 吨，农业项目本地化得到良好的发展。

7. 公益事业本地化

其中主要包括：2001 年在全国妇联、中国妇女发展基金会设立“百事可乐”专项基金，救助贫困地区的母亲和儿童；资助西藏培训师资；捐款支持政府抗击非典；赞助北京国际音乐界儿童音乐会；参与“保护母亲河”环保活动等，在中国树立了企业良好的社会形象。

8. 研发能力本地化

1998 年出资 70 万美元与中国农业部成立了“百事—中国农科院农业发展研究中心”。2006 年，百事公司在上海设立了除美国以外的首个饮料研发中心，面向中国和全球市场开展研发工作。

从上述分析可以看出，百事公司在中国的本地化实践是成功的。公司得到了中国政府的信赖，产品广受消费者的喜爱，生产经营保持稳定增长。

本章小结

企业品牌的全球化，也就是走向国际化和本土化，日益成为一个社会关注的焦点。产业全球化和国际分工形成以后，国际化成为一种趋势，成为不少国内企业和企业家努力追求的目标。在国际化盛行的大环境下，国内企业要想发展壮大，必须推进企业的国际化，尤其是品牌的国际化。如何在创造和保持国际性的品牌形象的同时，实现品牌的本土化，得到本土市场和消费者的认同是任何一个迈向国际市场的企业都必定要面临的一个课题。在全球化战略的执行方面，我国的企业要注意打造全球化团队、全球品牌建设、全球化管理运营模式、产品创新、全球化流程创新。其中乡风、习俗是感情的载体，是企业家创建品牌不可忽略的问题。同时还应注意一点，在积极促进自主品牌国际化的进程中，一定要量力而行。

本土企业面对强大的国际品牌时，一定要考虑自身的优势在哪里，例如比较优势、后发优势，最突出的是本土市场优势。中国本土市场是国际市场的一部分，而这个市场是中国企业最为熟知的本土市场。也就是说，在本土市场上，国内企业对法律制度、市场环境、文化历史、人文背景、消费习惯、消费口味等都比较了解，可以驾轻就熟地去发挥优势，培育和发展品牌。在步伐加紧的国际品牌的本土化过程中，在不可避免的“与狼共舞”的趋势面前，目前的对策只能是一个过渡，如何尽早成为“狼”，塑造有实力的本土品牌进而逐鹿国际市场，成为每一个本土企业的现实选择。

关键词汇、概念

品牌国际化　品牌全球化　独资进入　合资经营　贴牌生产　品牌本土化

思考题

1. 本土品牌形象的国际化应注意哪些问题?
2. 外商进行合资主要采取哪些手段? 如何应对合资的陷阱?
3. 乐百氏和娃哈哈都与法国达能合作，它们在策略上有什么不同?
4. 对于洋品牌本土化，你认为问题的核心是什么?
5. 洋品牌的本土化形象打造，借用了什么样的本土文化来实现?

附　录

驰名商标的认定

（一）驰名商标认定保护原则

1. 被动认定；

2. 个案保护。

（二）驰名商标认定机构

1. 商标局；

2. 商标评审委员会；

3. 人民法院。

（三）驰名商标认定事由

1. 当事人认为他人经初步审定并公告的商标违反《商标法》第十三条规定的，可以依据《商标法》及其实施条例的规定向商标局提出异议，并提交证明其商标驰名的有关材料，申请认定驰名商标。

2. 当事人认为他人已经注册的商标违反《商标法》第十三条规定的，可以依据《商标法》及其实施条例的规定，向商标评审委员会请求裁定撤销该注册商标，并提交证明其商标驰名的有关材料，申请认定驰名商标。

3. 在商标管理工作中，当事人认为他人使用的商标属于《商标法》第十三条规定的情形，请求保护其驰名商标的，可以向案件发生地的市（地、州）以上工商行政管理部门提出禁止使用的书面请求，并提交证明其商标驰名的有关材料。同时，抄报其所在地省级工商行政管理部门。

4. 人民法院在审理商标纠纷案件中，根据当事人的请求和案件的具体情况，可以对涉及的注册商标是否驰名依法作出认定。

5. 人民法院审理域名纠纷案件，根据当事人的请求以及案件的具体情况，可以对涉及的注册商标是否驰名依法作出认定。

6. 商标被他人作为企业名称使用，可能欺骗公众或者对公众造成误解的。

7. 商标被他人在境外恶意抢注，申请人认为其驰名商标在境外被他人恶意抢注，可能对申请人在境外业务发展造成损害。

（四）驰名商标认定考虑的因素

1. 相关公众对该商标的知晓程度；

2. 该商标使用的持续时间；

3. 该商标的任何宣传工作的持续时间、程度和地理范围；

4. 该商标作为驰名商标受保护的记录；

5. 该商标驰名的其他因素。

（五）驰名商标保护范围

1. 就相同或者类似商品申请注册的商标是复制、模仿或者翻译他人未在中国注册的驰名商标，容易导致混淆的，不予注册并禁止使用。

2. 就不相同或者不相类似商品申请注册的商标是复制、模仿或者翻译他人已经在中国注册的驰名商标，误导公众，致使该驰名商标注册人的利益可能受到损害的，不予注册并禁止使用。

3. 已经注册的商标，违反《商标法》相关规定的，自商标注册之日起五年内，商标所有人或者利害关系人可以请求商标评审委员会裁定撤销该注册商标。对恶意注册的，驰名商标所有人不受五年的时间限制。

4. 使用商标违反《商标法》第十三条规定的，有关当事人可以请求工商行政管理部门禁止使用。经商标局依照《商标法》第十四条的规定认定为驰名商标的，由工商行政管理部门责令侵权人停止违反《商标法》第十三条规定使用该驰名商标的行为，收缴、销毁其商标标识；商标标识与商品难以分离的，一并收缴、销毁。

5. 驰名商标所有人认为他人将其驰名商标作为企业名称登记，可能欺骗公众或者对公众造成误解的，可以向企业名称登记主管机关申请撤销该企业名称登记。企业名称登记主管机关应当依照《企业名称登记管理规定》处理。

6. 他人的域名或其主要部分构成对驰名商标的复制、模仿、翻译或音译的，应当认定其注册、使用域名等行为构成侵权或者不正当竞争。

（六）驰名商标认定所提交材料

1. 证明相关公众对该商标知晓程度的有关材料；

2. 证明该商标使用持续时间的有关材料，包括该商标使用、注册的历史和范围的有关材料；

3. 证明该商标的任何宣传工作的持续时间、程度和地理范围的有关材料，包括广告宣传和促销活动的方式、地域范围、宣传媒体的种类以及广告投放量等有关材料；

4. 证明该商标作为驰名商标受保护记录的有关材料，包括该商标曾在中国或者其他国家和地区作为驰名商标受保护的有关材料；

5. 证明该商标驰名的其他证据材料，包括使用该商标的主要商品近三年的产量、销售量、销售收入、利税、销售区域等有关材料。

（七）驰名商标认定材料目录（参考）

1. 关于请求认定“××”商标（以下简称申请商标）为驰名商标的报告。

2. 驰名商标认定申请表。

3. 附件。

附件一："××企业"（驰名商标申请人，以下简称申请人）的发展过程及规模

（1）申请人演变情况。

（2）申请人发展过程中各阶段的营业执照复印件。

（3）证明申请人规模的证书复印件。

附件二：申请商标最早使用和连续使用的证据

（1）申请商标于××××年最早开始使用的证据复印件。

（2）申请商标于××××年被核准的注册证复印件。

（3）申请商标的创意及内涵说明。

（4）申请商标连续使用的证据。

附件三：申请商标在国内外的注册情况

（1）申请商标在国内注册情况。

（2）申请商标在国内申请情况。

（3）申请商标在国外（地区）申请注册的情况。

（4）申请人其他商标的注册情况。

附件四：使用申请商标的商品近三年的主要经济技术指标及在全国同行业的排名

（1）近三年申请人的资产负债表、损益表。

（2）近三年使用申请商标的产品产销量统计表。

（3）申请人主要经济指标在全国同行业中的排名。

（4）申请人采用质量标准的情况。

附件五：使用申请商标的商品在国内外销售情况

（1）申请人在国内的销售网络。

（2）申请商标的产品在国内的销售情况及证据复印件。

（3）申请商标的产品在国外的销售情况及证据复印件。

附件六：申请商标的广告宣传情况

（1）近三年申请商标广告投入总量一览表。

（2）××××年度在部分媒体发布申请商标广告的情况及证据复印件。

（3）××××年度在部分媒体发布申请商标广告的情况及证据复印件。

（4）××××年度在部分媒体发布申请商标广告的情况及证据复印件。

（5）部分广告图片及证据。

（6）申请商标的其他宣传（例如展览、网络等）。

附件七：申请商标驰名的其他证据

（1）申请商标被认定为"××著名商标"的证书复印件。

（2）使用申请商标的产品质量优异的证明。

（3）企业信誉及获奖情况的证据。

（4）企业业绩被各级领导、各界人士及媒体关注和肯定的证据。

附件八：申请商标申请认定驰名商标的法律诉求

（1）他人侵犯申请商标专用权被查处的证据。

（2）他人在相同或类似商品或服务上使用和注册与申请商标近似商标的证据。

（3）申请商标被他人在非类似商品或服务上使用并注册的证据。

（4）申请商标被他人用作企业字号的证据。

（5）申请商标在境外被抢注的证据。

（6）申请商标的域名在国际互联网上被抢注的证据。

参考文献

1. ［英］保罗·斯图伯特．品牌的力量．尹英，万新平，宋振译．北京：中信出版社，2000

2. ［英］菲欧娜·吉尔摩，［法］杜孟．中国品牌大赢家．李晓鹏，杨坚译．北京：中信出版社，2003

3. ［英］约瑟夫·莱波拉，苏珊·戴维思，莱恩·帕克．品牌策略新观念．周光尚译．上海：中国工商联合出版社，2004

4. ［英］马特·黑格．品牌失败经典 100 例．战凤梅译．北京：机械工业出版社，2004

5. ［美］菲利普·科特勒．营销管理．梅清豪译．上海：上海人民出版社，2004

6. 刘威．品牌战略管理实战手册．广州：广东经济出版社，2004

7. 巨天中．品牌战略．北京：中国经济出版社，2004

8. 余鑫炎．品牌战略与决策．大连：东北财经大学出版社，2002

9. 黄合水．品牌建设精要——打造品牌之不二法门．厦门：厦门大学出版社，2004

10. 蒲楠．打造品牌．北京：中国纺织出版社，2004

11. 李东，宋志平．战略管理咨询．北京：华夏出版社，2003

12. 李业．品牌管理．广州：广东高等教育出版社，2004

13. 魏国．100 个成功品牌策划．北京：机械工业出版社，2004

14. 祝文欣．品牌推广案例分析．北京：中国纺织出版社，2004

15. 韩中和．品牌国际化．上海：复旦大学出版社，2003

16. 何佳讯．品牌形象策划——透视品牌经营．上海：复旦大学出版社，2000

17. 陈放，谢宏．品牌策划．北京：时事出版社，2001

18. 朱健强．企业 CI 战略．厦门：厦门大学出版社，1999

19. 冯云廷，李怀．企业形象设计．大连：东北财经大学出版社，2003

20. 刘伟雄．BICC——品牌形象分类组合技术．中国当代思想宝库管理卷，2002

21. 王锐．卖点品牌化与品牌卖点．北京：中国时代经济出版社，2005

22. 李光斗．品牌竞争力．北京：中国人民大学出版社，2004

23. 赵光忠. 核心竞争力与资源整合策划. 北京：中国经济出版社，2003

24. 程华. 品牌个性与顾客忠诚度. 深圳金融，2002（12）

25. 陈德铭，周三多. 中小企业竞争力研究. 南京：南京大学出版社，2003

26. 余明阳，杨芳平. 品牌学教程. 上海：复旦大学出版社，2005

27. 符国群. 消费者行为学. 北京：高等教育出版社，2001

28. 袁勇志. 创新行为与创新障碍. 上海：上海三联书店，2003

29. 魏杰. 企业战略选择企业发展航标图. 北京：中国发展出版社，2002

30. 汪海栗. 无形资产评估. 北京：中国人民大学出版社，2002

31. 于玉林. 无形资产战略研究. 北京：中国金融出版社，2004

32. 陈林祥. 体育市场营销. 北京：人民体育出版社，2004

33. 刘海贵，陈培爱. 广告与品牌卷——案例精解. 上海：复旦大学出版社，2005

34. 品牌故事栏目组. 品牌故事. 北京：华夏出版社，2004

35. 张金海. 世界经典广告案例评析. 武汉：武汉大学出版社，2000

36. 曾朝辉，王逸凡. 本土品牌失败案例. 北京：中国人民大学出版社，2005

37. 张智翔，向洪，师帅. 品牌之殇：中国品牌战略的误区与批判. 北京：中国时代经济出版社，2005

38. 雷莉，马谋超. 品牌延伸评价中的学习机制. 心理科学，2003，26（2）

39. 朱伟东. 肯德基含苏丹红 新奥尔良烤翅和烤鸡腿堡停售. 北京娱乐信报，2005-03-17

40. 李炜. 产品概念：捷径也会变泥沼. 中国营销传播网，2003-09-23

41. 最高法院公布十个驰名商标认定案例. 中国法院网，2005-04-26

42. 叶生. 品牌文化，让消费者忠贞不渝的品牌战略. 全球品牌网，2005-04-13

43. 海南省海南出版社侵犯《读者》杂志社. 法宝网，2006-03-15

44. 曾朝晖. 品牌延伸的价值最大化原则. 中华品牌网，2005-06-26

45. 霍心一. 品牌是最具生命力的企业资产. 博锐管理在线，2006-05-13

后记

初次涉及品牌，感觉到其中巨大的魅力。目睹可口可乐、麦当劳等世界一流品牌，携品牌之风横扫天下，如入无人之境。在国际品牌的推波助澜下，中国品牌也纷纷发掘自己的优势，与之抗衡。

在讲述“广告与品牌”和“品牌管理”课程时，总想梳理出品牌管理的思路，特别是在“广告与品牌”多媒体课件荣获“2005 年江西省高等学校优秀多媒体教学课件一等奖”后，这种愿望变得越发强烈。我们的企业在不断强调自身的品牌经营与管理的同时，我们个人也需要像品牌一样进行自身形象塑造。有鉴于此，编写本书时，笔者期望在品牌经营与管理方面整理出一条更为清晰的思路，以便更好地实施品牌建设。

本书在给出品牌经营与管理的基本原理、基本方法和手段的基础上，引用了大量的实例来说明问题。在案例的选用上，既关注国际强势品牌的运作，出于对其成功经验的借鉴；也有后起之秀、迅猛发展的国内品牌，出于对中国企业的关注与关爱。有些品牌可能被多次引用，主要是从不同角度剖析它们成功或失败的原因，展示更为全面的品牌经营与管理，当然也有笔者的偏爱。所有案例的选择都力求合理。

在编写过程中，曾振华先生为本书提出了宝贵意见，在百忙之中悉心指导，并且为本书的出版付出了艰辛的劳动，在此表示衷心的感谢！感谢暨南大学出版社的张仲玲女士为本书的出版所付出的辛勤劳动；也感谢我的学生为本书收集了大量资料，提供了丰富的案例；同时，感谢我相濡以沫的妻子幸爱荣、我的宝贝女儿李想，我得到了她们的理解和支持。我愿在以后的日子里带给她们更多的快乐和幸福！

书中引用了国内外学者的研究成果及相关资料，在参考文献中一一注明了作者及出处，在此谨表谢意！

由于时间的紧迫，再加上笔者能力与水平有限，书中的缺点及错误一定不少，敬请同仁和读者给予批评、指正。

李和平

2007 年 1 月